数字经济专业系列教材

商业智能

肖升生　主　编

陈佳威　方　慧　韩　潇　李艳红　副主编

电子工业出版社·
Publishing House of Electronics Industry
北京·BEIJING

内 容 简 介

本书从商业智能的基本概念、发展历程，到方法和技术进行深入探讨，详细介绍了众多行业的具体应用，内容全面覆盖了商业智能的关键领域。读者通过本书可系统学习数据整合、数据预处理、数据可视化、数据挖掘、文本挖掘、时空数据挖掘、社会网络分析等方面的知识。本书还结合前沿技术进行具体分析，如基于多模态大模型的商业智能和可信人工智能，以保持与行业最新趋势的同步。此外，本书还特别关注数字营销、数字财务与审计、数字金融、数字人力资源管理等实际应用领域，让读者在掌握核心概念的同时，了解如何将所学理论知识有效地运用于实践。

本书既可作为相关专业本科生和硕士研究生的教材，也可作为数据分析领域从业人员自学用书和企业内部培训材料，还可作为企业数据分析团队的参考书。

图书在版编目（CIP）数据

商业智能 / 肖升生主编. -- 北京 ：电子工业出版社，2025. 7. -- （数字经济专业系列教材）. -- ISBN 978-7-121-50816-5

Ⅰ．F713.51

中国国家版本馆 CIP 数据核字第 2025E37Y07 号

责任编辑：张正梅

印　　刷：中煤（北京）印务有限公司
装　　订：中煤（北京）印务有限公司
出版发行：电子工业出版社
　　　　　北京市海淀区万寿路 173 信箱　　邮编：100036
开　　本：787×1 092　1/16　印张：25　字数：548 千字
版　　次：2025 年 7 月第 1 版
印　　次：2025 年 7 月第 1 次印刷
定　　价：98.00 元

凡所购买电子工业出版社图书有缺损问题，请向购买书店调换。若书店售缺，请与本社发行部联系，联系及邮购电话：（010）88254888，88258888。

质量投诉请发邮件至 zlts@phei.com.cn，盗版侵权举报请发邮件至 dbqq@phei.com.cn。

本书咨询联系方式：zhangzm@phei.com.cn。

数字经济专业系列教材
专家委员会

（按姓氏笔画排名）

刘兰娟　安筱鹏　肖升生　汪寿阳　赵　琳

洪永淼　袁　媛　高红冰　蒋昌俊

前　言

随着数字智能技术的迅猛发展，数据成为企业竞争力的核心资源。如何从海量数据中提取有价值的信息，优化决策流程，提升自身运营效率，成为各行业企业共同面临的挑战。商业智能作为一项数据驱动的决策支持技术，不仅能帮助企业从海量数据中挖掘出有价值的信息，还能通过数据分析和预测指导企业优化运营、提升客户体验、创新业务模式。面对瞬息万变的市场环境，掌握商业智能技术及其应用成为各类企业、机构乃至政府组织成功应对数字经济挑战的重要保障。

本书内容从基础理论到前沿应用，全面覆盖了商业智能的关键领域。本书注重理论与实践相结合，不仅介绍了必要的理论知识，还通过丰富的案例和实际应用场景，让读者在掌握核心概念的同时，了解如何将商业智能技术有效地应用于真实的商业环境中。全书分为4篇：第1篇主要介绍了商业智能的基本概念和发展历程，并对其未来发展趋势做了展望；第2篇深入探讨了数据仓库、OLAP、数据预处理、数据挖掘、文本挖掘、时空数据挖掘等核心技术，并结合数据可视化与社会网络分析，帮助读者掌握商业智能的相关技术与方法；第3篇重点阐述了商业智能在数字营销、数字财务与审计、数字金融、数字人力资源管理等领域的实际应用，展示了其在现代商业管理中的广泛作用；第4篇聚焦大模型和可信人工智能等前沿主题，分析了多模态大模型在商业智能中的应用，并探讨了可解释性与人工智能隐私安全等关键问题。

本书既可作为相关专业本科生和硕士研究生的教材，也可作为数据分析领域从业人员的自学用书和企业内部培训材料，还可作为企业数据分析团队的参考书，帮助他们在复杂的数据环境中挖掘有助于业务发展的深刻洞见。在学习时，建议读者按照章节顺序逐步深入，特别是对于没有数据分析基础的读者，应先掌握前几章的基础知识，再深入探讨前沿技术。对于具备一定数据分析经验的读者，可以根据自己的实际需求，有选择性地阅读与实际工作或研究相关的部分。每章的课后习题将帮助读者更好地巩固所学知识。

本书编写分工如下：第1章、第4章、第10章部分内容、第12章由肖升生老师编写；第2章、第9章由李艳红老师编写；第7章、第8章、第13章部分内容由韩潇老师编写；第5章、第10章部分内容、第11章由陈佳威老师编写；第3章、第6章、第13章部分内容由方慧老师编写；肖升生老师负责全书统稿工作。在编写过程中，陈晋、杨惠敏、杨云骢、胡雯西、李晨曦、潘欣言、王星紫、张陈卓、刘合源等学生在资料收集和整理、文字校对等方面提供了细致的帮助，在此表示感谢！

由于编写时间有限，加之编者水平和涉猎范围有限，书中不足之处在所难免，希望得到专家、同行和读者的批评指正，使本书不断完善。

编者

2025 年 5 月

目　　录

第1篇　商业智能基础：基本概念和流程

第1章　商业智能概述 …………………………………………………………………… 2

1.1　商业智能的基本概念 ……………………………………………………………… 2

1.1.1　商业智能的定义 …………………………………………………………… 2

1.1.2　数据、信息和知识之间的关系 …………………………………………… 2

1.2　商业智能的发展历程 ……………………………………………………………… 3

1.3　商业智能的系统架构与关键技术 ………………………………………………… 4

1.3.1　商业智能的系统架构 ……………………………………………………… 4

1.3.2　商业智能的关键技术 ……………………………………………………… 5

1.4　商业智能的应用场景与系统/工具 ……………………………………………… 8

1.4.1　商业智能的应用场景 ……………………………………………………… 8

1.4.2　商业智能的系统/工具 …………………………………………………… 11

1.5　商业智能的发展趋势与挑战 ……………………………………………………… 13

1.5.1　商业智能的发展趋势 ……………………………………………………… 13

1.5.2　商业智能面临的挑战 ……………………………………………………… 14

本章小结 …………………………………………………………………………………… 15

课后习题 …………………………………………………………………………………… 15

参考文献 …………………………………………………………………………………… 15

第2篇　商业智能方法和技术

第2章　数据整合：数据仓库和 OLAP …………………………………………………… 18

2.1　数据仓库概述 ……………………………………………………………………… 18

2.1.1　数据仓库的起源与发展 …………………………………………………… 18

2.1.2　数据仓库及相关概念 ……………………………………………………… 24

2.1.3　数据仓库的体系结构与实现过程 ………………………………………… 28

2.2　数据仓库的相关技术 ……………………………………………………………… 31

2.2.1 多维数据模型 ·· 31

2.2.2 ETL ·· 35

2.2.3 OLAP ··· 38

2.3 OLAP 详解 ·· 39

2.3.1 基本概念 ·· 39

2.3.2 数据立方体 ·· 42

2.3.3 多维数据分析 ··· 46

2.4 OLAP 的体系结构、建模方法、实现过程和产品 ·············· 49

2.4.1 OLAP 的体系结构 ·· 49

2.4.2 维度建模 ·· 52

2.4.3 OLAP 的实现过程和产品 ·· 56

2.5 综合案例 ··· 58

2.5.1 数据仓库的搭建 ··· 59

2.5.2 OLAP 的实现 ·· 64

2.5.3 数据挖掘 ·· 66

本章小结 ·· 66

课后习题 ·· 66

参考文献 ·· 67

第 3 章 数据预处理与数据可视化 ··· 69

3.1 数据预处理的必要性 ·· 69

3.2 数据预处理方法 ·· 70

3.2.1 数据清洗 ·· 70

3.2.2 数据转换 ·· 78

3.2.3 数据特征提取 ··· 84

3.3 数据可视化简介 ·· 92

3.3.1 数据可视化的定义和作用 ·· 92

3.3.2 商业智能与数据可视化 ··· 93

3.4 数据可视化方法 ·· 94

3.4.1 数据可视化的常用统计图表 ····································· 94

3.4.2 交互式数据可视化工具 ·· 104

本章小结 ··· 106

课后习题 ··· 106

参考文献 ··· 107

第 4 章　数据挖掘 ·· 109

4.1　数据挖掘概述 ·· 109

4.2　分类分析 ·· 110

4.2.1　基本概念 ·· 110

4.2.2　决策树 ··· 111

4.2.3　集成分类器 ·· 114

4.2.4　其他分类方法 ··· 117

4.2.5　分类性能的度量指标 ·· 118

4.3　关联分析 ·· 120

4.3.1　基本概念 ·· 120

4.3.2　关联规则生成算法 ·· 122

4.3.3　关联规则评估指标 ·· 124

4.3.4　关联分析的高级方法与策略 ·· 125

4.4　聚类分析 ·· 125

4.4.1　基本概念 ·· 125

4.4.2　样本之间距离的计算 ·· 126

4.4.3　聚类算法与模型 ·· 128

4.4.4　性能评价 ·· 132

4.5　数据挖掘中的伦理和隐私保护问题 ·· 135

4.5.1　数据挖掘中的伦理问题 ·· 135

4.5.2　数据挖掘中的隐私保护问题 ·· 135

4.5.3　相关法律法规 ··· 136

本章小结 ··· 136

课后习题 ··· 137

参考文献 ··· 137

第 5 章　文本挖掘 ·· 140

5.1　文本挖掘概述 ·· 140

5.1.1　文本挖掘的基本概念 ·· 140

5.1.2　文本挖掘面临的挑战 ·· 141

5.1.3　文本挖掘的应用场景 ·· 143

5.2　文本预处理 ·· 143

5.2.1　文本词条化 ·· 144

5.2.2　文本规范化 ·· 146

5.2.3　噪声去除 ·· 149

5.3 文本表示 ·· 152

    5.3.1 文本离散式表示 ·· 152

    5.3.2 文本概念表示 ··· 155

    5.3.3 文本深度表示 ··· 158

5.4 文本分析和知识发现 ·· 162

    5.4.1 文本分类 ··· 162

    5.4.2 文本聚类 ··· 163

    5.4.3 信息提取 ··· 164

本章小结 ··· 165

课后习题 ··· 165

参考文献 ··· 165

第6章 时空数据挖掘 ··· 169

6.1 时空数据挖掘概述 ·· 169

    6.1.1 基本概念 ··· 169

    6.1.2 应用场景 ··· 171

    6.1.3 典型实际应用 ··· 174

6.2 时空数据管理 ··· 176

    6.2.1 时空索引 ··· 176

    6.2.2 轨迹数据管理 ··· 179

6.3 时间序列预测方法 ·· 183

    6.3.1 传统时序建模方法 ··· 184

    6.3.2 机器学习建模方法 ··· 186

    6.3.3 深度学习建模方法 ··· 187

6.4 时空数据挖掘算法 ·· 187

    6.4.1 空间数据可视化 ·· 187

    6.4.2 时空数据统计 ··· 190

    6.4.3 典型的时空数据挖掘算法 ································· 192

本章小结 ··· 196

课后习题 ··· 196

参考文献 ··· 197

第7章 社会网络分析 ··· 199

7.1 社会网络概述 ··· 199

    7.1.1 社会网络简介 ··· 199

    7.1.2 社会网络的基本概念 ······································ 200

　　　　7.1.3　社会网络研究的经典案例 ·· 205

　　7.2　社会网络模型 ··· 207

　　　　7.2.1　社会网络模型与真实世界网络 ·· 207

　　　　7.2.2　ER 随机图模型 ··· 209

　　　　7.2.3　WS 小世界网络模型 ·· 211

　　　　7.2.4　BA 无标度网络模型 ·· 212

　　7.3　社群发现 ··· 213

　　　　7.3.1　社群的基本概念 ··· 213

　　　　7.3.2　模块度 ·· 214

　　　　7.3.3　基于成员与图连接的社群发现 ·· 214

　　　　7.3.4　社群发现算法 ··· 215

　　7.4　影响力和中心性 ··· 217

　　　　7.4.1　影响力 ·· 217

　　　　7.4.2　中心性 ·· 218

　　7.5　社会网络中的信息传播 ·· 221

　　　　7.5.1　信息传播的基本概念 ·· 221

　　　　7.5.2　传播动力学 ·· 222

　　　　7.5.3　社会网络信息传播研究 ·· 224

　　本章小结 ··· 226

　　课后习题 ··· 226

　　参考文献 ··· 227

第 3 篇　商业智能应用

第 8 章　数字营销 ··· 230

　　8.1　数字营销概述 ··· 230

　　　　8.1.1　数字营销的定义 ··· 230

　　　　8.1.2　数字营销的主要方式 ·· 231

　　　　8.1.3　数字营销的优势 ··· 233

　　8.2　面向数字营销的用户画像 ·· 234

　　　　8.2.1　用户画像概述 ··· 234

　　　　8.2.2　用户画像与精准营销 ·· 236

　　　　8.2.3　案例分析：去哪儿网用户画像的构建与应用 ·························· 238

　　8.3　数字平台营销推荐服务 ·· 241

　　　　8.3.1　推荐系统 ··· 241

　　　　8.3.2　基于内容的推荐算法 ·· 243

8.3.3　基于近邻的协同过滤算法 ································· 244

8.3.4　基于矩阵分解的协同过滤算法 ····························· 246

8.4　AIGC 时代的数字营销 ·· 248

8.4.1　AIGC 概述 ··· 248

8.4.2　AIGC 与数字营销 ·· 249

本章小结 ··· 250

课后习题 ··· 250

参考文献 ··· 251

第 9 章　数字财务与审计 ·· 253

9.1　数字财务与审计概述 ·· 253

9.1.1　数字财务概述 ··· 253

9.1.2　数字审计概述 ··· 257

9.2　财务和审计数字化转型 ·· 263

9.2.1　财务数字化转型 ··· 263

9.2.2　审计数字化转型 ··· 269

9.2.3　案例：见知公司的自动对账系统 ································· 272

9.3　智能财务的应用：大数据预算管理 ······································ 275

9.3.1　预算管理概述 ··· 275

9.3.2　预算管理中的智能技术 ··· 276

9.3.3　案例分析：韩都衣舍的大数据预算管理 ··························· 276

9.4　智能审计的应用：财务欺诈识别 ·· 279

9.4.1　财务欺诈概述 ··· 279

9.4.2　常见的财务欺诈识别技术 ······································· 281

9.4.3　案例分析：康美药业财务舞弊 ··································· 282

本章小结 ··· 287

课后习题 ··· 287

参考文献 ··· 287

第 10 章　数字金融 ··· 289

10.1　数字金融概述 ·· 289

10.1.1　数字金融的发展背景和基本概念 ································· 289

10.1.2　数字金融的作用和典型应用场景 ································· 290

10.1.3　数字金融发展面临的挑战 ······································ 292

10.2　数字金融在供应链金融领域的应用 ····································· 294

10.2.1　资金流动性管理 ·· 295

　　　　10.2.2　信用评估与风险控制 ·· 295

　　　　10.2.3　案例分析：阿里巴巴通过 SWIFT 全球支付创新服务优化供应链金融 ··········· 296

　　10.3　数字金融在不动产估值领域的应用 ····································· 297

　　　　10.3.1　传统估值方法 ·· 298

　　　　10.3.2　智能估值方法 ·· 299

　　　　10.3.3　案例分析：Zillow 运用不动产智能估值开展即时买卖业务失败 ··········· 301

　　本章小结 ··· 303

　　课后习题 ··· 303

　　参考文献 ··· 303

第 11 章　数字人力资源管理 ·· 306

　　11.1　数字人力资源管理概述 ··· 306

　　　　11.1.1　数字人力资源管理的定义和范围 ······································ 306

　　　　11.1.2　数字人力资源管理的演进趋势 ·· 307

　　　　11.1.3　商业智能如何支持数字人力资源管理 ································ 309

　　11.2　商业智能与人才招聘 ··· 310

　　　　11.2.1　人才精准画像 ·· 310

　　　　11.2.2　人岗匹配预测 ·· 312

　　　　11.2.3　自动化人才评估 ·· 313

　　11.3　商业智能与人才培养 ··· 314

　　　　11.3.1　个性化培训推荐 ·· 314

　　　　11.3.2　高潜力员工识别 ·· 315

　　　　11.3.3　人才团队建设 ·· 316

　　11.4　商业智能与人才发展 ··· 316

　　　　11.4.1　工作绩效预测 ·· 317

　　　　11.4.2　工作满意度预测 ·· 317

　　　　11.4.3　职业流动性预测 ·· 318

　　本章小结 ··· 319

　　课后习题 ··· 319

　　参考文献 ··· 319

第 4 篇　前沿主题

第 12 章　商业智能与大模型 ·· 327

　　12.1　大语言模型 ·· 327

　　　　12.1.1　基本概念 ·· 327

　　　　12.1.2　大语言模型的发展历程 ·· 330

XIII

12.1.3 经典大语言模型概述 ··· 331

12.1.4 大语言模型的应用风险与挑战 ··· 334

12.2 多模态数据与多模态大模型 ··· 336

12.2.1 多模态数据 ··· 336

12.2.2 多模态大模型 ··· 337

12.2.3 多模态大模型是人工智能大模型发展的方向 ························ 339

12.3 大模型在商业智能中的应用 ··· 341

12.3.1 大模型在商业智能中应用的关键步骤 ···································· 341

12.3.2 大模型在商业智能中的典型应用领域 ···································· 342

12.3.3 大模型在商业智能中的应用趋势与挑战 ······························· 345

本章小结 ·· 347

课后习题 ·· 348

参考文献 ·· 348

第 13 章 可信人工智能 ·· 350

13.1 可解释人工智能 ··· 350

13.1.1 可解释性概述 ··· 351

13.1.2 本质可解释方法详述 ·· 354

13.1.3 事后可解释方法详述 ·· 357

13.1.4 模型可解释性技术的应用领域 ··· 363

13.2 人工智能隐私安全 ··· 366

13.2.1 数据隐私和保护 ·· 366

13.2.2 模型安全与攻击防护 ·· 367

13.2.3 案例分析：网络中的链路窃取攻防 ·· 368

13.2.4 案例分析：针对机器学习模型的成员推测攻防 ······················ 374

本章小结 ·· 381

课后习题 ·· 381

参考文献 ·· 382

第1篇

商业智能基础：基本概念和流程

第1章

商业智能概述

随着信息技术的飞速发展，商业智能（Business Intelligence，BI）成为现代企业获取竞争优势的关键工具。商业智能系统通过整合、分析和可视化呈现数据，帮助企业洞察市场趋势、优化运营流程、提高决策效率。本章将重点介绍商业智能的基本概念、关键技术和应用实践，帮助读者理解如何有效地利用商业智能工具来赋能企业管理实践。

⊶ 本章学习重点

- 商业智能系统架构。
- 商业智能应用实践。

1.1 商业智能的基本概念

1.1.1 商业智能的定义

商业智能又称商务智能或商业智慧，泛指能够提高企业运行性能的方法、技术和软件。在业界，商业智能常被视为一种工具或解决方案。在学术界，它则被定义为一个涵盖数据仓库、联机分析处理（On-Line Analysis Processing，OLAP）、数据可视化、数据挖掘等技术的商业分析过程。此过程通过处理现有数据，将其转化为知识并进行深入分析，从而实现商业价值。商业智能覆盖企业运营的各个层面，包括战略制定、运营管理和执行环节，旨在辅助决策、促进决策流程、协同组织目标与行动，并降低整体运营成本。

1.1.2 数据、信息和知识之间的关系

数据、信息和知识之间存在紧密的关系，如图 1.1 所示。数据作为商业智能的基石，是未经处理的原始事实和数字。经过整理、分析和加工，数据被转化为信息。信息具备结构化和易理解的特

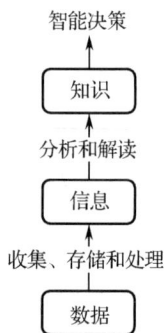

图 1.1 数据、信息和知识之间的关系

点，有助于人们更深入地认识现象、趋势和关系。知识则有助于人们对信息进行更深入的整理和解读。通过对信息的分析、总结和归纳，人们可以获取深刻的见解与宝贵的经验，进而将其应用于实际决策和问题解决中。

在实践中，数据经过收集、存储和处理，转化为有益的信息。这些信息经过深入的分析与解读，最终升华为知识。知识代表着对信息的深刻理解和应用，是企业进行智能化决策的关键依据。因此，数据、信息和知识共同构成了商业智能系统中"三位一体"的核心要素，它们彼此紧密相连，犹如建筑物的基石、墙体与屋顶，共同形成了商业智能系统的坚实架构。

1.2　商业智能的发展历程

商业智能的发展历程可以分为如下几个阶段。

1．初级阶段（20 世纪 90 年代以前）

商业智能作为一种赋能商业管理的工具，其初步形态诞生于 20 世纪 70—80 年代。在这一阶段，商业智能技术主要关注数据的收集、存储、清洗、整理，以及基础的报表生成等功能。这些功能有助于企业管理者了解业务状况和发展趋势。这一阶段被视为传统商业智能的初级阶段。

2．传统商业智能阶段（20 世纪 90 年代—21 世纪初）

这一阶段的商业智能主要以信息技术（Information Technology，IT）为中心，聚焦于预定义的报表和数据分析，技术上依赖数据仓库、OLAP 等，旨在为管理层提供结构化的业务报告和历史数据分析。这一阶段的商业智能系统响应周期较长，且需要 IT 部门深度参与，灵活性和自服务能力较弱。

3．敏捷商业智能阶段（21 世纪初—2010 年）

进入 21 世纪以来，互联网的普及和信息技术的快速发展为商业智能的进一步发展提供了契机，商业智能进入了敏捷阶段。这一阶段强调自助式服务、快速部署和灵活分析，业务用户可以直接访问和分析数据，减少了对 IT 部门的依赖。工具更加可视化，支持实时分析和使用移动设备访问，提升了决策速度和效率。由于商业智能开始注重数据的实时性、可视化和智能化分析，企业能够更敏锐地洞察市场变化和客户需求，实现精细化管理和个性化服务。

4．智能增强商业智能阶段（2010 年至今）

近年来，人工智能技术与大数据技术的融合发展推动了商业智能步入全新阶段。深度学习、自然语言处理等人工智能技术的应用使商业智能系统不仅能处理和分析结构化数据，还能深入挖掘文本、图像和视频等非结构化数据的价值。例如，通过运用 Transformer、基于 Transformer 的双向编码器表示（Bidirectional Encoder Representation from Transformer，BERT）和生成式预训练 Transformer（Generative Pre-trained Transformer，GPT）等大模型，商业智能在数据挖掘与预测分析领域的实力得到显著增强。与此同时，商业智能与自然语言处理、计算机视觉等领域的深度融合不仅实现了与用户的智能交互（如文本分析和语音识别），还借助图像识别和视频分析等技术为多模态数据提供了更加直观且丰富的呈现方式，为企业决策提供了更深刻的洞察。在这一阶段，商业智能从一个仅提供简单的数据处理与分析功能的系统跃升为一个能够提供复杂决策支持和预测分析功能的智能系统。

1.3 商业智能的系统架构与关键技术

1.3.1 商业智能的系统架构

典型的商业智能系统架构主要包括数据管理层、数据分析层、智能决策层和用户展现层，如图 1.2 所示。

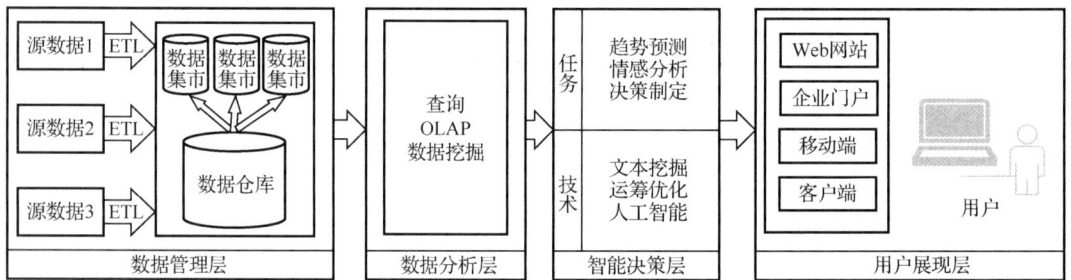

图 1.2 典型的商业智能系统架构

1. 数据管理层

数据管理层负责管理数据，包括源数据采集、数据转换、数据仓库构建等。源数据是商业智能系统的基础，通常包括企业各种应用系统产生的内部数据，相关市场、竞争对手等产生的外部数据。这些数据可能是结构化的，如关系表和电子表格等，也可能是非结构化的，如平面文件、图像、音频等。数据转换是指将采集到的源数据经过数据抽取、转换和加载（Extraction，Transformation，Load，ETL）存储在数据仓库中，为数据的分析奠定基础。数据仓库构建是指将多源数据经过抽取、转换之后放到一个供分析使用的环境中，为数据分析提供一个综合、集成、统一的数据管理平台。通常面向单个部门的数据仓库可建立为数据集市。数据集市是数据仓库的一个子集，含有特定的主题。

2．数据分析层

数据分析层主要采用查询、OLAP、数据挖掘等分析方法，从数据仓库中大量看起来杂乱无章的数据中寻找潜在规律和特征。现代信息技术的发展使人们能够对数据进行多层次和多角度的处理，将数据转变成知识，让这些知识帮助企业获取竞争对手不曾掌握的信息和手段，进而获取竞争优势。

3．智能决策层

智能决策层旨在协助决策者从日常业务数据中提炼出结论性的、基于事实且具备可执行性的信息，从而进行半结构化商业决策（如市场开发方案制订）或非结构化（如人力资源招聘）商业决策。在此过程中，人机交互成为关键环节，它可以确保决策者能够理解和有效运用机器分析结果，同时将人类经验和判断融入决策过程。大多数企业设有商业智能部门以提供决策支持，其主要服务对象为高层管理人员。然而，未来商业智能决策的核心在于由机器自动完成运营决策，实现商业决策智能化。

4．用户展现层

早期的用户展现层主要通过数据报表展现信息，即通过表格、二维图形（如柱状图、饼图和折线图等）、三维图形等报表对象，动态、形象地展现信息。随着技术的不断进步，商业智能系统中用户展现层的展现形式日趋多样化，如基于 Web 的展示方式、动态报表、仪表板、基于云平台和移动互联网的即席查询访问等。同时，用户展现层提供的展示工具具有先进的前端展现功能，相关数据可被无缝输出为 PDF、Excel 等常用文件格式，支持用户多角度、多层次的线下分析。

1.3.2　商业智能的关键技术

1．数据管理层相关技术

1）ETL 技术

ETL 技术用于完成数据从数据源向数据仓库的转化，是构建数据仓库的重要步骤。用户从各种数据源（如数据库、应用程序、文件）中抽取出所需的数据，经过数据清洗、验证、聚合等操作，将其转换为适合分析的格式，最终按照预先定义好的数据仓库模型，将数据加载到数据仓库中。如果说数据仓库的模型设计是一座大厦的设计蓝图，数据是砖瓦，ETL 就是建设大厦的过程。

2）数据仓库技术

作为一种面向主题、集成、动态的数据集合，数据仓库（Data Warehouse，DW）旨在辅助经营管理过程中的决策制定。所谓面向主题，即数据仓库以主题为单位进行组织，每个主题对应一个宏观分析领域（如销售、库存或客户），而非遵循业务流程。数据仓库的核心特征在于，其物理存储的数据并非最新的、专属的，而是来源于其他数据库。相较于事务处理数据库在信息环境中的应用主要侧重日常操作性任务，数据仓库建立在全面、完善的信息应用基础上，旨在支持高层决策分析，并具有对历史数据进行深度挖掘的潜力。关于 ETL 技术和数据仓库技术的具体介绍将在第 2 章展开。

3）大数据存储和处理技术

随着互联网、物联网、移动通信技术的发展，数据产生的速度和规模远超传统数据处理方法，数据的特征也变得复杂多样，由此引出了大数据的概念和特征。在大数据存储方面，采用分布式存储技术（如 Hadoop 和 Spark），可解决海量数据的存储和管理问题，提升系统的可扩展性和性能。在大数据处理方面，运用分布式计算框架（如 MapReduce、Flink 和 Storm），可实现多机并行处理，提升处理速度并减轻机器负载。

2. 数据分析层相关技术

1）OLAP 技术

OLAP 技术可以让分析人员从多个维度、多个层次观察数据，以达到深入理解数据的目的。OLAP 技术的一个主要特点是数据的多维分析。多维分析是指对多维数据进行切片、切块、钻取、旋转等各种分析操作。该技术与数据仓库技术相结合，可以很好地满足企业商业智能系统既要存储大量数据以进行统计计算，又要对数据进行分析以辅助决策的需求。关于 OLAP 技术的具体介绍将在第 2 章展开。

2）数据挖掘技术

数据挖掘（Data Mining）技术是一种主动分析技术，其从大量数据中自动挖掘隐含的信息与知识，从而揭示未知的知识，无须分析者预先设定假设。该技术既可应用于结构化数据分析，也可应用于文本数据和多媒体数据解析。常见的分析手段包括分类、聚类、关联分析、数值预测、序列分析及社会网络分析等。关于这些分析手段的具体介绍将在第 4 章、第 6 章和第 7 章展开。

3. 智能决策层相关技术

1）云计算技术

云计算技术源于分布式处理、并行处理与网格计算的综合发展，其原理是通过网络将庞大的计算处理程序自动划分为众多较小的子程序，再将这些子程序交由多台服务器组成的庞大系统进行计算。云存储与云计算的概念相似，它通过集群应用、网格技术或分布式文件系统等，将网络中大量不同类型的存储设备整合起来协同工作，共同为用户提供数据访问和计算功能。借助云计算和云存储，商业智能所需的数据能够实现全球互联，无论在何处，任何设备上的数据都可以在短时间内进行云计算，并帮助企业据此做出商业决策，从而实现真正的即时商业智能。

2）文本挖掘技术

文本挖掘技术是指运用自然语言处理（Natural Language Processing，NLP）、统计学和机器学习（Machine Learning，ML）等方法，从大量文本数据中提炼出有价值的信息和知识。NLP技术能够识别并提取文本中的核心概念、模式、趋势和关联，进而助力决策制定、洞察发掘和预测分析。文本挖掘技术在市场分析、情感分析、趋势预测及智能搜索引擎等领域具有广泛的应用。关于文本挖掘技术的具体介绍将在第5章展开。

3）运筹优化技术

运筹优化技术是指在运筹学的理论框架下，借助数学模型和优化算法，对各类问题展开深入分析和精确求解，以获取最优或接近最优的解决方案。其核心目标在于通过科学决策和合理规划，实现利益最大化、成本最小化、资源优化分配及效率提升等多个目标。运筹优化技术广泛应用于生产与运作管理、供应链管理、物流与运输规划、金融与投资决策等多个领域，为各行各业提供高效、精准的决策支持。

4）人工智能技术

人工智能（Artificial Intelligence，AI）技术是指用于模拟、拓展和深化人类智能的一系列技术，其目标是通过计算机系统实现认知、感知、学习、推理及解决问题的智能行为。人工智能技术包括但不限于机器学习、深度学习、计算机视觉及专家系统等。人工智能技术具有处理和分析大量数据的能力，能够识别模式和特征，实现自主学习，并在特定领域执行复杂任务，如语音识别、图像识别、决策支持及自动化控制等。关于人工智能技术的具体介绍将在第12章和第13章展开。

4．用户展现层相关技术

1）数据可视化技术

为了将分析后的数据以直观、简洁的形式展示给用户，人们通常运用各种查询和报表工具进行数据表示与发布。传统的数据可视化主要通过数据报表实现，包括柱状图、饼图和折线图等。随着技术的进步和用户需求的多样化，人们可以运用计算机图形技术或图像处理技术，在计算机屏幕上以图形、图像、虚拟现实等交互性强的方式呈现数据。关于数据可视化技术的具体介绍将在第3章展开。

2）移动商业智能技术

移动商业智能技术可以在移动设备上实现对各类可视功能的访问，这对要求能在任何时间、任何地点获取数据和分析结果的用户具有至关重要的意义。相关应用经过精心优化，可以适应移动设备的界面特点，从而确保在小尺寸屏幕上具有良好的可读性和易用性。例如，Tableau、Power BI和SAP Lumira等商业智能应用的移动版可以让用户随时随地便捷地查看仪表板、接收相关通知及进行深度的数据探索。该技术极大地提升了用户工作的灵活性和效率，使数据分析不再受限于特定的时间和空间。

1.4 商业智能的应用场景与系统/工具

1.4.1 商业智能的应用场景

从早期依赖信息技术支持的报表生成，到如今借助云计算、大数据和人工智能等技术实现的即时分析与预测决策，商业智能已经渗透至企业运营的方方面面，成为驱动业务增长与策略优化的核心力量。表1.1梳理了商业智能在一些行业的典型应用场景。

表 1.1 商业智能典型应用场景总结

行　业	典型量产数据	典型应用场景	存在的问题
制造业	生产调度、产量、效率、故障、库存和成本数据等	质量控制与故障检测、生产流程优化	复杂的继承过程、高昂的实施成本及变革管理面临的挑战
金融业	债权人和债务人的信息	客户信用分析与预测、金融欺诈和金融犯罪防治、个人金融智能助理	数据安全与隐私保护问题、合规性挑战、过度依赖技术的风险
电信业	用户通话记录	盗用模式分析和异常模式识别、服务关联分析和移动业务推荐	海量数据的处理、用户隐私保护问题、过度优化的风险、依赖单一商业智能供应商的风险
零售业	客户购买数据、客户信息	交叉销售策略分析、市场定位与潜在客户分析、客户忠诚度分析	用户隐私保护问题、市场动态的快速变化风险

1. 制造业

在过去几十年，信息技术特别是商业智能技术在制造行业（尤其是汽车、机械、飞机等大型制造企业）得到了广泛应用。随着互联网、人工智能和物联网等技术的发展，制造业开始生成更多种类和更多数量的数据，为商业智能提供了丰富的资源，推动制造业向更高效和更智能的生产管理模式转变。

1) 质量控制与故障检测

随着生产规模的不断扩大和生产流程的日益复杂，有效控制产品质量和识别可能的故障成为制造业面临的核心挑战。商业智能技术通过分类分析和关联规则分析，助力企业识别质量控制的关键要素和故障的潜在诱因，从而实现针对性的调整与控制。由于可以实时监控生产数据，商业智能技术能够及时发现异常状况，使管理层迅速做出决策，调整生产流程，避免潜在损失。

2) 生产流程优化

对大型制造企业来说，优化生产流程是提高效率和降低成本的关键。商业智能技术以其强大的数据分析和处理能力，成为优化生产流程的得力助手。它可以帮助企业全面掌握生产流程中的每个环节，发现瓶颈和问题，并制定改进措施，提升生产效率。可以利用商业智能技术制订合理的生产计划，预测市场趋势，确保产品按时交付。在生产自动化方面，商业智能技术能实现自动化控制和监测，以减少误差，提高稳定性和可靠性。

2．金融业

在过去数十年，金融领域，特别是以银行为代表的金融机构，一直是信息技术应用的领先者和成熟典范。由于对数据质量的严格把控，银行等金融机构积累了丰富、可靠且高质量的数据。这为系统化的数据挖掘和商业智能分析提供了极大的便利。

1）客户信用分析与预测

在银行业务中，客户信用分析具有至关重要的地位。鉴于银行贷款的广泛性，对客户信用进行精准分析成为控制风险的必要手段。商业智能通过运用机器学习技术，基于属性相关分析进行特征选择，识别出影响客户贷款偿还能力和信用等级的关键因素，如贷款利率、贷款期限、偿还与收入比率等。例如，银行可以借助信用卡客户数据分析，运用聚类等无监督学习方法对客户风险进行评估，根据数据自身的特性对客户信用评级进行分类。商业智能逐渐成为银行等金融机构进行客户信用分析与预测不可或缺的工具。

2）金融欺诈和金融犯罪防治

金融欺诈包括恶意拖欠、身份盗用等行为，是威胁金融系统健康的重要因素。商业智能通过数据挖掘技术识别潜在风险，在防范金融欺诈方面发挥着关键作用。商业智能工具整合了多个数据库的信息，并运用多种数据分析与可视化工具，能够有效地发现异常模式。这些工具有助于金融行业调查、识别客户的关键活动关系和模式，从而预防和打击金融欺诈行为。得益于商业智能系统在金融行业的成熟应用和计算机系统的高效处理能力，许多金融系统实现了实时业务数据分析。一旦发现异常模式，系统将立即发出提示或报告，有效防止金融欺诈和金融犯罪。

3）个人金融智能助理

商业智能可以通过金融大模型为客户提供金融智能助理服务。例如，智能理财助理可以协助个人更有效地管理和配置资产，提供个性化的投资建议和财务规划。商业智能软件可以利用先进的数据分析和机器学习技术来分析市场趋势、预测投资风险，并根据客户的财务状况和风险偏好推荐合适的投资策略。

3．电信业

电信业长期广泛运用计算机业务系统，汇聚了丰富的客户资源和业务数据，为商业智能的应用创造了有利条件。此外，电信系统具备强大的数据存储和处理能力，为商业智能在电信业的发展奠定了坚实的基础。

1）盗用模式分析和异常模式识别

电信业面临的重大挑战之一是盗用行为，此类行为不仅会导致巨额经济损失，还会侵害客户权益。通过运用集成化的孤立点分析方法和时间序列分析方法，电信业能够有效地预防和识别异常模式，从而捍卫企业和客户的权益。这两种分析方法并不局限于孤立异常事件的识别，还涵盖盗用行为趋势分析，以及通过关联分析手段探寻可能诱发盗用的因素。

2）服务关联分析和移动业务推荐

随着移动通信技术的不断进步，手机逐渐演变成为一种集多种功能于一体的设备，不仅提供通话服务，还支持视频传输、音频下载、网页浏览及休闲娱乐等多样化应用。这种丰富的功能性和多元化的移动增值服务为电信业带来了崭新的商业机遇。通过深入挖掘客户的使用习惯和偏好，电信企业可以借助服务关联分析和移动业务推荐，为客户量身定制相关的移动服务和产品，进而提升客户满意度，实现企业收入的稳步增长。商业智能与大模型的深度融合为电信业的数字化转型开启了新篇章，为电信运营商提供了深度智能化的发展途径。大模型作为企业的智能助手，通过数据分析与学习，为不同的客户群体和营销场景量身打造个性化的营销策略与话术。

4．零售业

零售业也是商业智能技术迅速渗透并充分赋能的典型领域。得益于该行业积累的丰富数据资源，如客户购买历史、库存流转信息、消费行为及服务记录等，零售商可以精准地预测客户未来的购买需求，从而提前调整库存、优化商品组合，甚至实现个性化推荐，提升客户的购物满意度和忠诚度。商业智能技术在产品/服务的交叉销售策略分析、市场定位与潜在客户分析、客户忠诚度分析等方面应用广泛。

1）交叉销售策略分析

交叉销售作为一种企业策略，旨在针对现有客户推广新产品或新服务。其核心在于深入分析既有客户数据，结合新产品与新服务的特性，预测客户需求。鉴于对原有客户的充分认知和丰富数据的支持，交叉销售通常具有较高的成功率。相较于新客户开发，其优势在于无须重新投入品牌宣传与推销成本，从而有效降低产品推广支出。商业智能系统通过收集和分析客户的购买历史、浏览记录、喜好等数据，发现隐藏的消费模式和关联性，进而确定哪些产品或服务最有可能与客户已购买的商品形成互补或延伸需求。例如，关联规则分析法揭示了广为人知的"啤酒-尿布"现象，据此将啤酒和尿布在货架陈列或促销活动中捆绑呈现，可以显著提升销售额。

2）市场定位与潜在客户分析

在构建数据仓库的基础上，企业通常需要对营销问题进行深入探讨，首要任务是明确自身产品所处市场的独特属性。这一任务需要借助对已有的商品销售数据、客户特征数据等信息的详尽分析来完成。在客户细分过程中，可通过商业智能技术对关键客户特征（如年龄、性别、收入等）进行归类，以实现更精准的客户匹配。市场定位分析的目的在于优化针对目标市场的营销活动，若缺乏清晰的市场定位信息，企业在进行广告投放时将面临覆盖范围过大导致的成本高昂问题。通过数据挖掘获取市场细分定位信息之后，企业可以针对性地实施营销策略。

3）客户忠诚度分析

众多研究表明，企业销售额的显著部分源于回头客，在电器、酒店、餐饮等特定行业，这一现象更加明显。因此，提升回头客的比例（提高客户忠诚度）成为企业营销战略的核心内容。现代企业在销售过程中，通常采用会员卡等形式记录客户基本信息，追踪其购买行为和消费序列，从而评估其忠诚度。在分析客户忠诚度时，一种常见方法是对已建立联系的客户群体进行分类。首先将每位现有客户标识为"忠诚"或"其他"类别，然后运用商业智能技术进行深入分析。例如，关联规则分析可以揭示忠诚客户之间的购买关联特性；时间序列模式分析可以挖掘忠诚客户特有的购买行为模式；回归分析可以提炼忠诚客户的关键特征属性。通过对忠诚客户潜在特质的精准把握，企业在制定市场推广策略时，能更有针对性地对潜在忠诚客户群体开展营销活动。

1.4.2　商业智能的系统/工具

随着数字化转型浪潮的推进，企业对数据价值的认识不断深化，对商业智能的需求日益增长。在此背景下，市场上出现了众多类型各异、独具特色的商业智能系统/工具。这些系统/工具覆盖了数据处理的全生命周期，并为不同的业务场景、用户需求及技术层次提供了高度专业化和个性化的解决方案，极大地丰富了商业智能的应用生态体系。目前市场上典型的商业智能系统/工具有以下几个。

1. Tableau

Tableau 是一款被广泛使用的商业智能和数据可视化软件。自 2003 年由 Christian Chabot、Pat Hanrahan 和 Chris Stolte 共同创立以来，Tableau 已经成为商业情报领域的一个重要"玩家"。Tableau 的开发始于对数据分析流程的改进需求，旨在通过可视化手段使数据的使用变得更容易和更直观。Tableau 的设计理念是基于用户友好和灵活性。它提供了一系列强大的分析工具，允许用户快速创建从简单到复杂的数据可视化形式，包括图表、图形和仪表板。这些工具支持拖放操作，为数据分析和可视化提供了一种全新的方式，用户无须掌握编程知识就可以轻松地探索数据并发现洞察。Tableau 支持广泛的数据源，包括 Excel、结构化查询语言（Structured Query Language，SQL）数据库、云数据服务等，几乎可以与任何类型的数据集成。这种灵活性使 Tableau 适用于多种业务场景，如财务报告、市场分析、高级数据科学应用等。Tableau 还具有强大的社区支持和资源库，提供了大量学习材料、论坛讨论和用户分享的可视化，从而帮助新用户快速上手，并不断激发专业用户的创新灵感。

2．FineBI

FineBI 是一款由帆软软件有限公司研发的创新型商业智能工具，专为适应新时代的大数据分析而设计。该产品旨在帮助企业业务人员全面掌握并有效运用数据。凭借卓越的大数据引擎，FineBI 使用户能够通过简易的拖拽操作，进行丰富多样的数据可视化展示，进而自主地进行数据探索与分析，挖掘数据的更多潜能。除了直观的数据可视化功能，FineBI 还内置了先进且高效的数据分析模型与算法，支持用户开展更深层次的数据挖掘与预测分析。即使不具备专业数据科学背景，用户也能借助 FineBI 发现数据中的规律与趋势，做出更具数据驱动的决策。FineBI 的另一个显著优势在于其卓越的数据整合能力。它能轻松对接多种数据源，包括传统数据库、大数据平台和云服务，实现数据的无缝整合。由此，企业可构建统一的数据视图，全面了解业务运营和客户行为。

3．Power BI

Power BI 是由微软开发的一款商业智能工具，旨在为用户提供强大且易于使用的数据分析与报告功能。Power BI 专为简化数据分析过程而设计，可以使用户轻松连接到各种数据源、进行数据转换和清洗、建立数据模型及创建交互式数据可视化报告。Power BI 提供了丰富的数据可视化工具，使用户能够通过直观的图表和仪表板展现数据洞察。用户可以利用拖拽功能创建复杂的数据分析报告，而无须具备深厚的技术知识。Power BI 还能轻松地与微软的其他产品和服务（如 Excel、Azure、SQL Server）集成，也支持与多种第三方数据源和应用程序连接。凭借微软强大的软件生态，这种集成性使 Power BI 成为企业内部数据分析和报告的有力工具。

4．Quick BI

Quick BI 是阿里旗下的一款高度灵活的商业智能产品，旨在满足全场景数据分析和决策支持需求。这款产品致力于使数据驱动的业务决策更加便捷，通过提供强大的数据分析和可视化工具，帮助企业轻松搭建全面的数据分析体系。用户可以借助 Quick BI 创造美观的仪表板、复杂的电子表格、动态的大屏幕展示及结构化的数据门户，以直观的方式呈现数据和分析成果。Quick BI 凭借其智能化、高性能、低门槛、全场景和高资质优势，实现了对企业数据分析全场景覆盖和高性能海量数据分析。此外，Quick BI 支持将数据报告融入企业日常业务流程中，以提升报告的实用性与时效性。Quick BI 还配备了便捷的分享功能，允许用户通过邮件、钉钉、企业微信等途径，与团队成员和业务伙伴共享数据洞察与报告，推动信息流通与协作。

当前市场上的商业智能系统/工具都具有广泛的多样性和很强的定制化能力，能够在一定程度上满足不同企业的商业智能化需求，企业可以根据自身的业务目标、技术能力、资金预算等进行选择和使用。

1.5　商业智能的发展趋势与挑战

1.5.1　商业智能的发展趋势

随着大数据、云计算、人工智能等技术的飞速发展，商业智能在未来将呈现出以下几个发展趋势。

1．与人工智能大模型技术深度融合

随着人工智能技术的日益成熟，以大语言模型为代表的人工智能大模型技术在商业智能领域的应用日益广泛且能力日益强大。人工智能大模型技术有望颠覆人们与数据互动的模式，为企业提供前所未有的数据利用方式。例如，企业可借助人工智能大模型从文本中提炼关键信息，分析客户情感，或者判断社交媒体环境的积极（或消极）因素。人工智能大模型技术还将演进为人工智能驱动的聊天机器人，为用户提供快速、准确的商业智能问题解答。

2．自助式商业智能不断涌现

自助式商业智能使非技术用户能够便捷地进行数据分析，不再依赖信息技术部门或数据分析师。这一趋势有望延续，从而进一步推动数据分析的民主化进程，使员工能够迅速根据自身需求获取深刻的见解。在未来几年，用户将更加善于运用数据，从而为组织内部打造数据文化奠定坚实的基础。自助式商业智能消除了对信息技术/数据团队获取准确数据的依赖，使用户能够轻松地满足分析需求，更快地做出关键决策。

3．具有更高的可配置性、灵活性和变化性

未来的商业智能系统将全面覆盖各类企业，满足所有用户的需求。为此，此类系统需要具备根据用户职权和需求提供个性化功能的能力，从基础的数据获取到复杂的决策支持和知识分析。商业智能解决方案将更加开放，能够根据企业的特定需求进行定制，并能够在核心技术的基础上融入企业自有代码和解决方案，以提供个性化服务。

4．嵌入式商业智能不断发展

嵌入式商业智能将被整合至企业财务系统、人力资源系统及销售系统中，为它们的实时决策提供支持。未来，商业智能系统不仅提供传统的查询与报表生成功能，还将强化数据分析、挖掘及企业建模等高级功能，以提升决策的精确性与系统性能。商业智能系统将

服务于更广泛的用户群体,与企业系统紧密连接,实时整合与分析数据,提供洞察,发出警报,并依据数据变化自动更新。通过深度融入日常工作流程,商业智能系统使团队能够实时探索数据,支持企业的日常运营与决策。此外,商业智能系统将实现与第三方系统的无缝集成,为构建企业级数据驱动文化奠定基础。

1.5.2　商业智能面临的挑战

商业智能系统/工具在提升决策品质、优化业务流程、提升客户体验等方面得到了广泛应用,并取得了显著成果。然而,随着应用领域的不断拓展,商业智能系统逐渐暴露出一系列问题和挑战。

1．数据安全和隐私保护挑战

数据安全是指组织为确保敏感数字信息(无论处于传输状态还是静态状态)免受未经授权访问、披露、盗窃和篡改,所采取的实践、流程及工具。在技术风险与系统风险相互交织的背景下,数据安全问题变得尤为复杂。商业智能的发展依赖大量包含敏感信息的数据,因此存在隐私泄露的风险。关于商业智能平台所采集的原始数据及衍生数据的所有权、控制权和使用权,在法律层面尚未明确,处于"灰色地带"。在人工智能算法模型安全方面,研究人员需要关注全周期内的安全风险,涵盖数据收集、数据预处理、模型训练、模型微调及模型部署应用等环节。同时,数据篡改、模型后门、对抗性样本、数据泄露、模型窃取和软件漏洞等问题不容忽视。

2．法律和伦理道德问题

在智能商务领域,人工智能(AI)算法的不当应用可能无意识地复制并加剧人类偏见,从而导致不公平或歧视性决策。例如,一个依赖历史销售数据进行训练的 AI 模型可能对特定群体的消费者产生歧视,进而影响他们获取产品或服务的机会。这不仅可能引发伦理问题,还可能触犯反歧视法规。随着商业智能决策过程的日益自动化,确保决策的透明度和可解释性成为一项挑战。在商业智能系统的某些决策会对个人产生重大影响的情况下(如信用评分、就业机会等),消费者和监管机构可能要求企业解释 AI 系统做出特定决策的原因。

3．商业智能的过度依赖风险

商业智能为企业提供了前所未有的数据访问和分析能力,帮助企业做出更加明智的决策。然而,过度依赖商业智能可能带来一系列问题和风险,如决策失误、创新能力下滑和组织依赖性增强。过分信任商业智能分析可能导致对人类直觉与经验价值的忽视,尤其是在数据分析难以全面覆盖的复杂情境中。在市场竞争环境瞬息万变的背景下,过度依赖商业智能可能削弱企业对新信息和突发事件的应变能力,因为团队可能过分依赖系统分析,而非动态地调整策略。

商业智能有能力为各行各业带来显著的效率提升。然而，在实施这一举措的过程中，行业必须对其潜在风险进行全面而深入的分析。由于商业智能与人工智能深度融合，大量复杂的"黑匣子"AI模型可能被应用到实际场景中，这些模型所产生的决策往往缺乏可解释性，可能对人类的信息掌握和决策能力形成挑战。同时，通过交互式数据的持续输出和传输，商业智能可能加大我国数据主权和网络空间安全方面的风险。为确保安全稳定，应预先分析潜在风险，构建完善的政府、企业和社会沟通机制，探索多方协作的治理模式。此外，应加快我国数据安全战略和监管法律的建设，强化自主可控的基础设施和行业规范的协同，以巩固商业智能应用的安全防线。

本章小结

本章全面探讨了商业智能的基本概念、发展历程、系统架构、关键技术及其在各行业的实际应用。在基本概念方面，本章强调数据、信息和知识作为商业智能系统的核心元素，它们之间的紧密关联共同构成了商业智能系统的运作基础。在发展历程方面，随着科技的进步，商业智能的功能从早期的数据处理和报表生成，演进为如今的智能决策支持，实现了更高效率、更实时和更智能化的应用。在系统架构方面，商业智能通常包括数据管理层、数据分析层、智能决策层和用户展现层。各层均采用特定技术和工具，确保数据的有效管理和分析。商业智能的应用领域极为广泛，覆盖了制造业、金融业、电信业、零售业等多个领域。展望未来，商业智能将朝着数据治理强化、与 AI 大模型技术融合、自助式商业智能兴起等方向发展。在为企业带来更多机遇的同时，商业智能也呼唤行业内外共同努力，确保其健康、可持续发展。

课后习题

1．什么是商业智能？
2．数据、信息与知识三者之间有什么联系和区别？
3．简述商业智能的系统架构。

参考文献

[1] 顾晓刚. 商业智能工具在集团化财务管控中的运用[D]. 上海：上海交通大学，2010.

[2] MOSS L T, ATRE S. Business intelligence roadmap: the complete project lifecycle for decision-support applications[M]. Hoboken: Addison-Wesley Professional Computing Series, 2003.

[3] LARSON B. Delivering business intelligence with Microsoft SQL Server 2012[M]. New York: McGraw-Hill Osborne Media, 2012.

[4] STACKOWIAK R, RAYMAN J, GREENWALD R. Oracle data warehousing & business intelligence Solutions[M]. Hoboken: John Wiley & Sons, 2007.

[5] 刘智慧, 张泉灵. 大数据技术研究综述[J]. 浙江大学学报（工学版）, 2014, 48（6）: 957-972.

[6] FURHT B, ESCALANTE A. Handbook of cloud computing[M]. New York: Springer, 2010.

[7] MARSTON S, LI Z, BANDYOPADHYAY S, et al. Cloud computing—the business perspective[J]. Decision Support Systems, 2011, 51(1): 176-189.

[8] SHAO C, YANG Y, JUNEJA S, et al. IoT data visualization for business intelligence in corporate finance[J]. Information Processing & Management, 2022, 59(1): 102736.

[9] BI Z, XU L, WANG C. Internet of things for enterprise systems of modern manufacturing[J]. IEEE Transactions on Industrial Informatics, 2014, 10(2): 1537-1546.

[10] SHI Y, PENG Y, KOU G, et al. Classifying credit card accounts for business intelligence and decision making: a multiple-criteria quadratic programming approach[J]. International Journal of Information Technology & Decision Making, 2005, 4(4): 581-599.

[11] ISHAYA T, FOLARIN M. A service oriented approach to business intelligence in telecoms industry[J]. Telematics and Informatics, 2012, 29(3): 273-285.

[12] AL-OMOUSH R, FRAIHAT S, AL-NAYMAT G, et al. Design and implementation of business intelligence framework for a global online retail business[C]//Proceedings of the 2022 International Conference on Emerging Trends in Computing and Engineering Applications (ETCEA). New York: IEEE, 2022: 1-6.

[13] RANE N. Role and challenges of ChatGPT and similar generative artificial intelligence in business management[J]. Available at SSRN 4603227, 2023.

[14] VERTSEL A, RUMIANTSAU M. Hybrid LLM/Rule-based approaches to business insights generation from structured data[J]. arXiv preprint arXiv:2404.15604, 2024.

[15] ANSHARI M, ALMUNAWAR M N, LIM S A, et al. Customer relationship management and big data enabled: personalization & customization of services[J]. Applied Computing and Informatics, 2019, 15(2): 94-101.

[16] 丁楠, 潘有能. 数据挖掘中的隐私保护: 法律与技术[J]. 情报理论与实践, 2007, 31（6）: 772-774.

[17] AGRAWAL R, SRIKANT R. Privacy-preserving data mining[J].ACM SIGMOD Record, 2000, 29(2): 439-450.

第 2 篇

商业智能方法和技术

第2章

数据整合：数据仓库和 OLAP

在现代企业中，数据整合是实现高效数据管理和分析的关键步骤。数据仓库和联机分析处理（OLAP）是数据整合的核心技术，旨在将来自不同数据源的数据进行集中存储和快速分析。数据仓库通过集成、清洗和存储大量数据，为企业提供一个统一的、可信赖的数据源。OLAP 则利用多维数据模型，支持复杂的查询和数据分析，以揭示数据中隐藏的深层次模式和趋势。本章将详细介绍数据仓库和 OLAP 的基本概念、技术实现及实际应用，帮助读者理解如何通过数据整合提升企业的数据分析能力。

➡ 本章学习重点

- 数据仓库的基本概念和体系结构。
- 数据抽取、转换与加载（ETL）过程。
- OLAP 的基本概念和具体操作。
- 数据仓库与 OLAP 在企业中的实际应用。

2.1 数据仓库概述

2.1.1 数据仓库的起源与发展

1. 数据仓库和决策支持系统

数据仓库是伴随着信息与决策支持系统的发展产生的。

计算机应用从早期的简单数值计算逐步扩展到如今的信息管理，企业信息系统从初级到高级大致经历了 3 个发展阶段。首先是 20 世纪 60 年代的电子数据处理（Electronic Data Processing，EDP）系统。EDP 系统用于日常事务数据的记录与处理，主要面向底层业务人员，因此缺乏决策能力。其次是 20 世纪 70 年代的决策支持系统（Decision Support System，DSS）。DSS 基于数据库、模型库和知识库，为中高级主管提供分析计算的工具，帮助他们做出快速、正确的决策。最后是 20 世纪 80 年代的经理信息系统（Executive Information System，EIS），EIS 提供了灵活的报表生成、预测、趋势分析等功能，并服务于高级主管，因此需要更多的整合性和全面性信息。

为了满足企业信息系统的演进需求，凡涉及决策分析的问题均需要对一致的全局数据和完整的历史数据进行再加工。然而，一方面，数据存放在互不关联的各个业务系统中，形成了"数据孤岛"，且不同业务系统的数据可能存在冗余和不一致等问题；另一方面，如果决策者直接访问操作型系统获取数据进行分析，一定会干扰此系统的日常事务处理。数据仓库由此诞生，并成为企业信息系统中不可或缺的一部分。它不仅能够整合和存储大量的数据，还能够为决策者提供强大的分析和查询能力，帮助他们更好地理解和利用数据，从而做出更明智的决策。数据仓库的出现，为企业带来了全新的数据管理和利用方式，为商业智能的发展奠定了坚实的基础。

企业信息系统的演进及数据仓库的由来如图 2.1 所示。

图 2.1　企业信息系统的演进及数据仓库的由来

具体来说，在 DSS 阶段，真正的商业数据处理应用开始在企业的大型计算机上运行。其使用早期的数据库（而非现在广泛使用的面向表的关系型数据库）存储数据，拥有复杂的文件结构。尽管这些应用在执行日常事务数据处理任务方面表现良好，但它们所产生的数据（如顾客信息、顾客预订的产品信息及顾客的消费信息）被隐藏在文件和数据库中。如果用户需要获取集成的信息（如各区域和各产品类别的销售趋势），必须向数据处理部门正式提出请求，然后该请求被加入一个包含数百个其他报表请求的列表中等待系统反馈。尽管用户对信息和产生信息的数据有需求，但当时的数据库技术无法满足这些需求。在随后的十几年，能够解决这一问题的商业硬件和软件企业不断涌现。

在 EIS 阶段，个人计算机和小型计算机开始普及，计算机应用不再仅运行在大型计算机上，而是分布在各处，在企业中随处可见，而这导致出现了前文提及的数据孤岛问题。为解决这一问题，出现了分布式数据库管理系统、并行关系型数据库管理系统、商业数据仓库等概念和技术，数据仓库迎来了创新时代。在 20 世纪 80 年代，直接从文件和数据库中接触与访问数据的方法不再奏效，因此 20 世纪 90 年代人们重新采用了 20 世纪 70 年代的做法，将数据复制到另一个地点，只不过这次采用了更合适的做法，数据仓库由此诞生。1993 年，"数据仓库之父"比尔·恩门（Bill Inmon）出版了数据仓库领域的启蒙之作——*Building the Data Warehouse*。随后，其他作者的著作陆续出版，其中包括 1996 年出版的拉尔夫·金博尔（Ralph Kimball）的 *The Data Warehouse Toolkit*，该书介绍了用于改进以查询为中心的决策支持系统的数据架构通用维度设计技术。

进入 21 世纪后，随着数据量的持续快速增长，数据仓库日益流行，各大开发商开始整合数据，数据仓库得到了更广泛的应用和发展。当下，随着大数据技术的兴起，需要对传统的数据仓库架构进行调整和优化，以满足大规模数据的存储、管理和分析需求，如数据湖和云数据仓库的兴起与普及。数据仓库自动化和实时数据仓库也是新的发展方向。近年来，动态数据仓库备受关注。动态数据仓库基于传统数据仓库的架构和技术原理，不仅包含复杂的战略性决策支持，还包含战术性决策支持和事件的自动检测与处理，使数据仓库发挥更大的作用。与传统的数据仓库相比，动态数据仓库的特点还体现在数据的实时加载、混合的工作任务、事件的检测和预分析等方面。例如，在金融行业，上海证券交易所已成功采用动态数据仓库技术进行风险的预防和管控，即基于对数据的分析和整理来判定自己的交易行为及客户的交易行为是否符合法律法规的要求。此外，邮政 EMS 采用动态数据仓库构建了速递邮件实时动态跟踪查询系统，也是一个成功的动态数据仓库应用实例。

数据仓库发展过程中的重大事件总结如图 2.2 所示。

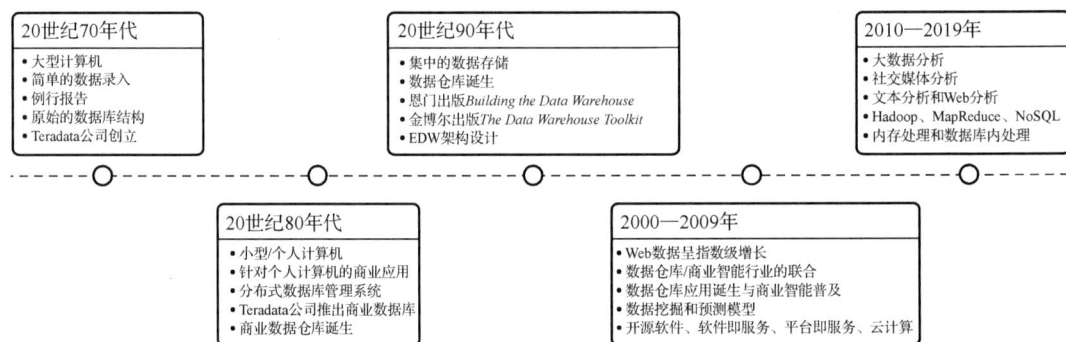

20世纪70年代
• 大型计算机 • 简单的数据录入 • 例行报告 • 原始的数据库结构 • Teradata公司创立

20世纪90年代
• 集中的数据存储 • 数据仓库诞生 • 恩门出版Building the Data Warehouse • 金博尔出版The Data Warehouse Toolkit • EDW架构设计

2010—2019年
• 大数据分析 • 社交媒体分析 • 文本分析和Web分析 • Hadoop、MapReduce、NoSQL • 内存处理和数据库内处理

20世纪80年代
• 小型/个人计算机 • 针对个人计算机的商业应用 • 分布式数据库管理系统 • Teradata公司推出商业数据库 • 商业数据仓库诞生

2000—2009年
• Web数据呈指数级增长 • 数据仓库/商业智能行业的联合 • 数据仓库应用诞生与商业智能普及 • 数据挖掘和预测模型 • 开源软件、软件即服务、平台即服务、云计算

图 2.2　数据仓库发展过程中的重大事件总结

总体来说，数据仓库的不断创新和发展将持续帮助企业更好地管理与分析数据，实现更准确、更及时的决策和洞察。

2. 从传统数据库到数据仓库

由于大多数人熟悉传统数据库，因此将数据仓库与之比较，就很容易理解什么是数据仓库。

企业对数据有两类处理需求。一类是数据操作处理，也称联机事务处理（On-Line Transaction Processing，OLTP）。OLTP 是数据库管理系统的主要功能，它涵盖企业的大部分日常操作，如库存、制造、工资和记账等，通常只需对少数记录进行查询和修改。另一类是数据分析处理，即联机分析处理（OLAP）。OLAP 是数据仓库系统的主要应用，一般针对某些主题的历史数据进行分析以支持管理决策。

传统数据库之所以无法提供决策支持信息，是因为其处理方式与决策分析中的数据需求不相称，这些不相称主要表现在决策处理中的系统响应、决策数据需求和决策数据操作3 个方面。

首先，系统响应方面。在传统的事务处理系统中，用户对系统和数据库的要求是数据存取频率高、操作时间短。但在决策分析处理中，往往需要进行信息汇总，遍历数据库中的大部分数据，这些操作必然要消耗大量的系统资源，这是实时处理业务的联机事务处理系统所无法承担的。

其次，决策数据需求方面。决策分析需要使用全面、正确的集成化数据，包括跨部门数据和企业外部数据，这是传统数据库无法实现的。将数据集成交给决策分析程序处理会增加系统负担并降低系统运行效率。数据集成还需要解决企业数据混乱和不一致问题，包括不同系统间数据不兼容、数据类型不一致等。外部数据和非结构化数据的整合也是一项挑战，需要将它们进行格式化、类型转换之后才能应用于决策系统。同时，决策分析系统需要及时更新外部数据，但传统数据库通常只保留当前数据，无法长期保留历史数据。此外，决策人员通常需要使用汇总、概括的数据，而传统数据库只保留详细数据，这对决策分析不利。

最后，决策数据操作方面。联机事务处理系统用于满足日常业务需求，用户对数据的访问受限，无法进行多样化操作。传统业务处理系统只能提供标准化的固定报表，用户难以理解信息的内涵，无法用于管理决策。

综上所述，决策分析需要创建一个能够不受传统事务处理系统约束，高效率地处理决策分析数据的环境，由此诞生了数据仓库。传统数据库和数据仓库的主要区别如表 2.1所示。

表 2.1 传统数据库和数据仓库的主要区别

对 比 内 容	传统数据库	数 据 仓 库
数据内容	当前的详细数据	历史的、存档的、归纳的、计算的数据
数据目标	面向业务操作程序，重复处理	面向主题域，分析应用
数据特性	动态变化，按字段更新	静态，不能直接更新，只能定时添加、刷新
数据结构	高度结构化、复杂，适合操作计算	简单，适合分析
使用频率	高	中或低
数据访问量	每项事务只访问少量记录	有的事务可能需要访问大量记录
对响应时间的要求	以秒为单位，通常少于 5s	时间长，几秒到几分钟，甚至几小时

【例 2.1】图 2.3 说明了一家保险公司的数据库和数据仓库使用情况。数据仓库的数据来源于人寿保险、汽车保险、房产保险及健康保险等多个不同的数据库。图 2.3 中的数据仓库以"顾客"为主题组织数据，各数据库根据保险事务处理的需要组织数据。

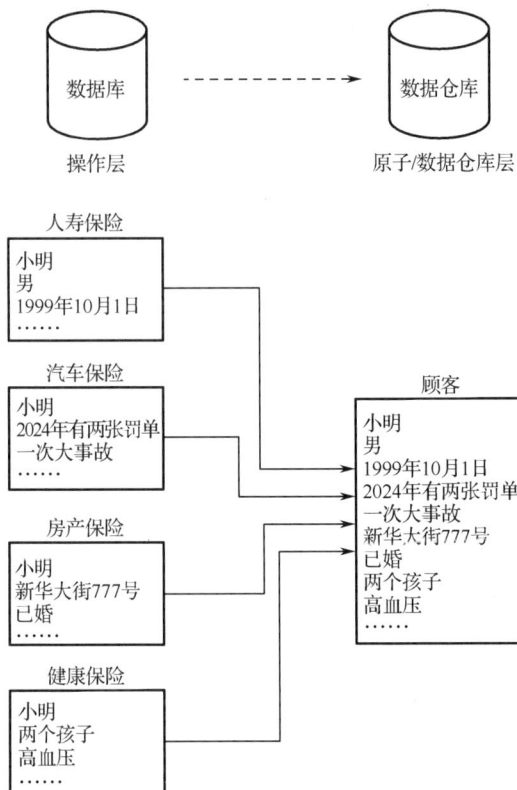

图 2.3　从数据库到数据仓库，需要对数据进行集成

3. 大数据时代下的数据仓库

随着数据量的增长，数据仓库和软硬件技术在数据获取、存储和分析方面不断进步，包括大规模并行处理、存储区域网络、固态存储设施、数据库内处理、内存处理和列式数据库等。这些进步使不断增长的数据得到了控制，并有效地满足了决策者的分析需求。随着数据的多样化和快速化，IT 界开发了新的范式——大数据。数据仓库和大数据都在为"将数据转化为可执行的信息"这一目标服务。那么值得思考的是，大数据及其支持技术是否会取代数据仓库及其核心技术（关系型数据库）？如果不会，两者将以什么样的方式共存？

【例 2.2】从技术角度出发，探讨 Hadoop 与数据仓库共存的可能性。

经过近 30 年的投资、优化和发展，数据仓库取得了巨大的进步。数据仓库建立在关系型数据库的基础之上，使用模式集成了商业智能工具。Hadoop 则是计算机和存储网格技术的新发展，其以普通硬件为基础，提供了将整个网格转化为单个系统的软件层。在许多情况下，Hadoop 和数据仓库在同一个信息供应链中共同工作，各自擅长执行特定的任务。表 2.2 列举了 Hadoop 和数据仓库适合的需求。

如图 2.4 所示，将 Hadoop 和基于关系型数据库的数据仓库结合起来，可以为数据分析提供更大的意义和价值。在多结构化数据存储方面，Hadoop 可以提供高效的存储和处理能力，而关系型数据库可以利用其强大的分析功能，通过使用连接器，将需要的数据从 Hadoop 中提取出来进行进一步分析。这种 Hadoop 和数据仓库的结合不仅可以简化系统的安装与维护，减少数据传输，还可以为应用开发提供单一元数据，为业务用户和分析工具提供单一接口，从而提高整体效率和便利性。未来，这种共存趋势可能更加深入，并推动更多软件和硬件的发展，为数据分析提供更多优势。

表 2.2　Hadoop 和数据仓库适合的需求

需　求	Hadoop	数据仓库
低延迟、交互性报表和 OLAP		√
需要满足 ANSI SQL 2003 标准	√	√
预处理或探究原始的非结构化数据	√	
作为磁带替代品的在线档案		√
高质量、纯净、一致的数据	√	√
100～1000 个并发用户	√	√
挖掘数据中隐含的关系	√	
并行处理复杂逻辑	√	√
CPU 密集型分析		√
系统、用户和数据处理	√	
支持多种编程语言，并行运行	√	
自由的、不受限制的沙盒探究	√	
分析临时性数据		√
需要遵循大量的安全性要求和法规	√	√

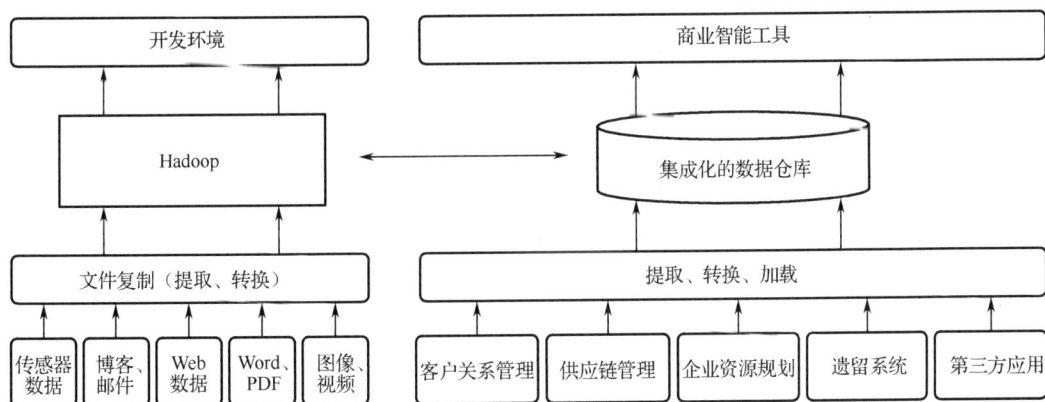

图 2.4　Hadoop 和数据仓库共存

2.1.2　数据仓库及相关概念

1．数据仓库的定义与基本特性

数据仓库是一个面向主题的、集成的、非易失的、随时间变化的，用来支持管理人员决策过程的数据集合。因此，数据仓库具有面向主题、集成、非易失、随时间变化等特性。

1）面向主题

数据仓库是围绕企业的主题或关键业务过程建模的，而不是围绕操作性的应用程序建模的。它关注的是对企业整体业务活动的分析和报告，而不是对特定业务功能的操作。

【例 2.3】数据仓库的面向主题特性如图 2.5 所示。传统的操作型数据库是围绕企业的功能性应用进行组织的。例如，对一家保险公司来说，应用问题可能是汽车保险、健康保险、人寿保险与意外伤广保险；主要主题域可能是顾客、保险单、保险费与索赔（见图 2.3）。而对一家生产商来说，主要主题域可能是产品、订单、销售商、材料单与原材料。而对一家零售商来说，主要主题域可能是产品、库存单位、销售、销售商等。不同类型的企业，其主题域是不同的。

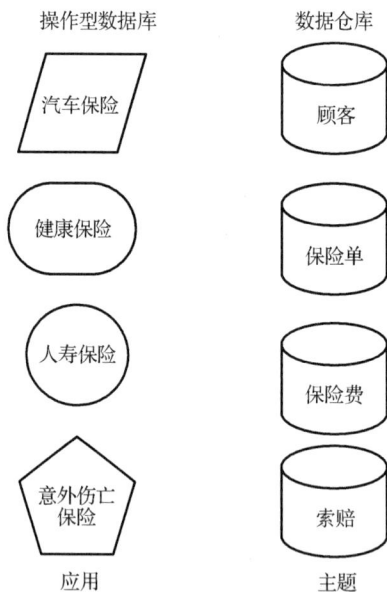

图 2.5　数据仓库的面向主题特性

2）集成

在数据仓库的所有特性之中，集成性是最重要的。数据仓库整合了来自不同数据源的数据，包括企业内部数据源、外部数据源和其他数据集。这些数据进入数据仓库后将经历转换、重新格式化、重新排列及汇总等操作。数据仓库中的数据具有企业的单一物理映像。

【**例 2.4**】数据仓库的集成特性如图 2.6 所示。考虑"性别"的编码方式。在数据仓库中，数据是以 m/f 编码还是以 1/0 编码并不重要。重要的是，无论方法或源应用是什么，在数据仓库中都应该对编码进行一致性处理。对所有应用设计问题都需要考虑同样的一致性处理，如命名习惯、关键字结构、属性度量单位及数据的物理特点等。

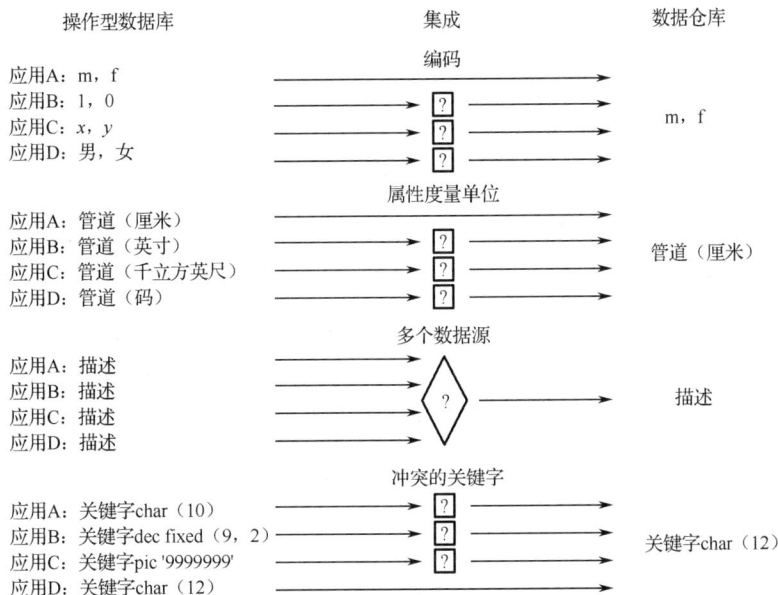

图 2.6　数据仓库的集成特性

3）非易失

一旦数据被加载到数据仓库中，就成为历史记录且不会被修改或删除。与操作型数据库中的数据周期性更新不同，数据仓库中的数据通常以批量方式进行加载和访问，在数据仓库中不进行常规意义上的数据更新。数据仓库中的数据在加载时以静态快照的形式存在。当数据发生变化时，会在数据仓库中写入新的快照记录。这样，数据仓库中就保存了数据的历史状态，从而确保了数据的完整性和可追溯性。

【**例 2.5**】数据仓库的非易失特性如图 2.7 所示。对操作型数据库的访问和处理，一般采用一次记录一条（逐个记录）的方式。

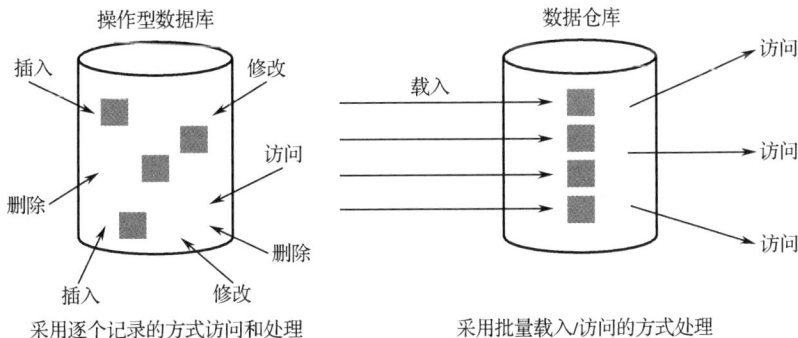

图 2.7　数据仓库的非易失特性

4）随时间变化

数据仓库的最后一个显著特性是随时间变化，即时变性。时变性意味着数据仓库中的每个数据单元只在某个特定的时间点是准确的。在某些情况下，记录中会包含时间戳，而在其他情况下，记录中可能包含事件发生的时间。但无论如何，记录中都会包含某种形式的时间标志，以说明数据在哪个时间点是准确的。

操作型数据库中包含当前值数据，这些数据的准确性在访问时是有效的。因此，当前值数据会随着业务状况的变化而更新。例如，银行能够及时获知每位储户在任何时间的存款金额，并会在储户存入款项时修改其存款余额。而数据仓库中的数据只是在某个时刻生成的一系列复杂快照。这一系列快照使数据仓库能够保留活动和事件的历史记录，因此数据仓库的关键字结构总是包含时间元素。数据仓库记录中嵌入的时间可以采用多种形式，如为每个记录添加时间戳，或者为整个数据库添加时间戳等。

【例2.6】数据仓库的随时间变化特性如图2.8所示。操作型数据库中数据的存储时间一般是60～90天，而数据仓库中数据的存储时间通常是5～10年。由于这种在存储时间上的差异，数据仓库保存有比任何其他环境中都多的历史数据。

图2.8　数据仓库的随时间变化特性

2. 数据粒度

数据粒度是指数据仓库中数据单元的细节程度或综合程度。细节程度越高，粒度级别越低；相反，细节程度越低，粒度级别越高。举例来说，一个简单的交易处于低粒度级别；每月所有交易的汇总则处于高粒度级别。

【例2.7】粒度级别示例如图2.9所示。图中左侧展示了低粒度级别的数据，用户的每项活动（如一次通话）都被详细记录下来；右侧展示了高粒度级别的数据，表示汇总后的信息，每条记录汇总了一位用户一个月内的活动情况。显然，如果数据仓库的空间有限（数据量是数据仓库面临的首要问题），使用高粒度级别表示数据将比使用低粒度级别表示数据的效率高得多。然而，当提高粒度级别时，数据压缩会引发一个问题——数据的问题处理能力随之降低。换句话说，在低粒度级别，数据实际上可以回答任何问题；而高粒度级别限制了数据所能处理的问题的数量。

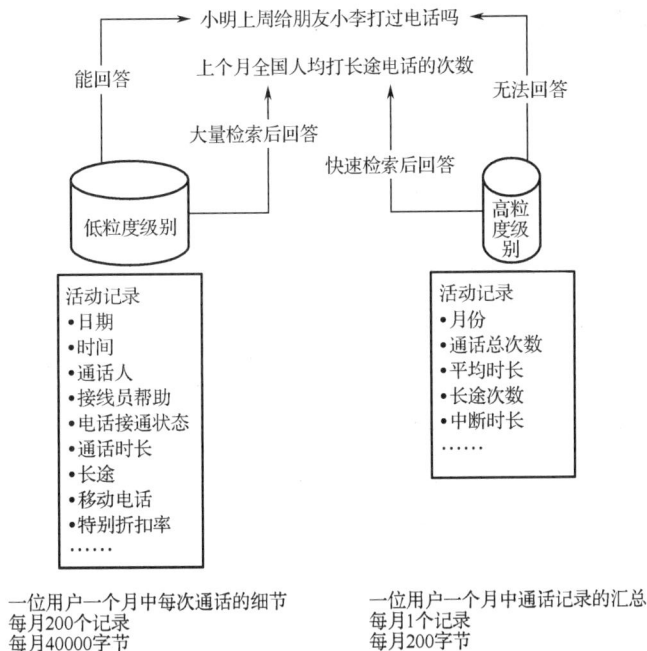

图 2.9　粒度级别示例

粒度是数据仓库设计过程中需要重点考虑的问题，它会影响数据仓库中数据量的大小，以及数据仓库能提供的查询类型。在构建数据仓库时，要对数据量的大小和需要提供查询的粒度级别做出评估。不同来源的数据按综合程度不同可分为如下 3 种类型。

- 当前细节数据：由数据源中的数据经首次综合进入数据仓库而形成的综合数据。
- 轻度综合数据：由数据仓库中的第一次综合数据进行二次综合而成的综合数据。
- 高度综合数据：根据分析、决策将轻度综合数据进一步综合而成的更高层次的综合数据。

3. 数据集市

数据集市（Data Mart）是一个用于存储特定业务部门或特定业务功能的数据的集合，通常它是一个数据仓库的子集。数据集市通常是为满足特定业务部门或特定业务功能的需求而设计的，它们可以包含来自数据仓库的汇总数据，也可以包含某个业务部门特定的数据。数据仓库是企业级的，能为企业各个部门的运作提供决策支持；数据集市则是部门级的，一般只能为某个局部范围内的管理人员服务，因此也称为部门级数据仓库。数据集市的设计旨在满足特定用户群体的需求，因此它们通常更易于理解和使用。数据集市可以帮助业务部门快速获取所需的数据，而无须深入了解整个数据仓库的结构和内容。这种针对特定用户需求的定制化设计使数据集市成为业务部门进行数据分析和决策的重要工具。

1）数据集市的类型

数据仓库的工作范围非常广泛，数据仓库的开发是一个成本很高、耗时较长的大工程。因此，能够提供更紧密的集成功能的数据集市应运而生。数据集市按照结构不同，可分为从属数据集市和独立数据集市两种，如图 2.10 所示。

（1）从属数据集市。从属数据集市中的数据直接来自中央数据仓库。显然，这种结构能保持数据的一致性。企业一般会为那些数据仓库访问次数十分频繁的关键业务部门建立从属数据集市，这样可以有效提高查询的反应速度。

（2）独立数据集市。独立数据集市的数据子集来源于各生产系统。许多企业在计划构建数据仓库时，往往出于投资方面的考虑，首先建立独立数据集市，用来解决单个部门迫切需要解决的决策问题。从这个意义上讲，独立数据集市和企业数据仓库除了在数据量和服务对象上有所区别，在逻辑结构上并无太大区别，这也是把数据集市称为部门数据仓库的主要原因。

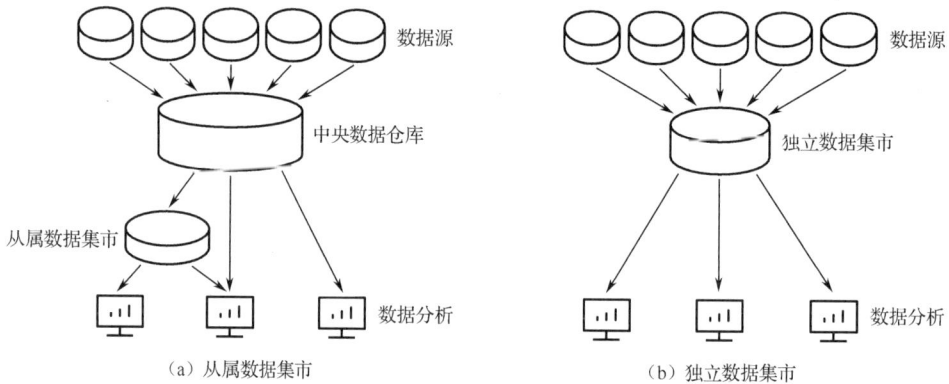

图 2.10　数据集市的类型

2）关于数据集市的误区

（1）单纯用数据量来区分数据集市和数据仓库。数据集市用于集中满足某一业务功能的特定需求，并且通过维持数据和数据模型满足这种需求。数据量不是数据集市的本质特征，真正的核心在于，数据集市（可能是一个数据仓库的子集）的数据模型一定能满足应用的特定需求。

（2）简单地认为数据集市很容易建立。数据集市的建立往往需要从多个数据源中提取数据，这就需要构建一个可以从多个数据源中提取数据的应用程序。这一过程很耗时，因为它与建立一个数据仓库一样，需要相同的计划和管理，并且需要把数据模型化。

（3）数据集市很容易升级成数据仓库。数据集市针对特殊的业务需求，无法随意伸缩。数据集市采取特定应用的数据模型，如果没有事先建立能伸缩的数据模型，在数据集市中追加数据是非常困难的。此外，在建立数据集市时，企业往往忽略了很多结构问题，所以后期很难扩展数据宽度。例如，企业从一个数据集市中可以很快找到畅销鞋子的销售数据，但是要想在该数据集市中增加购买这种鞋子的顾客信息，如新顾客数量百分比，会很困难。

2.1.3　数据仓库的体系结构与实现过程

1．数据仓库的体系结构

在数据仓库的体系结构中，存在两种主要数据：一种是原始数据；另一种是由原始数据导出的、适合分析的导出型数据。不过，两者之间的转化相对简单，远不能满足各种分析需求。随着数据的不断载入，数据仓库的规模越来越庞大，分析工作如果完全基于单一的数据仓库，性能将十分低下，因而需要建立分层的数据仓库体系。

数据仓库体系化环境如图 2.11 所示。操作型数据库中的数据经过综合整理进入全局级数据仓库；企业中的有关部门再从全局级数据仓库中组织适合自己特定需求的数据，建立各自的局部仓库；个人从全局级数据仓库或局部仓库中提取所需数据，建立个人仓库。全局级数据仓库中数据的集成性、一致性使部门级和个人级的数据抽取工作具有很高的效率。

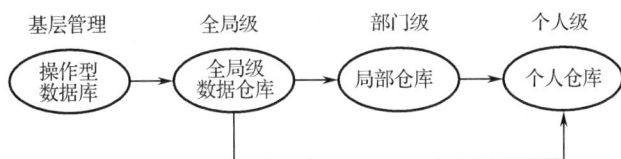

图 2.11　数据仓库体系化环境

数据仓库体系结构通常采用如图 2.12 所示的三层结构，包括操作环境层、数据仓库层和业务操作层。其中，操作环境层包括整个企业内有关业务的 OLTP 系统和一些外部数据源；数据仓库层是把操作环境层的相关数据进行抽取、转换和加载所形成的数据层次；业务操作层则包括各种数据分析处理工具。

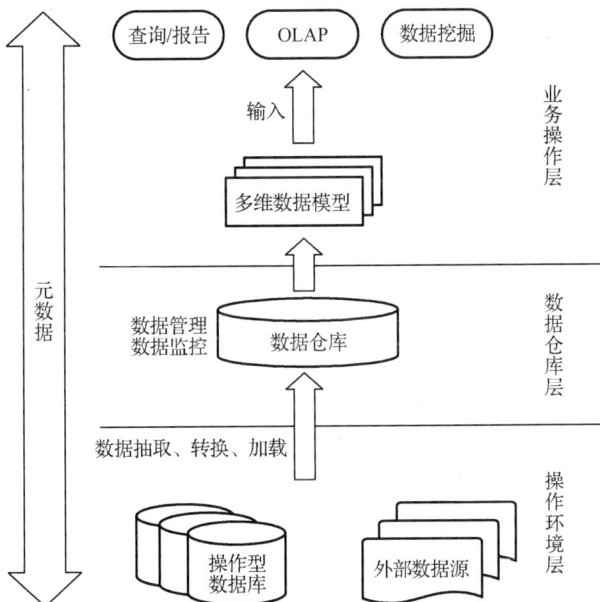

图 2.12　数据仓库体系结构

下面重点介绍元数据的概念。

元数据（Metadata）是关于数据的数据，描述了数据的结构和部分意义，有助于数据的有效使用。就用途而言，元数据通常被定义为技术元数据或业务元数据。根据数据模式的不同，可以将元数据分为语法元数据（描述数据语法的数据）、结构元数据（描述数据结构的数据）和语义元数据（在特定领域描述数据含义的数据）。使用元数据的主要目的是提供所报告数据的上下文，为知识创造提供丰富的信息。

如图 2.12 所示，元数据作为对数据的描述，贯穿整个数据仓库体系的各个层次。它不包含任何业务数据库中的实际数据信息，但对数据仓库中的各种数据进行详细的描述和说明。根据功能的不同，可以将元数据分为后台元数据和前台元数据。后台元数据与数据仓库的构建相关，它指导数据抽取、转换和加载的过程，帮助数据库管理员将数据从业务数据库装入数据仓库；前台元数据具有更强的描述性质，可以在最终用户的多维数据模型和前端展现工具之间建立映射，内容包括数据仓库中信息的种类、存储位置、存储格式、信息之间的关系、信息和业务之间的关系、数据模型之间及数据模型与数据仓库之间的关系，从而帮助查询工具和报表生成器更顺利地工作。

总之，在数据仓库的构建和终端查询工具的使用中，元数据的创建、完善与维护至关重要，这关系到整个数据仓库的正常运行。

2. 数据仓库的实现过程

虽然数据仓库是数据存储库，但其本质是一个实现过程。数据仓库的实现过程主要包括 4 个步骤：数据仓库的设计与建模、数据集成、数据存储与管理、数据分析与展示。

1）数据仓库的设计与建模

数据仓库的设计包括与操作性系统的接口设计和数据仓库本身的设计。实际上，数据仓库的需求是无法预知的，有时只有在加载并使用了部分数据后才能明确，因此数据仓库的设计是以迭代的方式进行的，这一点不同于传统操作型数据库的设计与开发。首先，载入一部分数据供决策支持系统分析员使用和查看；然后，根据用户的反馈修改和添加数据。这种反馈过程贯穿数据仓库的整个开发周期。

数据模型是能够采用迭代方式构建数据仓库的关键。数据模型可以分为 3 个层次：高层模型（ER 模型[①]）、中间层模型（DIS[②]）、底层模型（物理模型）。高层模型中的实体与企业的主要主题域相关，将高层模型中标识的每个主要主题域或实体扩展为一个中间层模型，基于中间层模型创建物理模型。

2）数据集成

数据仓库中的数据来自不同的系统，这些系统的硬件环境和软件环境可能各不相同，导致数据结构各异。提取这些系统中的有用数据，对其进行净化、整理、综合及概括，并去掉无用的数据，最终将其转换为格式统一的数据加载到数据仓库中。这就是数据集成。一般采用 ETL 工具完成数据集成。

---

① ER 模型（Entity-Relationship Model），即实体–关系模型。

② DIS（Data Item Set），即数据项集合。

3）数据存储与管理

数据仓库的存储可以选用多维数据库，也可以选用关系型数据库或其他特殊存储方式。在数据的存储和管理中，要保证数据的安全性、完整性和一致性，以及分析查询的高效性。

4）数据分析与展示

OLAP 是一项分析处理技术，它从企业的数据集合中收集信息，并运用数学运算和数据处理技术，灵活、交互式地提供统计、趋势分析和预测报告。通过多种 OLAP 工具对数据仓库中的数据进行多维分析、汇总，形成图表或报表，使企业的决策者可以清晰、直观地看到分析结果。

上文提及的多维数据模型、ETL 和 OLAP 作为数据仓库的重要技术，将在 2.2 节展开介绍，其中有关 OLAP 的详细说明参见 2.3 节和 2.4 节。

2.2　数据仓库的相关技术

2.2.1　多维数据模型

多维数据模型（Multidimensional Data Model）是一个逻辑概念，是一种从业务分析的角度对数据进行逻辑建模的方法，具有简单、易于理解、方便查询等优点，因此是一种常用的数据仓库建模方法。多维数据模型的构成要素是度量和维度，最早由通用磨坊（General Mills）公司和美国达特茅斯学院（Dartmouth College）在 20 世纪 60 年代的一个联合研究项目中提出。通过引入维、维分层和度量等概念，多维数据模型将信息视为一个立方体，即用三维或更多的维度来描述一个对象，各维度彼此垂直。数据的度量值发生在各维的交叉点上，数据空间的各个维度都有各自的属性。星形模型和雪花模型是多维数据模型的主要形式。

1. 多维数据模型的基本概念

1）维度（Dimension）

维度，简称维，是人们观察数据的角度。例如，企业常常关心产品销售数据随时间的变化情况，这是从时间的角度来观察产品的销售情况，因此时间就是一个维（时间维）；银行会向不同性质的企业发放贷款，如国有企业、集体企业等，若从企业性质的角度来分析贷款数据，那么企业性质就成为一个维。

2）维的级别或层次（Dimension Level）

人们观察数据的某个特定角度（某个维）存在不同的细节程度，这些不同的细节程度称为维的级别。一个维往往具有多个级别。例如，描述时间维，可以从月、季度、年等不同级别来描述，那么月、季度、年等就是时间维的级别。

3）维度成员（Dimension Member）

维的一个取值称为维的一个维度成员，简称维成员。如果一个维是多级别的，那么该

31

维的维成员是在不同维级别的取值的组合。例如，考虑时间维具有日、月、年3个级别，分别在日、月、年上各取一个值组合起来，就得到了时间维的一个维成员，如"2011年1月2日"。一个维成员并不一定要在每个维级别上都取值，如"2011年1月""1月2日""2011年"等都是时间维的维成员。

4）度量值（Measure）

度量值是决策者所关心的具有实际意义的数值，如销售量、库存量、银行贷款金额等。度量值所在的表称为事实数据表，事实数据表中存放的事实数据，通常包含大量的数据行。事实数据表的主要特点是包含数值数据，而这些数值数据可以被统计汇总以提供有关单位运作历史的信息。除了数值数据，事实数据表还包括一个或多个列，这个或这些列可作为引用相关维度表的外码（外键）。事实数据表一般不包含描述性信息。在多维分析中，通常对度量值进行聚合计算和分析。

5）多维数据集（Multi-dimension Data Set）

多维数据集又称数据立方体（Cube）。需要注意的是，立方体本身只有三维，而多维数据模型并不局限于三维，还可以组合更多的维度。之所以称多维数据集为数据立方体，一方面是为了更方便地解释和描述相关理论与概念，同时为思维成像和想象提供空间；另一方面是为了区别于传统关系型数据库中的二维表。多维数据集是一组用于分析数据的相关度量值和维度，是分析服务中存储和分析的基本单位。Cube是聚合数据的集合，允许用户进行查询并快速返回结果。Cube包含不同维度的度量值，因此有时也被称为统一维度模型（Unified Dimensional Model，UDM）。

【例2.8】如图2.13所示的全球运输总额数据立方体显示了全球各地区某年航空、水路、公路、铁路的运输总额。其中非洲一季度航空线路运输总值为199亿元，为度量值。该数据立方体中涉及的时间、来源、线路为维度；时间维度上半年级别的维成员包含上半年、下半年，季度级别的维成员包含一季度、二季度等。

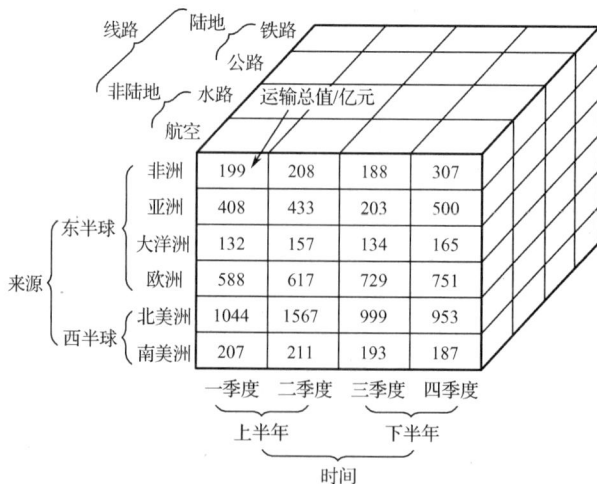

图2.13　全球运输总额数据立方体

6）事实表（Fact Table）

事实表是指在维度数据仓库中，用于存储度量值的详细值或事实的表。事实表存储信息的详细程度称为事实表的粒度。与事实表相关的维度称为事实表的维数。具有不同粒度或不同维数的事实必须分别存储在不同的事实表中。一个数据仓库中通常有多个事实表。事实表会使用被称为维度键的整数来标示维成员，而不是采用描述性名称。例如，用 1 表示中国，2 表示美国。

事实表中包含数值数据的列对应维度模型中的度量值，因此，每个事实表都是一组度量值。分析服务用一种被称为度量值组的逻辑结构组织信息，度量值组与单个事实表及其相关的维度对应。

7）维度表

维度表也称维表，可以将其看作用户分析数据的窗口。维表中包含事实表中记录的特性，有些特性提供描述性信息；有些特性指定如何汇总事实表的数据，以便为分析者提供有用的信息。

维表包含用于汇总数据特性的层次结构。维是对数据进行分析时特有的一个角度，从不同的角度分析问题，会得出不同的结果。例如，当分析产品销售情况时，可以选择按照产品类别、产品区域进行分析，此时就构成一个类别、区域的维。维表中的信息较为固定，且数据量小。维表中的列字段可以将信息分为不同层次的结构级。

8）中间表

中间表是业务逻辑中的概念，主要用于存储中间计算结果的数据表。可以通过中间表扩展其他计算，从而降低系统复杂度。临时表是中间表较多采用的一种形式。

2．多维数据模型的类型

在多维分析的商业智能解决方案中，根据事实表和维表之间的关系，可将常见的多维数据模型分为星形模型和雪花模型。

1）星形模型

大多数数据仓库采用星形模型。星形模型由一个事实表和多个维表组成。在星形模型中，事实表居中，多个维表呈包围状分布在事实表四周，并与事实表连接，如图 2.14 所示。

事实表位于星形模型的中心，是用户最关心的基本实体和查询活动的中心，为数据仓库的查询活动提供定量数据。事实表中存放了大量关于企业的事实数据（数字实际值）。元组数量通常很多，非规范化程度很高。例

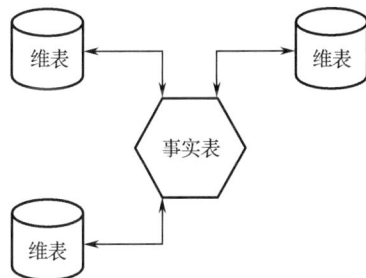

图 2.14 星形模型

如，多个时期的数据可能出现在同一个事实表中。位于星形模型四周的维表的作用是限制

和过滤用户的查询结果，缩小访问范围。维表中存放描述性数据。维表是围绕事实表建立的，相对来说拥有较少的行。每个维表都有自己的属性。维表和事实表通过关键字（ID）相关联。

星形模型虽然是一个关系模型，但它不一定是一个规范化的关系模型。在星形模型中，维表可能是非规范化的，这是面向数据仓库的星形模型与 OLTP 系统中的关系模型的基本区别。星形模型的优点包括以下五点。

- 数据存取速度快。主要数据存储在庞大的事实表中，查询主要是扫描事实表，而不像 OLTP 系统那样通常需要连接多个庞大的数据表，因此星形模型的查询访问效率非常高。此外，维表占用空间一般较小，可以放在高速缓存中，与事实表连接时速度较快。

- 易于理解和使用。对非技术人员来说，星形模型比较直观。通过分析星形模型，很容易基于不同维度组合出所需的查询条件和分析视角。

然而，星形模型也存在以下几个缺点。

- 数据冗余。星形模型中存在大量的数据冗余，增加了存储空间的代价。

- 维的变化复杂性。当业务问题发生变化、原来的维不能满足需求时，需要增加新的维，这会带来非常复杂、耗时的数据变化。

- 不适合复杂的查询。星形模型适合进行简单直接的查询，对于复杂的分析和查询需求，其能力可能受到限制。

2）雪花模型

在实际应用中，随着事实表和维表的增加及变化，星形模型会产生许多衍生模型，其中主要是雪花模型。雪花模型对星形模型中的维表做了进一步的层次化和规范化，从而消除了冗余的数据。它通过最大限度地减少数据存储量，以及把分解后更小的规范化表联合在一起，改善查询性能。雪花模型如图 2.15 所示。

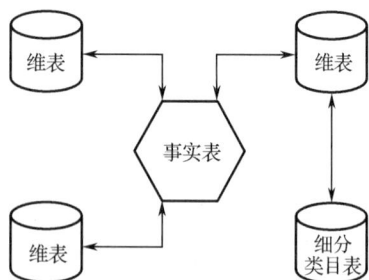

图 2.15 雪花模型

星形模型中的维表在雪花模型中可能被扩展为小的事实表，形成一些局部的层次式区域。雪花模型中的维表基于范式理论，是介于第三范式和星形模型之间的一种设计模式，通常指一部分数据组织采用第三范式的规范结构，另一部分数据组织采用星形模型的事实表和维表结构。雪花模型能够定义多重父类维来描述某些特殊的维表。例如，在时间维增加月维和年维，通过查看与时间有关的父类维，定义特殊的时间统计信息，如月统计、年统计等。由于采取规范化的维表，各维表拥有较低的粒度，因此雪花模型提高了应用程序的灵活性。

雪花模型的优点是可以最大限度地减少数据存储量，以及把较小的维表联合起来改善查询性能。但是，它增加了用户必须处理的表的数量，提高了某些查询的复杂性，而且用户不容易理解，有时额外的连接会使查询性能下降。在数据仓库中，通常不推荐使用雪花模型，因为相比传统关系型数据库，数据仓库的查询性能更加重要。雪花模型由于自身的特点，通常会降低数据仓库的性能。

3）星形模型和雪花模型的对比

星形模型和雪花模型在具体使用时需要根据业务特点来选择，两者的对比如表 2.3 所示。

表 2.3　星形模型和雪花模型的对比

对比内容	星形模型	雪花模型
数据优化	反规范化数据，业务层级不会通过各维之间的参照完整性部署	规范化数据，消除冗余，其业务层级和维都将存储在数据模型之中
业务模型	所有必要的维表在事实表中都只拥有外键	数据模型的业务层级由一个不同维表的主键-外键关系来代表
性能	只将需要的维表和事实表连接起来即可	雪花模型在维表、事实表之间的连接有很多，因此性能比较低
ETL	星形模型加载维表，不需要在各维之间添加附属模型，ETL 操作相对简单，而且可以实现高度并行化	雪花模型加载数据集市，ETL 操作在设计上更加复杂，而且受附属模型的限制，不能实现并行化

【例 2.9】销售主题下的星形模型和雪花模型如图 2.16 所示。

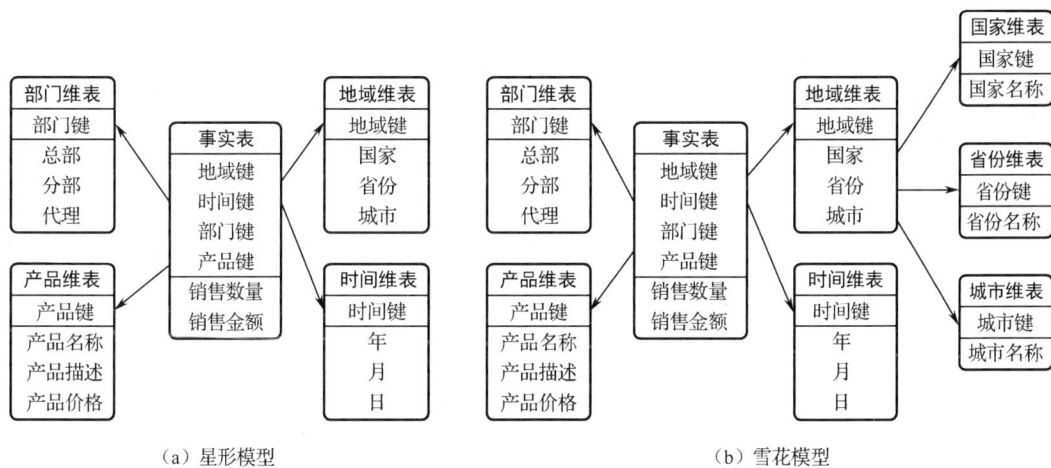

（a）星形模型　　　　　　　　　　　　　　（b）雪花模型

图 2.16　销售主题下的星形模型和雪花模型

2.2.2　ETL

数据仓库的核心技术流程是 ETL，即抽取、转换和加载。商业智能依赖的信息系统通常是一个由传统系统、不兼容数据源、数据库和应用构成的复杂数据集合，这些构成要素之间无法直接交流，且都是不可替代的系统，从而增加了商业智能系统实施和数据整合过程中面临的挑战。ETL 成为企业数据一致性与集成化问题的重要解决方案。

ETL 对数据集成和数据仓库非常重要，其目的是将集成和清洗后的数据加载到数据仓库中。ETL 的功能包括抽取数据库中的数据，对其进行整理、转换和数据规范检查，同时进行必要的外部数据整合、清理和重构，最终将清理后的数据加载到数据仓库中。ETL 还具有定期进行数据抽取、转换和加载的功能。ETL 工具在不同的源和目标之间进行数据传输，并记录数据元素在源和目标之间的变化。此外，ETL 管理所有运行的流程和操作，包括调度计划、错误管理、检查日志和统计数据等。图 2.17 描绘了 ETL流程。

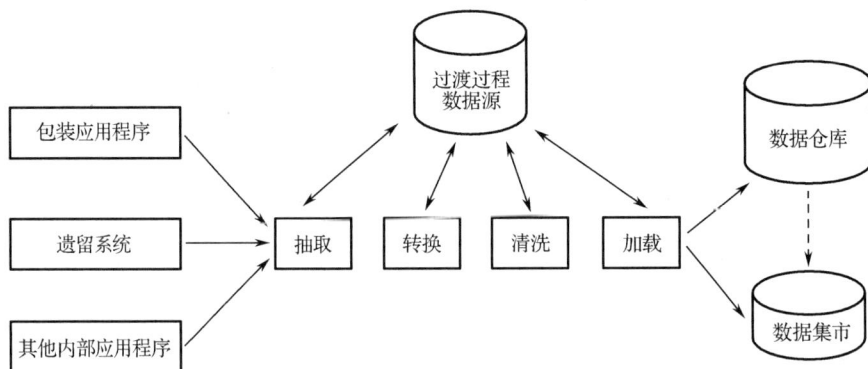

图 2.17　ETL 流程

1. 数据抽取

数据抽取是在理解数据仓库的主题和数据本身内容的基础上，选择主题所涉及的相关数据。在数据选择过程中，系统将搜索所有与业务对象相关的内部和外部数据，具体包括属性选择（数据域，也称字段或列）和数据抽样（元组，也称记录或行）。同时，由于数据仓库中的数据主要为支持分析和决策的历史数据，在将源数据加载到数据仓库之前，需要对数据设置时间戳，明确数据的时间属性。此外，数据仓库的数据源主要是在线事务处理数据，存在大量的数据更新。因此，在数据抽取过程中需要考虑数据的更新方式和传输模式。数据更新方式包括增量更新和批量更新，以及实时更新和周期更新；数据传输模式包括拉取（Pull）和推送（Push）。在数据抽取过程中，需要谨慎选择抽取策略、抽取周期、抽取时期和抽取的目标数据，以确保数据的完整性和准确性。

2. 数据转换

数据转换主要是针对数据仓库建立的模型，通过一系列转换，将数据从业务模型转换为分析模型。数据转换是真正将源数据转变为目标数据的关键环节，它包括数据格式转换、数据汇总计算等。数据转换又可分为数据变换和数据归纳。

1）数据变换

- 数据离散化：将属性（如数量型数据）离散化成若干区间。

- 新建变量：根据原始数据生成一些新的变量作为预测变量。
- 转换变量：将原始数据进行转换，如取值域、格式方面的转换。
- 拆分数据：依据业务需求对数据项进行分解，如将地址信息拆分为城市、街道、邮编等。
- 格式变换：规范化数据格式，如定义时间、数值、字符等数据的加载格式。

2）数据归纳

数据归纳，也称数据缩减或数据浓缩，是在数据选择的基础上对所关心的数据集合进行进一步约简，以缩小处理范围。在数据归纳的过程中，将初始数据集转换为更加紧凑的形式，同时保留有意义的语义信息。常见的数据归纳处理方法有以下几种。

- 数据聚合：采用切换、旋转和投影技术等对原始数据进行抽象和聚集，可聚集现有字段中的数值或对数据字段进行统计。例如，将月薪、月销售量等按地区进行汇总。数据聚合可以在不同的粒度上进行，如轻度汇总或高度汇总等。数据聚合大幅减少了数据量，加快了决策分析的进程。
- 维归约：维归约是数据选择中的属性选择，主要是根据一定的评价标准在属性集上选择区分能力强的属性子集，或者发现和分析与目标相关的属性集，删除冗余属性和不相关属性。
- 属性值归约：属性值归约包括连续值属性的离散化和符号型属性的合并。连续值属性的离散化是根据某种评价标准，在属性的值域范围内设置若干划分点，然后用特定的符号或数值代表每个子区间；符号型属性的合并是在检验两个相邻属性值之间对决策属性的独立性的基础上，判断是否应当将两者合并。
- 数据压缩：数据压缩使用数据编码或数据变换得到原数据的归约或压缩表示。如果原数据可由压缩数据重新构造而不丢失任何信息，则称压缩技术是无损的，否则称压缩技术是有损的。目前普遍使用的小波变换和主成分分析都是有损数据压缩技术，对稀疏或倾斜数据有很好的压缩结果。
- 数据抽样：数据抽样主要利用统计学中的抽样方法，如简单随机抽样、等距抽样、分层抽样等，用数据的较小样本表示大的数据集。

3．数据清洗

在进行数据转换时，往往伴随着一定程度的数据清洗。数据清洗的任务是过滤不符合要求的数据。不符合要求的数据主要包括不完整的数据、错误的数据、重复的数据三大类。数据清洗是一个反复的过程，不可能在几天内完成，只能不断地发现问题、解决问题。对于是否过滤和修正，一般需要仔细确认。在数据清洗过程中需要注意的是，不要将有用的数据过滤掉，对于每个过滤规则都要认真验证，并让用户确认。

4．数据加载

数据加载主要是将经过抽取、转换的数据加载到数据仓库中，即入库。加载任务主要是确定数据入库的次序、加载初始数据和进行数据的定期刷新。主要的加载策略如下。

- 初始加载：第一次对整个数据仓库进行加载。
- 增量加载：在数据仓库已有数据的基础上，新增业务数据。在数据仓库中，增量加载可以保证数据仓库与源数据变化的同期性。
- 完全刷新：周期性地重写整个数据仓库，有时也可能对一些有特点的数据进行刷新。

在初始加载完成后，为维护和保持数据的有效性，可以采用更新和刷新的方式。其中，更新是对数据源的变化进行记录；刷新也可能是对特定周期数据进行重新加载。

2.2.3 OLAP

1．OLAP 简述

此处仅对 OLAP 做简要介绍，详细内容参见 2.3 节和 2.4 节。

OLAP（联机分析处理）是一种基于数据仓库的数据分析和处理技术，是在多维数据模型基础上实现的面向分析的各类操作的集合，能对数据仓库中的数据进行多维分析和展现，侧重为决策人员和高层管理人员的决策提供支持。现代 OLAP 系统一般将数据仓库作为基础，即从数据仓库中抽取详细数据的一个子集，经过必要的聚集将其存储到 OLAP 存储器中供前端分析工具读取。OLAP 以多维度方式查询和分析数据，通过切片、切块、上卷、下钻、旋转等操作，在不同的维度或粒度上对数据进行分析，得到不同形式的知识和结果。

2．OLAP 与数据挖掘

OLAP 专注于数据汇总和聚集，旨在简化数据分析过程。它提供了灵活的查询和分析功能，帮助用户快速发现数据中的模式和趋势，支持决策制定和策略规划。数据挖掘则是一种自动化过程，通过算法和模型发现隐藏在海量数据中的有用信息和知识。数据挖掘并不局限于数据仓库中的数据，它还能处理更细粒度、事务性、空间性、文本性数据，以及多媒体数据。它可以发现潜在规律、预测趋势、识别异常等，为决策提供更深入的洞察和预测。虽然 OLAP 和数据挖掘在功能上有所重叠，但数据挖掘的功能更多，包括 OLAP 的汇总和比较功能，并且能够执行更多分析任务，如数据关联、分类、预测、聚类和时间序列分析。两者在数据分析和决策支持方面扮演着不同的角色，可以相互补充，以提供更全面和更准确的数据分析能力，帮助企业做出更明智的决策。

【例 2.10】OLAP 与数据挖掘的区别如图 2.18 所示。OLAP 能更快地提供一些常规分析决策所需的数据；数据挖掘可以揭示更深刻的潜在关联关系和发现知识。

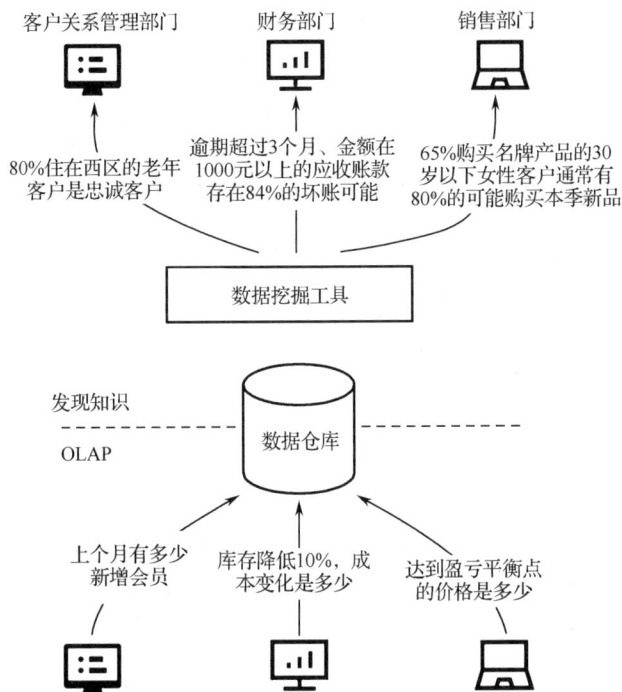

图 2.18　OLAP 与数据挖掘的区别

2.3　OLAP 详解

2.3.1　基本概念

1. OLAP 的定义

OLAP 理事会对 OLAP 的定义为：OLAP 是一类软件技术，分析人员、管理人员和主管可以利用它从多个信息视角快速、一致和交互地访问数据，实现对数据的洞察。这些视角是从原始数据转换过来的，反映了企业的真实维度，易于被用户理解。

OLAP 的概念最早由被誉为"关系型数据库之父"埃德加·F. 科德（Edgar F. Codd）于 1993 年提出。它是在企业信息系统内积累的数据不断增多、查询要求越来越复杂、分析需求越来越多，操作型信息系统中的查询和报表功能已不能满足用户要求的背景下诞生的。传统的企业数据库系统主要用于事务处理，其分析能力有限，直接在数据库上建立决策支持系统并不合适。于是，人们开始对 OLTP 数据库中的数据进行再加工，逐渐形成了数据仓库技术。随着市场竞争的加剧，企业更加强调决策的及时性和准确性，从而推动以支持决策管理分析为主要目的的 OLAP 迅速崛起。

2. OLAP 的特性

OLAP 具有五大特性：快速性（Fast）、可分析性（Analysis）、共享性（Shared）、多维性（Multidimensional）和信息性（Information），简称 FASMI。

- 快速性：用户对 OLAP 系统的快速反应能力有很高的要求，OLAP 系统应能在 5 秒内对用户的大部分分析请求做出反应，但很难对业务数据的实时信息做出反应。
- 可分析性：OLAP 系统应能处理与应用有关的任何逻辑分析和统计分析，以直观的形式提供灵活的统计分析功能，并允许用户自定义运算方式，包括时间序列分析、成本分配、货币兑换、多维结构变化、非过程化建模、异常警告和数据挖掘等。
- 共享性：OLAP 系统应支持多用户并发访问，具有可靠的安全性。此外，用户的访问不仅是读，也可能是写，因此 OLAP 系统应具有良好的并发控制功能。
- 多维性：OLAP 系统必须提供数据的多维视图和维度内的层次聚集功能。
- 信息性：OLAP 系统应具有处理大量数据、提供用户所需信息的能力。不论数据量有多大，也不管数据存储在何处，OLAP 系统都应能及时获得信息，并管理大容量信息。

此外，科德提出了用于评价 OLAP 软件的 12 条准则，包括多维概念视图、透明性、异构数据整合、一致的报表性能、客户-服务器结构、维度等同性、动态的稀疏矩阵处理能力、多用户支持性、不受限的跨维度操作、直观的数据操纵、灵活的报表制作、不受限的维数和聚集层次。

3. OLTP 与 OLAP 的比较

OLTP 主要面向企业日常事务处理，是对数据库的应用，它的重点在于数据和处理，所生成的各项数据库模式与企业实际的业务流程中所涉及的单据和文档有很好的对应关系，并没有真正体现数据与数据处理的分离。OLAP 则主要面向数据分析场景，是对数据仓库的应用，采用面向主题的数据组织方式。OLAP 先抽取分析主题，再确定每个主题所包含的数据内容。OLAP 与 OLTP 的区别和联系分别如表 2.4、图 2.19 所示。

表 2.4 OLTP 与 OLAP 的区别

区 别 项	OLTP	OLAP
信息类型	即时信息处理	历史信息处理
使用者	数据库管理员、技术人员、普通职员	高管、经理、分析员
使用场景	日常运营	分析
聚焦内容	输入数据	输出数据
数据模型	ER 模型	雪花模型、星形模型
数据	当前数据	历史数据
数据类型	细节数据	总结性数据

区　别　项	OLTP	OLAP
数据视图	详细的数据	多维立方体
使用者数量	成千上万位	几百位
一次性处理记录数量	几十条	几百万条
数据存储空间	100MB～1GB	1TB～1PB
系统瓶颈	数据处理性能	灵活性

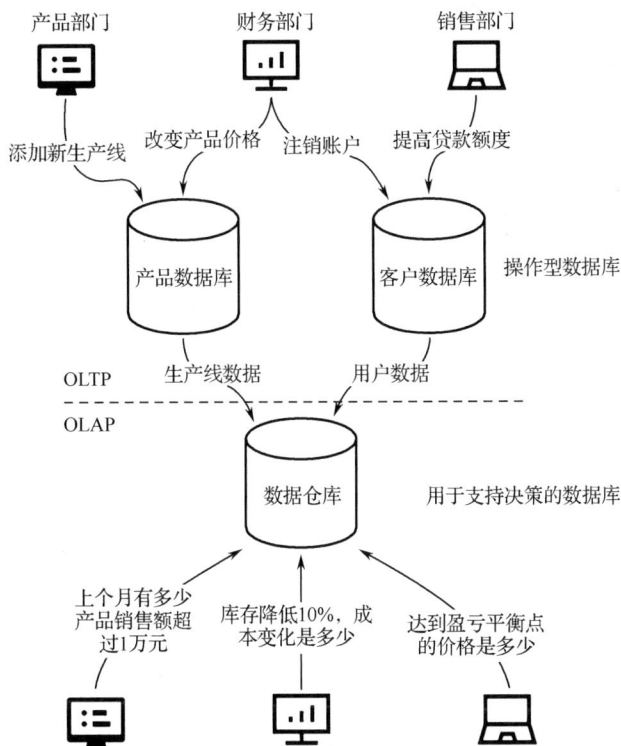

图 2.19　OLTP 与 OLAP 的联系

【例 2.11】 下面以某销售公司为例，介绍 OLTP 和 OLAP 环境下的数据模式。

OLTP 环境下的数据模式

该销售公司数据库管理系统使用了采购子系统、销售子系统、库存管理子系统和人事管理子系统的系统架构及相应的数据组织方式，需围绕采购、销售、库存管理和人事管理等相关组织、部门进行详细调查，收集数据库的基础数据及其处理过程，并掌握企业内部数据的动态特征，开展逻辑数据结构设计，具体内容如下。

OLAP 环境下的数据模式

该销售公司在 OLAP 环境下的数据库模式的主题包括商品、供应商、顾客，其中每个主题都有各自独立的逻辑内涵，对应一个分析对象。每个主题都可以划分成多个表，基于一个主题的所有表都有一个公共键。该公共键作为主键的一部分将各表统一起来，由此体现它们属于同一个主题。例如，主题名为商品，公共键为商品

1. 采购子系统
- 订单：包括订单号、供应商号、商品号、数量、日期、总金额。
- 商品：包括商品号、类别、单价。
- 供应商：包括供应商号、供应商名、地址、电话。

2. 销售子系统
- 顾客：包括顾客号、姓名、年龄、文化程度、地址、电话。
- 销售：包括员工号、顾客号、商品号、数量、单价、日期。

3. 库存管理子系统
- 领料单：包括领料单号、领料人、商品号、数量、日期。
- 进料单：包括进料单号、订单号、进料人、收料人、日期。
- 库存：包括商品号、库房号、库存量、日期。
- 库房：包括库房号、库房管理员、地点、库存商品描述。

4. 人事管理子系统
- 员工：包括员工号、姓名、性别、年龄、文化程度、部门号。
- 部门：包括部门号、部门名称、部门主管、电话。

号。其详细描述如下。

1. 商品
- 商品固有信息：包括商品号、商品名、类别、颜色等。
- 商品采购信息：包括商品号、供应商号、供应价、供应量、供应日期等。
- 商品销售信息：包括商品号、顾客号、售价、销售量、销售日期等。
- 商品库存信息：包括商品号、库房号、库存量、日期等。

2. 供应商
- 供应商固有信息：包括供应商号、供应商名、地址、电话等。
- 供应商品信息：包括供应商号、商品号、供应价、供应日期、供应量等。

3. 顾客
- 顾客固有信息：包括顾客号、姓名、性别、年龄、文化程度、地址、电话等。
- 顾客购物信息：包括顾客号、商品号、售价、购买日期、购买量等。

OLAP 环境下的数据库模式舍弃了原来不必要的、不适合分析的信息，集成了分散在各子系统中有关主题的信息，形成了关于商品的一致信息，能在主题内找到该分析处理所需要的一切内容。不同主题之间有重叠的内容，但只是逻辑上或细节级别的重叠。

2.3.2 数据立方体

1. 数据立方体的定义

数据立方体（多维数据集）是一个数据集合，通常从数据仓库的子集中构造，并组织和汇总成一个由多个维度和度量值定义的多维结构。多维数据集是 OLAP 的主要对象，通过它可以对数据仓库中的数据进行快速访问。其实数据立方体只是多维数据模型的一个形象说明。从表面看，数据立方体是三维的，但是多维数据模型不限于三维模型，还可以组合成更多维数的模型，如四维模型、五维模型等。

【例 2.12】如图 2.20 所示的数据立方体描述了某公司产品的销售情况，图中显示了数据立方体的相关概念。该数据立方体有 3 个维度（地理位置、时间和商品）和 1 个度量值（销售额）。从图中可以看出，该公司一季度商品 1 在城市 1 的销售额为 208 万元。

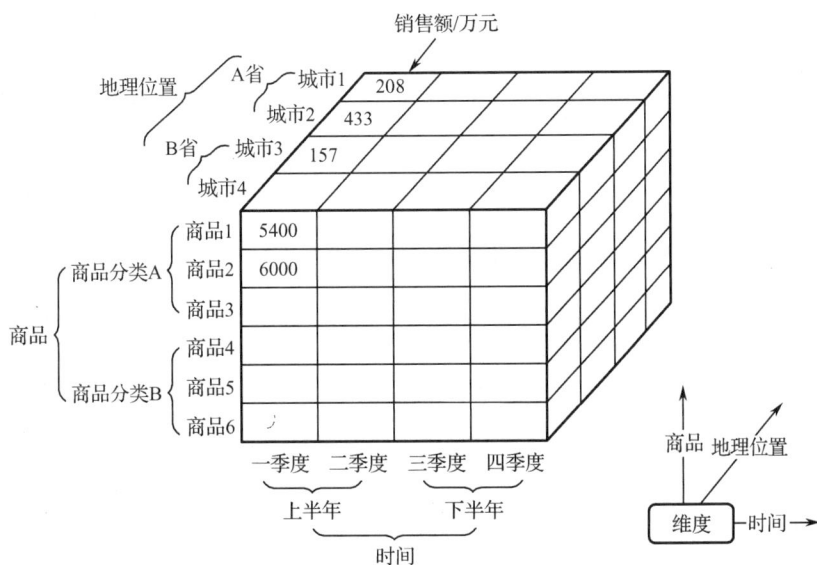

图 2.20　某公司产品销售数据立方体

2．OLAP 的多维数据结构

1）超立方结构

超立方结构是指用三维或更多的维的数据来描述一个对象，各个维两两之间彼此垂直。数据的测量值出现在维的交叉点上，数据空间的各个部分都有相同的维属性。这种结构可应用在多维数据库和面向关系型数据库的 OLAP 系统中，其主要特点是可以简化终端用户的操作。超立方结构有一种变形，即收缩超立方结构。这种结构的数据密度更大，数据的维数更少，并可加入额外的分析维。

2）多立方结构

在多立方结构中，大的数据结构被分成多个多维结构。这些多维结构是大数据维数的子集，面向某一特定应用对维进行分割，即将一个超立方结构分割为多个子立方结构。它具有很强的灵活性，提高了数据（特别是稀疏数据）的分析效率。

一般来说，多立方结构灵活性较强，超立方结构更易于理解。终端用户更容易接受超立方结构，因为它可以提供高水平的报告和多维视图。但具有多维分析经验的管理信息系统专家更喜欢多立方结构，因为它具有良好的视图翻转性和灵活性。多立方结构是存储稀疏矩阵的有效方法，能减少计算量。因此，复杂的系统和预先建立的通用应用倾向于使用多立方结构，以使数据结构能更好地得到调整，满足用户常用应用的需求。

许多产品结合了上述两种结构，它们的数据物理结构是多立方结构，但利用超立方结构进行计算，从而结合了超立方结构的简化性和多立方结构的旋转存储特性。

3．数据立方体的计算

给定基于多维数据模型构建的数据仓库，OLAP 多维分析是指选择某些维度上的某些层次，交互式地探查某些度量的取值。给定一个包含 m 个维度、n 个度量的事实表，从中选择 k 个维度、1 个度量，每个维度选择 1 个层次。假设按照所选维度和度量进行汇总查询得到的表为 $T(A_1, A_2, \cdots, A_k, A_{k+1})$，其中 $A_1, A_2, \cdots, A_k$ 为选中的层次属性，A_{k+1} 为选中的度量属性，该数据称为一个数据立方体。对于有 m 个维度、n 个度量的事实表，假设第 i 个维度的层次数为 L_i，则数据立方体的总个数 N 的计算公式为

$$N = n\prod_{i=1}^{m}(L_i + 1) \tag{2-1}$$

【例 2.13】分别在商品、时间和地点 3 个维度上选择层次属性：商品大类、年和城市。将销售额和销售量按照这 3 个属性进行分组，汇总后的数据可以用数据立方体表示，如图 2.21（a）所示。图中的每个小方块代表的是某年、某个城市、某类商品的总销售额。这种数据立方体又称基础立方体，因为可以对其中的数据进行进一步聚集汇总，得到一系列立方体，如图 2.21（b）所示。这些汇总包括：按照两个维度进行的汇总，即（商品，时间）、（商品，地点）和（地点，时间）；按照一个维度的汇总，即（商品）、（地点）和（时间）；总销售量的汇总。因为只选择了 3 个维度（每个维度有 1 个层次）和 1 个度量，所以对应的数据立方体的个数是 2×2×2=8 个。

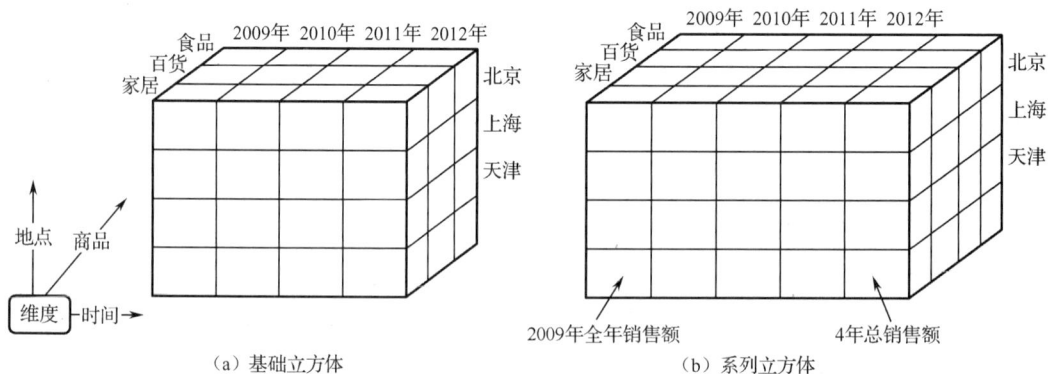

图 2.21　数据立方体

OLAP 的多维分析正是对这些数据立方体中的数据进行切换，交互式地探查不同维度组合的业务指标，发现其中存在的问题，具体探察方式见 2.3.3 节。

为了保证在交互式操作过程中用户能够得到快速的响应，快速计算这些数据立方体中

的数据成为关键，很多研究者都对此进行了研究。物化是指将计算好的立方体数据存放于物理存储设备中，它是提高响应速度的方法之一。常用的物化策略有 3 种：不物化策略、完全物化策略和部分物化策略。不物化策略是指在用户提出请求后再进行聚集运算，响应速度慢。完全物化策略是指将所有可能的聚集运算都预先计算好，存储下来，在用户提出请求时读取答案并展示给用户，反应速度快。完全物化策略的缺点是需要大量的存储空间，物化的数据立方体可能随时间改变，需要维护成本。部分物化策略是折中的方案，即选择一部分数据立方体进行预先计算和存储。

4. 多维数据模型中的层次设计

多维性是 OLAP 最核心的特点。如果将每个维度都看作观察事实的一个视角的话，OLAP 系统不仅能够为用户提供观察事实的多个视角，而且能够在维度的不同层次之间进行不同粒度数据的聚集探查，即进行上卷和下钻（具体内容将在 2.3.3 节介绍）。为了能够有效地进行这类操作，在构建多维数据模型时，要构建每个维度的层次结构。

在层次结构中，下层属性（称为子属性）和上层属性（称为父属性）之间是多对一的关系，即子属性的一个取值对应父属性的一个取值，父属性的一个取值对应子属性的多个取值。不同层次对应的度量的颗粒度是不同的。正确构建层次结构是多维分析的基础。

【例 2.14】以图 2.22 所示的星形模型为例（图中 PK 表示主键），围绕销售主题，销售事实表有 4 个维度的层次结构，如图 2.23 所示。在时间维度，年和季度之间是父属性与子属性的关系，一年对应 4 个季度，某年的一个季度只属于该年份。星期和月之间不存在这样的层次关系，因为一个星期可能同时跨接相邻的两个月。

45

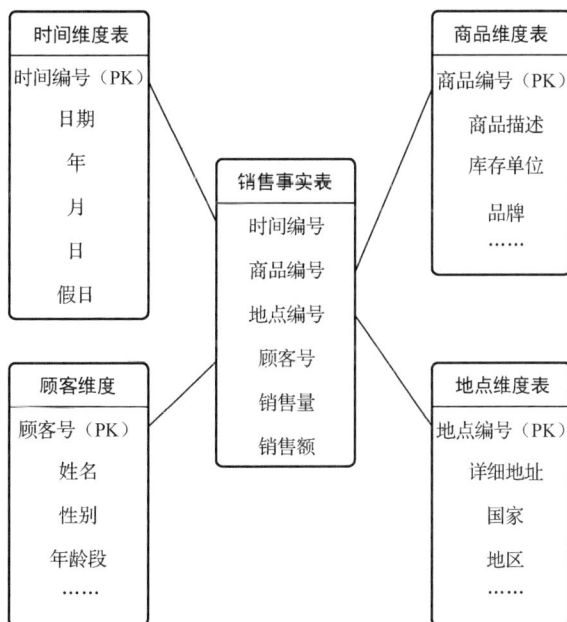

图 2.22　销售主题下的星形模型

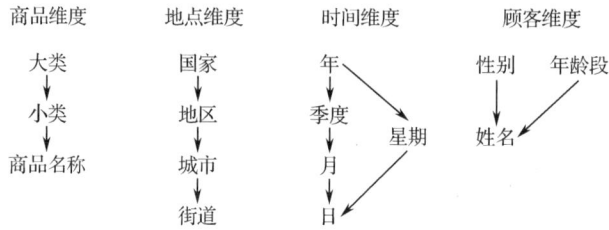

图 2.23　销售主题下各维度的层次结构

2.3.3　多维数据分析

1．OLAP 多维数据分析的操作类型

OLAP 多维数据分析的主要操作类型包括切片（Slice）、切块（Dice）、钻取〔包括上卷（Roll Up）和下钻（Drill Down）〕、旋转（Rotate）等。综合运用这些操作类型，可以交互式地从各种角度查看业务数据，以便发现业务运营规律及其中存在的异常。给定一个包含 m 个维度、n 个度量的多维数据模型对应的数据仓库，下面详细介绍这些操作的具体含义。

1）切片和切块

切片操作有两种不同的含义。广义的切片是指从 m 个维度中选择一个维度的一个属性，让此属性取一个值，查看其他维度对应的属性值。狭义的切片是指取两个维度属性中的部分或全部属性值，同时将其他任何维度固定为某一属性值，从而得到二维视图。

相应地，切块操作也有两种不同的含义。广义的切块是指在某一维度上选取一个连续的属性区间，保持其他维度的取值不变，从而截取出一个在该区间范围内的子立方体。狭义的切块则是指取 3 个维度中的部分或全部类别，固定其他任何维度的取值为其中一个类别，从而得到三维立方体。

2）钻取

钻取包含向上钻取（又称上卷）和向下钻取（又称下钻），钻取的深度与维度所划分的层次相对应。

上卷是对数据的汇总，包括两种情况：一种情况是在给定的立方体数据中将其中一个维度的层次用其上层的属性代替；另一种情况是减少一个维度。

下钻是上卷的逆过程，是不断探查细节的过程，同样包括两种情况：一种情况是在给定的立方体数据中将其中一个维度的层次用其下层的属性代替；另一种情况是增加一个维度。

3）旋转

旋转有两种含义：一种是调换已有维度的位置；另一种是用其他维度代替其中一个维度，改变观察业务的角度。

【例 2.15】以图 2.24（a）所示的数据立方体为基础，介绍 OLAP 多维数据分析的不同操作。

切片：如果限定地点维度（城市）的取值为"北京"，则相当于在数据立方体中切下一片，如图 2.24（a）所示。如果原来的数据立方体由 4 个维度和 1 个度量构成（商品、时间、地点、顾客、销售额），限定其中地点维度（城市）的属性取值为"北京"，则得到的不是一个数据片，而是一个三维数据立方体，但这也属于切片操作。

切块：如果限定地点维度（城市）的取值为"北京"和"上海"，则相当于在立方体中切下一块，如图 2.24（b）所示。如果原来的数据立方体由 4 个维度和 1 个度量构成（商品、时间、地点、顾客、销售额），限定其中地点维度（城市）的属性取值为"北京"，取其他 3 个维度的度量构成一个三维数据立方体，如图 2.24（c）所示，这也属于切块操作。

上卷：图 2.24（a）所示的立方体表示为（城市，大类，年，销售额），可以上卷到（省，大类，年，销售额）。也可以从（城市，大类，年，销售额）切换到（大类，年，销售额）。这两种情况都是从细粒度汇总为粗粒度的过程。

下钻：图 2.24（a）所示的立方体表示为（城市，大类，年，销售额），可以下钻到（城市，小类，年，销售额）。也可以从（城市，大类，年，销售额）切换到（城市，大类，年，年龄，销售额）。这两种情况都是从粗粒度转换为细粒度的过程。

旋转：图 2.24（d）所示的数据立方体是由原来的数据立方体旋转后得到的。

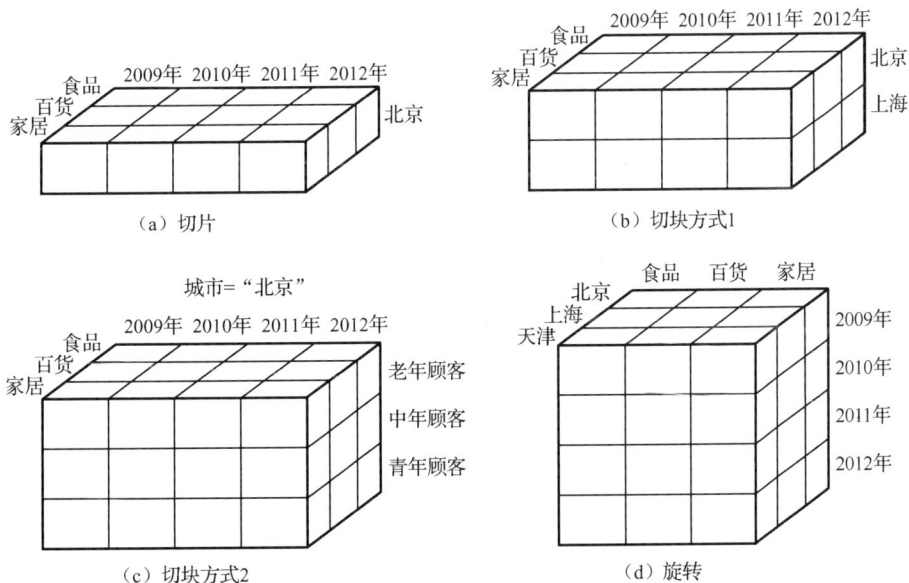

47

图 2.24 OLAP 多维数据分析的操作

实际上，OLAP 工具在展示立方体数据时，通常不是以立方体形式呈现的，而是以二维平面形式的交叉表格展示的。在操作过程中，可以比较每个单元格的数据与上、下、左、右邻居的差异，从而发现异常并解决问题。肉眼观察有时不容易发现异常，因此一些 OLAP 软件提供了标识异常的功能，通过特定方法识别与相邻值显著不同的数据，并以可视化的方式呈现识别结果，以提示用户注意。

2．OLAP 的操作语言

多维查询表达式（Multi-Dimensional Expressions，MDX）是所有 OLAP 高级分析所采用的核心查询语言，支持多维对象与多维数据的定义和操作。MDX 在很多方面与结构化查询语言（SQL）的语法相似，但它不是 SQL 的扩展。事实上，MDX 所提供的一些功能也可以由 SQL 提供，但是 SQL 提供的功能不如 MDX 有效或直观。每个 MDX 查询都要求包含数据请求（SELECT 子句）、起始点（FROM 子句），也可以包含筛选（WHERE 子句）。这些关键字及其他关键字提供了各种工具，用来从多维数据集中抽取数据的特定部分。MDX 还提供了可靠的函数集来对所检索的数据进行相关操作，同时具有利用用户自定义函数扩展 MDX 的能力。同 SQL 一样，MDX 提供用于管理数据结构的数据定义语言（Data Definition Language，DDL）语法，其中有用于创建和删除多维数据集、维度、度量值及它们的坐标对象的 MDX 命令。MDX 较高的灵活性和强大的功能为多维数据分析提供了高效的工具，帮助用户从多维数据集中提取所需信息，并进行灵活的数据操作和分析。SQL 与 MDX 的区别如表 2.5 所示。

表 2.5　SQL 与 MDX 的区别

区　别　项	SQL	MDX
维数	两维（行、列）	任意维数
语法功能	简单易用	异常强大、非常复杂
填充数据结构	一个或多个表	单个多维数据集
数据控制	允许	不允许
数据查询	允许	允许
数据定义	允许	允许
SELECT 语句	定义列布局	定义多个轴维度
WHERE 语句	定义行布局并筛选查询范围中的数据	限制特定的维度或成员并提供查询所返回的数据切片
结果显示	直观	不直观
引用数据	任意方法，列名和行名均有唯一标识	特定的语法，较为复杂

【例 2.16】MDX 查询示例："2022 年各季度中国销售数量和销售额数据"。

在这个查询中，Measures 维度指定要检索的度量，示例中选择了销售数量（Sales Quantity）和销售额（Sales Amount）两个度量；Time 维度用于在行上分组，示例中选择了

2022 年的 4 个季度作为行；SalesCube 是数据集的名称；Location 维度用于筛选数据，示例中选择了中国的地区。MDX 查询可以根据具体的多维数据模型和需求进行调整。查询语言如下所示。

```SQL
SELECT
    {[Measures].[Sales Quantity], [Measures].[Sales Amount]} ON COLUMNS,
    {[Time].[2022].[Q1], [Time].[2022].[Q2], [Time].[2022].[Q3], [Time].[2022].[Q4]} ON ROWS
FROM [SalesCube]
WHERE [Location].[All].[China]
```

本书仅对 MDX 做简要介绍，具体语法可以参考其他相关资料。

2.4　OLAP 的体系结构、建模方法、实现过程和产品

2.4.1　OLAP 的体系结构

1. OLAP 的数据存储方式

从逻辑上讲，OLAP 为企业提供数据仓库或数据集市的多维数据，而不必关心数据如何存放或存放在何处。然而，OLAP 的物理结构和实现必须考虑数据存放问题。OLAP 的数据存储方式可以分为基于关系型数据库的 OLAP（Relational OLAP，ROLAP）、基于多维数据库的 OLAP（Multi-dimensional OLAP，MOLAP）和混合型 OLAP（Hybrid OLAP，HOLAP）。

1) ROLAP

ROLAP 表示基于关系型数据库的 OLAP 实现。它以关系型数据库为核心，以关系型结构进行多维数据的表示和存储。ROLAP 将分析用的多维数据存储在关系型数据库中，根据应用的需要有选择地定义一批物理视图并存储在关系型数据库中，不必将每个 SQL 查询都作为物理视图，只定义那些应用频率比较高、计算量比较大的查询作为物理视图。对每个针对 OLAP 服务器的查询，优先利用已经计算好的物理视图来生成查询结果以提高查询效率。同时，用作 ROLAP 存储器的关系型数据库管理系统针对 OLAP 做了相应的优化，如并行存储、并行查询、并行数据管理、基于成本的查询优化、位图索引、SQL 的 OLAP 扩展（如 CUBE、ROLLUP）等。ROLAP 的最大优点是可以实时从源数据中获取最新数据，以保证数据的实时性；其缺陷在于运算效率比较低，用户等待时间比较长。

2) MOLAP

MOLAP 将 OLAP 分析所使用的多维数据存储为多维数组的形式，形成立方体结构。

维的属性值被映射成多维数组的下标值或下标的范围，而汇总数据作为多维数组的值存储在数组的单元中。MOLAP 采用了新的存储结构，通过物理层实现，因此又称物理 OLAP（Physical OLAP）；而 ROLAP 主要通过一些软件工具或中间软件实现，物理层仍采用关系型数据库的存储结构，因此又称虚拟 OLAP（Virtual OLAP）。MOLAP 的优点在于，由于进行了数据多维预处理，在分析过程中数据运算效率高；其主要缺陷在于，数据更新有一定的延迟。

3）HOLAP

HOLAP 表示基于混合数据组织的 OLAP 实现，即低层是关系型的，高层是多维矩阵型的。这种方式具有更好的灵活性。其特点是将明细数据保留在关系型数据库的事实表中，聚合后的数据保存在 Cube 中。HOLAP 的聚合时间比 ROLAP 长，查询效率比 ROLAP 高，但低于 MOLAP。

2．不同 OLAP 数据存储方式对应的体系结构

不同 OLAP 数据存储方式对应不同的体系结构。

1）ROLAP 体系结构

ROLAP 服务器采用多维数据组技术存储数据，并对稀疏数据采用压缩技术进行处理，提供切片、切块和旋转等分析操作。为提高响应速度，对用户的查询需求进行预处理，在数据建立之初，将数据从数据库服务器中聚集到 ROLAP 服务器中。当需求分析发生变化时，需要在物理层面重新组织数据结构。这给数据库的建立和维护带来了困难，费用和复杂性也相应提高。ROLAP 体系结构如图 2.25 所示。

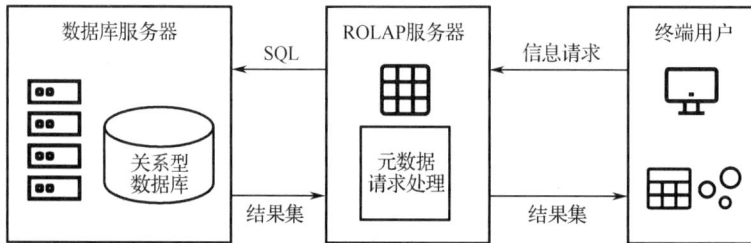

图 2.25　ROLAP 体系结构

2）MOLAP 体系结构

MOLAP 体系结构源于中间件技术和传统关系型数据库管理系统，不具有较强的可伸缩性。它以 ROLAP 服务器为中间件，增加了 CUBE、ROLLUP 等操作，扩充 SQL 为 Multiple SQL，支持复杂的多维分析。通常，采用非常规范的星形模型或雪花模型组织数据。用户的查询需求通过 OLAP 引擎被动态翻译为 SQL 请求，然后由关系型数据库进行处理，最后查询结果经多维处理后返回给用户。MOLAP 体系结构如图 2.26 所示。

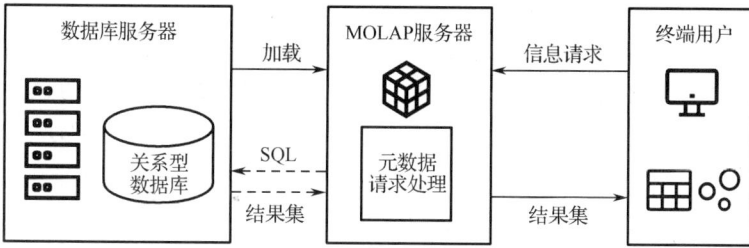

图 2.26　MOLAP 体系结构

3）HOLAP 体系结构

很明显，HOLAP 体系结构不是 ROLAP 体系结构与 MOLAP 体系结构的简单组合，而是这两种体系结构技术优点的有机结合，能满足用户各种复杂的分析请求。HOLAP 体系结构集成了 ROLAP 体系结构的可伸缩性和 MOLAP 体系结构快速计算的特点，将大量细节数据存放在关系型数据库中，聚合数据存放在 MOLAP 中。为完成预先定义的计算操作，首先从关系型数据库管理系统中查询数据，然后将数据传输并存储到 MOLAP 数据立方体中，通过 OLAP 引擎将查询结果返回给用户，之后用户便可以在数据立方体上直接进行多维分析操作。HOLAP 体系结构如图 2.27 所示。

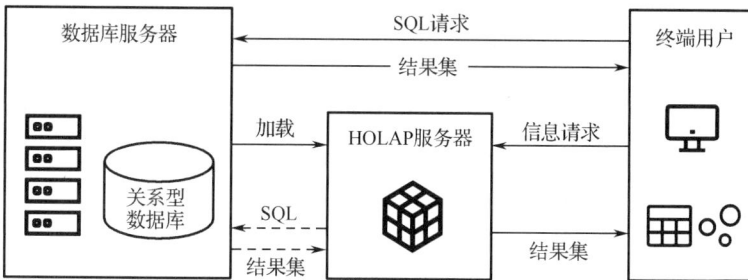

图 2.27　HOLAP 体系结构

4）ROLAP、MOLAP 与 HOLAP 体系结构的性能对比

ROLAP、MOLAP 与 HOLAP 体系结构的性能对比如表 2.6 所示。在具体实践中，应根据业务的具体情况选择不同的体系结构。

表 2.6　ROLAP、MOLAP 与 HOLAP 体系结构的性能对比

对 比 项	ROLAP 体系结构	MOLAP 体系结构	HOLAP 体系结构
详细数据的存储位置	基于多维数据组织的 OLAP 实现	数据立方体	数据立方体
聚合数据的存储位置	基于混合数据组织的 OLAP 实现	关系型数据库	数据立方体
查询效率	最低	高	比 ROLAP 高，比 MOLAP 低
聚合时间	由于数据存储在关系型数据库中，所以聚合时间短	生成 Cube 时需要占用大量的时间和空间	聚合时间比 ROLAP 长
数据副本	无	有	无
占用分析服务器存储空间	小	大	小

对　比　项	ROLAP 体系结构	MOLAP 体系结构	HOLAP 体系结构
使用多维数据集	较大	小	大
数据查询速度	慢	快	慢
聚合数据查询速度	慢	快	快
使用查询频度	不经常	经常	经常

2.4.2　维度建模

数据仓库的开拓者之一拉尔夫·金博尔最先提出"维度建模"这一概念,它是数据仓库建设中的一种数据建模方法。对于维度建模,最简单的描述是按照事实表、维度表来构建数据仓库和数据集市。2.2.1 节已经对多维数据模型的定义和类型做了详细介绍,此处补充说明多维体系架构和建模流程。

1．多维体系架构

在使用维度建模的数据仓库中,多维体系架构包含 3 个关键概念:数据仓库总线架构、一致性维度和一致性事实。

1）数据仓库总线架构

将不同业务处理过程中的数据进行集成是非常有用的。业务机构与 IT 机构中的相关人员,尤其是那些处于较高管理阶层的人员,非常清楚在跨业务范围内查看数据对提高客户关系管理评估性能是很有帮助的。众多数据仓库项目为了更好地理解客户关系管理需求,将注意力放在从终端到终端的视角。如果为数据仓库环境定义一个标准的总线接口,那么不同的小组在不同的时间可以实现独立的数据集市。只要遵循这个总线接口的标准,各个独立的数据集市就可以集成在一起并有效地共存。

数据仓库总线架构为开发团队分解企业数据仓库规划任务提供了一种合理的方法。在开始阶段,开发团队利用较短的时间设计出一整套在企业范围内具有统一解释的标准化维度表与事实表,从而建立数据体系架构的框架。之后开发团队就可以把精力放在构建独立数据集市上,并按照所建立的标准化维度表与事实表,严格依照体系架构进行迭代开发。随着越来越多的独立数据集市投入使用,它们像积木块一样搭在一起。从某种意义上讲,企业范围内需要存在足够的数据集市,只有这样才可能为集成的企业数据仓库带来美好的前景。

数据仓库总线架构给数据仓库管理人员带来了两个方面的优势。一方面,数据仓库管理人员有一个体系框架来指导总体设计,并将问题分成不同的数据集市,这些数据集市以字节计量,并可以根据具体时限加以实施;另一方面,只要数据集市开发团队遵照总的体系框架,就可以相对独立、异步地开展工作,从而大幅提高工作效率。

2）一致性维度

当不同的维度表属性具有相同的列名和领域内容时，称维度表具有一致性。在多维体系架构中，没有物理意义上的数据仓库，只有由物理上的数据集市组合而成的逻辑上的数据仓库。数据集市的建立可以逐步完成，最终不同的数据集市组合在一起，形成一个数据仓库。如果在分步建立数据集市的过程中出现了问题，数据集市就会变成孤立的，不能组合成数据仓库。一致性维度的提出正好可以解决这个问题（当存在多个数据仓库时，需要进行一致性处理）。

一致性维度包含一致的关键字、属性列名字、属性定义及属性值（它们将被转化成一致的报表标签与分组标识）。一致性维度以几种不同的形式出现。在最基本的层次上，一致性维度意味着在连接至任意事实表时，维度的属性结构与数值内容均完全一致。实际上，一致性维度表在数据库范围内可能就是相同的物理表。不过，如果一个数据仓库支持多种数据库平台，基于对其典型复杂性的考虑，维度更有可能被所有数据集市复制。无论在哪种情况下，两个数据集市的日期维度都将具有相同数目的行、相同的关键字值、相同的属性标签、相同的属性定义与相同的属性值等，并具有一致的数据内容、数据解释与用户展示。

3）一致性事实

当不同的事实表具有相同的事实，且这些事实具有相同的定义与方程（公式）时，称事实表具有一致性。一般来说，事实表数据并不在各个数据集市之间明确地复制。不过，如果事实确实存在于多个位置，那么支撑这些事实的定义与方程（公式）必须是相同的。如果将存在于多个位置的事实当作同种事物看待，首先要满足一个前提，就是这些事实具有相同的标识。除此之外，还需要在相同维度环境下对它们进行定义，同时保证它们在各个数据集市中使用相同的度量单位。在数据命名实践中，必须接受规范的约束，如果不能做到使事实完全一致，那么应该对不同的解释给出不同的名称，也就是将它们作为不同的事实处理。这样在计算中也比较方便，可以更好地排除使用不兼容事实的可能性。通常，一些企业级共享度量指标必须使用一致性事实，如利润、经济资本、产品覆盖度、客户满意度及其他关键绩效指标等。

【例 2.17】如图 2.28 所示，某大型国有银行业务价值链的产品运营中包含许多相关的业务处理，如营销支持、产品与服务、业务运营、风险管理等。显然，要将图 2.28 中的业务价值链组合成数据仓库，就不能对各业务处理分别进行维度建模和数据集市创建，否则各数据集市之间没有共享的公共维度，就会变成独立的数据集市。要成功创建数据仓库，并使其长期正常运转，可以在体系架构上按增量方式创建企业数据仓库。这里建议使用的方法是数据仓库总线架构。如图 2.29 和图 2.30 所示，所有业务处理将创建一系列维度模型，这些维度模型共享一组公用维度，这组公用维度具有一致性。

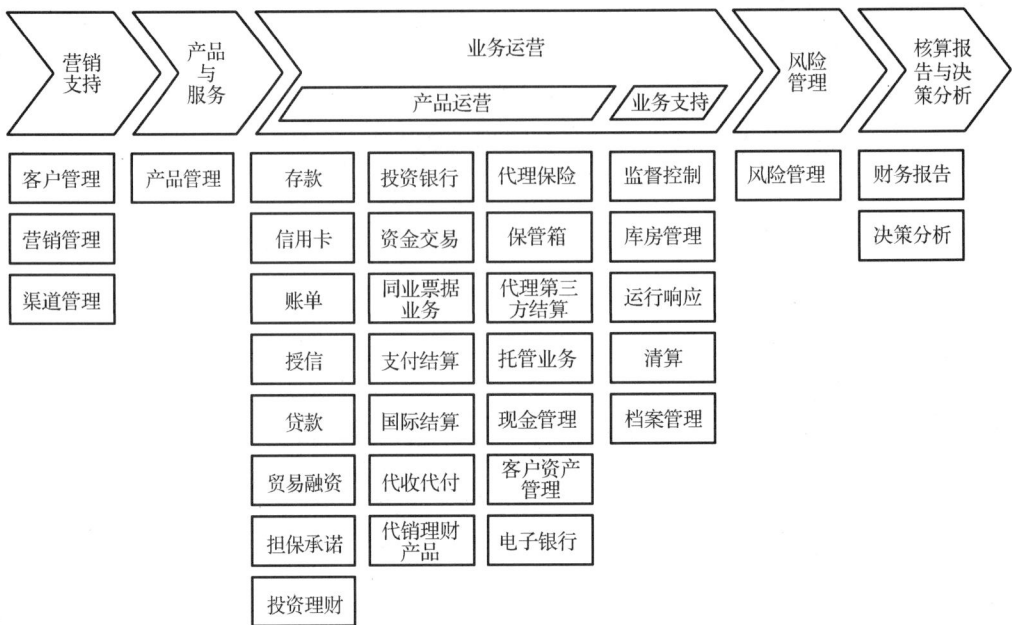

图 2.28　业务价值链

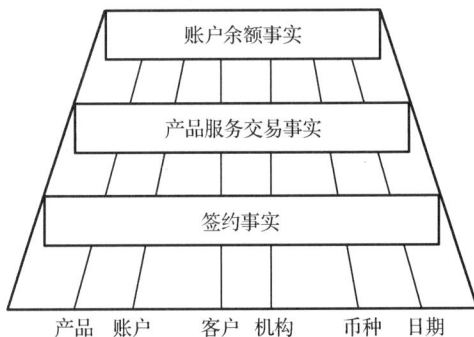

图 2.29　数据仓库总线架构

图 2.30　业务处理之间的维度共享

2．维度建模的主要流程

维度模型应该由数据建模师和业务方协作设计。数据建模师虽然负责模型的总体设计，但是在设计过程中应该与业务方相互沟通交流，通过一系列具有高度交互性的交流展开设计。在设计维度模型时有 4 个关键阶段：选择业务流程、声明粒度、确认维度、确认事实，如图 2.31 所示。

图 2.31　维度模型设计过程中的 4 个关键阶段

在设计维度模型时，首先要考虑业务的需求，其次要考虑协作建模会话中底层源数据的显示，根据这两点设定各个阶段的内容。通过设计业务流程、粒度、维度和事实声明，设计团队最终可以确定表、列名、示例域值和业务规则。在维度模型设计过程中，业务方必须全程参与，以确保业务符合事实。

1）选择业务流程

业务流程并不是具体的业务部门或职能部门的流程，而是组织中进行的自然业务活动，通常由源系统提供。选择合适的业务流程有许多方式，其中最高效的方式之一是倾听客户的意见。在选择业务流程时，设计师需要具备全局和发展的视角，在全面理解整体业务流程的基础上，从全局视角进行业务处理的选择，如下订单、处理保险索赔、为班级注册学生或每月对账户进行快照。将业务流程事件的生成或捕获性能作为一个度量，并将其转化为事实表中的事实。大多数事实表关注单个业务流程的结果。业务流程的选择非常重要，因为它提供了明确的设计目标，并允许对流程、度量指标和事实进行声明。每个业务流程对应企业数据仓库总线架构中的一层。

2）声明粒度

声明粒度是指明确解释各事实表中的每行实际代表的内容。粒度表达了事实表与度量值相关联的细节程度，它回答了"如何描述事实表中的单个行"这一问题。

声明粒度是至关重要的步骤。在定义粒度时，应优先考虑为业务处理获取原子型数据。原子型数据是指所收集的最详细的信息，不能再被细分。在多个前端应用场合，大多数原子型数据能显示其价值。事实度量值越细微、越具有原子性，就越能准确揭示更多业务细节，而这些细节往往可以进一步转化为维度。原子型数据与维度建模方法高度契合。

在分析方面，原子型数据能提供最大限度的灵活性，因为它可以接受任何可能形式的约束，并可以以任何可能的形式出现。维度模型的细节数据非常稳定，并随时准备满足业务用户的特殊需求。聚合概要性数据是提高维度模型性能的手段，但绝不能代替客户存取最低层面的细节数据。维度建模方法可以满足预测业务的需求，对数据的误解会随着原子型数据在维度模型中的出现而逐渐消失。

3）确认维度

业务过程事件一般涉及谁、什么、何处、何时、为什么、如何等因素，维度可以提供上述因素的背景知识。维度表包含商业智能应用所需的描述性属性，这些属性用于过滤和分类事实，这是确认维度的重要依据。当与给定的事实表中的行进行关联时，任何情况下都应使维度保持单一值。如果对粒度方面的内容很清楚，那么维度的确定一般是非常容易的。确认维度后，可以列出那些离散的文本属性，这样就可以使每个维度表的内容丰富起来。常见的维度有日期、产品、客户、账户和机构等。

维度表有时被称为数据仓库的"灵魂"，因为它提供了客户在进行业务分析时的入口点和清晰的描述性标签，使数据仓库/商业智能系统能够支持直观、易用的数据探索。维度表的数据治理和开发是客户体验商业智能的驱动因素，因此维度模型的设计者在设计过程中需要投入相当多的精力。

4）确认事实

确认事实是指仔细确定哪些事实需要在事实表中展示出来。为了确认事实，可以先回答"要对什么内容进行评测"这个问题。业务客户对业务处理性能度量值分析具有浓厚的兴趣。设计中所有供选取的信息必须满足声明粒度阶段所提的要求。明显属于不同粒度的事实必须分别放在单独的事实表中。通常可以从以下 3 个角度来建立事实表。

（1）针对某个特定的行为活动，建立一个以行为活动最小单元为粒度的事实表。行为活动最小单元的定义依赖业务分析需求，它记录并描述了一个不可再分割的客户动作，如用户的一次网页点击行为、一条通话记录等。这种事实表主要用于从多个维度统计行为的发生情况，在业务分布情况、绩效考核比较等方面的数据分析中用得比较多。

（2）针对某个实体对象在当前时间点的状况，先明确这个实体对象所处的阶段，在不同的阶段存储它的快照，如账户余额、客户拥有的产品数等，从而统计实体对象在生命周期不同阶段的关键数量指标。

（3）针对业务活动中的重要分析和跟踪对象，统计其在整个企业内不同业务活动中的发生情况。例如，会员可以执行或参与多个特定的行为活动，因此可以根据他们在整个企业内的行为活动建立事实表。这种事实表是以上两个角度建立的事实表的总结和归纳，主要用于对业务中的活动对象进行跟踪和考察。

2.4.3　OLAP 的实现过程和产品

1．OLAP 的实现过程

构建一个多维信息系统，大致包括明确问题、选择工具和定义 OLAP 解决方案三步。

在理想情况下，选择工具这一步应该在明确问题之后，但在实际生产中，很可能在对问题有全面理解之前进行工具选择，其中涉及一些与问题的逻辑或物理层面无关的因素，包括工具的价格、供应商的位置、销售人员被人接受的程度、供应商的规模和声誉、供应商的服务质量及企业内是否有供应商的支持者等。因此，选择工具的过程会对如何设计和实现 OLAP 模型产生影响。但不论影响工具选择的因素是什么，不论是为自己还是为他人建立模型，也不论是采用快速原型法还是预先设计逻辑模型，都需要经过几个独立的步骤来定义立方体、维度、层次、成员、公式和数据链接，这些步骤称为模型建立步骤。

在明确问题的过程中，要了解客户需求。无论如何设计模型，都需要了解问题的相关情况，包括实际情况和理想情况、逻辑层面和物理层面。了解了客户和数据源的情况，明确了逻辑问题、物理问题及当前状况后，就可以考虑并提出系统要满足的客户需求是哪些，最终形成需求文档。

接下来需要定义一个能满足用户需求并能解决所有已知问题的多维数据模型。定义 OLAP 解决方案时可以直接在 OLAP 软件内从关系型数据库的星形结构数据开始。典型的情况可能是把数据存放在一个或多个事实表及其关联的维度表内。然后在 OLAP 环境下将数据仓库中的数据链接到 OLAP 模型中，OLAP 模型中建立维度表和 OLAP 立方体维度定义之间的链接。这种链接通常也定义了大部分维度的层次。

定义 OLAP 解决方案就像建立一座连接峡谷两端的桥梁。一端是客户需求——使用立方体，另一端是数据源——源立方体。模型就是把两端连接在一起的桥梁。当工作于多立方体情形下时，通常有多个源立方体、多个中间立方体、多个最终用户立方体，这时最好从两端中的一端（客户需求或数据源）开始，这样可以降低出错的概率。不管是基于已存在的数据源还是基于要进行建模的数据来定义立方体，都应该在选择维度的层次和固化成员之前，重新检查维度的设置。

2．OLAP 产品

OLAP 产品按照处理方式不同可分为前端桌面级 OLAP 和服务器级 OLAP。

1）前端桌面级 OLAP

前端桌面级 OLAP 把相关立方体中的数据下载到本地，由本地为用户提供多维分析，从而保证在出现网络故障时系统仍能正常工作。前端桌面级 OLAP 具有轻便、简洁的特征。以下介绍几款代表产品。

- Brio Query 客户端：提供查询、分析、报表及图表制作等功能，支持 Oracle、Microsoft SQL Server、Sybase 和 DB2 等多种数据源，是基于 ROLAP 技术的代表产品。
- Business Objects：全球领先的商业智能软件公司推出的产品套件，是基于 ROLAP 技术的代表产品，能够提供功能强大、易于使用的查询和分析工具，并能够进行简单的数据挖掘，为关系型数据的细节分析、访问权限的安全控制及系统管理提供了深入的 OLAP 钻取功能。
- Cognos Impromptu 和 Cognos PowerPlay：加拿大 Cognos 公司（现已被 IBM 收购）推出的产品，在查询、报表、在线分析和数据挖掘软件方面能提供丰富而强大的工具，两者分别基于 ROLAP 技术和 MOLAP 技术。对于高粒度数据，可以使用 Cognos PowerPlay 的 MOLAP 多维数据立方体获得出色的响应速度；对于中低粒度数据，可以使用 Cognos Impromptu 的 ROLAP 模型实现实时的数据展现，并弥补 MOLAP 在数据量上的不足。

2）服务器级 OLAP

服务器级 OLAP 的代表产品有以下几款。

- Hyperion Essbase（原 Arbor Software Essbase）：美国 IBM 公司提供的一个多维数据库服务器，是基于 MOLAP 技术的代表产品。它使用一个多维数据模型从数据源中提取数据，经过计算后对数据进行综合，再对结果进行快速访问。
- MicroStrategy DSS Agent：由美国 MicroStrategy 公司推出的一款产品，其 DSS 服务器是基于 ROLAP 技术的代表产品。MicroStrategy DSS Agent 通过单一平台在同一个界面提供集成的查询、报表、OLAP 高级分析功能；在数据钻取上具有更高的灵活性，同时更易于操作。
- Express Server：Oracle 公司推出的一款基于 MOLAP 技术的服务器，它利用多维数据模型存储和管理多维数据库或多维高速缓存，同时支持访问多种关系型数据库。

2.5 综合案例

本节立足零售业，以在全国拥有几十家分店的某大型连锁超市为例进行分析和展示。

该大型连锁超市的业务管理系统分为总部管理系统和分店管理系统。总部管理系统作为信息管理中心，一方面可以全面掌控所有分店的数据和操作；另一方面可以集中控制各分店的商品资料、供应商资料等信息，帮助分店完成订货、发货等日常操作。分店管理系统则负责销售时点信息系统（POS）销售、订货、进货、退货，以及库存与价格管理，并将所有的销售和明细数据汇总上传至总部管理系统。该大型连锁超市的业务架构如图 2.32 所示。

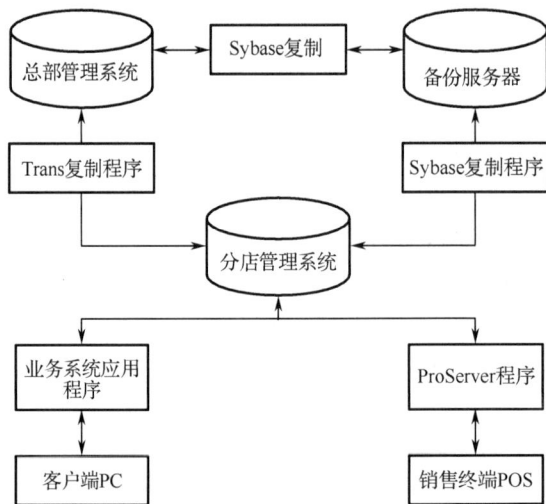

图 2.32　某大型连锁超市的业务架构

该超市作为一家大型连锁超市，每天产生的业务数据量在 3GB 以上，随着分店数量及业务的不断扩展，每天的数据量还将不断增长。为帮助企业进行数据分析，信息管理系统中设置了上百张日常固定报表。如此多的报表使报表开发人员工作量巨大，报表使用人员无法从整体的视角来分析问题，即业务管理系统不能提供立体化、多维度、有渗透力的数据。

在此背景下，本节将设计一个商业智能系统，用于分析该大型连锁超市产生的数据，并对其经营管理工作进行决策指导。从业务系统的数据源到商业智能系统的数据分析及展现，采用的是自底向上的数据驱动方式。构建商业智能系统一般包括如下 3 个步骤。

（1）构建数据仓库。数据仓库是商业智能系统的基础。在构建数据仓库前应先明确分析的主题，建立适当的数据模型，并通过 ETL 将数据加载至数据仓库中。

（2）实现 OLAP 功能。以数据仓库为基础，实现 OLAP 多维数据分析功能。从业务分析角度出发，建立多维数据模型，以多维的方式，运用报表等展示技术将数据展示出来。

（3）实现数据挖掘功能。有了数据仓库和 OLAP 作为基础，后续便可以便捷地开展数据挖掘等更深入的知识发现工作。例如，通过对超市的购物篮数据进行分析，进行关联规则挖掘，促进超市的交叉销售。但数据挖掘不是本节的重点，因此此处不再详细介绍。

2.5.1　数据仓库的搭建

1．定义分析主题

通过对已有的业务系统进行分析，并与用户进行深入交流，明确用户的目标和业务分析需求，制订如下计划。

（1）确定当前信息源。数据来源包括每家分店的业务管理系统和 POS，以及总部的部分数据。因为 POS 中的数据每天都会上传到业务管理系统的数据库中，所以信息源就是总部和每家分店业务管理系统数据库中的数据。

（2）确定分析的主题。零售业的数据仓库主要以商品、供应商和客户等为主题。本案例中只关注商品和供应商。

（3）明确关键性指标。关键性指标是用户希望跟踪和观测的变量，也是用户进行分析决策的依据。对于不同的主题域，关键性指标有所不同。通过分析现有的统计报表，找出各主题域的关键性指标及这些指标的推导计算过程。

2．设计粒度

在数据仓库中，为了适应不同类型的分析处理需求，多重粒度数据的存在是必不可少的。因此，在开始构建数据仓库时，需要确定合理的数据粒度，创建合适的数据粒度模型，指导数据仓库的设计和其他问题的解决；否则会影响数据仓库的使用效率，达不到预期的效果。

在本案例中，该大型连锁超市每天产生的数据量非常大，如果以每笔交易为单位进行粒度设定，过于庞大的数据量会增大数据仓库的容量并影响查询效率。考虑到数据仓库以汇总型分析操作为主，很少涉及过多的细节，可适当选取较高的粒度，而不必将数据仓库的粒度设定为每笔交易。

粒度的划分主要以时间为依据，根据零售业的特点，设定数据仓库时间维度的最低粒度为天，即把每天的销售情况按照"商品"主题进行汇总并记录到数据仓库的事实表中，如一行记录表示某天某分店某种商品销售记录的汇总。这种由数据源中的数据经过首次综合进入数据仓库形成的数据就是当前细节粒度。根据查询性能的要求，可以"天"粒度为基础，进行"月""年"粒度数据的汇总，从而得到高级别综合数据。

3．设计星形模型

本系统采用星形模型建模方法。对商业智能的需求分析一般会考虑业务问题，而这些业务问题都是面向商品的。因此，可以围绕商品创建一个星形模型，主要业务问题列举如下：①哪些商品是盈利的？②某种商品的会员成本是多少？③某种商品的日均销量是多少？④本月某种商品的销售额、销售量是多少？⑤各家分店最盈利的前5种商品是什么？⑥去年最盈利的前5家分店有哪些？

创建星形模型的主要步骤如图2.33所示。

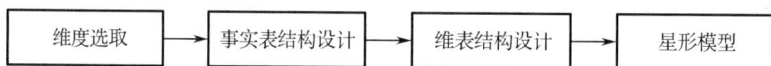

图2.33　创建星形模型的主要步骤

经过上述步骤，得到如下设计结果。

1）商品事实表

商品事实表如表2.7所示，表中包括用于汇总销售数据的度量属性字段，常见的度量有销售量、销售额、销售成本等。商品事实表中还设置有用于和维表联系的外键，该外键对应维表的主键。例如，商品编号与商品分类维表对应；分店编号与分店分类维表对应。

表2.7　商品事实表

字 段 名 称	数 据 类 型	字 段 含 义
STORENO(FK)	VARCHAR(4)	分店编号
DATEID(FK)	INTEGER	时间编号
GOODID(FK)	INTEGER	商品编号
TRADEMODEID(FK)	INTEGER	交易模式编号
CUSTOMERCOUNT	DECIMAL(8,0)	来客量
SALEQTY	DECIMAL(16,3)	销售量
SALEAMOUNT	DECIMAL(16,2)	销售额
SALECOST	DECIMAL(16,2)	销售成本
MEMSALEQTY	DECIMAL(16,3)	会员销售量
MEMSALEMOUNT	DECIMAL(16,2)	会员销售额
SALERETURNQTY	DECIMAL(16,3)	销退量
SALERETURNAMOUNT	DECIMAL(16,2)	销退额

续表

字 段 名 称	数 据 类 型	字 段 含 义
DMS	DECIMAL(16,3)	日均销量
PROMODMS	DECIMAL(16,3)	促销日均销量
ACPTQTY	DECIMAL(16,3)	进货量
ACPTAMOUNT	DECIMAL(16,2)	进货额
RETURNQTY	DECIMAL(16,3)	退货量
RETURNAMOUNT	DECIMAL(16,2)	退货额
ADJQTY	DECIMAL(16,3)	调整量
ADJAMOUNT	DECIMAL(16,2)	调整额
TRANSINQTY	DECIMAL(16,3)	调入量
TRANSINAMOUNT	DECIMAL(16,2)	调入额
TRANSOUTQTY	DECIMAL(16,3)	调出量
TRANSOUTAMOUNT	DECIMAL(16,2)	调出额

2）商品分类维表

商品编号用于连接商品事实表，商品名称、小分类、中分类、大分类、部门、处用于指定如何汇总商品事实表中的数据。由此可以看出，商品的维度层次从低到高依次为商品名称、小分类、中分类、大分类、部门、处。商品分类维表如表 2.8 所示。

表 2.8　商品分类维表

字 段 名 称	数 据 类 型	字 段 含 义
GOODID(FK)	INTEGER	商品编号
GOODSNAME	VARCHAR(30)	商品名称
LEVELID	VARCHAR(30)	分类编号
LEVEL1	VARCHAR(30)	小分类
LEVEL2	VARCHAR(30)	中分类
LEVEL3	VARCHAR(30)	大分类
LEVEL4	VARCHAR(30)	部门
LEVEL5	VARCHAR(30)	处

3）时间维表与其他维表

时间单位的最小粒度是天，将业务数据中每天的日期记录到独立的时间维表中，通过时间编号区分每个日期并与商品事实表相连。这种做法既减小了系统的存储容量，又通过增加更多的属性字段达到了提供更强大的查询分析功能的目的。时间编号用于连接商品事实表，年、季度、月、日则指定汇总商品事实表中数据的级别。时间维表如表 2.9 所示。

表 2.9　时间维表

字　段　名　称	数　据　类　型	字　段　含　义
DATEID(FK)	INTEGER	时间编号
TRADEYEAR	VARCHAR(10)	年
TRADEQUARTER	VARCHAR(10)	季度
TRADEMONTH	VARCHAR(10)	月
TRADEDAY	VARCHAR(10)	日

其他维表包括分店维表和交易模式维表。前者包含编号字段，用于连接商品事实表；后者包含描述性字段，用于提供描述性信息。

4）星形模型

以商品为主题的星形模型如图 2.34 所示。以商品每日进出表（GOODSDAILY）为商品事实表，维表包括商品分类维表（GOODS）、分店信息维表（STORE）、交易模式维表（TRADEMODE）、时间维表（TRADEDATE），事实表通过主键-外键关系与各维表关联。

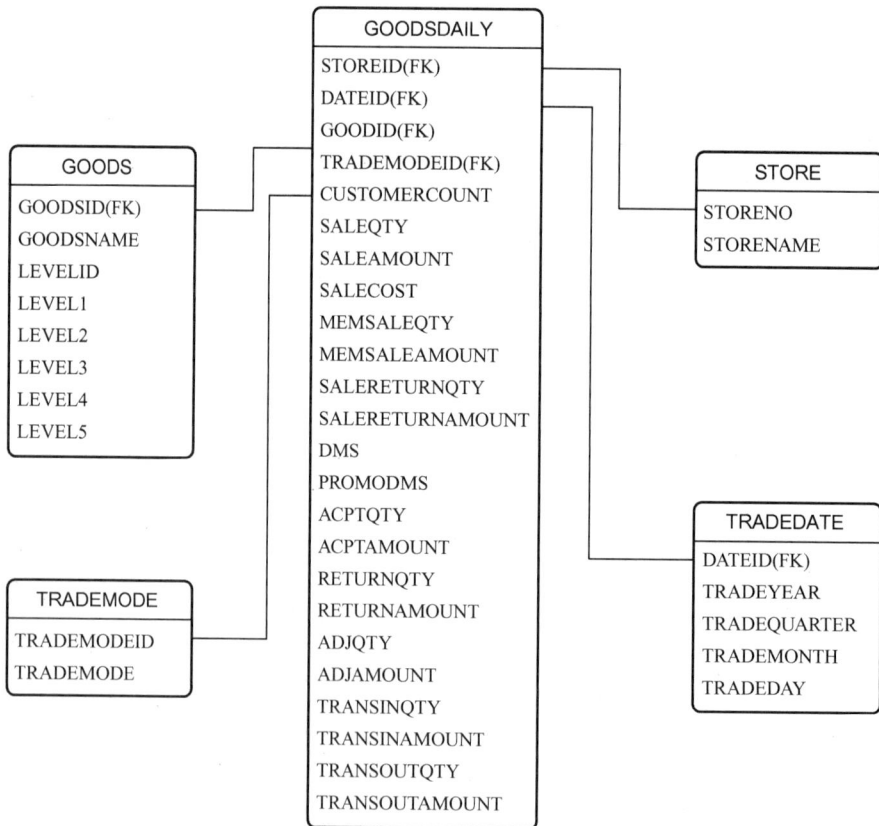

图 2.34　以商品为主题的星形模型

由于每种商品对应不只一家供应商，不能直接从商品的相关数据中得到供应商的信息，所以要对供应商进行分析。在业务管理系统中，供应商每天的销售量是按照批次计算得出的，通常采用先进先出的原则。对于供应商，通常分析其销售量、销售额、进货量、进货额、库存调整量、库存调整额、退换量、退换额及分店商品的调入与调出情况。根据供应商提供的数据进行分析，对于超市的管理决策尤为重要。以供应商为主题的星形模型如图 2.35 所示。

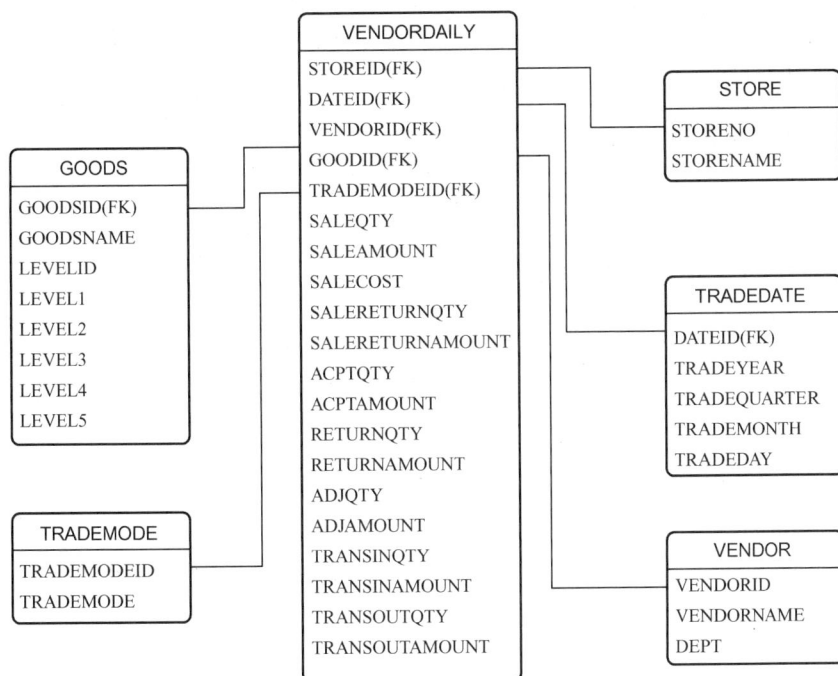

图 2.35　以供应商为主题的星形模型

在以供应商为主题的星形模型图中，以供应商每日情况（VENDORDAILY）为事实表，维表包括商品分类维表（GOODS）、分店信息维表（STORE）、交易模式维表（TRADEMODE）、时间维表（TRADEATE）、供应商部门信息维表（VENDOR）。其中，供应商部门信息维表中包括供应商编码（VENDORID）、供应商名称（VENDORNAME）、供应商所属部门（DEPT）3 条信息；其他 4 个维表与前文所述的以商品为主题的星形模型中的维表一样。因此，事实表中的数据可以按照供应商部门进行汇总，这个维度具有层次关系。

4．设计 ETL

本案例中的大型连锁超市业务管理系统中的数据均存放在 Sybase 数据库中，数据仓库使用的是 DB2，因此存在访问异构数据源问题，需要设计 ETL。

1）数据抽取

该大型连锁超市业务管理系统中的 Sybase 数据源由总部服务器和分店服务器两部分组成，DB2 通过专用的 Sybase 包装器（Wrapper）与各数据源进行通信。通过包装器，将 Sybase 数据源中的表映射到 DB2 中，作为一个别名（Nickname）。例如，总部服务器中的商品表 Vendor 映射到 DB2 中的别名为 Vendor。这样，就可以在 DB2 数据仓库中对其直接进行访问，其目标数据是前文创建的两个星形模型（见图 2.34 和图 2.35）中的事实表和维表。对于以商品为主题的星形模型，事实表中的数据为商品每天的进、销、存、调等信息，用户可以从每家分店的商品每日进出表（GOODSDAILY）中获取数据。维表（商品分类维表、分店信息维表、交易模式维表和时间维表）在总部服务器和分店服务器中是统一的，可以直接从总部服务器中获取，时间维表则不能直接从原业务管理系统中获取。

2）数据转换

数据转换包括字段内容的转换和字段类型的转换。有些字段需要进行格式转换或拼接。例如，原业务管理系统中的时间字段采用的是时间类型（如 2025-05-23）；而数据仓库的事实表中时间字段采用的是整型数据（如 20250523），便于与维表连接。对此，可以使用 DB2 的 SQL 函数将原业务管理系统中时间字段的年、月、日分别取出，并拼接为整型数据。

3）数据加载

由于事实表和维表之间需要遵循完整性原则，因此应先加载维表数据，再加载事实表数据。维表的数据量一般不大，所以在商业智能系统建设初期通常使用 insert 命令一次性加载维表数据。事实表的数据量则非常大，需要根据时间定期加载。

至此，该大型连锁超市商业智能系统的数据仓库构建完成，其中包括商品和供应商两个主题的星形模型，通过定期执行 ETL，将数据从数据源加载到数据仓库中。

2.5.2　OLAP 的实现

1．OLAP 多维数据模型的设计

考虑到该大型连锁超市每天的新增数据量很大，需要的存储空间很大，并且用户希望拥有灵活的操作功能，本节采用基于关系型数据库的 ROLAP 实现多维分析。

基于之前为商品和供应商建立的星形模型，这里针对商品分析设计了一个立方体，其中包括度量和维度的定义。表 2.10 列出了立方体的度量定义。

表 2.10　立方体的度量定义

度　量	对应字段	度　量	对应字段
来客量	CUSTOMERCOUNT	促销日均销量	PROMODMS
销售量	SALEQTY	进货量	ACPTQTY
销售额	SALEAMOUNT	进货额	ACPTAMOUNT
销售成本	SALECOST	退货量	RETURNQTY
会员销售量	MEMSALEQTY	退货额	RETURNAMOUNT
会员销售额	MEMSALEMOUNT	调整量	ADJQTY
销退量	SALERETURNQTY	调整额	ADJAMOUNT
销退额	SALERETURNAMOUNT	毛利	SALEAMOUNT-SALECOST
日均销量	DMS	毛利率	[(SALEAMOUNT-SALECOST)/SALEAMOUNT]×100

立方体的维度及其层次结构定义如表 2.11 所示。

表 2.11 立方体的维度及其层次结构定义

维　度	层　次　结　构
商品分类维度	• Join 关系：以商品编号（GOODSID）连接事实表的 GOODSID，为一对多关系 • Hierarchy 名称：GOODS Hierarchy • Level 顺序：处、部门、大分类、中分类、小分类
时间维度	• Join 关系：以时间编号（DATEID）连接事实表的 DATEID，为一对多关系 • Hierarchy 名称：Time Hierarchy • Level 顺序：年、季度、月、日

本案例中没有对分店信息维度和交易模式维度设置层次结构，但在实际应用中需要设置。

2．OLAP 的应用

构建了数据仓库并设计与实现了 OLAP 后，即可将报表展示出来。用户可以在展示界面以交互的方式进行数据访问，利用切片、切块、上卷、下钻、旋转等操作来剖析数据，结果可用多种可视化方式（包括表格与各种图形）呈现，使用户从多个角度、多个侧面观察数据，为用户进行决策提供指导。

1）销售额分析

图 2.36 为该大型连锁超市销售额前十名城市。通过图中的数据可以得知哪些城市的销售额最高，针对相应的超市数据进行分析，找到其提高销售额的方式，并将其优秀的销售手段推广至其他城市的分店，从而提高总体销售额。

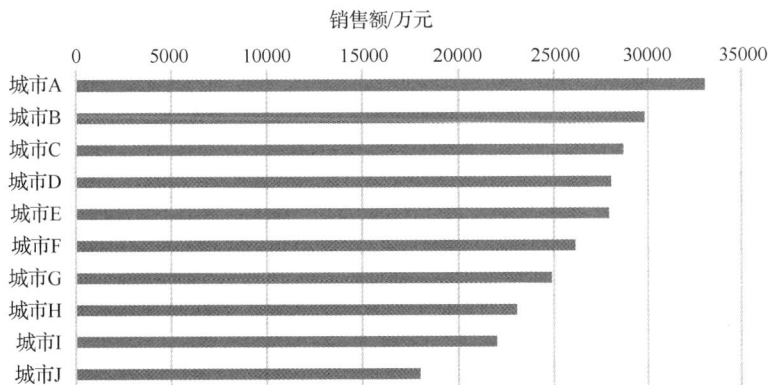

图 2.36 某大型连锁超市销售额前十名城市

2）销售趋势分析

图 2.37 为某地区 2009 年一季度的销售趋势，通过图中的数据可分析、查找某些销售

高峰的时间规律，并根据规律对应配备库存、人员等，从而以较小的成本支出获取较大的收益，为决策者提供数据辅助。

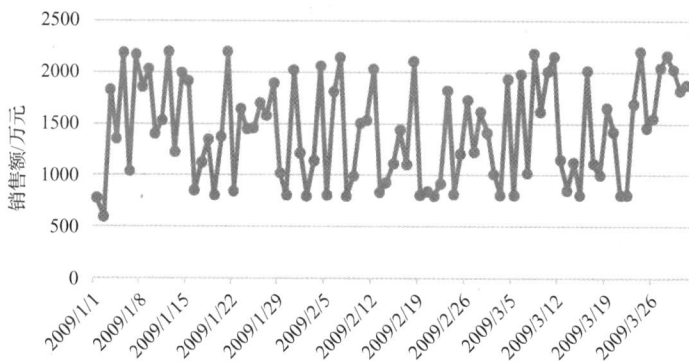

图 2.37　某地区 2009 年一季度的销售趋势

2.5.3　数据挖掘

在数据挖掘领域，尤其是在零售业，关联规则一直是重要的研究内容。数据挖掘的任务是发现事务数据库中不同商品之间存在的关联规则。通过这些关联规则找出顾客的购买行为模式（如购买某一商品对购买其他商品的影响），从而将其应用在商品货架设计、库存安排和商品推荐中。

本章小结

本章深入探讨了数据仓库和 OLAP 的核心概念与应用，揭示了商业智能领域的数据整合技术。首先，本章介绍了数据仓库的起源、发展和基本特性，强调了其在提供决策支持中的关键作用。通过比较传统数据库与数据仓库的不同，明确了数据仓库在处理历史数据和支持复杂查询方面的优势。其次，本章介绍了数据仓库的体系结构与实现过程，包括数据仓库的设计与建模、数据集成、数据存储与管理、数据分析与展示。再次，本章详细阐述了数据仓库的相关技术，包括多维数据模型、ETL 和 OLAP 等，揭示了这些技术如何共同作用于数据仓库，以支持高效的数据分析。最后，本章通过一个实际案例（某大型连锁超市的数据分析），展示了数据仓库和 OLAP 在实际业务中的应用。本章内容为商业智能的应用提供了一个坚实的数据整合基础，有助于读者更好地理解和应用数据仓库与 OLAP。

课后习题

1. 数据仓库与传统数据库在处理数据方面有何不同？请列举至少 3 个主要差异。
2. 解释数据仓库的"面向主题"特性，并给出一个商业场景的例子。

3．在构建数据仓库时，为什么需要进行数据集成？数据集成对企业有何益处？

4．描述 ETL 的重要性，并解释它在数据仓库构建中的作用。

5．什么是 OLAP？它如何帮助企业从大数据中获得商业洞察？

6．为什么构建数据仓库需要考虑数据的粒度？不同的粒度级别对数据分析有何影响？

7．在 OLAP 中，多维数据模型的维度和度量有何区别？请分别给出它们的定义。

8．描述星形模型和雪花模型的结构，并讨论它们在数据仓库设计中的优缺点。

9．在 OLAP 的实现过程中，MDX 语言扮演了什么角色？请提供一个简单的 MDX 查询示例，并解释其中各部分的作用。

10．讨论数据挖掘与 OLAP 之间的关系，并说明它们如何共同支持企业的决策制定过程。

11．如果重点考虑性能和存储效率，试解释 ROLAP、MOLAP 和 HOLAP 三种 OLAP 数据存储方式各自的优势与适用场景。

12．在设计数据仓库的维度建模时，如何确定合适的粒度级别？请结合实际业务需求进行分析。

参考文献

[1] 欧中洪，宋美娜，鄂海红. 大数据技术基础实验[M]. 北京：北京邮电大学出版社，2020.

[2] 周苏，冯婵璟，王硕苹. 大数据技术与应用[M]. 北京：机械工业出版社，2016.

[3] 叶政. 面向大型服饰企业销售决策的分布式数据仓库设计[D]. 杭州：浙江大学，2006.

[4] INMON W H. 数据仓库[M]. 王志海，译. 北京：机械工业出版社，2003.

[5] 刘红岩. 商业智能方法与应用[M]. 2 版. 北京：清华大学出版社，2020.

[6] 陈建，羊英. 商业智能：微课视频版[M]. 北京：清华大学出版社，2021.

[7] 沙尔达，德伦，特班. 商业分析：基于数据科学及人工智能技术的决策支持系统[M]. 蔡晓妍，杨黎斌，韩军伟，等译. 北京：机械工业出版社，2022.

[8] 陈国青，卫强，张谨. 商业智能原理与方法[M]. 2 版. 北京：电子工业出版社，2014.

[9] 鲍立威，蔡颖. 商业智能原理与应用[M]. 杭州：浙江大学出版社，2020.

[10] 戴小廷，王雪艳，央吉. 商业智能原理、技术及应用[M]. 北京：机械工业出版社，2022.

[11] 张小梅，许桂秋. 商业智能方法与应用[M]. 北京：人民邮电出版社，2019.

[12] 徐庆锋. 福建农产品信息网点击流数据仓库系统[D]. 福州：福建农林大学，2008.

[13] 周勇强. 商业智能在一卡通数据分析中的应用与实现[J]. 电脑知识与技术（学术版），2019，15（5）：283-285.

[14] KIMBALL R，ROSS M. 数据仓库工具箱：维度建模的完全指南[M]. 2 版. 谭明金，译. 北京：电子工业出版社，2003.

[15] 赵汗青，黄才生，陈镭. 敏捷型数据仓库的设计及应用方法[J]. 信息系统工程，2019（11）：68-71，73.

[16] 曹宇. 医疗行业数据平台的设计与实现[D]. 北京：北京工业大学，2015.

第 3 章

数据预处理与数据可视化

在商业数据分析中，数据预处理与数据可视化是必不可少的步骤。数据预处理旨在清洗、转换和准备原始数据，为进一步的分析奠定基础。通过数据预处理，企业能够确保数据的高质量和一致性，从而提高分析结果的可靠性。数据可视化则通过图形化的方式展示数据，使复杂的数据分析及其结果更容易被理解和解释，从而帮助企业做出更明智的决策。本章将介绍数据预处理与数据可视化的核心方法，展示其在商业智能中的实际应用。

●●━➡本章学习重点

- 数据预处理的必要性和主要方法。
- 数据清洗的主要方法。
- 数据规范化的主要方法。
- 数据离散化的主要方法。
- 数据可视化的定义及作用。
- 数据可视化的常用图表。

3.1 数据预处理的必要性

在数据收集过程中，由于受多种因素的影响或干扰，可能出现数据缺失、错误及不一致等问题。同时，在实验、模拟和数据分析的各个环节，误差不可避免，以上这些问题统称为数据的不确定问题。数据不确定性主要包括数据本身的不确定性和数据属性值的不确定性，它们将对数据的分析结果产生显著影响。

- 数据本身的不确定性涉及数据的完整性、准确性和可信度。数据可能存在缺失、错误或不完整的情况，这些都会导致数据本身的不确定性。例如，在数据收集过程中可能发生错误或遗漏，在数据传输和存储过程中可能出现损坏或丢失。这种不确定性通常与数据的来源、收集方法和处理过程有关。
- 数据属性值的不确定性是指由数据中各个属性值的可信度和准确性等导致的不可

靠性。即使数据本身完整，属性值的可信度和准确性仍有可能受到影响。例如，某个属性值可能是基于估计、推断、不完全的信息得出的，或者在计算过程中存在测量误差或主观判断。在数据分析和决策过程中，需要考虑这种属性值的不确定性，以确保对数据的正确解释和使用。

此外，用于描述对象的数据可能无法全面且精确地揭示潜在的模式，因此有效属性的提取与构造显得尤为重要。描述对象的属性数量往往很多，但针对某一特定分析任务，部分属性可能并不具备实质的分析价值，甚至可能表现为冗余属性。因此，准确鉴别并剔除这些无用或冗余的属性，不仅能够提升分析的质量与效果，进而挖掘出更具价值、更易于理解的知识，还能够优化分析流程，减少时间成本，提高算法的运行效率与性能。

数据预处理是指，在对数据进行进一步分析或建模之前，对原始数据进行清洗、转换和整理。其目的在于优化数据以适应特定的分析任务或模型构建需求，进而提升分析的精准度和可靠性。数据预处理可以有效提升数据的质量和可用性，降低分析和建模过程中的错误率与偏差，从而更高效地发掘数据内在价值，形成准确且可靠的分析结论或模型。在商业智能应用中，数据预处理扮演着至关重要的角色，通常需要投入大量的时间与精力。

3.2 数据预处理方法

数据预处理的方法通常包括数据清洗、数据转换、数据特征提取等。

3.2.1 数据清洗

数据清洗的主要任务是异常值检测、缺失值处理和数据不一致性检测等。其中，异常值可以通过检测和修正进行处理；缺失值可以通过填充、删除或插值等方法进行处理；数据的不一致和错误等则需要根据具体情况进行修正或排除。这些工作是下一步数据处理和分析的前置任务。

3.2.1.1 异常值检测

异常值检测是数据清洗过程中的一个重要步骤，旨在识别和处理数据中的异常值或离群点。这些异常值或离群点可能源于录入错误、测量误差、数据处理过程中的问题，或者是确实存在但具有非典型特征的观测结果。异常值检测对于确保数据分析的准确性和可靠性至关重要。

异常值检测方法包括基于统计方法的异常值检测、基于距离的异常值检测和基于密度的异常值检测等。

1. 基于统计方法的异常值检测

基于统计方法的异常值检测是指基于数据的统计属性，通过比较数据点与其他数据点的统计特征，确定是否存在异常值。常见的基于统计方法的异常值检测方法包括以下几项。

1）标准差方法

标准差方法也称 Z-score 方法，基于数据的标准差来度量数据点与均值的偏离程度，超出阈值的数据点被认为是异常值。对于数据集的均值 μ 和标准差 σ，一个数据点 x 的 Z-score 计算公式为

$$Z = \frac{x - \mu}{\sigma} \tag{3-1}$$

在异常值检测中，Z-score 的绝对值大于某个阈值（通常是 3）的数据点被认为是异常值。这意味着这些数据点与均值的偏离程度超过 3 个标准差。

Z-score 方法是一种简单直观、可解释性强且具有很强的通用性的常用异常值检测方法。在许多情况下，Z-score 方法能够提供有效的异常值识别指标，帮助分析人员快速识别和理解数据中的异常情况。然而，Z-score 方法存在以下两方面的问题。首先，Z-score 方法假设数据服从正态分布，虽然它并不要求数据严格符合正态分布，但如果数据分布差异过大，可能导致不准确的结果。其次，Z-score 方法对数据缩放和数据尺度非常敏感，对于异常值的阈值设定没有统一的标准，而且在小样本情况下可能不够稳健。因此，在实际使用时，需要谨慎考虑这些问题，并综合考虑其他异常值检测方法来提高结果的准确性和可靠性。

2）四分位距方法

四分位距（Interquartile Range，IQR）方法是一种基于箱线图的异常值检测方法，其中箱线图用于可视化数据的分布情况，IQR 则是其中的一个关键指标。IQR 是指数据集的第三四分位数（Q_3）和第一四分位数（Q_1）之间的距离，表示数据集的分散程度。具体计算公式为

$$IQR = Q_3 - Q_1 \tag{3-2}$$

使用 IQR 方法进行异常值检测时，一般将小于 $Q_1 - 1.5 \times IQR$ 和大于 $Q_3 + 1.5 \times IQR$ 的数据点定义为异常值。此方法也遵循了箱线图的设计原理。

【例 3.1】表 3.1 为客户年收入数据集，其中包含"客户编号""年收入/万元"两个字段。下面使用 IQR 方法基于"年收入/万元"字段进行异常值检测。

表 3.1　客户年收入数据集

客 户 编 号	年收入/万元
1	86
2	65
3	90
4	−50
5	82
6	91
7	300
8	40

首先，将年收入数据按照从小到大的顺序排序，即

$$-50, 40, 65, 82, 86, 90, 91, 300$$

然后，计算第一四分位数（Q_1）和第三四分位数（Q_3），即

$$Q_1 = 52.5, \quad Q_3 = 90.5$$

那么由式（3-2）可得 IQR 为 38。根据 IQR 方法，低于 –4.5（$Q_1 - 1.5 \times \text{IQR}$）或高于 147.5（$Q_3 + 1.5 \times \text{IQR}$）的数据点为异常值。这个数据集中编号为 7 的客户的年收入（万元）为 300，远高于 147.5；编号为 4 的客户的年收入（万元）为 –50，远低于 –4.5，因此可以将这两个数据点标记为异常值。

IQR 方法相对简单，不受数据分布假设的影响，并且能够较好地处理偏态分布的数据，适用于非正态分布和包含离群点的数据集。然而，它可能无法有效地识别某些特定形状的异常值，也无法处理连续异常值，并依赖数据分位数的准确计算等。这也是在实际应用时需要注意和调整的地方。

3）格拉布斯检验

格拉布斯（Grubbs'）检验是一种基于假设检验的方法，用于识别连续数据中的单个异常值。它假设样本服从正态分布，对于数据集的均值 μ 和标准差 σ，首先，计算每个数据点 x 的 G 值，即

$$G = \frac{|x - \mu|}{\sigma} \tag{3-3}$$

然后，计算 Grubbs' 统计量（GG），即

$$\text{GG} = G_{\max} \tag{3-4}$$

式中，$G_{\max}$ 是所有数据点中偏离均值最远的那个点对应的 G 值（通常是极小值或极大值）。

最后，在所设定的显著性水平 α（通常是 0.05 或 0.01）和样本大小下，查找 Grubbs' 检验的临界值，将 GG 与其进行比较，如果 GG 大于临界值，则认为最大 G 值对应的数据点是异常值。

Grubbs' 检验具有广泛的适用性且操作简便。但是需要注意，它通常适用于样本较小且数据点呈近似正态分布的情况，仅适用于识别单个异常值。

2. 基于距离的异常值检测

基于距离的异常值检测也是常用的异常值检测方法之一，它通过计算数据点之间的距离识别异常值。常用的检测方法有基于 K 近邻（K-Nearest Neighbors，KNN）的异常值检测等。

基于 KNN 的异常值检测是指，根据某个数据点与其最近的 K 个邻居之间的距离来判断其是否异常。该方法的基本思想是，正常数据点周围的 K 个最近邻居应该彼此非常接近，而异常值可能与其最近邻居之间的距离较远。具体检测步骤如下。

（1）选择 K 值。选择一个合适的 K 值，即确定每个数据点周围要考虑的最近邻居的数量。较大的 K 值将考虑更广泛的邻域，而较小的 K 值将更关注局部结构。

（2）计算距离。对于每个数据点，计算其与其他数据点之间的距离。通常使用曼哈顿距离、欧氏距离或闵可夫斯基距离等度量，三者分别对应式（3-5）中 $p = 1, 2, 3$ 的情况。

$$d_{xy} = \sqrt[p]{\sum_{i=1}^{n}(x_i - y_i)^p} \qquad (3\text{-}5)$$

式中，n 为每个数据点的特征维度数量；d_{xy} 为数据点 x 和 y 之间的距离。

（3）确定邻居。对于每个数据点，找到与其最近的 K 个邻居。

（4）计算异常值分数。对于每个数据点，计算其异常值分数。一种常见的方法是，将其与第 K 个最近邻居的距离作为异常值分数。距离较大的数据点更有可能是异常值。

（5）识别异常值。将异常值分数与阈值进行比较。超过阈值的数据点可能被识别为异常值。

需要注意的是，基于 KNN 的异常值检测方法的性能取决于 K 值的选择和距离度量方式。较大的 K 值可能导致较低的灵敏度，而较小的 K 值可能导致对局部异常过度敏感。因此，在选择 K 值和距离度量方式时需要进行实验与调优。此外，基于 KNN 的异常值检测方法在高维数据下可能面临维度灾难问题，因此在高维空间需要谨慎使用。

3．基于密度的异常值检测

基于密度的异常值检测是一类通过评估数据点周围的密度识别异常值的方法。其通常假设数据集中的异常值密度较低，而正常值具有更高的密度。基于密度的异常值检测主要关注数据点周围的局部密度，通过将数据点与邻居的密度进行比较确定其是否为异常值。常见的基于密度的异常值检测算法包括局部离群因子（LOF）算法、基于密度的带噪声空间聚类（DBSCAN）算法、基于密度的可达性排序聚类（OPTICS）算法及 Mean Shift 算法等。

1）LOF 算法

LOF 算法是一种基于密度的异常值检测算法，它由马库斯·M. 布雷尼格（Markus M. Breunig）于 2000 年提出。其通过计算和比较每个数据点周围的局部可达密度（Local Reachability Density，LRD）与其邻居的局部可达密度之比确定异常值，LRD 远低于其邻居 LRD 的数据点为异常值。该算法的基本思想和步骤如下。

（1）计算每个数据点 x 的第 k 距离邻域内各点的第 k 可达距离。对于每个数据点 x，首先找到其第 k 距离邻域 $N_k(x)$。其中，数据点 x 第 k 距离定义为 $d_k(x)$；x 的第 k 距离邻域 $N_k(x)$ 指的是数据点 x 的第 k 距离内所有点的集合，包含第 k 距离上的点。易知 $|N_k(x)| \geq k$。然后，计算数据点 x 第 k 距离邻域内各点的第 k 可达距离，计算公式为

$$\text{reachDistance}_k(o, x) = \max\{d_k(o), d(o, x)\} \qquad (3\text{-}6)$$

式中，$reachDistance_k(o,x)$ 为邻域内点 $o \in N_k(x)$ 到数据点 x 的第 k 可达距离；$d_k(o)$ 为数据点 o 的第 k 距离。

（2）计算每个数据点 x 的第 k 局部可达密度 $LRD_k(x)$，计算公式为

$$LRD_k(x) = \left(\frac{\sum\limits_{o \in N_k(x)} reachDistance_k(o,x)}{|N_k(x)|} \right)^{-1} \tag{3-7}$$

式中，$LRD_k(x)$ 为数据点 x 的第 k 距离邻域内的所有点到数据点 x 的平均第 k 可达距离的倒数。它表征了数据点 x 的密度：数据点 x 与周围点的密集度越高，各点的可达距离越可能是各自较小的第 k 距离，则 LRD 值越大；数据点 x 与周围点的密集度越低，各点的可达距离越可能是较大的两点间的实际距离，则 LRD 值越小。

（3）计算每个数据点的第 k 局部离群因子 $LOF_k(x)$ 且识别异常值，计算公式为

$$LOF_k(x) = \frac{\sum\limits_{o \in N_k(x)} \dfrac{LRD_k(o)}{LRD_k(x)}}{|N_k(x)|} = \frac{\sum\limits_{o \in N_k(x)} LRD_k(o)}{|N_k(x)| \times LRD_k(x)} \tag{3-8}$$

数据点 x 的第 k 局部离群因子 $LOF_k(x)$ 是指将数据点 x 的邻域内所有点的平均 LOF 与数据点 x 的 LOF 做比较，两者比值越大于 1，表明数据点 x 的密度越小于其周围点的密度，数据点 x 越可能是离群点；两者比值越小于 1，表明数据点 x 的密度越大于其周围点的密度，数据点 x 越可能是正常点。

2）DBSCAN 算法

DBSCAN 算法定义领域半径 R 和最少点（MinPoints）数量。邻域半径 R 内数据点的数量大于或等于 Minpoints 数量的点叫作核心点；不属于核心点，但位于某个核心点的邻域内的点叫作边界点；既不是核心点也不是边界点的叫作噪声点。噪声点可能是异常值。

3）OPTICS 算法

考虑到 DBSCAN 算法对领域半径 R 和 MinPoints 数量过于敏感，OPTICS 算法在 DBSCAN 算法的基础上进行了改进。与 LOF 算法通过计算数据点的可达距离确定其相对密度类似，OPTICS 算法通过分析数据点之间的可达性关系识别数据集中的簇和异常值。

总体而言，基于密度的异常值检测方法对数据的分布特征和数据点之间的相对关系具有高度敏感性，因此在某些场景下能够实现精准的异常值识别。然而，此类方法存在一定的局限性，如参数的微小变动可能对算法产生显著影响、计算复杂度较高等。因此，在实际应用中，需要根据具体情境对异常值检测方法进行合理选择和审慎调整。

3.2.1.2　缺失值处理

缺失值处理是数据预处理中的一个重要步骤，用于处理数据中存在的缺失数值或缺失观测的情况，以便进行后续的分析和建模。

1．数据缺失的类型

数据缺失的类型主要有以下 3 种。

1）完全随机缺失

完全随机缺失（Missing Completely at Random，MCAR）意味着数据的缺失是完全随机的，不受任何变量（包括已观测到的变量和未观测到的变量）的影响。换句话说，缺失值的出现是完全随机的，与数据集中的任何特定模式或属性都无关。在这种情况下，数据的缺失与样本的无偏性没有关系，可以直接忽略或用简单的填充方法进行处理。

2）随机缺失

随机缺失（Missing at Random，MAR）意味着数据的缺失是随机的，与缺失的数据本身无关，而与其他已观测到的数据相关。换句话说，缺失值的出现不是完全随机的，是由其他已知的变量导致的，而不是由缺失值本身的特性引起的。在这种情况下，缺失数据的模式可能与观测到的数据模式类似，因此可以使用已观测到的数据来填充或处理缺失值。

3）非随机缺失

非随机缺失（Missing not at Random，MNAR）意味着数据的缺失与未观测到的变量的取值有关。换句话说，缺失值的出现与缺失值本身的特性或其他未观测到的变量相关。例如，高收入人群通常不希望在调查中透露他们的收入，则收入变量的缺失值受收入水平这一未观测到的变量的影响；女性通常不想在调查中透露自己的年龄，则年龄变量的缺失值受性别变量的影响。在这种情况下，数据的缺失与数据集中的其他因素有关，这可能导致数据偏差。处理非随机缺失数据通常需要使用较复杂的方法。例如，利用模型来估计缺失值，或者利用敏感性分析来评估缺失值对结果的影响。

在数据缺失类型为完全随机缺失和随机缺失这两种情况下，可以根据缺失值的出现情况删除包含缺失值的数据。同时，随机缺失可以通过已知变量对缺失值进行估计。在数据缺失类型为非随机缺失的情况下，删除包含缺失值的数据可能导致模型出现偏差，同时，对数据进行填充时需要格外谨慎。正确判断数据缺失类型，能给人们的工作带来很大的便利，但目前还没有一套规范的数据缺失类型判定标准，人们大多依据经验或业务进行判断。

2．数据缺失处理方法

在处理数据缺失问题时，一种直接而简洁的处理方法是：删除包含缺失值的行（1 个样本）；或删除包含缺失值的列（一种属性）。然而，当缺失的数据在数据集中占比较大，特别是当缺失的数据分布并非随机的时，直接删除可能对数据集的完整性造成损害，从而可能导致分析结论出现偏差。另一种处理方法是对缺失值进行填充，即采用适当的值替换数据集中的缺失值。最简单的填充方法是使用特殊值替代缺失值，如设定一个常数或将缺失值标记为"unknown"（或 0）。然而，这种处理方法同样存在潜在风险，那就是可能引入严重的数据偏离，因此其通常并不被推荐作为首选方法。在实际应用中，人们通常会根据数据集的特性和具体情况，选择合适和精确的缺失值填充方法。这些方法包括但不限于均值填充、中位数填充、众数填充、前向填充、后向填充和插值法填充等。

1）均值填充、中位数填充和众数填充

对于数值型属性，其缺失值可以用该属性在其他所有样本中的均值、中位数或其他描述数据集中趋势的统计量来填充。

对于非数值型属性（如类别变量或有序变量），其缺失值可以使用该属性在其他所有样本中出现频率最高的取值（众数）来填充。

【例 3.2】表 3.2 为一个含有缺失值的数据集。在收集客户信息时，如果属性设计不合适，可能造成数据缺失。例如，若将"婚姻"属性改为"已婚否"，则对于离异的客户，此属性的值可能为空。表 3.2 存在两个缺失值，即客户 4 的年收入和客户 8 的年龄。根据均值/众数分别在这两处填充数值型属性和非数值型属性，则客户 4 的年收入由"豪华车"属性中值为"否"的客户年收入均值［(86+65+90+40+20+96+80+80)/8≈70］来填充。对于"年龄"属性，依据众数原理，根据"豪华车"属性中值为"否"的客户的年龄来判断，则客户 8 的年龄可以填充为"<30"。

表 3.2　含有缺失值的数据集

客户编号	年龄/岁	性　别	年收入/万元	婚　姻	豪　华　车
1	<30	女	86	已婚	否
2	<30	男	65	单身	否
3	<30	男	90	离异	否
4	<30	女		已婚	否
5	30～50	女	82	已婚	是
6	30～50	男	91	已婚	是
7	30～50	女	200	离异	是
8		女	40	单身	否
9	30～50	男	20	离异	否
10	>50	女	96	离异	否
11	>50	女	80	单身	否
12	>50	男	50	单身	是
13	>50	女	80	离异	否
14	>50	男	92	离异	是

2）前向填充和后向填充

前向填充（Forward Fill）和后向填充（Backward Fill）是两种常见的缺失值填充方法，通常是针对时间序列数据或有序数据缺失使用的最基本的填充方法。

（1）前向填充。前向填充是指使用缺失值前面最近的已知值来填充缺失值。也就是说，缺失值被其前面最近的非缺失值所填充。在时间序列数据中，这意味着缺失值前面的值会被重复使用来填充缺失值，直至遇到下一个非缺失值。

（2）后向填充。与前向填充相反，后向填充使用缺失值后面最近的已知值来填充缺失值。也就是说，缺失值被其后面最近的非缺失值所填充。在时间序列数据中，这意味着缺失值后面的值会被重复使用来填充缺失值，直至遇到下一个非缺失值。这是一种前瞻式处理方式，只有当不需要预测未来数据时才能使用。

这两种填充方法简单直观，但是在使用时要注意在不同情况下可能产生不同的效果。当时间序列数据具有明显的趋势或季节性变化时，则可能更倾向于使用前向填充或后向填充来保持这些趋势的连续性。但是，如果数据的变化比较平稳或随机，则这两种方法的效果可能相似。

3）插值法填充

插值法也是一种常用的缺失值填充方法，它通过已知数据点之间的关系估计缺失值。常见的插值法包括线性插值法、拉格朗日插值法、最近邻插补法等。

（1）线性插值法。线性插值法是一种被广泛使用的简单插值方法。它先假设数据点之间保持线性关系，再据此估计缺失值。线性插值法使用一条直线连接两个已知数据点，以确定这两个已知数据点之间的一个未知数据点的取值。对于数据点 (x, y)，其中 y 为缺失值，已知数据点 (x_1, y_1) 和 (x_2, y_2)，且 x 位于 $[x_1, x_2]$ 区间，则采用线性插值法估计 y，计算公式为

$$y = y_1 + \frac{y_2 - y_1}{x_2 - x_1}(x - x_1) \tag{3-9}$$

（2）拉格朗日插值法。拉格朗日插值法是一种常用的多项式插值方法。它使用拉格朗日多项式来近似估计缺失值。该方法假设已知数据点之间存在一个多项式函数，并通过多项式函数估计缺失值。假设 $(x_1, y_1), (x_2, y_2), \cdots, (x_n, y_n)$ 是已知数据点，对于某数据点 (x, y)，其中自变量 x 已知，y 为缺失值，采用拉格朗日插值法计算 y，计算公式为

$$y = \sum_{i=1}^{n} y_i L_i(x) \tag{3-10}$$

式中，$L_i(x)$ 为拉格朗日基函数，计算公式为

$$L_i(x) = \prod_{j=1, j \neq i}^{n} \frac{x - x_j}{x_i - x_j} \tag{3-11}$$

拉格朗日插值法的优点是简单易懂。然而，由于拉格朗日多项式的高阶特性，当数据点较多或分布不均匀时，可能导致插值结果出现振荡或不稳定的情况。因此，在应用拉格朗日插值法时，需要谨慎选择数据点。

（3）最近邻插补法。最近邻插补法是一种常见的缺失值填充方法，其根据"物以类聚"的规律，借助与缺失样本最邻近（相似度最高）的 K 个已观测样本的属性值，通过平均或加权平均填充缺失值。当 $K=1$ 时，最近邻插补法也称为热卡填充法。

77

最近邻插补法的优点是简单易行，并且能够保留数据的分布特征。它适用于各种数据类型，包括数值型数据和分类型数据。此外，由于它基于样本之间的相似性进行缺失值填充，因此通常不需要额外的模型假设。然而，最近邻插补法也有一些局限性。首先，它对于维度较高的数据集可能效果不佳，因为在高维空间找到最近邻样本非常困难。其次，如果数据集中存在大量的噪声或异常值，最近邻插补法可能导致填充值出现偏差。因此，在使用最近邻插补法时，需要谨慎选择距离或相似度的度量方法，并对数据进行预处理以减弱噪声和异常值的影响。

（4）其他插值方法。除了以上 3 种被广泛使用的插值方法，常用的插值方法还包括基于机器学习的方法（如回归模型、时间序列模型等）、矩阵分解（如奇异值分解通过将数据矩阵分解成低秩近似估计缺失值）、多重插补（通过多次模拟估计缺失值，对多次填充的结果进行汇总，从而得到最终填充值）等。

3.2.1.3　数据不一致性检测

数据不一致性检测是数据清洗过程中的关键步骤，涉及识别和纠正数据集中的矛盾或冲突信息。不一致性可能源于数据录入错误、数据错坏、数据来源差异、数据更新不同步或数据格式不统一等。数据不一致问题如果不及时处理，可能导致数据分析结果不准确，进而影响决策质量。

数据不一致性检测结果通常包括以下几种。

- 数据重复：数据集中存在完全相同或高度相似的记录，如考试的出错题号及错误点均相同。
- 格式不一致：同一类型的数据以不同的格式或单位存储，如数据集中存在多种日期格式。
- 数据来源冲突：来自不同数据源的信息相互矛盾，如两个数据源提供的同一实体信息不一致。
- 逻辑错误：数据违反了业务规则或逻辑，如一名学生的出生年份早于其父母的出生年份。

数据不一致性检测和清洗通常需要结合具体的业务规则和数据质量标准进行，具体可以采用数据对比、数据校验、重复性检查、异常值检测等方法。在实际操作中，可能需要使用数据清洗工具或编写自定义脚本来自动化这一过程。

3.2.2　数据转换

数据转换是数据预处理过程中非常重要的一个环节，它是指通过一定的策略改变数据的属性值、结构或格式，使数据更适合后续的分析、建模或可视化。常见的数据转换包括数据规范化和数据离散化等。

3.2.2.1　数据规范化

数据规范化又称数据标准化（Standardization），是将原始数值型属性转换为一定范围内的特定规范或标准的过程。其主要目的是消除数值型属性之间的数量级差异，从而使数据更易于比较和分析。例如，在利用欧氏距离计算对象的相异度时，如果描述对象的属性包括年龄和收入（以元为单位），则"收入"属性在计算距离时起到关键作用，掩盖了"年龄"属性的作用。如果将两者均规范化到同样的区间，如 [0,1]，则可以避免此问题。

常见的数据规范化方法主要包括最小-最大规范化（Min-Max Normalization）、Z-score 规范化（Z-score Normalization）和小数定标规范化（Decimal Scaling）等。

1．最小-最大规范化

最小-最大规范化是最常用的数据规范化方法之一，也称 Range Scaling。它将原始数据线性地转换到指定的映射范围内，通常是 [0,1] 或 [-1,1]。给定一个属性 A，假设映射目标区间为 $[\min_{new}, \max_{new}]$，原来的取值范围为 $[\min, \max]$，数据点 x 映射到新区间的转换公式为

$$x' = \frac{x - \min}{\max - \min}(\max_{new} - \min_{new}) + \min_{new} \qquad (3\text{-}12)$$

式中，x' 为规范化后的值。例如，对于客户描述属性"年收入/万元"，假设原来的取值范围为 [3,200]，新的取值范围为 [0,1]，则若某客户的年收入为 60 万元，则规范化后的年收入为 $(60-3)/(200-3)\times(1-0)+0\approx0.29$ 万元。

2．Z-score 规范化

Z-score 规范化又称零均值规范化（Zero-Mean Normalization）。它将原始数据转化为其标准分数（也称 Z 分数）。给定一个属性 A，假设其原始数据取值的均值为 μ_A，标准差为 σ_A，对 A 的某个取值 x 规范化后的值 x' 的计算公式为

$$x' = \frac{x - \mu_A}{\sigma_A} \qquad (3\text{-}13)$$

式中，均值 μ_A 和标准差 σ_A 通过已有样本的属性值计算得到；规范化后的属性 A 的取值满足均值为 0、标准差为 1 的正态分布。例如，客户"年收入/万元"属性的均值为 82，标准差为 39，如果某客户的年收入为 60 万元，则通过 Z-score 规范化后，"年收入/万元"属性对应的值为 -0.56。

3．小数定标规范化

小数定标规范化是指通过移动要转换的属性 A 的值的小数点位置进行数据规范化。小数点的移动位置依赖 A 的最大绝对值。对 A 的某个取值 x 规范化后的值 x' 的计算公式为

$$x' = \frac{x}{10^k} \qquad (3\text{-}14)$$

式中，k 是一个常数，通常使规范化后的数据位于 [-1,1] 区间。

79

除了以上 3 种数据规范化方法，还有对数变换（缩小数据的绝对范围）、Box-Cox 变换（适用于目标变量不满足正态分布的情形）、幂次变换（可以改变数据的分布形态，使其更满足正态分布等）、分位数转换（根据分位数等将数据映射到介于 0 和 1 之间的均匀分布）等数据规范化方法。整体而言，数据规范化方法的选择取决于数据的分布特性、数据分析和模型的要求及具体问题的特点。在进行规范化之前，通常需要对数据进行探索性分析，了解数据的分布情况和特点，以便选择合适的规范化方法。

3.2.2.2 数据离散化

数据离散化是将连续型数据转换为离散型数据的过程，其目的是将连续的数值型变量转换为一组有限的取值范围内的离散值，以便分析和建模。数据离散化有以下 3 个优点。首先，数据离散化可以更好地适应不同算法的需求，提高模型的稳定性。例如，数据挖掘中的关联规则算法通常只能处理离散型数据，因此数据离散化是使用该算法进行知识发现的必要步骤。其次，数据离散化可以将无限的连续型数据转换为有限数量的离散值，从而降低数据的复杂性和计算复杂度。最后，数据离散化能够在一定程度上减弱异常值的影响，提高对异常数据的鲁棒性。

根据是否涉及数据标签信息的利用，可以将数据离散化的实施方式分为两大类：无监督离散化和有监督离散化。具体而言，若数据离散化无须借助标签信息，则属于无监督离散化；反之，若数据离散化需要借助标签信息，则属于有监督离散化。

1. 无监督离散化方法

常用的无监督离散化方法之一是分箱离散化（Binning Discretization），也称分段离散化或分桶离散化。它将连续型数据划分为多个区间（箱或桶），每个区间对应一个离散值或类别。利用这种方法将一个属性离散化时，不需要考虑其他属性的取值。分箱离散化方法分为三类：等距离（Equal-Distance）分箱、等频率（Equal-Frequency）分箱和基于聚类的分箱。

1）等距离分箱

等距离分箱又称等宽度分箱（Equal Width Binning）。它将连续型数据的取值范围划分为若干个等宽的箱。其具体算法和步骤如下。

（1）对于给定属性 A，首先确定分箱的数量 k。k 可以根据数据的分布情况、业务需求和分析目的来确定。通常通过直方图、箱线图等观察数据的分布情况，从而确定合适的分箱策略。

（2）确定分箱边界。若属性 A 的最小和最大取值分别为 min 和 max，分箱个数为 k，则每个箱的宽度 I 为

$$I = \frac{\max - \min}{k}$$

则每个箱的区间分别为 $[\min, \min + I], (\min + I, \min + 2I], \cdots, (\min + (k-1)I, \min + kI]$。

（3）对数据进行分箱。按照确定的分箱边界，将每个数据点按照属性 A 的取值划分到对应的箱中。对分箱后的数据进行编码，将每个箱映射为一个离散值或类别。

2）等频率分箱

等频率分箱又称等深度分箱（Equal-Depth Binning）。它将连续型数据划分为若干箱，使每个箱内包含的数据点数量大致相等。这种方法的主要目的是确保每个箱内的数据分布均匀，以降低离散化后数据的不平衡性。其具体算法和步骤与等距离分箱类似，只是分箱边界是根据分位数来判断的。

【例 3.3】有 14 名客户的"年收入/万元"属性的取值按从低到高的顺序分别为

20，40，50，58，65，80，80，82，86，90，96，105，120，200

若确定分箱的个数为 4，利用等距离分箱方法可得每个箱的宽度为 $\dfrac{200-20}{4}=45$，则 4 个箱的区间分别为 [20,65]，(65,110]，(110,155]，(155,200]。根据此区间划分，将 14 名客户的属性值映射到 4 个箱的区间，结果为 {20,40,50,58,65}，{80,80,82,86,90}，{96,105,120}，{200}。由此可见，等距离分箱可能导致属于某些区间的属性值数量非常多，而另一些区间的取值又非常少。等频率分箱能够在一定程度上解决这一问题。利用等频率分箱方法，每个箱内至少有 3 个属性值，则 4 个箱内的属性值分别为 {20,40,50}，{58,65,80,80}，{82,86,90}，{96,105,120,200}。

将属性值映射到每个箱的区间之后，属于同一个区间的每个属性值都可以用区间代替，或者用一个类别代替。例如，在等距离分箱中，属性值 20、40、50、58、65 可以用区间 [20,65] 代替；也可以将 4 个箱的区间分别对应类别 1、2、3 和 4，则属性值 20、40、50 均用类别 1 代替。

3）基于聚类的分箱

基于聚类的分箱是指对连续型属性执行聚类算法（k-means），将样本划分为若干簇，将每个簇视为一个箱，将原始的连续型数据转换为离散的箱编号或簇标签。

需要注意的是，以上 3 种分箱离散化方法对于分布不均匀的数据并不适用。

2．有监督离散化方法

分箱离散化是一种无监督的数据预处理方法，可能导致属性值的离散化，从而不利于发现有意义的模式。例如，当对属性"年收入/万元"进行分箱离散化时，可能将属性值 20、40、50 映射到同一个区间。然而，实际上，"年收入≤40 万元的客户的类别为'豪华车=否'"可能是一个重要的模式，但由于做了分箱离散化处理，这种模式难以被发现。

因此，在处理分类问题时，有监督离散化方法往往更合适。有监督离散化方法可以根据分类属性的取值进行连续型属性的离散化，以尽量保证映射到同一区间的对象的类别一致。

81

常用的有监督离散化方法包括基于熵的离散化和卡方分箱离散化。

1）基于熵的离散化

基于熵的离散化是一种利用信息熵（Information Entropy）进行特征分箱的有监督离散化方法。它的基本思想是在连续特征的取值范围内寻找最佳分割点，使分割后的子集中的类别信息最大化地纯净或最小化地混合。具体步骤如下。

（1）计算信息熵。首先，计算连续特征的信息熵，即将整个数据集视为一个子集时的熵值。信息熵可以用于度量分类属性取值的纯度，因而可以用于衡量一个区间的优劣。映射到一个区间的分类属性取值纯度越高，此离散化的结果越好。给定一个数据集 D 及分类属性的取值，类别集合 $C=\{c_1,c_2,\cdots,c_k\}$，则数据集 D 的信息熵 entropy(D) 的计算公式为

$$\text{entropy}(D) = -\sum_{i=1}^{k} p(c_i) \log_2 p(c_i) \tag{3-15}$$

式中，$p(c_i) = \text{count}(c_i)/|D|$，$\text{count}(c_i)$ 表示类别 c_i 在数据集 D 中出现的次数，$|D|$ 代表数据集 D 中的对象个数。信息熵的取值越小，分类属性取值越纯；反之则越不纯。

（2）分割子集并计算信息增益（或信息增益比）。在连续特征 A 的取值范围内，尝试使用不同的分割点将数据集分为两个子集 D_1 和 D_2。对每个分割点，同样按照式（3-15）计算分割后的两个子集的信息熵，并计算信息增益或信息增益比。信息增益或信息增益比的计算依赖具体的离散化算法，如信息增益对应迭代二分类器 3（Interative Dichotomiser 3，ID3）算法，信息增益比对应 C4.5 算法。

以信息增益为例，假设分割点为 x_a，分割后的信息熵的计算公式为

$$\text{entropy}(D, x_a) = \frac{|D_1|}{|D|} \text{entropy}(D_1) + \frac{|D_2|}{|D|} \text{entropy}(D_2) \tag{3-16}$$

则按照此分割点计算得出的信息增益记为 gain(D, x_a)，其计算公式为

$$\text{gain}(D, x_a) = \text{entropy}(D) - \text{entropy}(D, x_a) \tag{3-17}$$

（3）选择最佳分割点。选择使信息增益或信息增益比最大的分割点作为最佳分割点。

（4）递归地进行分割。根据最佳分割点将数据集分为两个子集 D_1' 和 D_2'，对每个子集重复步骤（2）和步骤（3），直至满足停止条件。停止条件可以是子集大小小于预先设定的阈值或信息增益小于某个阈值。

通过这种方式，基于熵的离散化能够有效地将连续特征分割为多个离散的区间，从而在保持信息丰富性的同时降低特征的复杂度。这种方法常应用于决策树等基于信息论的分类算法中，为特征工程提供了一个重要的选择。

【例3.4】如表3.3所示，要离散化的属性为"年收入/万元"，分类属性为"豪华车"。

表3.3中数据的信息熵为

$$\text{entropy}(D) = -\frac{3}{5} \log_2 \frac{3}{5} - \frac{2}{5} \log_2 \frac{2}{5} = 0.97$$

在比较不同分割点的信息增益时，不必对 A 的每个取值都进行计算，只需要在类别发

生变化的取值处进行计算即可。例如，对于表 3.3 中的数据，只需要比较"年收入≤40 万元""年收入≤58 万元"两种情况。其信息增益计算方法如下。

$$\text{entropy}(D,40) = -\frac{2}{5} \times \left(\frac{2}{2}\log_2\frac{2}{2}\right) - \frac{3}{5} \times \left(\frac{2}{3}\log_2\frac{2}{3} + \frac{1}{3}\log_2\frac{1}{3}\right) = 0.52$$

$$\text{entropy}(D,58) = -\frac{4}{5} \times \left(\frac{1}{2}\log_2\frac{1}{2} + \frac{1}{2}\log_2\frac{1}{2}\right) - \frac{1}{5} \times \log_2 1 = 0.8$$

$$\text{gain}(D,40) = 0.97 - 0.52 = 0.45$$

$$\text{gain}(D,58) = 0.97 - 0.8 = 0.17$$

显然，当分割点为 40 时，得到的信息增益比分割点为 58 时大，40 为最佳分割点。因此，最好将年收入的取值分为两个区间：≤40 万元和>40 万元。接下来可以继续分裂这两个区间。

表 3.3　离散化数据集示例

年收入/万元	豪　华　车
20	否
40	否
50	是
58	是
65	否

2）卡方分箱离散化

卡方分箱（ChiMerge）离散化也是一种常用的有监督离散化方法。如果将基于熵的离散化看作一种自顶向下的分裂方法，ChiMerge 离散化则属于自底向上的合并方法。基于熵的离散化从一个大区间开始，将大区间不断分裂成小区间；ChiMerge 离散化则将每个值视为一个小区间，不断合并相邻区间成为大区间，它是基于统计量卡方检验实现的。卡方检验可以验证属性之间的独立性，用于离散化时，可以衡量相邻两个区间与分类属性的独立性。如果是独立的，则说明两个区间对类别的取值没有显著差异，因此可以合并。具体步骤如下。

（1）初始化。将连续型属性的取值按照从小到大的顺序排列，且初始化每个取值区间为单独的箱。

（2）计算卡方值。对于相邻的取值区间，计算其对应的卡方值。卡方值用于衡量这两个区间的相似性。卡方值越小，表示这两个区间之间的差异越小，合并后对目标变量的影响也越小。假设有两个区间 1 和 2，分类属性的类别取值为 $\{c_1, c_2, \cdots, c_k\}$，先计算得到列联表（见表 3.4）。其中，$A_{ij}$ 为属于区间 i 和类别 c_j 的样本数；R_i 为区间 i 的总样本数；C_j 为属于这两个区间的类别 c_j 的总样本数；N 为这两个区间的总样本数。

表 3.4 列联表

区　　间	类别 c_1	类别 c_2	$\cdots$	类别 c_k	求　　和
区间 1	A_{11}	A_{12}	$\cdots$	A_{1k}	R_1
区间 2	A_{21}	A_{22}	$\cdots$	A_{2k}	R_2
求和	C_1	C_2	$\cdots$	C_k	N

根据列联表，这两个区间卡方值的计算公式为

$$\chi^2 = \sum_{i=1}^{2} \sum_{j=1}^{k} \frac{(A_{ij} - E_{ij})^2}{E_{ij}} \tag{3-18}$$

式中，

$$E_{ij} = \frac{R_i C_j}{R_1 + R_2} \tag{3-19}$$

若式（3-19）中 $E_{ij} = 0$，则将其设为很小的数（如 0.1），以防式（3-18）中分母为 0。

（3）合并经卡方检验独立的区间。找到相邻取值区间中经卡方检验独立的两个区间，将其合并为一个箱。这样做可以将相似的取值区间合并在一起，减少离散化后特征的取值个数。自由度=$(r-1)(k-1)$。其中，r 为行数，即区间数；k 为类别数。设定显著性水平 α，根据自由度查卡方分布表得到阈值 β。若计算所得卡方值小于此阈值，则合并这两个区间。

（4）依次重复步骤（2）和步骤（3），直至满足停止条件。停止条件通常包括合并后的区间数达到预设阈值或相邻区间不满足合并要求。

【例 3.5】以表 3.3 中的数据为例，在将待离散化属性"年收入/万元"的取值进行排序之后，生成只含有单个取值的区间，以相邻两个值的中点为分界，初始区间为

$$[0,30], (30,45), (45,54), (54,61.5), (61.5, \infty]$$

对两个相邻区间构建列联表，表 3.5 给出了区间[0,30]和(30,45)的列联表。

根据表 3.4，可以计算得到 $\chi^2 = 0.2$，查卡方分布表可知，当 $\alpha=0.1$ 时，$\beta=2.706$。因为 0.2<2.706，所以可将这两个区间合并为[0,45]。

表 3.5 列联表

区　　间	豪华车=是	豪华车=否	合　　计
[0,30]	0	1	1
(30,45)	0	1	1
合计	0	2	2

3.2.3 数据特征提取

数据特征提取主要包括数据降维和特征选择两方面。数据降维是指对高维数据进行降维操作，在尽可能保持原始数据中信息的基础上，减少特征的数量，降低特征的复杂度。

特征选择是指选择对分析或建模任务最具代表性和预测能力的特征，剔除无关或冗余的特征。数据降维和特征选择的目的都是减少特征的数量，以便更好地满足分析和建模需求。它们可以提高模型的效率和泛化能力，同时有助于降低过拟合风险，提高模型的可理解性和解释性。

1. 数据降维

常用的数据降维方法包括主成分分析（Principal Component Analysis，PCA）、线性判别分析（Linear Discriminant Analysis，LDA）和 t 分布邻域嵌入（t-distributed Stochastic Neighbor Embedding，t-SNE）等。

1）主成分分析

主成分分析（PCA）最早由卡尔·皮尔逊（Karl Pearson）于 1901 年提出，后经哈罗德·霍特林（Harold Hotelling）发展，成为一种经典的统计方法。它通过对原有变量（属性和特征）进行线性变换提取数据中的主要特征，并以此实现降维、去除冗余和噪声的目的。

PCA 的核心思想是找到数据中最显著的方向（主成分），通过线性变换，将高维数据映射到低维空间，在保留数据中重要信息的同时减少数据的维度。

给定一个包含 n 个数据点的数据集 $D = \{x_1, x_2, \cdots, x_n\}$，每个数据点 x_i 由 m 个数据属性 $A_1, A_2, \cdots, A_m$ 描述。也就是说，每个原始数据点都可看作 m 维空间中的一个点。运用 PCA（基于特征值分解协方差矩阵）对该数据集进行降维和特征提取，主要步骤如下。

（1）数据中心化。对原始数据进行中心化，使每个变换后的属性均值为 0，即将每个属性的取值减去该属性的均值，计算公式为

$$\hat{x}_{ij} = (x_{ij} - \overline{A_j}) \tag{3-20}$$

式中，元素 $\hat{x}_{ij}$ 为第 i 个对象第 j 个属性中心化后的取值；x_{ij} 为其原值；$\overline{A_j}$ 为属性 A_j 的均值。中心化后的数据用矩阵 $\hat{X}$ 表示，$\hat{X} \in \mathbb{R}^{n \times m}$。

（2）计算协方差矩阵 C。其中的元素 C_{ij} 是属性 A_i 和 A_j 之间的协方差，计算公式为

$$C_{ij} = \mathrm{cov}(A_i, A_j) = \frac{1}{n} \sum_{k=1}^{n} (x_{ki} - \overline{A_i})(x_{kj} - \overline{A_j}) \tag{3-21}$$

若 $C_{ij} > 0$，则说明属性 A_i 和 A_j 呈正相关；若 $C_{ij} < 0$，则说明两者呈负相关；若 $C_{ij} = 0$，则说明两者互相独立。可利用中心化后的数据直接计算协方差矩阵，即 $C = \frac{1}{n} \hat{X}\hat{X}^{\mathrm{T}}$。

（3）特征值分解。用特征值分解方法求协方差矩阵 C 的特征根及对应的特征向量，保留前 $q(q < m)$ 个值最大的特征根及对应的特征向量，其中最大特征根对应的特征向量称为第一主成分，第二大特征根对应的特征向量称为第二主成分，以此类推。构造主成分矩阵 $P \in \mathbb{R}^{n \times q}$，其中第 i 个列向量对应第 i 个主成分。

假设按降序排列的特征根为 $\lambda_1 \geqslant \lambda_2 \geqslant \cdots \geqslant \lambda_m \geqslant 0$，第 i 个主成分的贡献率的计算公式为

$$\frac{\lambda_i}{\sum\limits_{k=1}^{m} \lambda_k} \quad (i = 1, 2, \cdots, m) \tag{3-22}$$

前 q 个主成分的贡献率的计算公式为

$$\sum_{i=1}^{q} \frac{\lambda_i}{\sum\limits_{k=1}^{m} \lambda_k} \tag{3-23}$$

通常，取累计贡献率达到 85%～95% 的前 q 个特征值对应的特征向量构造主成分矩阵 $\boldsymbol{P}$。

（4）数据转换。将数据转换到 q 维特征向量构造的新空间，得到降维后的数据集 Y，$Y = \hat{\boldsymbol{X}}\boldsymbol{P}$，$Y \in \mathbb{R}^{n \times q}$，其中 P 是主成分矩阵，$\hat{\boldsymbol{X}}$ 是步骤（1）中得到的矩阵。

以上主成分提取和线性变换的基本原理可以这样解释：协方差矩阵中对角线上的元素是各个属性的方差，非对角线上的元素是任意两个属性之间的协方差。为了去除冗余和噪声，希望将协方差矩阵中的非对角线上的元素变为 0，即将协方差矩阵对角化，对角化后的矩阵对角线上的元素为协方差矩阵的特征根，也是转换后新特征的方差，方差大的特征含有更多的信息。如果一个特征（属性）的各取值之间变化很小，即方差很小，那么它含有的信息量就很小。以分类问题为例，这样的特征对于区分不同的类别是没有价值的，因此可以舍弃。因此，最终应选择那些大的方差（大的特征根对应的特征向量）作为主成分。按照这些正交的（互相独立的）主成分对原来的特征进行变换，得到的新特征是原有特征的线性组合。这样，既抓住了主要变量，又降低了维度、去除了冗余和噪声，为数据的进一步分析奠定了良好的基础。

对于分类问题，将训练数据集进行 PCA 降维提取主成分，利用降维后的数据集进行分类器构建。对于测试集，需要用主成分矩阵 P 进行变换，然后利用分类器进行类别预测。

【例 3.6】以 Kaggle 竞赛平台上的房价预测竞赛为例，取房价预测数据集中 4 个属性（MSSubClass、LotFrontage、WoodDeckSF、OpenPorchSF）分别指代住宅类型、与街道的直线距离、木质甲板面积、露天门廊面积。表 3.6 是数据集的其中一个子集。完整的训练数据集包含 1460 个样本。表 3.7 是中心化数据集。

该数据集的协方差矩阵如下。

$$\boldsymbol{C} = \begin{pmatrix} 2200 & -326 & -2342 & -171 \\ -326 & 142.16 & 688.3 & 146.76 \\ -2342 & 688.3 & 12383.05 & 447.55 \\ -171 & 146.76 & 447.55 & 813.41 \end{pmatrix}$$

特征根、贡献率和累积贡献率如表 3.8 所示。从表中可以看出，前 2 个特征根达到了 94.42% 的累积贡献率，因此可以选择这两个特征根对应的特征向量作为主成分，即

$$\boldsymbol{p}_1 = (-0.21, 0.96, 0.11, 0.11)^{\mathrm{T}}$$

$$\boldsymbol{p}_2 = (0.06, -0.11, 0.14, 0.98)^{\mathrm{T}}$$

新的特征是原有特征的线性组合，设新的特征为 y_1, y_2，则

$$y_1 = -0.21 \times \text{MSSubClass} + 0.96 \times \text{LotFrontage} + 0.11 \times \text{WoodDeckSF} + 0.11 \times \text{OpenPorchSF}$$

$$y_2 = 0.06 \times \text{MSSubClass} - 0.11 \times \text{LotFrontage} + 0.14 \times \text{WoodDeckSF} + 0.98 \times \text{OpenPorchSF}$$

表 3.6　房价预测数据集子集

MSSubClass	LotFrontage	WoodDeckSF	OpenPorchSF
60	65.0	0	61
20	80.0	298	0
60	68.0	0	42
70	60.0	0	35
60	84.0	192	84
50	85.0	40	30
20	75.0	255	57
50	51.0	90	0
190	50.0	0	4
20	70.0	0	0

表 3.7　中心化数据集

MSSubClass	LotFrontage	WoodDeckSF	OpenPorchSF
0.0	−3.8	−87.5	29.7
−40.0	11.2	210.5	−31.3
0.0	−0.8	−87.5	10.7
10.0	−8.8	−87.5	3.7
0.0	15.2	104.5	52.7
−10.0	16.2	−47.5	−1.3
−40.0	6.2	167.5	25.7
−10.0	−17.8	2.5	−31.3
130.0	−18.8	−87.5	−27.3
−40.0	1.2	−87.5	−31.3

表 3.8　特征根、贡献率和累积贡献率

特　征　根	贡　献　率	累积贡献率
12958	83.39%	83.39%
1713	11.02%	94.42%
804	5.17%	99.59%
64	0.41%	100.00%

2）线性判别分析

线性判别分析（LDA）是一种有监督学习的降维技术，由 R. A. 费舍尔（R. A. Fisher）于 1936 年提出。LDA 考虑了类别信息（标签），将特征空间投影到低维空间，同时最大化各类别之间的距离，也就是保持类内方差最小，类间方差最大。因此，LDA 不仅能够降低数据的维度，还能够提高分类器的准确性。

运用 LDA 进行数据降维的主要步骤如下。

给定一个包含 n 个数据点的数据集 $D = \{(\boldsymbol{x}_1, \boldsymbol{y}_1), (\boldsymbol{x}_2, \boldsymbol{y}_2), \cdots, (\boldsymbol{x}_n, \boldsymbol{y}_n)\}$，每个数据点 $\boldsymbol{x}_i$ 由 m 个数据属性 $A_1, A_2, \cdots, A_m$ 描述，为 m 维向量，其对应的类别标签为 $y_i \in \{C_1, C_2, \cdots, C_k\}$。定义 $N_j (j = 1, 2, \cdots, k)$ 为第 j 类样本的个数，$X_j (j = 1, 2, \cdots, k)$ 为第 j 类样本的集合，$\boldsymbol{\mu}_j (j = 1, 2, \cdots, k)$ 为第 j 类样本的均值向量，$\boldsymbol{\Sigma}_j (j = 1, 2, \cdots, k)$ 为第 j 类样本的协方差矩阵。

求解矩阵 $\boldsymbol{S}_{\mathrm{w}}^{-1} \boldsymbol{S}_{\mathrm{b}}$ 的特征值 λ 和对应的特征向量 $\boldsymbol{w}$，计算公式为

$$\boldsymbol{S}_{\mathrm{w}}^{-1} \boldsymbol{S}_{\mathrm{b}} \boldsymbol{w}_i = \lambda_i \boldsymbol{w}_i \tag{3-24}$$

式中，$\boldsymbol{S}_{\mathrm{w}}$ 为类内散度矩阵；$\boldsymbol{S}_{\mathrm{b}}$ 为类间散度矩阵。两者的计算公式分别为

$$\boldsymbol{S}_{\mathrm{w}} = \sum_{j=1}^{k} \boldsymbol{S}_{\mathrm{w}j} = \sum_{j=1}^{k} \sum_{\boldsymbol{x} \in X_j} (\boldsymbol{x} - \boldsymbol{\mu}_j)(\boldsymbol{x} - \boldsymbol{\mu}_j)^{\mathrm{T}} \tag{3-25}$$

$$\boldsymbol{S}_{\mathrm{b}} = \sum_{j=1}^{k} N_j (\boldsymbol{\mu}_j - \boldsymbol{\mu})(\boldsymbol{\mu}_j - \boldsymbol{\mu})^{\mathrm{T}} \tag{3-26}$$

式中，$\boldsymbol{\mu}$ 为所有样本的均值向量。

根据特征值的大小，选择最重要的几个特征向量作为主成分。这些特征向量代表了数据在新特征空间的最佳投影方向，它们能够最大化各类别之间的距离。

将特征值按从大到小的顺序排列，选择前 d 维主成分 $\boldsymbol{w}_1, \boldsymbol{w}_2, \cdots, \boldsymbol{w}_d$ 构造投影矩阵，则每个数据点在新特征空间的投影坐标为

$$\boldsymbol{z}_i = (\boldsymbol{w}_1, \boldsymbol{w}_2, \cdots, \boldsymbol{w}_d)^{\mathrm{T}} \boldsymbol{x}_i \tag{3-27}$$

3）t 分布邻域嵌入

t 分布邻域嵌入（t-SNE）是一种非线性降维技术，特别适用于高维数据的可视化。它由劳伦斯·范德马滕（Laurens van der Maaten）和杰弗里·辛顿（Geoffrey Hinton）于 2008 年提出，主要目标是在低维空间（通常是二维空间或三维空间）保持高维空间的局部结构，使原始数据中相似的数据点在低维映射中也保持相似，不相似的数据点则互相远离。在这一过程中，t-SNE 采用了一种称为"t 分布"的概率分布来表示高维空间和低维空间数据点的相似度。

t-SNE 的具体步骤如下。

（1）相似度计算。在高维空间，t-SNE 首先计算每个数据点之间的条件概率（$p_{j|i}$ 表示 x_j 在 x_i 领域的概率），这个概率反映了某个数据点选择另一个数据点作为其邻居的可能性。这个概率通过高斯分布（正态分布）建模，并且对每个数据点使用以该数据点为中心的方差来保证其在高维空间的局部邻域密度相似。$p_{j|i}$ 的计算公式为

$$p_{j|i} = \frac{\exp\left(-\dfrac{{x_i - x_j}^2}{2\sigma_i^2}\right)}{\sum_{k \neq i} \exp\left(-\dfrac{{x_i - x_k}^2}{2\sigma_i^2}\right)} \tag{3-28}$$

式中，x_i 表示原高维空间的数据点；σ_i^2 表示以 x_i 为中心的方差。

但是，在高维空间，这样计算会导致异常值问题。假设数据点 x_i 是一个噪声点，那么 $x_i - x_j$ 的平方会很大，则对于所有的 j，$p_{j|i}$ 的值都会很小，导致在低维映射下的该数据点对整个损失函数的影响很小。对于异常值，需要给予其一个更大的惩罚，因此将高维空间的联合概率修正为

$$p_{ij} = \frac{p_{j|i} + p_{i|j}}{2} \tag{3-29}$$

（2）t 分布。初始化低维空间的数据点。在低维空间，t-SNE 使用自由度为 1 的 t 分布（也称柯西分布）来计算数据点之间的相似度。这种分布的长尾特性有助于在低维空间分开距离较远的数据点，避免不同类别的数据点在降维后重叠。用 q_{ij} 表示样本 y_i 和 y_j 在低维空间的相似度，则

$$q_{ij} = \frac{(1 + y_i - y_j^2)^{-1}}{\sum_{k \neq i}(1 + y_i - y_k^2)^{-1}} \tag{3-30}$$

式中，y_i 表示降维后低维空间的数据点。

（3）Kullback-Leibler 散度最小化。在高维空间，样本之间的相似度由概率分布 $P=\{p_{ij}\}$ 表示；在低维空间中，样本之间的相似度由概率分布 $Q=\{q_{ij}\}$ 表示。为了使降维后的空间结构尽可能保留原始结构，t-SNE 通过最小化高维分布 P 与低维分布 Q 之间的 Kullback-Leibler（KL）散度优化样本点的位置。其目标函数为

$$C = \text{KL}(P \| Q) = \sum_i \sum_j p_{ij} \log \frac{p_{ij}}{q_{ij}} \tag{3-31}$$

式中，C 为代价函数，表示 KL 散度。

（4）梯度下降。使用梯度下降算法最小化 KL 散度。在迭代过程中，梯度下降会逐步调整低维空间数据点的位置，直至找到一组位置，使低维空间的概率分布与高维空间的概率分布足够接近。

t-SNE 特别适用于数据可视化，尤其适用于在高维数据集中寻找和展示局部结构与聚类模式。它可以揭示数据中的聚类结构，帮助人们理解数据的内在特性。

2．特征选择

特征选择和降维都是为了减少特征数量。但与降维不同的是，特征选择只是从原有特征中进行选择或排除，不涉及原有特征的转换。常见的特征选择方法包括过滤式特征选择、包裹式特征选择和嵌入式特征选择 3 种。

1）过滤式特征选择

过滤式特征选择是指通过某些统计量或度量评估每个特征与目标变量之间的关系，然后根据这些评估结果选择特征。这种方法的优点是计算速度快，可以处理高维数据集，并

且可以减少后续学习算法的维度灾难。

常见的用来评估特征的统计方法有以下几个。

（1）相关系数（Correlation Coefficient）。相关系数用来衡量两个变量之间的线性关系强度和方向。最常见的是皮尔逊相关系数（Pearson Correlation Coefficient），通常表示为 r。其取值范围为 $-1\sim1$。其中，1 表示完全正相关；-1 表示完全负相关；0 表示没有线性相关性。在特征选择中，可以通过计算每个特征与目标变量之间的相关系数评估它们的线性关系。具有高绝对值的相关系数的特征可能与目标变量更相关。

（2）互信息（Mutual Information）。互信息用来衡量两个变量之间的依赖性。互信息的值越大，表示两个变量之间的依赖性越强。

互信息不仅能衡量线性关系，还能捕捉特征与目标变量之间的复杂非线性关系，因此它在特征选择中特别有用。计算互信息时通常需要估计概率分布，当数据量较少时，估计结果可能不准确。

（3）卡方检验（Chi-Square Test）。卡方检验是一种统计方法，用于检验两个分类变量之间的独立性。在特征选择中，卡方检验可以用来评估特征类别与目标变量类别之间是否存在显著的关联。如果卡方检验的 p 值小于某个显著性水平（如 0.05），则可以拒绝原假设，认为特征类别与目标变量类别之间存在关联。

（4）方差分析（Analysis of Variance，ANOVA）。ANOVA 是一种统计方法，用于检验 3 个或更多组之间的均值是否存在显著差异。在特征选择中，ANOVA 可以用来评估特征的不同水平是否与目标变量的均值有显著关联。如果 ANOVA 的 p 值小于某个显著性水平，表明至少有一组的均值与其他组显著不同，从而表明特征的不同水平可能与目标变量的均值存在关联。

2）包裹式特征选择

包裹式特征选择是一种基于机器学习模型进行特征选择的方法，尤其适用于特征数量相对较少的情况。给定一个机器学习模型，通过遍历所有可能的特征子集，找到最佳子集组合，使模型在该子集上的性能达到最优。具体步骤如下。

（1）确定评估标准。在进行特征选择之前，需要确定一个或多个评估标准来衡量模型的性能。这些标准可以是分类准确率、精确度、召回率、F1 分数、受试者工作特征（Receiver Operating Characteristic，ROC）曲线下面积（Area Under Curve，AUC）、均方误差（Mean Square Error，MSE）等。评估标准的选择取决于模型任务的类型，如分类、回归等。

（2）选择初始特征子集。从原始特征集中选择一个初始子集作为起点。这个子集可以包含全部特征，也可以包含通过其他方法（如过滤式特征选择）筛选的一部分特征。

（3）生成特征子集。使用搜索策略探索可能的特征子集。常见的搜索策略包括以下几种。

● 穷举搜索：尝试所有可能的特征子集组合。

- 递归特征消除：递归地构建模型并移除权重最小（或贡献最小）的特征，直至得到所需数量的特征。
- 前向选择：从一个空集开始，逐步添加对模型性能提升作用最大的特征。
- 后向消除：从包含所有特征的集合开始，逐步移除对模型性能影响最小的特征。
- 启发式搜索：使用遗传算法、模拟退火等启发式方法搜索最优特征子集。

（4）训练和评估模型。对于每个生成的特征子集，使用相应的机器学习算法训练模型，并使用交叉验证等方法评估模型的性能。这一步是包裹式特征选择的核心，因为它直接影响模型性能的评估。

（5）选择最佳特征子集。比较所有已评估的特征子集的性能，并选择其中性能最好的一个子集作为最佳特征子集。通常通过比较交叉验证的平均分数或其他评估指标完成这一步。

（6）验证最终模型。使用选定的最佳特征子集训练最终模型，并在一个独立的测试集上进行验证。这一步可以帮助评估模型的泛化能力，并确保选择的特征子集不会出现过拟合现象。

3）嵌入式特征选择

嵌入式特征选择是一种在模型训练过程中同时进行特征选择的方法。在训练过程中，模型会根据特征对预测结果的贡献自动调整特征的权重。一些特征可能获得较大的权重，而其他特征的权重可能接近 0。通过分析这些权重，确定哪些特征对模型的预测性能更重要。

支持嵌入式特征选择的机器学习模型通常拥有用于评估特征重要性的机制，如决策树、随机森林、梯度提升机（Gradient Boosting Machine，GBM）、正则化线性模型等。

（1）决策树。决策树是一种基本的分类与回归方法。在嵌入式特征选择中，决策树通过选择最佳分割特征构建树的节点。特征的重要性可以通过以下指标评估。

- 信息增益（对于分类树）：在每个节点，计算使用特征进行分割前后的熵（或基尼不纯度）的减少量。信息增益越大，特征越重要。
- 平均绝对误差减少量（对于回归树）：计算由特征分割引起的平均绝对误差的减少量。平均绝对误差减少量越大，特征越重要。

（2）随机森林。随机森林是一种集成学习方法，通过构建多个决策树并进行投票（分类问题）或平均（回归问题）提高预测性能。在随机森林中，特征的重要性可以通过以下指标评估。

- 平均不纯度减少量：对于每个特征，计算其在所有树上的平均不纯度减少量。不纯度减少量越大，特征越重要。
- 平均精确度增加量：在构建树的过程中，通过随机选择特征的子集评估特征的重要性。特征在随机选择时对模型性能的提升作用越大，其重要性越高。

（3）GBM。GBM 也是一种集成学习方法，通过逐步添加弱学习器（通常是决策树）最小化损失函数。在 GBM 中，特征的重要性可以通过以下指标评估。

91

- 梯度变化：在每次迭代中，特征对损失函数梯度的影响可以作为其重要性的指标。对损失函数梯度的影响越大，特征越重要。
- 分裂次数：特征在树中作为分裂节点出现的次数也可以作为评估其重要性的一个指标。分裂次数越多，特征越重要。

（4）正则化线性模型。典型的正则化线性模型为最小绝对收缩和选择算子（Least Absolute Shrinkage and Selection Operator，LASSO）。它是一种线性回归模型，通过对系数施加 L1 正则化进行特征选择。在 LASSO 模型中，特征的选择通过以下方式实现。

- 系数缩减：L1 正则化会推动模型将不重要的特征的系数减小至零。因此，具有非零系数的特征被认为是重要的。
- 路径追踪：在 Lasso 路径追踪过程中，可以观察到特征系数从非零减小到零的过程。在这个过程中，最后进入模型的特征被认为是最重要的。

在实际应用中，嵌入式特征选择可以与其他特征选择方法结合使用，以提高特征选择的效果。例如，可以先使用过滤式特征选择进行初步筛选，然后应用嵌入式特征选择进行细化。此外，对于复杂的数据集，可能需要尝试多种模型和特征选择方法，以找到最适合具体问题的解决方案。综合使用这些方法可以更有效地提高模型的性能和可解释性。

3.3 数据可视化简介

3.3.1 数据可视化的定义和作用

1．数据可视化的定义

数据可视化是一种运用图形、图表、地图等视觉展示形式，将繁杂的数据与信息以直观可感的表达方式展示出来的技术，旨在提升人类的认知能力。人眼作为具备高带宽特性的巨量视觉信号输入并行处理器，拥有强大的模式识别能力，且对视觉符号的感知速度远超数字或文本。数据可视化技术充分利用了人类视觉感知的高速高效特性，通过将那些难以直观展示或不易察觉的数据转换为可感知的图形、符号、颜色、纹理等，显著提升了数据的识别效率，使复杂的数据集变得易于理解和分析。

2．数据可视化的作用

数据可视化不仅能够有效展示数据的趋势、模式、异常和相关性，还能帮助用户更快地做出决策并发现深层次的洞察。从宏观层面来看，数据可视化的作用主要体现在以下 3 个方面。

1）记录信息

数据可视化最直接的作用是作为一种信息记录手段，通过图形、图表、地图等形式，以视觉化的形式呈现复杂的数据和概念。相较于纯文本，这种形式的信息记录更易于被人类大脑识别和记忆，因为它充分利用了人类的视觉感知能力。例如，时间序列图可以帮助人们追踪数据随时间的变化；地图可以展示与地理位置相关的信息。数据可视化能够将庞大的数据浓缩成简洁、直观的图形，方便存储和回顾。

2）分析推理

数据可视化在数据分析和推理过程中扮演着关键角色。数据可视化将信息以可视符号的方式呈现给分析者，可以提高分析者分析数据的效率。它有助于发现数据中的模式、趋势和异常，从而引导分析者提出假设、进行探索性分析并验证结果。通过数据可视化，人们可以更直观地理解数据之间的关系。例如，使用散点图来探索两个变量之间的相关性；使用热力图来识别数据中的热点区域。此外，数据可视化还有助于在数据挖掘和机器学习过程中选择与调整模型，通过数据可视化模型的性能指标（如精确度、召回率）优化模型参数。

3）信息传播与协同

人类的视觉感知输入在人类从外界获取的信息中占据很大比例（70%以上）。因此，在信息传达中，利用数据可视化技术来呈现数据和信息是非常重要的。数据可视化能够有效传播信息，并促进团队或组织之间的协同工作。优秀的数据可视化工具能够跨越语言和专业知识的障碍，使非专业人士也能理解复杂的数据和分析结果。数据可视化对决策者来说尤其重要，因为他们需要基于数据分析的结果做出战略性决策。此外，在团队协作中，数据可视化能够帮助成员共享发现、讨论结果和协作解决问题。例如，仪表板（Dashboard）是一种集成了多种可视化元素的工具，它可以实时展示关键指标和分析结果，使团队成员及时了解项目状态并做出响应。

3.3.2　商业智能与数据可视化

在整个商业智能分析中，数据可视化是一个重要的工具，它可以帮助人们更好地理解数据，指导数据分析算法的选择和调整，并有效地传达分析结果。数据分析算法提供了从数据中提取知识和模式的能力，而数据可视化使这些知识和模式更容易被理解与解释。两者的结合使数据分析更加高效和富有洞察力，具体体现在以下几个方面。

1. 数据收集和整理

数据准备阶段的目标是收集、清洗和整理数据，确保数据质量满足分析要求。数据管理涉及数据的存储、备份和安全性等方面。在这一阶段，数据可视化可以用来识别数据中的异常值、缺失值和数据分布情况。例如，通过箱线图发现异常值；通过直方图或密度图了解数据的分布情况。

2. 数据探索性分析

探索性分析是数据分析的前期阶段。在这一阶段，通过数据可视化和统计方法探索数据的特征与模式。例如，散点图矩阵可以揭示变量之间的关系；热力图可以展示变量之间的相关性；箱线图或小提琴图可以展示不同类别的分布特征。另外，数据可视化在这一阶段有助于形成假设和指导后续数据挖掘算法的选择。例如，通过可视化数据的时间序列趋势，选择适合时间数据的挖掘算法。

3．数据分析和建模

收集和整理数据后，商业智能系统会对数据进行分析和建模，以发现数据中的模式、趋势和关联。这可能涉及统计分析、机器学习和预测建模等技术。分析结果可以用来帮助组织理解当前业务状况、预测未来趋势，并做出决策。数据可视化在这一阶段可以用来展示算法的结果，帮助人们理解模型的性能和发现模式。例如，混淆矩阵图可以展示分类算法的准确性；ROC 曲线可以评估模型的区分能力。

4．分析报告和沟通

数据可视化的结果通常会被整合到报告和沟通中，以便与利益相关者分享分析结果和洞见。这些报告可能是定期的业务报告，也可能是针对特定问题或项目的临时报告。通过报告和沟通，组织可以将分析结果转化为实际行动，并促进组织内部的知识共享和决策制定。

3.4　数据可视化方法

3.4.1　数据可视化的常用统计图表

3.4.1.1　统计图表概述

1．统计图表的应用

统计图表作为数据可视化的主要形式之一，是可视化呈现中的基本元素。常用的统计图表包括柱状图、饼图、折线图、面积图、散点图、热力图、箱线图等，它们主要通过可视化原始数据的属性值直观地呈现数据特征。这些图表主要揭示以下 4 个方面的数据特征或应用。

- 趋势特征：描述数据随时间或其他连续变量的变化趋势，反映了数据在长期内的变化趋势，可以是上升、下降或波动。销售额随季节的变化趋势、股票价格随时间的变化趋势等都是趋势特征。
- 关系特征：描述不同变量之间的关系或相关性，表现为变量之间的相互依赖或影响关系，可以是正相关、负相关或无关。气温与冰激淋销量之间的关系、广告投入与销售额之间的关系等都是关系特征。
- 分布特征：描述数据在特定范围内的分布情况，展示了数据的集中程度、离散程度和分布形状，可以是正态分布、偏态分布或其他类型的分布。人口年龄分布、产品销售区域分布等都是分布特征。

- 比较/比例特征：涉及对不同部分在整体中的占比进行比较。其中，比较是将不同组或类别的数据进行对比，以找出它们之间的差异或相似之处；比例描述了数据的相对大小或占比关系，常用来表示一个数值相对于另一个数值的大小，或者表示一个数值在整体中的占比情况。

常用统计图表及应用如图 3.1 所示。

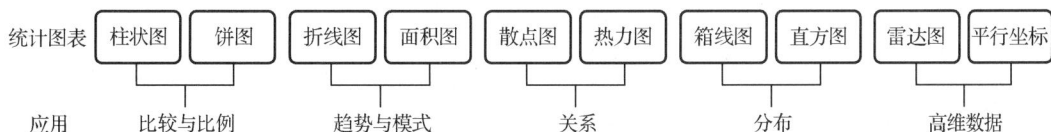

图 3.1　常用统计图表及应用

2．统计图表中各特征的含义

3.4.1.2 节以大数据竞赛平台 Kaggle 的房屋预测比赛资料为例，介绍了不同类型的统计图表在数据展示方面的作用。表 3.9 列出了各统计图表中相关特征（属性）的含义，以方便读者参照理解。

表 3.9　各统计图表中相关特征（属性）的含义

特　征	含　义	特　征	含　义
1stFLrSF	1 层面积	MoSold	月销量
3SsnPorch	三季门廊面积	MSSubClass	住宅类型
BedroomAbvGr	卧室都在一层以上	Neighborhood	邻居
BsmtFinSF1	地下室完工面积	OpenPorchSF	露天门廊面积
BsmtFullBath	地下室都是洗手间	OverallCond	房屋位置质量
BsmtQual	地下室质量	PoolArea	游泳池面积
BsmtUnfSF	地下室未完工面积	PoolQC	游泳池质量
FullBath	洗手间都在一层以上	SalePrice	售价
GarageArea	车库面积	TotRmsAbvGrd	所有房间都在一层以上
GarageQual	车库质量	Utilities	设施
GarageYrBlt	车库建造年份	YearBuilt	建造年份
LotArea	房屋面积	YearRemodAdd	改造年份
LotShape	房屋形状	—	—
LowQualFinSF	低质量完成面积	YrSold	销售年份

3.4.1.2　常用统计图表

1．折线图

折线图使用直线段来连接一系列点，用于显示数据随时间或其他连续变量的变化趋

95

势。折线图通常由横轴（X 轴）和纵轴（Y 轴）组成，横轴表示时间或其他连续变量，纵轴表示相应的数值。折线图的绘制方式是在坐标系中用直线连接各数据点。每个数据点的位置由相应的时间或连续变量的值决定。折线图可以同时显示多个数据序列，各序列通常用不同的颜色或线型来区分。

2．柱状图和堆积柱状图

1）柱状图

柱状图采用不同高度的柱子和不同的颜色标识数据的属性，用于比较不同类别或组之间的数据。柱状图通常由横轴（X 轴）和纵轴（Y 轴）组成，横轴表示不同的类别或组，纵轴表示相应的数值。

柱状图的绘制方式是在横轴上为每个类别或组绘制一个垂直的柱子，并用柱子的高度表示相应类别或组的数值大小。每个柱子的高度通常对应数据的数量、频率或比例。

【例 3.7】图 3.2 用柱状图展示了房屋建造年份分布。由图可知，房屋建造年份集中在 2000—2010 年，后续预测房价时，可以依据这个特征对数据集进行划分。图 3.2 仅展示了原数据集中的部分数据。

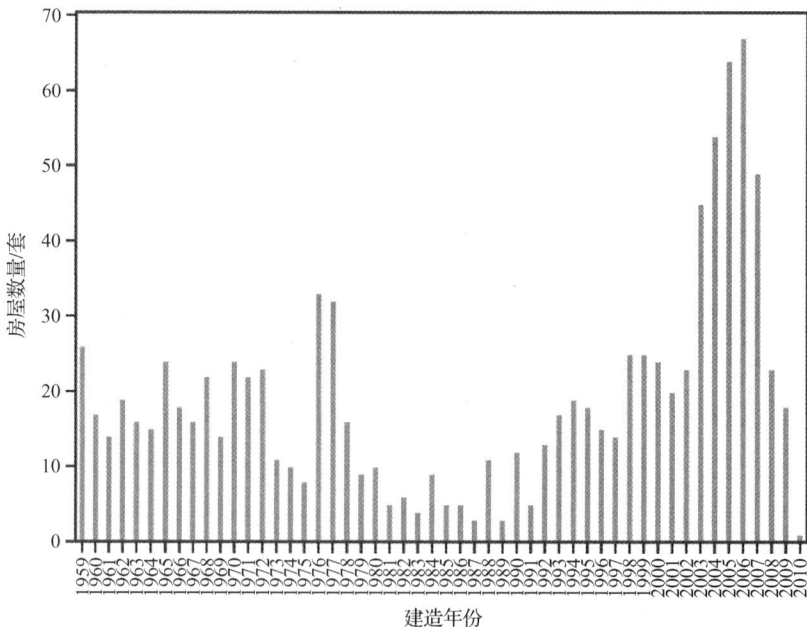

图 3.2　用柱状图展示房屋建造年份分布

2）堆叠柱状图

堆叠柱状图是柱状图的一种变体，它将柱状图中的每个柱子用像素图的方式进行编码。其中，一个柱子代表一个整体，柱子中不同的颜色代表不同的类别。它除了用于比较不同类别或组的数据，还可以显示每个类别或每组内部各部分的比例关系。绘制堆叠柱状图时，每个柱子的高度仍然代表整个类别或组的总数值，但是柱子被分割成多个部分，每个部分的高度表示该部分数据在整体中的占比。不同部分叠加在一起，形成整个柱子。

【例 3.8】 图 3.3 用堆叠柱状图展示了不同售价房屋建造年份分布，其中将售价高于平均售价的房屋视为高价房屋，售价低于平均售价的房屋视为低价房屋。

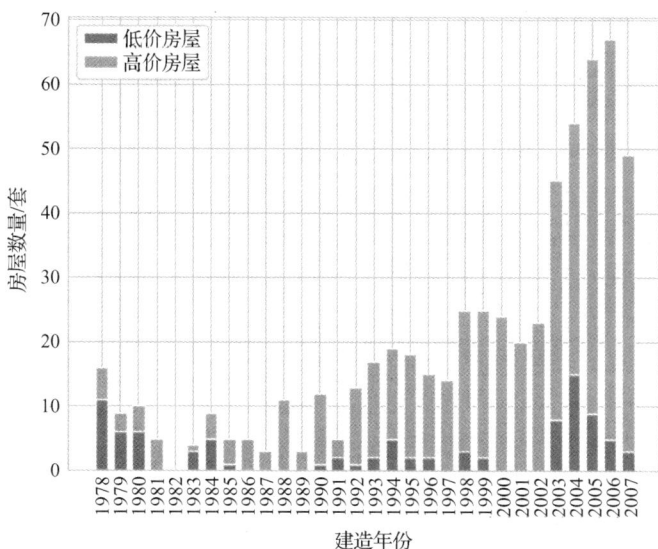

图 3.3　用堆叠柱状图展示不同售价房屋建造年份分布

3．直方图

直方图用于展示数据的分布情况，它将数据分成若干个等距的区间（也称为"箱"或"柱"），并统计每个区间数据的频数或频率，然后将这些频数或频率用不同高度的柱子表示。直方图通常由横轴（X 轴）和纵轴（Y 轴）组成，横轴表示数据的取值范围，纵轴表示数据在每个区间的频数或频率。绘制直方图时，首先需要确定数据的区间宽度，并将数据按照这些区间进行划分。然后统计每个区间数据的频数或频率，并将其用相应高度的柱子表示。通常，相邻柱子之间没有间隙，以突出数据的连续性。绘图时需要选择合适的区间宽度和柱子数目，以确保图表清晰易懂，同时需要注意选择合适的标签和标题，以便清晰地传达数据的含义。

4．散点图、气泡图和散点图矩阵

1）散点图

散点图用于展示两个变量之间的关系。在散点图中，每个数据点由两个数值变量的数对 (x, y) 表示，其中一个变量对应横轴（X 轴），另一个变量对应纵轴（Y 轴）。在坐标系中绘制每个数据点，以便清晰地观察两个变量之间的关系，如线性关系、非线性关系、聚集趋势等。

【例 3.9】 图 3.4 用散点图展示了房屋建造年份与售价之间的关系。从图中可以看出，房屋售价总体与建造年份呈正相关。2000 年前后建造的房屋售价方差较大；1920—1960 年建造的房屋售价相差不大。

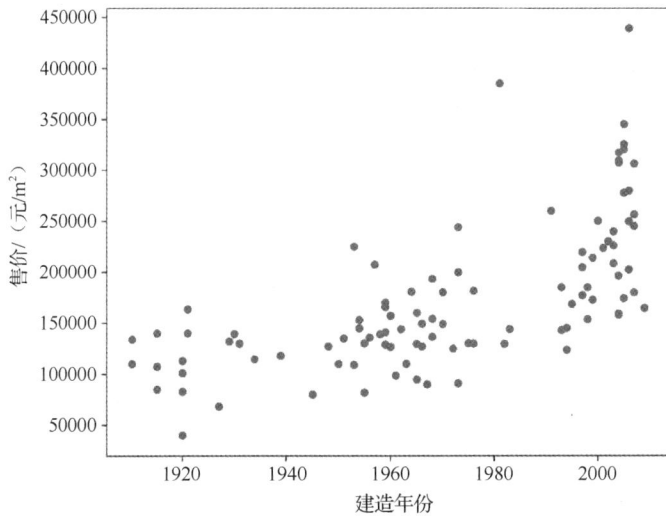

图 3.4　用散点图展示房屋建造年份与售价之间的关系

2）气泡图

气泡图是散点图的一种变体，可以用气泡的大小表示某个维度的信息。在气泡图中，每个数据点由 3 个数值变量（x, y, z）表示，其中第一个变量对应横轴（X 轴），第二个变量对应纵轴（Y 轴），第三个变量则通过不同大小的气泡表示。

绘制气泡图时，数据点以圆形气泡的形式展示在坐标系中，气泡的位置由前两个变量决定，气泡的大小则由第三个变量决定。通常情况下，对应的数值较大的气泡会显示为较大的圆形；对应的数值较小的气泡会显示为较小的圆形。

【例 3.10】图 3.5 用气泡图展示了房屋建造年份和出售时间与房屋售价的关系，图中气泡的大小反映了房屋售价的高低。由图可知，房屋建造时间越晚，售价越高。

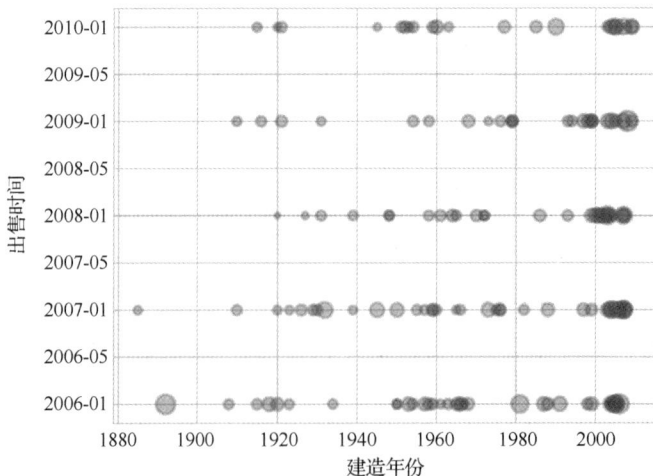

图 3.5　用气泡图展示房屋建造年份和出售时间与房屋售价的关系

3）散点图矩阵

散点图矩阵是一种特殊的散点图，用于同时显示多个变量之间的关系。在散点图矩阵中，每个变量都与其他变量两两组合，形成一个矩阵。矩阵中的每个小格子显示了对应两个变量之间的散点图。矩阵对角线呈现了对应属性的数据分布情况。

【例 3.11】图 3.6 用散点图矩阵展示了 GarageYrBlt、GarageArea、BsmtUnfSF 和 BsmtFinSF1 四个属性之间的关系。

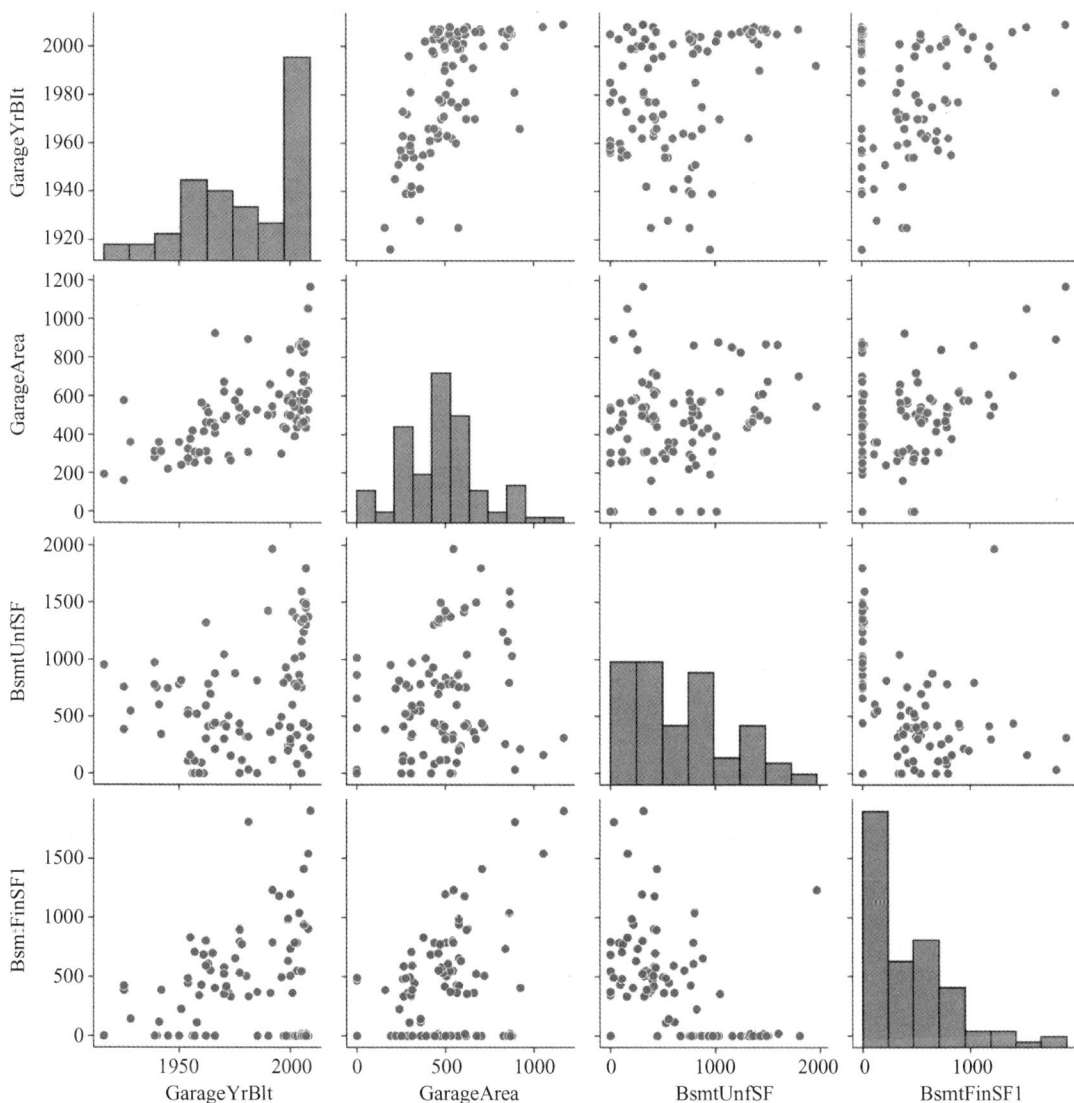

图 3.6　用散点矩阵图展示属性之间的关系

5. 箱线图和小提琴图

1）箱线图

箱线图，也称盒须图，是一种用于展示数据分布情况的统计图表，适合展示数据的分散程度和异常值情况。它将数据按照 5 个统计量进行展示：最小值、第一四分位数（Q_1）、中位数（Q_2）、第三四分位数（Q_3）和最大值。

在箱线图中，通常绘制一个矩形箱子，箱子的上边界为 Q_3，下边界为 Q_1，箱子中间的线表示 Q_2。箱子内部的长度代表数据集的中间 50% 范围，即四分位距（IQR）。箱子外部的线段称为"须"，延伸到最小值和最大值，除去异常值。异常值通常被单独标记出来，位于须之外。

【例 3.12】图 3.7 用箱线图展示了房屋建造年份。图中的箱子显示了房屋建造年份（YearBuilt）的分布情况，Q_2 大致位于 1970 和 1980 两个数值中间；图中的横线从上到下依次表示最大值、Q_3、Q_2、Q_1、最小值。

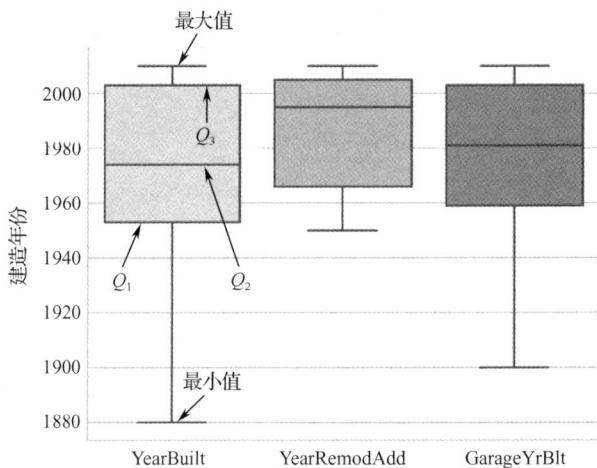

图 3.7　用箱线图展示房屋建造年份

2）小提琴图

小提琴图是箱线图的一种变体，它结合了箱线图和核密度估计图的特点，用于展示数据分布情况。它与箱线图类似，但提供了比箱线图更丰富的信息，特别适用于展示数据的密度分布，比较不同类别或组之间的数据分布。

在小提琴图中，每个数据分布被绘制成小提琴形状的曲线，曲线的宽度表示该位置数据的分布密度，曲线的高度则反映了数据的频率分布。小提琴图的中心部分通常是箱线图，展示了数据的四分位数、中位数和异常值，曲线的延伸部分则展示了数据的密度分布情况。

【例 3.13】图 3.8 用小提琴图展示了房屋建造年份的分布情况。其中，琴身部分展示了数据点的分布密度，琴弦展示了数据的 Q_1、Q_2、Q_3、95% 置信区间，以及最大值和最小值。

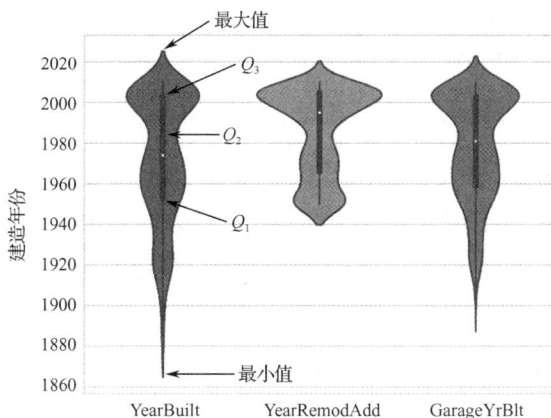

图 3.8　用小提琴图展示房屋建造年份分布情况

6．热力图

热力图是一种用颜色编码来展示数据矩阵的图表，其中数据值用不同深度的颜色表示。热力图通常用于可视化二维数据，其中行和列分别代表数据集中的变量与类别，每个单元格的颜色则表示对应变量之间的关系或相似度。

在热力图中，数据值较大的单元格通常显示为较深的颜色（如红色或深蓝色），数据值较小的单元格则通常显示为较浅的颜色（如浅黄色或浅蓝色）。通过颜色的变化，观察者可以直观地识别出数据集中不同变量之间的关系强度和模式。

【例 3.14】图 3.9 用热力图展示了 Kaggle 竞赛平台房屋数据的相关性矩阵。由图可知，GarageYrBlt 和 GarageArea 之间有较强的正相关性，它们对房价的影响可能相似，在特征分析过程中可以做降维处理；BsmtUnfSF 和 BsmtFinSF1 之间有较强的负相关性。

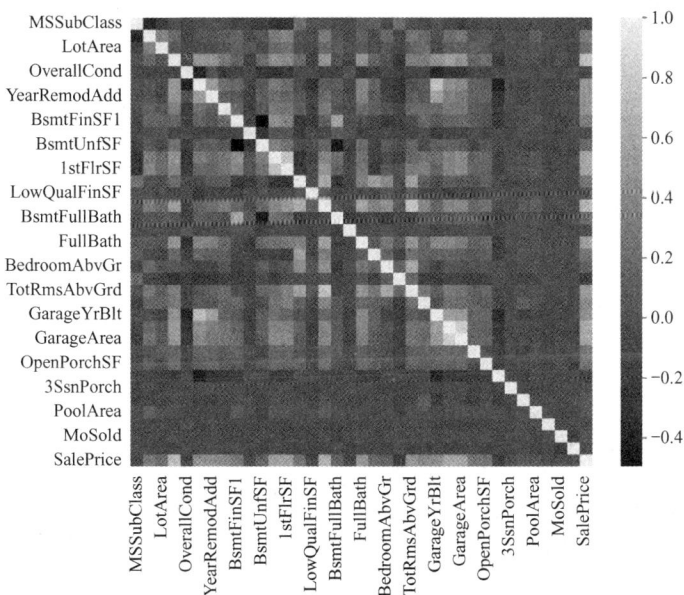

图 3.9　用热力图展示 Kaggle 竞赛平台房屋数据的相关性矩阵

7. 饼图

饼图采用了饼干的隐喻，用于展示各部分占整体的比例。饼图将数据分成多个部分，每个部分的大小与其所代表的数据值的比例成正比，通常以扇形的形式呈现。在饼图中，整个圆形代表总体数据，每个扇形代表数据中的一个部分或类别。每个扇形的角度与其所代表的数据值所占比例成正比，因此大的数据值对应的扇形角度较大，而小的数据值对应的扇形角度较小。

【例 3.15】图 3.10 用饼图展示了数据集中各住宅所包含的房间（不包含浴室）数量的比例。

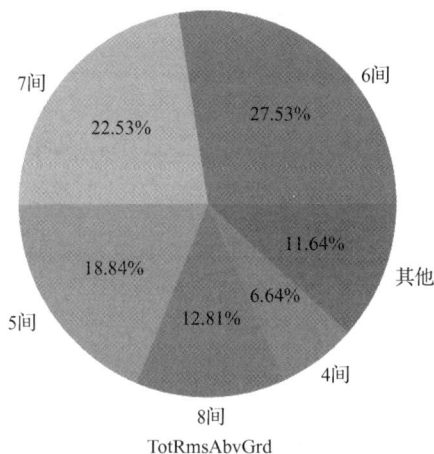

图 3.10　用饼图展示数据集中各住宅所包含的房间（不包含浴室）数量的比例

8. 面积图和堆叠面积图

面积图与折线图类似，但是它将折线下方的区域填充，用颜色或阴影表示数据的大小，从而形成一个填充面积。面积图通常用于展示数据随时间或其他连续变量的变化趋势，以及不同类别或组之间的比较。

堆叠面积图在面积图的基础上进行了扩展，将多个数据序列的面积堆叠在一起，形成一个总体的填充面积。每个数据序列的面积叠加在前一个序列的上方，因此整个图形呈现出分段堆叠的效果。堆叠面积图常用于展示不同类别或组之间的总体趋势及各个部分的相对贡献。

需要注意的是，在使用堆叠面积图时，需要确保各个部分之间的叠加顺序正确，并且要避免因堆叠部分过多而导致图表难以理解。此外，为了使图表清晰和易读，应该为每个数据序列选择区别明显的颜色或图案，并添加适当的标签和标题。

【例 3.16】图 3.11 用堆叠面积图展示了不同类型房屋在不同建造年份的数量分布。

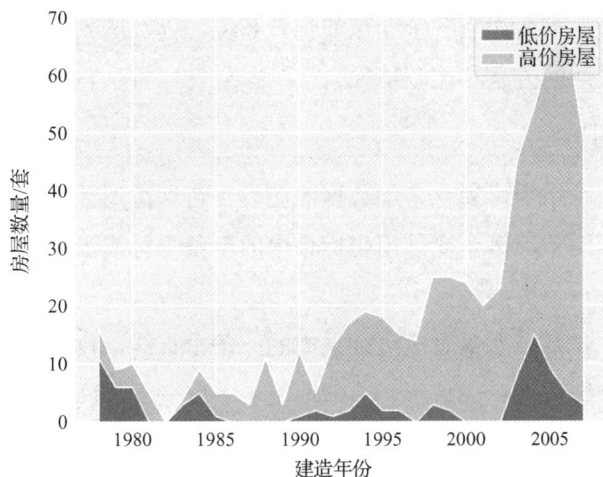

图 3.11　用堆叠面积图展示不同类型房屋在不同建造年份的数量分布

9．雷达图

雷达图，也称极坐标图或蜘蛛图，是一种多变量数据可视化图表，用于展示多个变量之间的关系和比较。雷达图通过在一个圆形或多边形的坐标系中绘制多个轴线，并沿着这些轴线绘制数据点，展示多个变量的值。

在雷达图中，每个变量通常沿着坐标系的一条轴线表示，数据点的位置代表该变量的值。将多个变量的数据点连接起来，形成一个封闭的区域，这个区域的形状和大小反映了各个变量之间的关系与相对重要性。

尽管雷达图在多变量比较和特征分析方面具有一定优势，但也存在一定的局限性。例如，雷达图不擅长展示大量的变量或数据，过多的变量会导致图表复杂度增加，难以理解。此外，雷达图中的数据点连接线可能交叉，从而导致图表难以阅读。

【例 3.17】图 3.12 用雷达图展示了不同类型房屋各维度的评分。

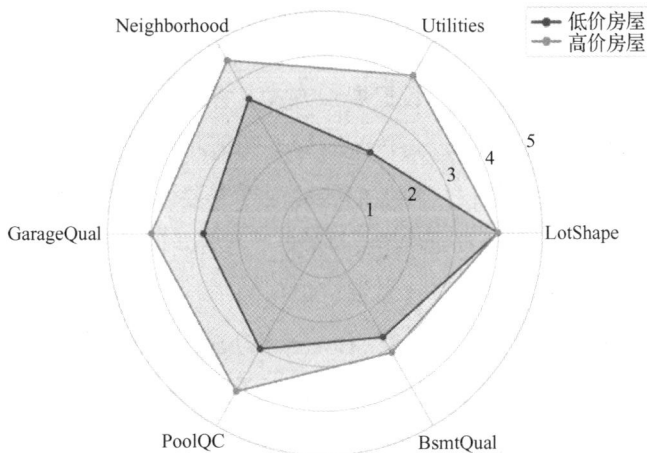

图 3.12　用雷达图展示不同类型房屋各维度的评分

103

在解读雷达图时，需要注意各个变量的位置和值，以及图表中的标签和标题，以确保清晰地展示多变量之间的关系和比较情况。

10．平行坐标图

平行坐标图是一种用于可视化多维数据的图表，特别适用于展示多个变量之间的关系和趋势。在平行坐标图中，每个变量用坐标系中的一条平行线表示，数据点则沿着这些平行线进行连接，形成一条折线。

在平行坐标图中，每个变量对应坐标系中的一条垂直线，每个数据点则表示一个样本或观测值。连接各个数据点形成折线，清晰地展示多个变量之间的关系、趋势和模式。尽管平行坐标图在展示多维数据方面具有一定优势，但也存在一定的局限性。例如，当变量较多时，平行坐标图可能变得混乱和难以理解。此外，平行坐标图中的数据点连接线可能交叉，从而使图表的可读性变差。

【例 3.18】图 3.13 用平行坐标图展示了房屋的建造年份、改造年份、车库建造年份和销售年份。

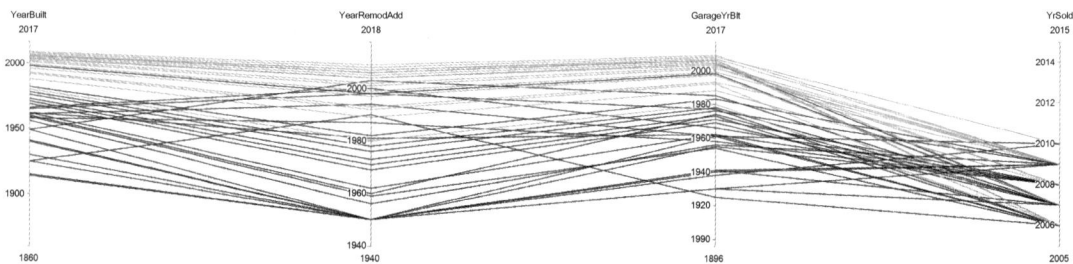

图 3.13　用平行坐标图展示房屋的建造年份、改造年份、车库建造年份和销售年份

在解读平行坐标图时，需要注意各个变量的位置和值，以及数据点之间的连接情况，以确保清晰地展示多维数据之间的关系和趋势。

3.4.2　交互式数据可视化工具

交互式数据可视化是一种动态的数据展示方式，它允许用户通过直接利用可视化元素探索数据，从而获取数据中的信息。与传统的静态图表相比，交互式数据可视化工具不仅呈现数据，还赋予用户主动控制权，使他们能够根据需要调整视图的视角、筛选数据、突出显示特定部分、改变视觉属性（如颜色、形状、大小、标签等），或者应用不同的分析方法。当前，市面上有众多支持交互式数据可视化的工具，这些工具兼容多种编程语言和平台，如 Python 语言和 R 语言等。Plotly、Bokeh 和 ggplot2 等开源包以其强大的交互功能备受青睐。D3.js 作为一款基于 Web 的 JavaScript 库，利用超文本标记语言、可缩放矢量图形、层叠样式表等创建了动态且高度交互的数据可视化作品。它通过将数据绑定到文档对象模型中的方式实现数据驱动的文档转换，为用户提供了丰富的可视化组件和应用程序编程接口（Application Programming Interface，API），使复杂的数据可视化效果得以实现。此外，Highcharts、Chart.js 和 Leaflet.js 等 JavaScript 工具，以及 Power BI 和 Tableau 等商用工具，在数据可视化领域表现同样出色。这些工具均具备强大的可视化功能，能够满足不同用户在不同场景下的需求，为数据分析和决策提供有力支持。

【例 3.19】图 3.14 是汉斯·罗斯林（Hans Rosling）及其团队制作的动态气泡图。它按地区动态地显示了 180 个国家 1821—2005 年的国家财富（x）、预期寿命（y）和人口（气泡大小）。

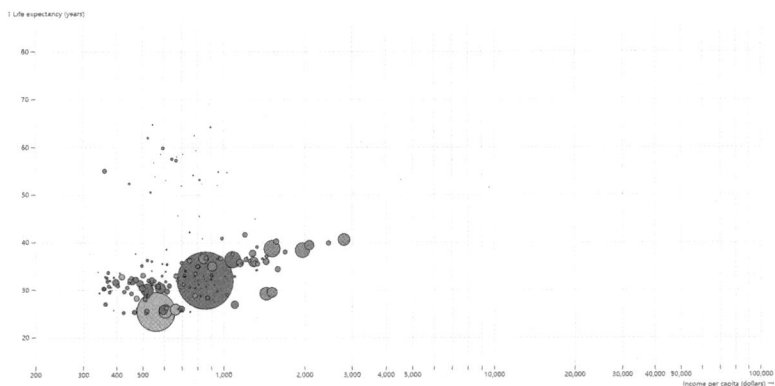

（a）1821年国家财富、预期寿命分布

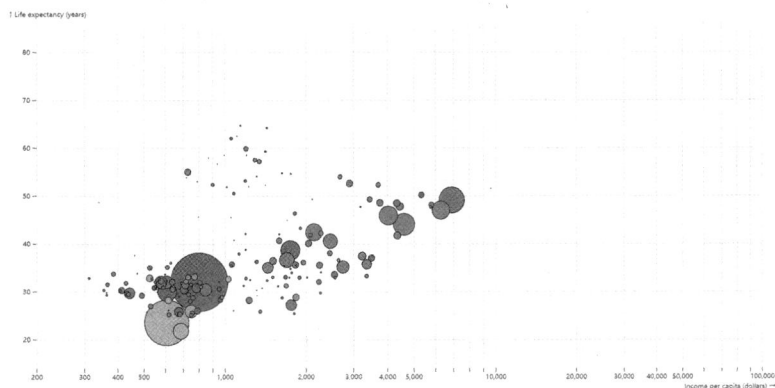

（b）1990年国家财富、预期寿命分布

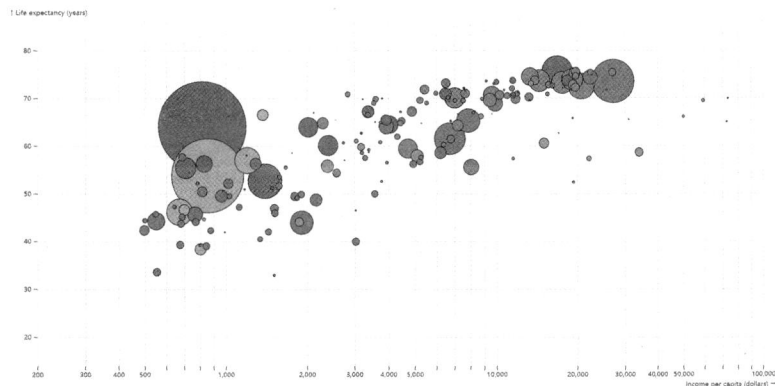

（c）1977年国家财富、预期寿命分布

图 3.14　D3 动态气泡图

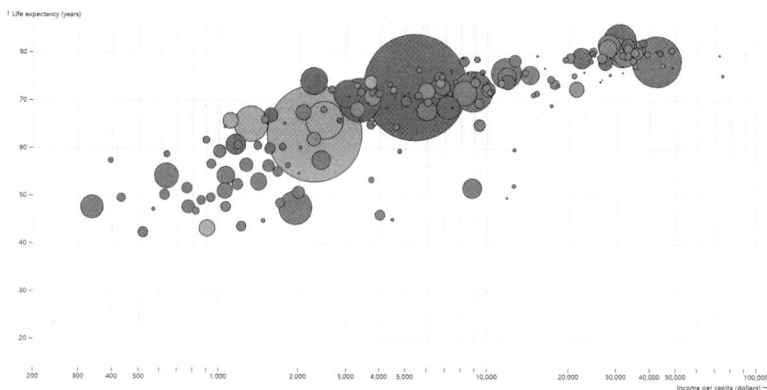

（d）2005年国家财富、预期寿命分布

图 3.14　D3 动态气泡图（续）

本章小结

本章重点介绍了数据预处理和数据可视化在数据分析中的关键作用。首先，本章探讨了数据预处理的必要性和主要方法，包括数据清洗、数据转换和数据特征提取，这些方法可以提高数据的质量和准确性。其次，本章阐述了数据可视化的应用及常见的数据可视化工具，如折线图、柱状图和雷达图等。

课后习题

1．简述数据预处理的必要性和主要方法。

2．请将表 3.10 中的示例数据规范化到区间[0,1]。

表 3.10　示例数据

身高/m	体重/kg	身高/m	体重/kg
1.62	55	1.68	62
1.65	57	1.75	60
1.60	45	1.80	90
1.72	65	1.76	70
1.73	70	1.82	75

3．请将表 3.11 中的数据分别用分箱离散化、基于熵的离散化和卡方分箱离散化 3 种方法将属性"年收入/万元"离散化为 3 个区间。其中属性"车型"为分类属性。

表 3.11　属性离散化数据

年收入/万元	车　型
10	普通
25	普通
30	高级
60	高级
40	中档
20	普通
50	中档
30	普通
100	高级
120	高级

4．登录 Kaggle 竞赛平台官网，下载 Kaggle 房屋预测数据集，使用工具（可登录 Observable 平台获取）绘制 YearRemodAdd（改造年份）、YrSold（销售年份）与 SalePrice（售价）的散点图，并分析房屋售价与销售年份、改造年份之间的关系。

参考文献

[1] 李航. 统计学习方法[M]. 2 版. 北京：清华大学出版社，2019.

[2] 刘红岩. 商业智能方法与应用[M]. 2 版. 北京：清华大学出版社，2020.

[3] 王佳东，王文信. 商业智能工具应用与数据可视化[M]. 北京：电子工业出版社，2020.

[4] MCKINNEY W. Python for data analysis: data wrangling with Pandas, NumPy, and IPython[M]. Sebastopol: O'Reilly Media, Inc., 2012.

[5] PEARSON K. On lines and planes of closest fit to systems of points in space[J]. The London, Edinburgh, and Dublin Philosophical Magazine and Journal of Science, 1901, 2(11): 559-572.

[6] HOTELLING H. Analysis of a complex of statistical variables into principal components.[J]. Journal of Educational Psychology, 1933, 24(6): 417.

[7] OSBORNE J W. Best practices in data cleaning: a complete guide to everything you need to do before and after collecting your data[M]. Thousand Oaks: Sage Publications, 2012.

[8] MUNZNER T. Visualization analysis and design[M]. Boca Raton: CRC Press, 2014.

[9] HOFMANN T, SCHÖLKOPF B, SMOLA A J. Kernel methods in machine learning[J]. Annals of Statistics, 2008, 36(3): 1171-1220.

[10] QUINLAN J R. C4. 5: programs for machine learning[M]. Amsterdam: Elsevier, 2014.

[11] FISHER R A. The use of multiple measurements in taxonomic problems[J]. Annals of Eugenics, 1936, 7(2): 179-188.

[12] VAN DER MAATEN L, HINTON G. Visualizing data using t-SNE.[J]. Journal of Machine Learning Research, 2008, 9(11): 2579-2605.

[13] GUYON I, ELISSEEFF A. An introduction to variable and feature selection[J]. Journal of Machine Learning Research, 2003, 3(3): 1157-1182.

[14] HOSMER JR D W, LEMESHOW S, STURDIVANT R X. Applied logistic regression[M]. Hoboken: John Wiley & Sons, 2013.

[15] KOHAVI R, JOHN G H. Wrappers for feature subset selection[J]. Artificial Intelligence, 1997, 97(1-2): 273-324.

第 4 章

数据挖掘

随着数据量的爆炸性增长，如何从海量数据中提取有价值的信息，成为企业关注的焦点。数据挖掘技术是连接海量数据与商业价值的桥梁，它不仅能帮助企业发现数据中的模式和特征，还能基于现状预测未来的变化，从而使企业在激烈的市场竞争中占据先机。本章将深入探讨数据挖掘中的 3 类典型技术（分类分析、关联分析和聚类分析）的基本概念和应用，帮助读者理解如何将数据挖掘技术应用于商业智能分析中。

ᵒᵒ➡️ 本章学习重点

- 决策树的构建。
- 集成分类器相关算法。
- 关联分析算法与评价指标。
- 聚类分析算法与评价指标。

4.1 数据挖掘概述

数据挖掘是一种跨学科的智能信息处理技术，它结合了统计学、机器学习、数据库系统、人工智能和可视化等领域的理论与方法，针对大规模、复杂且通常含有噪声的数据集，进行自动或半自动的分析与探索。数据挖掘旨在揭示数据中内在的、未知的、有价值的关系模式或发展趋势，从而提取出对商业决策有用的信息和知识。数据挖掘技术可广泛应用于商业智能，如顾客分析、定向营销、商店选址和欺诈检测等。本章重点讨论以下 3 类典型数据挖掘技术及应用。

（1）分类分析。分类分析从有类别标签的数据集中学习特征模式，构建分类模型，将对象归类到预定义的类别中。在分析过程中，利用训练数据集中的已知标签，通过算法（如决策树、支持向量机、朴素贝叶斯和神经网络等）学习数据特征，从而对新数据进行准确的分类。分类分析广泛应用于客户细分、信用评分、医疗诊断和垃圾邮件过滤等领域，旨在最小化分类错误率并提升预测准确性。

（2）关联分析。关联分析旨在发现数据集中显著且紧密相关的特征模式。通过高效的算法，关联分析可以在庞大的数据集中提炼出最具价值的关联规则并广泛应用于各个领域，如识别用户共同访问的网页、推荐用户感兴趣的商品、优化搜索引擎算法和制定产品捆绑销售策略等。其核心目标是揭示隐藏在数据中的有价值关系，帮助企业和组织做出更明智的决策。

（3）聚类分析。作为一种基于对象共性特征的数据挖掘技术，聚类分析将具有相似属性的对象自动划分为同一簇。在聚类过程中，同一簇内的对象应尽可能相似，不同簇之间的对象应显著不同。聚类分析在许多领域有广泛的应用，如顾客分组、信用风险评估等。值得注意的是，聚类分析不预先设定类别，而是依据数据自身的特征相似度进行分组。因此，每个分组结果都可能蕴含潜在的含义，需要分析者深入解读和判断。

4.2 分类分析

在日常生活中，人们会根据植物的花瓣颜色、花瓣形态、根茎长度和根茎粗细判断其属于哪个品种；在银行业，信用卡部门可以根据用户的行为特征区分出正常信用卡用户和欺诈信用卡用户；在互联网应用中，分类分析技术可以根据电子邮件的文本内容、发件人信息、邮件主题等区分垃圾邮件和非垃圾邮件；在医疗领域，医生可以根据患者的病史、生活习惯、遗传信息将其分为"健康""患病"两类，辅助疾病诊断。简单来说，分类就是指判断一组对象的类标签取值。

4.2.1 基本概念

分类分析是指从给定的数据集中学得一个模型来对新数据进行类标签分类。通过对特征变量的分析、归纳和总结，构造一个函数或分类模型，也称分类器（Classifier），并根据此函数或分类模型预测离散的目标变量。这个过程称为分类（Classification）。

假设数据用 X 和 y 表示，其中 X 表示特征集合，y 表示类别变量。X 的特征取值可以是连续型的，也可以是离散型的；y 的取值一般要求是离散型的。

【例 4.1】某地区共享单车租赁数据集如表 4.1 所示。可以据此分析并阐述天气等外部因素与共享单车租赁情况之间的内在联系。

在表 4.1 中，季节、湿度、天气、体感温度及注册用户基数构成了样本集的多个特征（属性）。其中，部分特征表现为连续型数据，如湿度与体感温度；部分特征表现为非连续型数据，如天气和季节。现有一新数据，其特征值具体表现为：季节标识为 1，湿度读数为 70%，天气描述为"雾天或阴天"，体感温度测量值为 15.1℃，注册用户基数为 20 人。为了有效预测该新数据对应的租车人数，需要深入剖析历史数据集，从中挖掘特征 X 与目标类别 y 之间的潜在联系和规律。

表 4.1 某地区共享单车租赁数据集

季 节	湿度/%	天 气	体感温度/℃	注册用户基数/人	租 车 人 数
1	81	晴天多云	14.4	13	少
1	80	晴天多云	13.6	32	少
1	80	晴天多云	13.6	27	中等
2	75	雾天或阴天	21.2	10	少
2	75	晴天多云	21.4	24	多

分类分析的基本流程可概括如下。首先，从有类别标签的样本中进行学习和训练，构建有效的分类模型/分类器。其次，利用此分类模型/分类器对未分类的数据进行准确的分类。典型的分类模型包括单分类模型和集成分类模型两类。其中，在单分类模型方面，决策树、逻辑回归、支持向量机及贝叶斯分类等属于常用的分类方法；在集成分类模型方面，随机森林和极限梯度提升（eXtreme Gradient Boosting，XGBoost）等是备受推崇的分类方法。

4.2.2 决策树

1. 基本原理

决策树作为一种应用广泛的单分类器，其结构呈现为树状。在决策树模型中，节点被划分为 3 种类型：根节点、中间节点和叶子节点。每个节点代表数据对象的特定属性，由节点延伸出来的分叉路径则反映了这些属性的不同取值。决策树的构建遵循自上而下的递归策略：起始于根节点，通过选择特定的分裂属性和分裂条件，将其划分为子树。随后，每棵子树继续按照相同的逻辑进行分裂，形成下一级子树，直至到达叶子节点。在此过程中，分裂属性和分裂条件的选择至关重要，它们直接决定了决策树的构建质量和预测效果。

【例 4.2】图 4.1 是针对表 4.1 构建的决策树。树中的每个框代表一个节点，节点之间的箭头表示它们之间的关系。以"季节"和"天气"这两个节点为例，箭头指向的节点"季节"是节点"天气"的子女节点，节点"天气"则是节点"季节"的双亲节点。在图 4.1 中，分裂过程根据属性的取值展开，有多少个属性的值域，就对应多少个分支。首先根据天气是否为"晴天多云"将数据分成两个子集，分别对应一个分支。之后可以根据季节是否为"春天"对子节点进行分组。

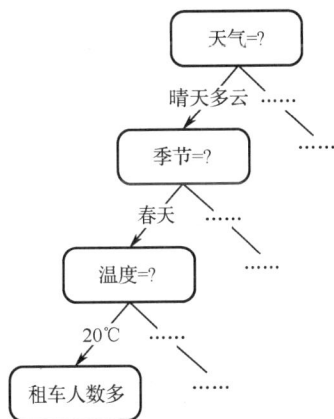

图 4.1 租车问题的决策树

111

决策树学习的核心在于选择最优划分属性。通常情况下，人们期望将决策树的分支节点所包含的样本尽可能归属于同一类别，以此实现节点纯度的持续提升。

2．决策树划分依据

1）信息熵和信息增益

信息熵是度量样本集纯度最常用的指标之一。假定当前样本集 D 中第 k 类样本所占的比例为 p，则样本集 D 的信息熵定义为

$$\text{entropy}(D) = -\sum_{k=1}^{n} p_k \log_2 p_k \tag{4-1}$$

$\text{entropy}(D)$ 的值越小，样本集的纯度越高。假定离散属性 a 有 n 个可能的取值 $a_1, a_2, a_3, \cdots a_n$，若使用属性 a 对样本集 D 进行划分，就会产生 n 个分支节点。其中，第 m 个分支节点包含样本集 D 中所有在属性 a 上取值为 a_m 的样本，记为 D_m。同时，该分支节点的权重为 $\frac{|D_m|}{|D|}$，即样本数越多的分支节点，其影响越大。于是可以计算用属性 a 对样本集 D 进行划分所获得的信息增益（Information Gain），即

$$\text{Gain}(D,a) = \text{entropy}(D) - \sum_{m=1}^{n} \frac{|D_m|}{|D|} \text{entropy}(D_m) \tag{4-2}$$

信息增益越大，意味着使用属性 a 划分数据集所获得的信息量越大。因此，可以用信息增益进行决策树的划分属性选择。著名的 ID3 算法就是以信息增益为准则选择划分属性的。

2）增益率

实际上，信息增益准则对可取值数目较多的属性有所偏好。例如，通过"编号""ID"等属性对数据集进行划分，每个分支节点仅包含一个样本，使划分后的分支节点纯度达到最高。为减弱这种偏好可能带来的不利影响，可以使用增益率这一指标选择最优划分属性。增益率定义为

$$\text{Gain\_ratio}(D,a) = \frac{\text{Gain}(D,a)}{\text{IV}(a)} \tag{4-3}$$

式中，

$$\text{IV}(a) = -\sum_{m=1}^{n} \frac{|D_m|}{|D|} \log_2 \frac{|D_m|}{|D|} \tag{4-4}$$

属性 a 的可能取值数目越多，$\text{IV}(a)$ 的值越大。著名的 C4.5 算法就是以增益率为准则选择划分属性的。需要注意的是，增益率准则对可取值数目较少的属性有所偏好。因此，C4.5 算法使用了一个启发式：先从候选划分属性中找出信息增益高于平均水平的属性，再从中选择增益率最高的属性。

3）基尼指数

另一个常用的衡量数据集纯度的指标是基尼指数（Gini Index）。它反映了从数据集 D

中随机抽取的两个样本类别标记不一致的概率。基尼指数越小，数据集 D 的纯度越高。基尼值的计算公式为

$$\text{Gini}(D) = \sum_{k=1}^{n} \sum_{k' \neq k} p_k p_{k'} = 1 - \sum_{k=1}^{n} p_k^2 \tag{4-5}$$

因此，采用属性 a 进行数据集划分的基尼指数定义为

$$\text{Gini\_index}(D,a) = \sum_{m=1}^{n} \frac{|D_m|}{|D|} \text{Gini}(D_m) \tag{4-6}$$

在候选属性集合 A 中，选择那个使划分后基尼指数最小的属性作为最优划分属性。著名的分类与回归树（Classification and Regression Trees，CART）算法就是以基尼指数为准则选择划分属性的。

3. 决策树的过拟合和剪枝

1）决策树的过拟合

决策树的过拟合问题是指决策树在训练过程中过度拟合训练数据，导致其不仅捕捉到了数据中的规律，也学习了噪声和异常值。这种现象将导致决策树在训练数据上表现非常好，但在处理新数据时预测效果显著下降，表现出较差的泛化能力。出现过拟合问题的原因主要有树结构过于复杂、训练数据中出现噪声和异常值、训练样本量不足。特别地，决策树在高度复杂的情况下，会适应训练数据的所有细节，包括那些不具代表性的噪声和异常值，从而失去对新数据的预测能力。

2）决策树的剪枝

决策树的剪枝是针对过拟合问题提出来的。剪枝通常利用统计方法删除最不可靠的分支，以满足最小描述长度（Minimum Description Length，MDL）的要求，提高分类识别的鲁棒性，其实质是消除训练集中的噪声。通常采用两种方法进行决策树的修剪，即"预剪枝"和"后剪枝"。预剪枝是指在对每个节点进行划分前先进行估计，若当前节点的划分不能带来决策树泛化能力的提升，则停止划分并将当前节点标记为叶子节点。后剪枝则是指先从训练集中生成一棵完整的决策树，然后自底向上对非叶子节点进行考察，若将该节点对应的子树替换为叶子节点能带来决策树泛化能力的提升，则将该子树替换为叶子节点。预剪枝需要设置阈值以确定某个节点是否需要继续分支。由于这个阈值难以确定，通常后剪枝比预剪枝更常用，但后剪枝的计算量比较大。此外，可以交叉使用预剪枝和后剪枝两种方法，以均衡决策树的复杂程度和计算量。

采用合适的剪枝策略、增加训练数据量及采用交叉验证等方法都能够在一定程度上简化决策树模型结构，降低模型对噪声和异常值的敏感性，从而提升模型的泛化能力，确保其在处理新数据时依然保持较高的预测准确性。

4.2.3　集成分类器

集成学习（Ensemble Learning）通过构建并结合多个基学习器（Base Learner，也称个体学习器）完成学习任务。在集成学习中，通常基于训练数据集，先对基学习器（如决策树、反向传播神经网络等）进行训练，再通过某种集成策略将它们结合起来。因此，集成学习通常涉及两大核心主题：其一，如何有效获取多个独立的基学习器；其二，如何科学选择集成策略，确保各基学习器能够协同工作，共同构成一个性能优越的强学习器。

根据集成的基学习器情况，集成学习可以分为同质集成（集成学习中只包含一种类别的基学习器）和异质集成（集成学习中包含多种不同类型的基学习器）。此外，根据各基学习器结合方式的不同，可将集成学习分为并行集成和串行集成。前者指各基学习器之间不存在强依赖关系，可以并行生成，代表算法有 Bagging 系列算法；后者则指各基学习器之间存在强依赖关系，需要串行生成（先训练完一个，再根据它的表现训练下一个），代表算法有 Boosting 系列算法。本章主要介绍 Bagging 系列算法中的随机森林和 Boosting 系列算法中的 XGBoost。

1．Bagging 系列算法

1）Bagging 系列算法概述

泛化性能强的集成学习算法往往要求集成中的基学习器尽可能相互独立且性能较强。Bagging 系列算法使用自助采样法，基于训练数据集构建子数据集，进而训练基学习器。如图 4.2 所示，在给定训练集中采用有放回的均匀抽样方法，即每次选中一个样本后再将其放回初始数据集，使下次采样时该样本仍有可能被选中。经过若干次随机采样操作，有的样本会在采样集中多次出现，有的样本则从未出现。利用新采样构建的训练集训练得到 T 个子模型（基学习器）。在对这 T 个基学习器的预测输出进行结合时，Bagging 系列算法通常使用简单投票法（针对分类任务）或简单平均法（针对回归任务）。

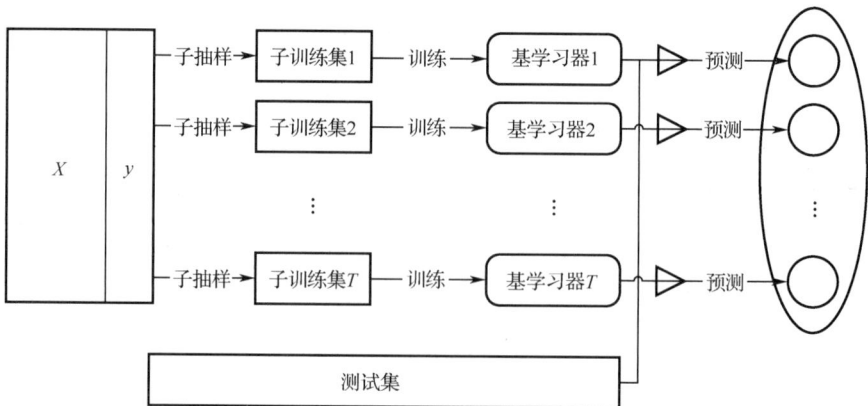

图 4.2　Bagging 系列算法示意

2）随机森林

随机森林（Random Forest，RF）是基于 Bagging 算法的一种集成学习算法。它以决策树为基学习器，在决策树的训练过程中引入了随机属性选择。具体来说，传统决策树在选择划分属性时是在当前节点的属性集合（假定有 d 个属性）中选择一个最优属性。而在随机森林中，对基决策树的每个节点，先从该节点的属性集合中随机选择一个包含 k 个属性的子集，然后从这个子集中选择一个最优属性用于划分。参数 k 控制了随机性的引入程度：当 $k=d$ 时，随机森林中的基决策树构建与传统决策树相同；当 $k=1$ 时，表示完全随机选择一个最优属性用于划分。一般推荐 $k=\log_2 d$。在多次自助采样后，算法可生成 T 个决策树。在确定样本点最终类标签的归属时，随机森林采用投票的方法，得票最多的类标签取值为最终的类别。

随机森林基于 Bagging 系列算法，通过数据样本扰动获得基学习器的多样性，同时通过属性扰动扩大基学习器之间的差异性，这使它在众多实际应用场景中表现不错。需要注意的是，当只存在少量基学习器时，随机森林的性能往往较差。但随着基学习器个数的增加，随机森林的性能将在一定范围内逐渐提升。

2. Boosting 系列算法

1）Boosting 系列算法概述

Boosting 系列算法是一类可将弱学习器转化为强学习器的算法体系，其设计理念与人类的学习过程类似。人类在学习过程中，一开始对新知识的掌握往往并不牢固，但通过后续的复习与巩固，能够逐步加深记忆与理解。类似地，如图 4.3 所示，Boosting 系列算法首先从初始训练集中训练一个基学习器，并根据该基学习器的性能表现对训练样本的分布进行相应的调整，即更新训练样本的权重。这一调整的目的是使那些在先前的基学习器训练中被错误分类的训练样本在后续基学习器的训练中得到更多的关注与重视。该过程不断重复进行，直至达到预设的基学习器数目 T。最终，将所得到的 T 个基学习器按照各自在训练过程中确定的权重进行加权组合，形成最终的强学习器，计算公式为

$$H(x) = \sum_{t=1}^{T} \alpha_t h_t(x) \tag{4-7}$$

式中，$H(x)$ 表示对 T 个基学习器结果进行加权平均得到的最终结果；α_t 表示第 t 个基学习器的权重；$h_t(x)$ 表示第 t 个基学习器得到的结果。

常见的 Boosting 系列算法包括自适应增强（Adaptive Boosting，AdaBoost）算法、梯度提升决策树（Gradient Boost Decision Tree，GBDT）算法、极限梯度提升（XGBoost）算法。

2）XGBoost 算法

XGBoost 算法是一种基于梯度提升决策树的机器学习算法，它在解决分类和回归问题上表现出色。XGBoost 算法结合了梯度提升框架和决策树模型，通过迭代训练一系列决策

树逐步改善预测性能。它的目标是优化损失函数，最小化预测值与实际值之间的误差。

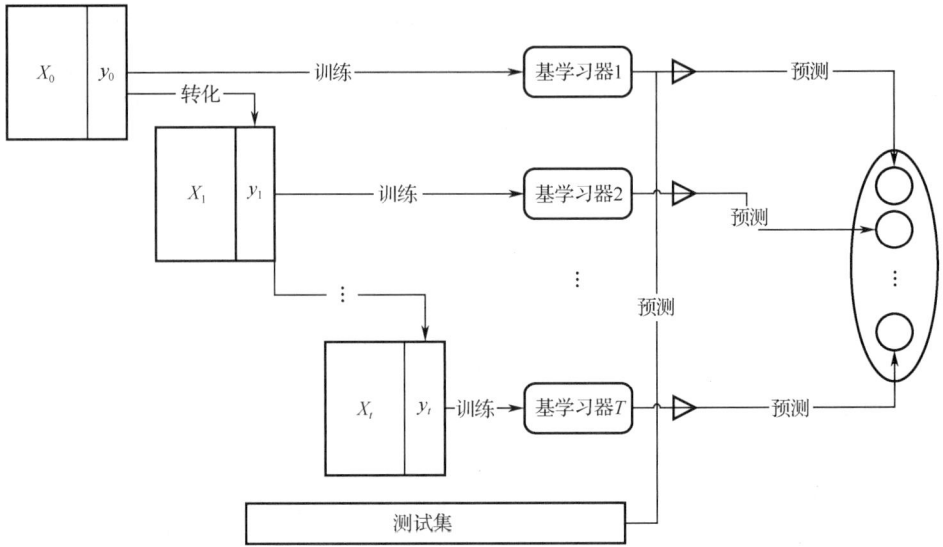

图 4.3 Boosting 系列算法示意

XGBoost 算法的目标函数由两部分组成：损失函数和正则项。作为加法模型，对于第 t 棵树第 i 个样本，模型的预测值可表示为

$$\hat{y}_i^{(t)} = \sum_{k=1}^{t} f_k(x_i) = \hat{y}_i^{(t-1)} + f_t(x_i) \tag{4-8}$$

式中，$\hat{y}_i^{(t)}$ 是第 t 次迭代之后样本 i 的预测结果；$f_t(x_i)$ 是第 t 棵树的模型的预测结果；$\hat{y}_i^{(t-1)}$ 是第 $t-1$ 棵树的预测结果。

对于第 i 个样本，最终的预测值可表示为

$$\hat{y}_i^{(T)} = \sum_{t=1}^{T} f_t(x_i) \tag{4-9}$$

因此，XGBoost 算法的目标函数可用式（4-10）表示。其中，第一项是损失函数，表示预测值和真实值之间的差距；第二项是正则项，代表全部 t 棵树的复杂度。超参数 γ 和 λ 可以控制惩罚力度，T 代表当前回归树叶子节点的个数，是叶子节点值的 L2 范数。正则项的作用是防止过拟合，降低树的复杂度，降低第 t 棵树在所有回归树中的比例。

$$\text{Obj} = \sum_{i=1}^{n} l(y_i, \hat{y}_i) + \sum_{t=1}^{T} \Omega(f_t) \tag{4-10}$$

$$\Omega(f_t) = \gamma T + \frac{1}{2}\lambda \sum_{t=1}^{T} \omega_t^2 \tag{4-11}$$

由于 XGBoost 算法是前向分步算法，对于第 t 棵树，前面的 $t-1$ 棵树都是已知的，所以只需要优化第 t 棵树的参数即可。则损失函数可以化简为

$$\text{Loss} = \sum_{i=1}^{n} l(y_i, \hat{y}_i^{(t-1)} + f_t(x_i)) + \Omega(f_t) + \text{constant} \tag{4-12}$$

对损失函数进行泰勒公式展开，最终得到如式（4-13）所示的目标函数，其中 g_i 是损

失函数的一阶导数，h_i 是损失函数的二阶导数。

$$\begin{aligned}
\text{Obj}^{(t)} &\simeq \sum_{i=1}^{n}\left[g_i f_t(x_i)+\frac{1}{2}h_i f_t^2(x_i)\right]+\Omega(f_t)+\text{constant} \\
&= \sum_{i=1}^{n}\left[g_i w_q(x_i)+\frac{1}{2}h_i w_q^2(x_i)\right]+\gamma T+\frac{1}{2}\lambda\sum_{t=1}^{T}\omega_t^2 \\
&= \sum_{t=1}^{T}\left[\left(\sum_{i\in I_t}h_i+\lambda\right)w_t^2\right]+\gamma T
\end{aligned} \tag{4-13}$$

式中，$w_q(x_i)$ 表示样本 x_i 所属叶子节点的输出权重。

针对该目标函数，XGBoost 算法面临两个问题：一是如何求解 w_t，使目标函数最小；二是如何进行特征分裂。对于第一个问题，可以直接使用已有的优化算法求解。对于第二个问题，XGBoost 算法在寻找最佳分裂点时，会使用预排序算法对所有特征按照特征的数值进行预排序，然后遍历所有特征上的所有候选分裂点位，计算按照这些候选分裂点位分裂后的全部样本的目标函数增益，找到最大的那个增益对应的特征和候选分裂点位，从而进行分裂。

4.2.4 其他分类方法

1. K 近邻

假设训练集 D 由 n 个观测样本构成，即 $\{D_i=(x_1,x_2,\cdots,x_k,y_i),i=1,2,\cdots,n\}$，其中 y_i 是目标属性 Y 的取值，$(x_1,x_2,\cdots,x_k)$ 是 k 个描述属性的取值。对于测试集 T 中的一个测试样本 $t_j=(x_1,x_2,\cdots,x_k,y_j),n<j\le n+m$，可以利用相似度衡量方法计算此样本与训练集 D 中每个观测样本的相似度，选取与测试样本最相似的 K 个观测样本。例如，可以通过欧氏距离计算此测试样本与其他观测样本之间的距离，找到距离最近的 K 个观测样本。通常，较小的 K 值意味着预测结果对近邻的样本点非常敏感，易受噪声的影响，从而增大模型的泛化误差；较大的 K 值则相反。在实际应用中，常常采用交叉验证法选取最优的 K 值。

假设 $N(t_j)$ 是 K 个观测样本的集合，则测试样本 t_j 目标属性的预测值 p_j 的计算公式为

$$p_j=\frac{\displaystyle\sum_{d_i\in N(t_j)}\text{sim}(d_i,t_j)^* y_{d_i}}{\displaystyle\sum_{d_i\in N(t_j)}\text{sim}(d_i,t_j)} \tag{4-14}$$

式中，y_{d_i} 代表观测样本 d_i 的目标属性取值；$\text{sim}(d_i,t_j)$ 代表观测样本 d_i 和测试样本 t_j 之间的相似度。

2. 逻辑回归

逻辑回归（Logistic Regression）是一种用于处理二分类问题的机器学习模型。它使用逻辑函数（也称 Sigmoid 函数）估计事件发生的概率，从而将输入变量映射到 0 和 1 之间

的一个概率值。逻辑回归模型简单且计算效率高，能够提供直观的概率输出。逻辑回归实际上是一种分类算法，它通过最大似然估计确定模型参数，并使用对数损失函数评估模型的性能。

针对多分类问题，通常采用逻辑回归的拓展模型——多项逻辑回归模型（也称 Softmax 回归模型）处理。它能够直接预测样本属于多个类别中每个类别的概率，并将概率最高的类别作为最终预测结果。这种模型使用 Softmax 函数将输入特征映射到每个类别的概率分布，从而实现多类别分类。多项逻辑回归模型广泛应用于手写数字识别、文本分类和图像识别等领域，是一种直观且计算效率高的多分类方法。

3．支持向量机

支持向量机（Support Vector Machine，SVM）是一种广泛应用于分类和回归任务的机器学习模型。它的核心思想是在特征空间中找到一个最优的超平面，该超平面能够将不同类别的样本尽可能分开，并最大化类别之间的间隔。SVM 原理如图 4.4 所示。SVM 特别擅长处理高维数据。即使在数据不是完全线性可分的情况下，通过引入核技巧，它也能有效地将数据映射到更高维空间，从而找到一个非线性的决策边界。这使 SVM 在处理复杂的数据集（如图像和文本）分类问题时表现出色。

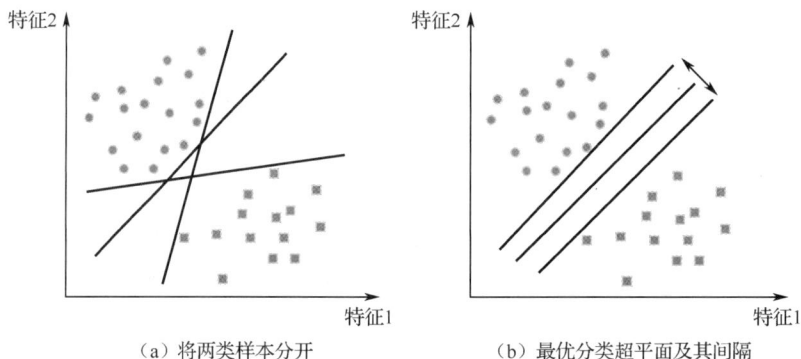

（a）将两类样本分开　　　（b）最优分类超平面及其间隔

图 4.4　SVM 原理

上述几种分类方法都有各自独特的优势和适用场景。在实践中，应根据具体的问题、数据特性和预期结果选择合适的分类方法。

4.2.5　分类性能的度量指标

分类模型的性能通常包括分类算法的有效性及构建算法的时间与空间复杂度，本节主要讨论分类算法的有效性。分类算法的有效性通常通过预测准确率（Accuracy Rate）衡量。假设测试数据集中包含 M 个样本，其中有 P 个被正确分类，剩余的被错误分类，那么预测准确率为 P/M。除此之外，查准率（Precision）和查全率（Recall）也是分类算法有效性的两个重要度量指标。

表 4.2 所示的分类结果混淆矩阵对具有两个类别（正和负）样本的分类结果进行了总结。对于二分类问题，可以将其中一个类别视为正例（Positive），另一个视为负例（Negative）。混淆矩阵中的 4 个数可分别称为真正例数（True Positive，TP）、假正例数（False Positive，FP）、真负例数（True Negative，TN）、假负例数（False Negative，FN）。则有 $TP+FP+TN+FN=$ 样例总数。

表 4.2　分类结果混淆矩阵

真实类别＼预测类别	正　例	负　例
正例	真正例数（TP）	假负例数（FN）
负例	假正例数（FP）	真负例数（TN）

将查准率 P 与查全率 R 分别定义为

$$P = \frac{TP}{TP+FP} \tag{4-15}$$

$$R = \frac{TP}{TP+FN} \tag{4-16}$$

在实践中，有些分类学习器应用于测试样本时，会将样本类标签的归属生成一个概率预测值。这些分类学习器通常将这一预测值与设定的分类阈值进行对比，若预测值高于分类阈值，则将样本归为正类，反之则归为负类。例如，在医疗诊断领域，若侧重避免漏诊（假阴性问题），则应选取较低的阈值，以提升模型的敏感性；反之，若侧重避免误诊（假阳性问题），则应选择较高的阈值，以降低假阳性率。因此，在实际操作中，分类阈值的选择往往需要在假阴性和假阳性的避免问题上寻求平衡，并依据具体任务的需求设定不同的阈值。ROC 曲线与 AUC 值正是从这一视角出发，成为分析分类学习器泛化性能的有效工具。具体看，ROC 曲线的纵轴是真正例率（True Positive Rate，TPR），横轴是假正例率（False Positive Rate，FPR），将两者分别定义为

$$TPR = \frac{TP}{TP+FN} \tag{4-17}$$

$$FPR = \frac{FP}{TN+FP} \tag{4-18}$$

调整分类学习器的阈值，能够获取不同的 TPR 值和 FPR 值，进而绘制 ROC 曲线。在理想情况下，分类学习器应致力于最大化 TPR 值，同时最小化 FPR 值。因此，在 ROC 曲线图中，理想的模型曲线应尽可能趋近左上角。AUC 作为衡量 ROC 曲线性能的重要量化指标，其值越趋近 1，表明模型的分类性能越好。在商业智能领域，ROC 曲线常用于评估信用评分、疾病诊断、市场分析等场景下的分类模型性能，帮助决策者更好地理解和选择最优的模型参数，进而优化决策流程，提升预测准确率。对 ROC 曲线进行深入分析，决策者可以更好地理解分类模型在不同阈值下的性能表现，从而做出更精准、更有效的商业决策。

4.3 关联分析

关联分析作为一种常用的数据挖掘技术，旨在揭示数据集中不同对象或变量之间的关联性。其概念的提出源于购物篮数据分析，目前已被广泛应用于电子商务、社交媒体分析、金融服务等领域。

关联规则的定义为：在大型交易数据库或事件集中，如果多个项集（如多个商品）经常一起出现，那么它们之间的关系可以用一个关联规则来描述。形式上，一个关联规则通常表现为"如果 X 则 Y（$X \rightarrow Y$）"的形式，其中 X 和 Y 分别是两个不同的项集（如不同的商品集合）。本节首先介绍与关联分析有关的基本概念，如项集、频繁项集、关联规则等，然后介绍经典的关联规则生成算法和关联规则评估指标，最后介绍关联分析的高级方法与策略。

4.3.1 基本概念

1. 项集

以购物篮数据为例，顾客所购买的单个商品称为项（Item），项集（Itemset）是指包含一个或多个项的集合。项集的长度是指其所含项的个数。若某项集包含 k 个项，则称其为 k 项集。项集在给定购物篮数据中的出现频次记为项集频数。以表 4.3 所示的超市购物篮数据为例，购物篮中每行数据均可视为一次独立的交易事务，交易的商品共同构成了一个项集。以项集{面包，牛奶}为例，它是一个 2 项集，因其在交易事务 1、3、4、5 中均有出现，故该 2 项集的频数为 4。

表 4.3　超市购物篮数据

交易事务 ID	购 买 物 品
1	面包、牛奶
2	尿布、啤酒
3	牛奶、尿布、啤酒、橙汁、面包
4	面包、牛奶、尿布、啤酒
5	面包、牛奶、尿布

2. 频繁项集

如果某项集在给定的交易事务数据集中频繁出现，其频数达到或超过了用户定义的最小阈值，该项集就被认为是频繁项集（Frequent Itemset）。通常使用支持度（Support）来衡量项集的频繁程度。它被定义为项集出现频数与交易事务数据集中总事务数的比，即

$$\text{Support} = \frac{\text{项集出现频数}}{\text{总事务数}} \tag{4-19}$$

【例 4.3】给定表 4.3 所示的交易事务数据集，设置最小支持度阈值为 80%，即项集至少在 80%的购物篮交易事务中出现，才认为其是频繁的，则可以发现：

项集{面包，牛奶}在 3 个交易事务{1,3,4,5}中出现，其支持度为 80%；

项集{面包}在 4 个交易事务{1,3,4,5}中出现，其支持度为 80%；

项集{牛奶}在 4 个交易事务{1,3,4,5}中出现，其支持度为 80%；

项集{尿布}在 4 个交易事务{2,3,4,5}中出现，其支持度为 80%。

根据 80%的最小支持度阈值，{面包}、{牛奶}和{尿布}{面包，牛奶}可被认为是频繁项集，因为它们的支持度都达到 80%。

3. 关联规则

从给定数据集中发现的形如 $X \rightarrow Y$ 的规则称为关联规则。其中 X 和 Y 都是非空项集，且 $X \cap Y = \varnothing$。关联规则分析的目的是从大型数据中发现所有重要且可靠的规则。在实际应用中，通常使用关联规则的支持度和置信度这两个重要指标分别衡量规则的重要性与可靠性。针对规则 $X \rightarrow Y$，其支持度是指{X, Y}项集在所有交易事务中出现的频率，它描述了规则值得被关注的程度；其置信度（Confidence）是指在{X}发生的情况下（如项集{X}中的物品被共同购买了），{Y}继续发生（如项集{Y}中的物品被相继购买）的条件概率，它描述了规则的可信程度。两个指标的具体计算公式分别为

$$\text{Support}(X \rightarrow Y) = \text{Support}(X \cup Y) \tag{4-20}$$

$$\text{Confidence}(X \rightarrow Y) = \frac{\text{Support}(X \rightarrow Y)}{\text{Support}(X)} \times 100\% \tag{4-21}$$

【例 4.4】基于表 4.3 中的数据，在给定最小支持度阈值为 80%的情况下，可以发现{面包，牛奶}是一个频繁项集。接下来，基于该频繁项集，可以衍生出两条规则：{面包}→{牛奶}和{牛奶}→{面包}。

规则 1：{面包}→{牛奶}。该规则的支持度等于{面包，牛奶}作为一个整体出现的频率，即以 80%的置信度衡量当规则前件（面包）出现时，规则后件（牛奶）也出现的概率。{面包}→{牛奶}的置信度为 100%。

规则 2：{牛奶}→{面包}。该规则的支持度同样是 80%，置信度为 100%。

根据规则的支持度和置信度，可以发现面包和牛奶之间存在强相关性。当顾客购买了面包时，非常有可能购买牛奶（{面包}→{牛奶}的置信度为 100%）。同理，当顾客购买了牛奶时，也非常有可能会购买面包（{牛奶}→{面包}的置信度为 100%）。

由于关联规则分析的目的是从大型数据中发现所有重要且可靠的规则，当数据集中包含的项集数量庞大时，由项集所产生的关联规则的数量将呈指数级增长，因此开发有效的算法来高效识别所有重要且可靠的规则显得尤为重要。

4.3.2 关联规则生成算法

关联规则分析的过程通常包含两个核心步骤。第一步是识别并确定所有频繁项集，即那些在数据集中出现频数较高的项集。第二步是基于已发现的频繁项集进一步构建并搜寻那些具备实际应用价值的关联规则。一般而言，根据先前定义的支持度和置信度，将那些支持度和置信度超过给定阈值的规则视为有趣且值得关注的规则。

1．基于 Apriori 算法的频繁项集生成

Apriori 算法是一种经典的频繁项集挖掘算法，用于发现数据集中的频繁项集。该算法基于一个重要原理——先验原理，即如果一个项集是频繁的，那么它的所有子集也必须是频繁的。

1）Apriori 算法步骤

（1）初始化。给定数据集，确定最小支持度阈值。扫描数据集，计算每个项的支持度。

（2）生成频繁 1 项集。根据最小支持度阈值，筛选出频繁 1 项集（L_1）。

（3）通过连接步和剪枝步迭代生成频繁项集。

① 连接步。从 L_{k-1} 中生成候选 k 项集 C_k。通常通过将 L_{k-1} 中的项集两两连接实现这一步。连接时要求项集的前 $k-2$ 项相同，由此产生候选 k 项集 C_k。与此同时，扫描数据集，计算 C_k 中每个候选集的支持度。

② 剪枝步。根据先验原理，如果一个候选 k 项集的任何（$k-1$）子集不在 L_{k-1} 中，则该候选集不可能是频繁的，因此可以被剪枝。根据最小支持度阈值，从 C_k 中筛选出频繁 k 项集 L_k。

（4）重复步骤（3），直至无法再生成新的频繁项集。

2）算法示例

【例 4.5】以表 4.3 中的购物篮数据为例，设最小支持度和最小置信度的阈值分别为 60% 与 70%。

（1）计算各单项的支持度并生成频繁 1 项集。{面包}的支持度=4/5=80%，{牛奶}的支持度=4/5=80%，{尿布}的支持度=4/5=80%，{啤酒}的支持度=3/5=60%，{橙汁}的支持度=1/5=20%。仅{面包}、{牛奶}、{尿布}和{啤酒}的支持度满足最小支持度阈值。

（2）生成候选 2 项集并筛选生成频繁 2 项集。通过连接频繁 1 项集生成候选 2 项集，评估候选 2 项集的支持度，并剪枝。经计算而筛选留下的频繁 2 项集为：{面包，牛奶}（支持度为 80%），{面包，尿布}（支持度为 60%），{牛奶，尿布}（支持度为 80%），{尿布，啤酒}（支持度为 60%）。其他 2 项集如{面包，啤酒}、{牛奶，啤酒}因支持度小于 60%，所以被剪枝。

（3）生成候选 3 项集并筛选生成频繁 3 项集。通过连接频繁 2 项集生成候选 3 项集，

评估候选 3 项集并剪枝。经计算而筛选留下的频繁 3 项集为：{面包，牛奶，尿布}（支持度为 60%），其他所有候选 3 项集的支持度都低于 60%，所以被剪枝。

（4）生成候选 4 项集并筛选生成频繁 4 项集。通过连接频繁 3 项集生成候选 4 项集，由于本例中没有生成候选 4 项集，因此算法至此结束。

3）算法优化

虽然 Apriori 算法效率较高，但随着数据集和项集规模的增长，多次全数据库扫描可能成为瓶颈。因此，在该算法的实际应用中往往需要考虑采取性能优化策略。通常采用两种性能优化策略：一是减少扫描次数，如通过优化数据结构或使用更有效的数据索引方法减少数据集的扫描次数；二是使用更高效的连接和剪枝策略，如使用哈希树来存储候选集以加速剪枝过程。

2．关联规则生成

关联规则生成是指从大量数据中找出项目之间的有趣关系。它通常表示为"如果……那么……"的形式。例如，如果顾客购买了面包，那么他们也可能购买牛奶。

1）关联规则生成步骤

（1）初始化，确定最小置信度阈值。

（2）从频繁项集中生成候选规则。对于每个频繁项集 L，生成其所有非空子集。对于 L 的每个非空子集 X，生成规则 $X \rightarrow (L-X)$。

（3）计算置信度。对于每个生成的候选规则，计算其置信度。

（4）筛选规则。根据最小置信度阈值，筛选出置信度大于或等于该阈值的候选规则。

（5）评估规则。除了置信度，还可以使用提升度等指标来评估规则的有用性（详见 4.3.3 节）。对于规则 $X \rightarrow Y$，如果提升度大于 1，表示 X 和 Y 之间存在正相关关系；如果提升度等于 1，表示 X 和 Y 互相独立；如果提升度小于 1，表示 X 和 Y 之间存在负相关关系。

2）算法示例

【例 4.6】基于频繁项集生成关联规则：对于每个频繁项集，尝试生成所有可能的关联规则。根据算法，可以通过将频繁项集分割成非空的前件和后件实现这一点。例如，从频繁 3 项集{面包，牛奶，尿布}中生成如表 4.4 所示的一些规则，这些规则的置信度都满足 70%的最小置信度阈值要求，因此可被认为是所要寻找的关联规则。

表 4.4　关联规则生成示例

规　　则	置　信　度	是否大于或等于阈值
{面包，牛奶}→{尿布}	60% / 80% = 75%	√
{牛奶，尿布}→{面包}	60% / 80% = 75%	√
{面包，尿布}→{牛奶}	60% / 80% = 75%	√

3）算法优化

给定长度为 k 的频繁项集，可生成候选规则的总数为 $2k-2$（对于包含 k 个项的项集，每个项都可以在规则的前件或后件出现，除去前后件为空集的两种情况，总的组合数应为 2^{k-2} 个），因此提升规则筛选效率非常重要。在实践中通常采用的策略有以下几个。

（1）减少规则数量。通过设置合理的最小置信度阈值，减少不必要的规则生成。

（2）使用启发式方法。例如，优先考虑支持度高的项集，以减少计算量。

（3）规则剪枝。生成规则后，可进一步根据业务逻辑或数据特性进行规则剪枝，去除不相关或不重要的规则。

4.3.3　关联规则评估指标

通过关联规则生成算法生成大量的关联规则后，需要对这些关联规则进行评估，以确定哪些关联规则是有价值的，从而用于指导决策。关联规则评估通常涉及多个指标，包括支持度、置信度、提升度等。本节基于表 4.5 所示的相依矩阵，对相关评估指标进行逐一解析。

表 4.5　规则 $X \to Y$ 对应的相依矩阵

	Y	$\overline{Y}$	
X	f_{11}	f_{10}	f_{1+}
$\overline{X}$	f_{01}	f_{00}	f_{0+}
	f_{+1}	f_{+0}	$|T|$

支持度和置信度是两个最基本的评估指标。支持度衡量规则 $X \to Y$ 中 X 和 Y 同时发生的概率。根据表 4.5 中的信息，其计算公式为 $\frac{f_{11}}{|T|}$，这里 f_{11} 代表同时包含 X 和 Y 的事务数量，$|T|$ 代表事务总数量。一个高支持度的规则意味着它在数据集中出现得比较频繁，但这并不直接暗示 X 和 Y 之间存在强相关性。置信度通过计算在 X 发生的情况下 Y 也发生的条件概率 $\frac{f_{11}}{f_{1+}}$，度量规则的可靠性。然而，有时置信度高的规则并不一定是可靠的规则，有可能是虚假的规则，因为它忽略了 Y 本身出现的频数。

为克服上述问题，引入以下几个评估指标。

（1）提升度。提升度主要评估 X 和 Y 之间的相关性，通过比较条件概率 $P(Y|X)$ 与规则后件 Y 的边缘概率 $P(Y)$ 的比值实现这一点。当提升度等于 1 时，表示 X 和 Y 相互独立；当提升度大于 1 时，表示两者之间存在正相关关系；当提升度小于 1 时，表示两者存在负相关关系。

（2）兴趣因子和 PS（Pointwise Surprise）指标。兴趣因子和 PS 指标常用于衡量 X 和 Y 之间的联系是否超出随机水平。其中，兴趣因子通过计算 $\frac{P(X)P(Y)}{P(X,Y)}$ 评估两个项集的联合概率与它们各自概率乘积的比值；PS 指标用于计算这两个概率的差值。这两个指标都有助于识别统计意义上显著的关联规则。

（3）φ系数。φ系数用于衡量两个布尔变量之间的相关性，其计算公式为

$$\frac{P(X,Y) - P(X)P(Y)}{\sqrt{P(X)[1-P(X)]P(Y)[1-P(Y)]}}$$。该公式量化了两个变量之间的相关性，范围为-1～1。它

不仅揭示了规则之间的相关性，还指导人们发现实用的关联规则。

综合上述评估指标，可以全面理解关联规则的质量和可靠性。每个评估指标都从不同的角度洞察规则的有效性，帮助人们全面评估规则的性能。

4.3.4　关联分析的高级方法与策略

1．变支持度

变支持度允许对不同的物品设置不同的支持度阈值，以适应真实数据集中的偏态支持度分布。这种方法虽然提高了关联分析的灵活性，但也使支持度的反单调性不再成立，使剪枝条件变得更加苛刻。

2．类别关联

类别关联是指定关联规则的后件为特定类别的过程。这种方法尤其适用于分类问题，可以挖掘出与特定类别相关的规则。给定类别，即关联规则后件，挖掘关联规则。设 I 为所有物品的集合，Y 为所有类别标签的集合，且 $I \cap Y = \varnothing$，则有

$$X \to y, \text{ where } X \subseteq I, \text{ and } y \in Y \tag{4-22}$$

3．分层关联

分层关联考虑了物品的层次结构，即在关联规则挖掘过程中同时考虑物品的细分层级和更高层级分类。这种方法可以提高规则的泛化能力，但也可能提升计算复杂度或错过某些重要规则。

4．常见约束关联

关联分析可以通过引入各种约束定制化挖掘过程，如特定物品约束、特定类别约束、规则长度约束、聚合约束等。这些约束有助于分析更具体的问题，提高分析的相关性和实用性。

4.4　聚类分析

4.4.1　基本概念

聚类分析是探索性数据分析的一项主要任务，也是统计数据分析的一种常用技术，被

广泛用于模式识别、图像分析、信息检索、数据压缩、计算机制图和机器学习等多个领域。

从定义看，聚类通常是指将样本集划分为多个不相交的子集（称为簇），使各子集内样本相似度较高而各子集间样本相似度较低。具体来说，假设样本集 D 由 n 个样本构成，$D = (\boldsymbol{x}_1, \boldsymbol{x}_2, \cdots, \boldsymbol{x}_n)$，其中每个样本有 d 个属性，$\boldsymbol{x}_i = (x_{i1}, x_{i2}, \cdots, x_{id})$，常见的聚类任务为将 D 聚类为 k 个簇，$\{C_i \mid i = 1, 2, \cdots, k\}$，使 $C_t \cap_{t' \neq t} C_{t'} = \varnothing$ 且 $D = \cup_{i=1}^{k} C_i$。值得注意的是，聚类分析并没有事先指定数据簇的类别，而是根据数据自身特征的相似度自动分组。

4.4.2 样本之间距离的计算

样本之间的相似性或距离计算是聚类分析首要解决的问题。一般而言，给定数据集 $D = (\boldsymbol{x}_1, \boldsymbol{x}_2, \cdots, \boldsymbol{x}_n)$，样本 $\boldsymbol{x}_i$ 与 $\boldsymbol{x}_j$ 之间的距离 $d(\boldsymbol{x}_i, \boldsymbol{x}_j)$ 应该满足以下几个基本性质。

- 非负性：$d(\boldsymbol{x}_i, \boldsymbol{x}_j) \geq 0$。
- 同一性：当且仅当 $i = j$ 时，$d(\boldsymbol{x}_i, \boldsymbol{x}_j) = 0$ 成立。
- 对称性：$d(\boldsymbol{x}_i, \boldsymbol{x}_j) = d(\boldsymbol{x}_j, \boldsymbol{x}_i)$。
- 三角性：$d(\boldsymbol{x}_i, \boldsymbol{x}_j) \leq d(\boldsymbol{x}_i, \boldsymbol{x}_k) + d(\boldsymbol{x}_k, \boldsymbol{x}_j)$ 对于任意的 k 均成立。

若样本的特征都是连续变量，可以把样本看作向量空间中的点集，以该空间中样本之间的距离表示样本的相似度。给定样本集 $D = (\boldsymbol{x}_1, \boldsymbol{x}_2, \cdots, \boldsymbol{x}_n)$，其中每个样本有 d 个属性 $\boldsymbol{x}_i = (x_{i1}, x_{i2}, \cdots, x_{id})^{\mathrm{T}}$，下面列举一些针对连续变量的常见距离、相似度的计算方法。

1. 闵可夫斯基距离

闵可夫斯基距离（Minkowski Distance）是一种在几何空间测量两点之间距离的方法。它是欧氏距离和曼哈顿距离（见图 4.5）等距离度量方法的一种泛化形式。闵可夫斯基距离越大，样本之间的相似度越低；距离越小，样本之间的相似度越高。样本 $\boldsymbol{x}_i$ 与 $\boldsymbol{x}_j$ 之间的闵可夫斯基距离定义为

$$d(\boldsymbol{x}_i, \boldsymbol{x}_j) = \left(\sum_{k=1}^{d} \left| x_{ki} - x_{kj} \right|^p \right)^{\frac{1}{p}} \tag{4-23}$$

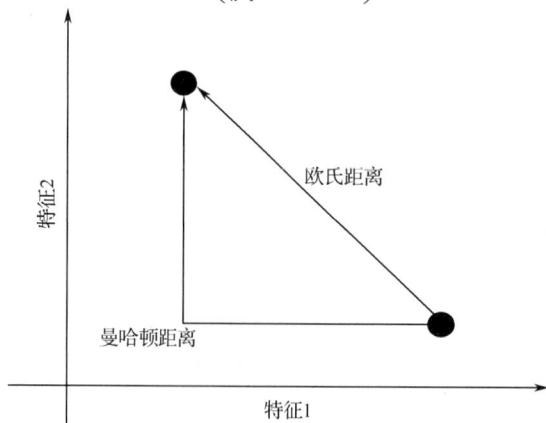

图 4.5 欧式距离和曼哈顿距离

式中，$p \geq 1$。当 $p = 1$ 时，闵可夫斯基距离为曼哈顿距离；当 $p = 2$ 时，闵可夫斯基距离为欧氏距离；当 $p = +\infty$ 时，闵可夫斯基距离为切比雪夫距离（Chebyshev Distance）。

2. 相关系数

样本之间的相似度也可以用皮尔森相关系数（Pearson's Correlation Coefficient）表示。相关系数的绝对值越趋近 1，样本之间的相似度越高；越趋近 0，样本之间的相似度越低。样本 $\boldsymbol{x}_i$ 与 $\boldsymbol{x}_j$ 之间的相关系数定义为

$$r_{ij} = \frac{\sum_{k=1}^{n}(x_{ki} - \overline{\boldsymbol{x}}_i)(x_{kj} - \overline{\boldsymbol{x}}_j)}{\sqrt{\sum_{k=1}^{n}(x_{ki} - \overline{\boldsymbol{x}}_i)^2 \sum_{k=1}^{n}(x_{kj} - \overline{\boldsymbol{x}}_j)^2}} \tag{4-24}$$

式中，$\overline{\boldsymbol{x}}_i$ 和 $\overline{\boldsymbol{x}}_j$ 分别为 $\boldsymbol{x}_i$ 与 $\boldsymbol{x}_j$ 的均值，即

$$\begin{cases} \overline{\boldsymbol{x}}_i = \dfrac{1}{n}\sum_{k=1}^{n} x_{ki} \\ \overline{\boldsymbol{x}}_j = \dfrac{1}{n}\sum_{k=1}^{n} x_{kj} \end{cases} \tag{4-25}$$

3. 余弦相似度

样本之间的相似度还可以用样本之间夹角的余弦值表示，它等于两个向量方向上的单位矢量的点积。余弦相似度的计算方式忽略了向量的大小，只考虑向量的方向，且如果两个向量在某一维度的值为 0，那么这一维度会被忽略，这种特性使余弦相似度特别适合处理具有大量 0 值维度的情况。样本之间的余弦相似度越趋近 1，样本之间的相似度越高；越趋近 0，样本之间的相似度越低。样本 $\boldsymbol{x}_i$ 与 $\boldsymbol{x}_j$ 之间的余弦相似度定义为

$$c_{ij} = \frac{\sum_{k=1}^{n} x_{ki} x_{kj}}{\sqrt{\sum_{k=1}^{n} x_{ki}^2 x_{kj}^2}} = \frac{\boldsymbol{x}_i}{|\boldsymbol{x}_i|} \cdot \frac{\boldsymbol{x}_j}{|\boldsymbol{x}_j|} \tag{4-26}$$

通常情况下，变量的特征可分为连续特征和离散特征两种。连续特征取值无限，如体重、身高、环境温湿度；离散特征取值有限，如血型、学历、债券信用评级。度量距离时，需要注意离散特征是否能正确体现顺序关系。例如，性别集合中 0 代表男性，1 代表女性，从数值上讲，1>0，但不能因此得出"男性>女性"的结论。

值分布度量（Value Difference Metric，VDM）是一种用于无序离散特征距离度量的方法。VDM 考虑了特征值在各类别下的分布情况，计算两个特征值的距离时，会计算在每个类别下这两个特征值出现概率的差的平方和。假设离散值共有 C 个类别，对于无序离散特征 m 和 n，它们的 VDM 距离可以表示为

$$\mathrm{VDM}(m,n) = \sqrt{\sum_{c=1}^{C}(P(m \mid c) - P(n \mid c))^2} \tag{4-27}$$

式中，$P(m|c)$、$P(n|c)$ 分别表示在类别 c 下特征的值为 m 和 n 的概率。

假设样本 x_i 和 x_j 的 d 个属性中前 k 个特征为连续特征，后 $d-k$ 个特征为离散特征，则可定义混合闵可夫斯基距离为

$$\mathrm{dist}(x_i, x_j) = \left(\sum_{l=1}^{k} \left| x_{il} - x_{jl} \right|^p + \sum_{l=k+1}^{d} \mathrm{VDM}(x_{il}, x_{jl}) \right)^{\frac{1}{p}} \tag{4-28}$$

4.4.3 聚类算法与模型

1. k-means 算法

k-means 是一种经典的聚类分析算法，它的目标是将 n 个样本（数据点）聚类成 k 个两两不相交的簇，每个观察值都属于最近均值（聚类中心或聚类质心）的簇，这个聚类中心就像聚类的原型（Prototype）。由于每个样本只能隶属于一个簇，因此 k-means 也称为硬聚类算法。

给定样本数据集 $D = (x_1, x_2, \cdots, x_n)$，k-means 算法的主要任务是将数据集中的样本划分为 k 个簇 $C = \{C_1, C_2, \cdots, C_k\}$，使 $C_t \cap_{t' \neq t} C_{t'} = \varnothing$ 且 $D = \cup_{i=1}^{k} C_i$，此处假设 $k < n$。

首先计算样本之间的距离（如欧氏距离），$d(x_i, x_j) = \sqrt{\sum_{k=1}^{d} \left| x_{ki} - x_{kj} \right|^2}$，然后将所有样本到其簇心距离的总和定义为目标损失函数，即

$$\min L = \sum_{l=1}^{k} \sum_{i \in C_i} d(x_i, \overline{x}_l) \tag{4-29}$$

式中，$\overline{x}_l = \dfrac{1}{|C_l|} \sum_{x_i \in C_i} x_i$，为第 l 个簇的均值向量。直观来看，损失函数 L 值越小，说明簇内样本之间的距离越近，即相似度越高。但该问题被视为 NP 难（NP-hard）问题，k-means 算法采用了贪心算法对其求解，具体执行过程如下所示。

输入：数据集 $D = (x_1, x_2, \cdots, x_n)$，聚类个数为 k。

输出：聚类 $C = \{C_1, C_2, \cdots, C_k\}$。

执行步骤：

1. 随机选择 k 个数据点作为初始聚类中心 $m_1, m_2, \cdots, m_k$。

2. 重复以下步骤：

    a. 对于每个数据点 $x_i \in D$：

        • 计算并找出最近的聚类中心 m_j。

        • 将 x_i 分配到聚类 C_j。

    b. For $j=1$ to k：

        • 重新计算聚类 C_j 的中心 m_j。

直至聚类中心不再变化或达到预设的最大迭代次数。

---

k-means 算法的聚类结果示例如图 4.6 所示。

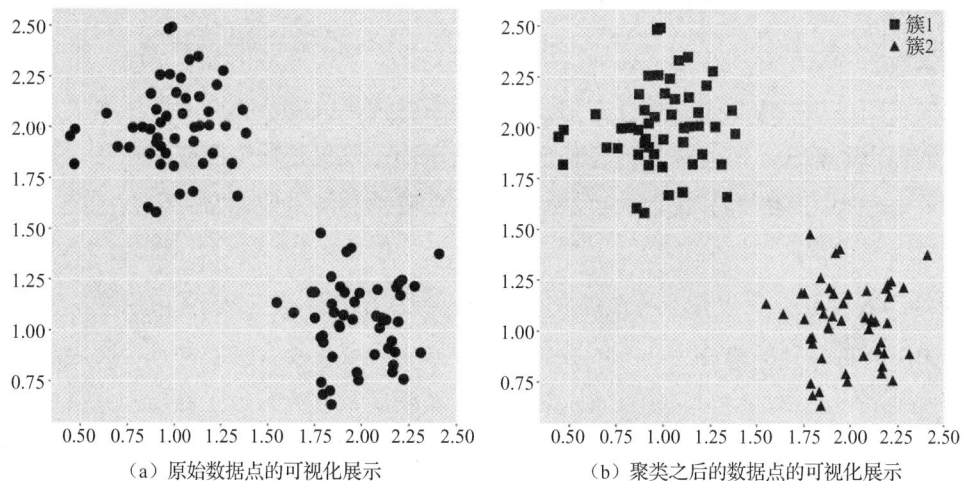

（a）原始数据点的可视化展示　　　　　　（b）聚类之后的数据点的可视化展示

图 4.6　k-means 算法的聚类结果示例

当数据集中存在离群值时，k-means 算法将面临挑战，主要原因在于数据中的异常值会影响均值的计算。例如，某银行的大部分储户存款在 5 万元左右，但有位储户的存款高达 100 万元。在这种情况下，存款的中位数是 5 万元，而平均值高达 20 万元，并不能准确反映大多数储户的存款情况。因此，如果数据集中存在大量离群值，使用 k-means 得出的结果可能并不理想。一个可能的解决方案是使用 k-medians 算法代替 k-means 算法。这两种算法的工作原理相似，只是 k-medians 算法用中位数代替平均值来计算样本的中心点，这样可以减少异常值的影响。k-medians 算法的计算效率通常比 k-means 算法更高。

129

2．高斯混合模型

在统计学中，混合模型作为一种概率模型，旨在刻画总体分布中潜在的子分布特性，从而更全面地揭示数据的内在结构与规律。区别于 k-means 算法，混合模型不要求样本必须确定单个子分布，属于软聚类。高斯混合模型（Gaussian Mixture Model，GMM）是一种用于聚类和密度估计的概率模型。它假定数据由多个高斯分布（也称正态分布）混合生成，每个高斯分布代表一个不同的簇。GMM 为每个样本分配概率，允许它们同时属于多个聚类，聚类时模型倾向于将属于单一分布的样本归类在一起。高斯混合模型的概率密度函数为

$$f_{\mathrm{M}}(x) = \sum_{i=1}^{k} \alpha_i f(\boldsymbol{x} \mid \boldsymbol{\mu}_i, \boldsymbol{\Sigma}_i) \tag{4-30}$$

该高斯混合模型由 k 个高斯分布组成，其中 $(\boldsymbol{\mu}_i, \boldsymbol{\Sigma}_i)$ 为第 i 个高斯分布的均值向量和协方差矩阵；α_i 为第 i 个高斯分布对应的混合系数，满足 $\alpha_i \geq 0$ 且 $\sum_{i=1}^{k} \alpha_i = 1$。在实际问题求解过程中可以用最大期望（Expectation-Maximization，EM）算法迭代求解这些参数。

3. 密度聚类算法

密度聚类算法的核心思想是：通过深入分析数据空间中样本的分布情况，将分布密集且相互邻近的区域准确识别并归并到相应的簇。与其他聚类算法相比，密度聚类算法有一些明显的优点。首先，它可以发现任意形状的簇，而不仅仅是球形簇或凸形簇。其次，它通常能够处理存在噪声和异常值的数据，因为这些噪声和异常值通常位于低密度区域，不会影响聚类结果。

DBSCAN 算法是密度聚类算法的典型代表。该算法凭借其在理论和应用中的重要性而获得 2014 年美国计算机协会旗下的数据挖掘及知识发现专委会颁发的"经得起时间考验奖"。与 k-means 算法不同，DBSCAN 算法不需要将簇数作为参数。相反，它可根据数据推断聚类的数量，并且可以发现任意形状的簇（相比之下，k-means 算法通常可以发现球形簇）。

在运行 DBSCAN 算法前，需要先定义以下内容。

- 领域半径 ϵ：数据点 p 周围的邻域半径。
- 聚类最小点数 minPts：期望邻域定义的聚类的最小数据点数。
- 核心点：数据点 p 是核心点，如果 p 的 ϵ-邻域 Nbhd(p,ϵ) 至少包含 minPts 个点，则 $|N_\epsilon(p)| \geqslant$ minPts。
- 直达性：若 p 位于 q 的 ϵ-领域 Nbhd(q,ϵ)，且 q 为核心点，则称 p 由 q 直达。
- 可达性：若存在样本序列 $l_0, l_1, \cdots, l_n, l_{n+1}$，其中 $l_0 = p$，$l_{n+1} = q$，且 l_{k+1} 可由 l_k 密度直达（$k = 0, 1, \cdots, n$），则称 q 由 p 可达。可达性不具有对称关系。
- 相连性：若 q 由 p 可达且 p 由 q 可达，则称 p 与 q 相连。
- 无法从任何其他点可达的所有数据点都是异常值或噪声。

DBSCAN 算法需要使用两个参数：领域半径 ϵ 和聚类最小点数 minPts。该算法从一个尚未被访问的任意数据点开始，检索此数据点的 ϵ 邻域，如果该数据点是一个核心点，则启动聚类过程，否则该数据点将被标记为噪声。请注意，该数据点稍后可能在不同数据点足够大的 ϵ 环境中找到，因此成为聚类的一部分。图 4.7 为 DBSCAN 算法的聚类结果示例。

密度聚类算法虽然有许多优点，但也有以下几个缺点。

- 参数选择敏感：密度聚类算法，如 DBSCAN 算法，其核心依赖两个关键参数，即领域半径和聚类最小点数。这两个参数的设置对聚类结果的准确性和可靠性具有显著影响。然而，确定合适的参数值并非易事，通常需要反复试验或依赖相关领域的专业知识。这在实际应用中可能带来一定的挑战。
- 对密度分布不均的数据处理效果差：如果数据集的密度分布呈现显著的不均匀性，那么采用密度聚类算法可能难以取得理想的聚类效果。具体来说，在高密度区域，密度聚类算法可能因误判而将多个本应分开的簇错误地合并为一个簇；而在低密度区域，密度聚类算法可能无法有效地将本属于同一簇的数据点正确地连接起来。

- 计算复杂度较高：密度聚类算法需要计算所有数据点之间的距离，因此当数据点较多时，计算复杂度和内存需求可能成为问题。

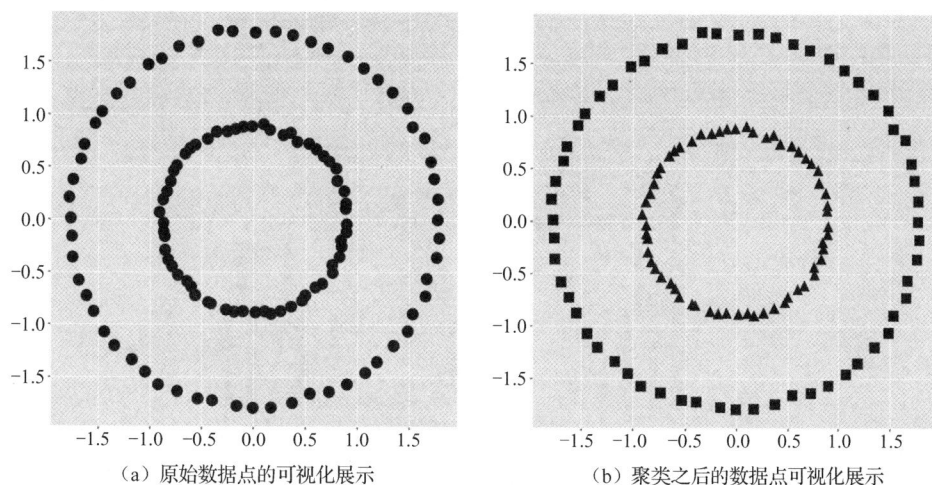

（a）原始数据点的可视化展示　　　　（b）聚类之后的数据点可视化展示

图 4.7　DBSCAN 算法的聚类结果示例

4．层次聚类算法

层次聚类算法主要有两种策略：凝聚和分裂。

- 凝聚是一种自底向上的策略，一开始将每个数据点视为一个独立的簇，然后通过计算并合并最近的两个簇逐步形成更大的簇。这个过程会不断重复，直至所有的数据点都被合并到一个簇中。

- 分裂是一种自顶向下的策略，一开始将所有的数据点视为一个簇，然后递归地将簇分割成更小的簇。这个过程持续进行，直至每个簇只包含一个数据点。

上述两种策略通常使用贪心算法实现，聚类结果通常用树状图表示，如图 4.8 所示。其中，横坐标为数据点的编号，纵坐标为欧氏距离。凝聚层次聚类（Agglomerative Nesting，AGNES）算法是一种常用的采用自下而上策略的层次聚类算法。其先将样本集中的每个数据点视为一个簇，在迭代的每一步中寻找距离最近的两个簇进行合并，不断重复直至达到给定的预设簇个数。AGNES 算法的关键在于选择合适的簇间距计算方式。对于两个簇 C_i 和 C_j，可以通过以下方式计算它们的簇间距。

- 最大距离：$\text{dist}_{\max}(C_i, C_j) = \max_{x \in C_i, y \in C_j} \text{dist}(x, y)$。

- 最小距离：$\text{dist}_{\min}(C_i, C_j) = \min_{x \in C_i, y \in C_j} \text{dist}(x, y)$。

- 平均距离：$\text{dist}_{\text{average}}(C_i, C_j) = \dfrac{1}{|C_i||C_j|} \sum_{x \in C_i} \sum_{y \in C_j} \text{dist}(x, y)$。

最大距离由两个簇内距离最远的样本决定；最小距离由两个簇内距离最近的样本决定；平均距离由两个簇内所有样本间的距离共同决定。当簇间距的计算方式分别为最大距离、最小距离和平均距离时，AGNES 算法被相应地称为全链接算法、单链接算法和均链接算法。

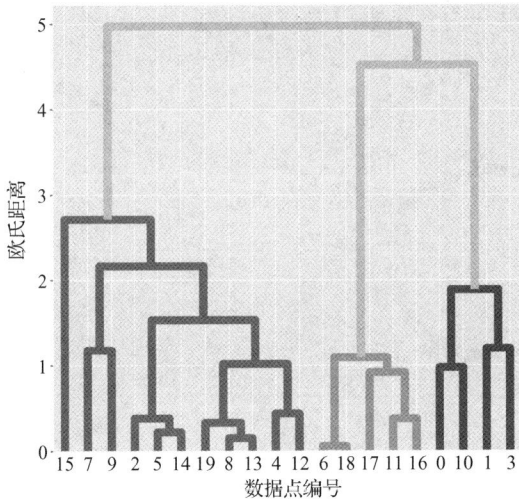

图 4.8　层次聚类算法的聚类结果示例

值得注意的是，层次聚类算法的时间复杂度和空间复杂度都较高，特别是在处理大规模数据集时，计算和存储负担会变得很重，这限制了其在大数据环境下的应用。此外，如果数据中的簇形状复杂或簇的大小差异较大，层次聚类算法可能无法得到好的聚类结果。

4.4.4　性能评价

1．内部评价指标

聚类分析性能的内部评价是指不借助外部信息，只根据聚类结果和样本本身的属性进行评价。常见的内部评价指标有轮廓系数、戴维斯-博尔丁指数和 Calinski-Harabasz 指数。

1）轮廓系数

样本点 i 的轮廓系数（Silhouette Coefficient）的本质为该样本点到同一簇内其他样本点的距离与其到最近簇内所有样本点的距离的比值。该值越大，表示聚类效果越好，其计算公式为

$$s(i) = \frac{b(i) - a(i)}{\max\{a(i), b(i)\}} \tag{4-31}$$

式中，$a(i)$ 是样本点 i 到同一簇内其他样本点的平均距离；$b(i)$ 是样本点 i 到其他簇内所有样本的平均距离。样本点 i 的轮廓系数计算示意如图 4.9 所示。单个样本点轮廓系数的值介于-1 和 1 之间，整个聚类结果的轮廓系数表示为

$$s = \frac{1}{n} \sum_{i=1}^{n} s(i) \tag{4-32}$$

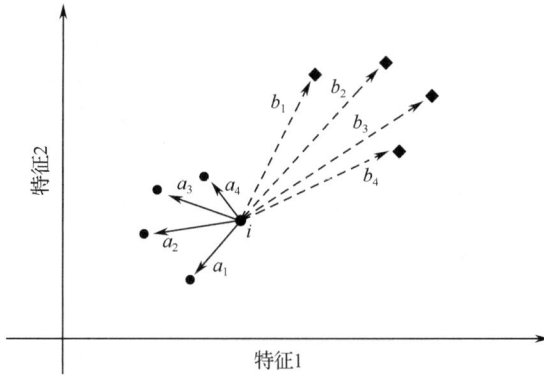

图 4.9　样本点 i 的轮廓系数计算示意

2）戴维斯-博尔丁指数

戴维斯-博尔丁（Davies-Bouldin，DB）指数的核心思想是计算每个簇和与之最相似簇的相似度，再通过求所有相似度的平均值衡量聚类结果的优劣，其计算公式为

$$\mathrm{DB} = \frac{1}{n} \sum_{i=1}^{n} \max_{j \neq i} \left(\frac{s_i + s_j}{d_{ij}} \right) \tag{4-33}$$

式中，s_i 是簇 i 内的样本到簇中心的平均距离；d_{ij} 是簇 i 和簇 j 的中心之间的距离。我们希望簇间拥有较低的相似度，因此 DB 指数值越低，表示聚类效果越好。DB 指数计算示意如图 4.10 所示。

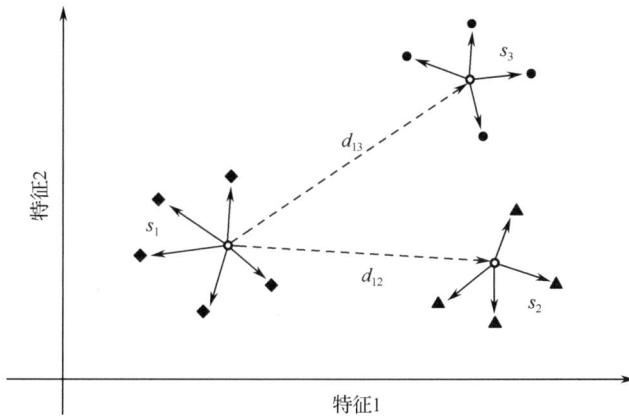

图 4.10　DB 指数计算示意

3）Calinski-Harabasz 指数

Calinski-Harabasz（CH）指数的本质是簇间距离与簇内距离的比值，其计算公式为

$$\mathrm{CH} = \frac{B / (k-1)}{W / (n-k)} \tag{4-34}$$

式中，B 是簇间的平方和；W 是簇内的平方和；k 是簇的数量；n 是样本的数量。我们希望簇间距离较大而簇内距离较小，因此 CH 指数值越大，表示聚类效果越好。CH 指数计算示意如图 4.11 所示。

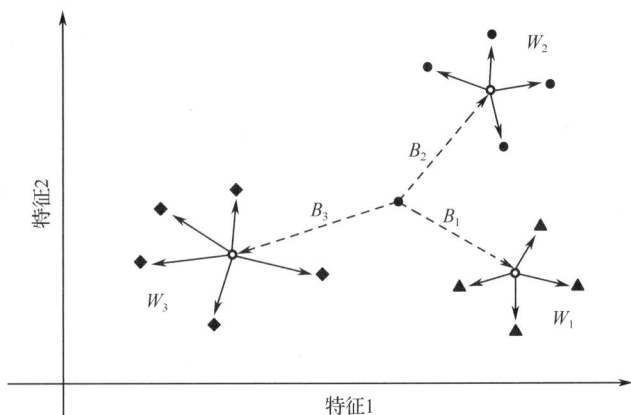

图 4.11　CH 指数计算示意

2. 外部评价指标

外部评价涉及使用外部信息或标签来评估聚类的准确性。这需要提供关于数据的先验知识或基本事实。常见的外部评价指标包括 Rand 指数、调整后的 Rand 指数和归一化互信息。

1）Rand 指数

Rand 指数（Rand Index，RI）是一个取值为 0～1 的指标，用来衡量聚类结果中样本对的判断是否准确。Rand 指数值为 1 表示聚类结果与真实标签完全一致；值为 0 表示聚类结果与真实标签完全不一致。Rand 指数的计算公式为

$$RI = \frac{TP + TN}{TP + FP + FN + TN} \tag{4-35}$$

式中，TP 是被正确地归为同一簇的样本对数；TN 是被正确地归为不同簇的样本对数；FP 是被错误地归为同一簇的样本对数；FN 是被错误地归为不同簇的样本对数。Rand 指数值越接近 1，说明聚类效果越好。

2）调整后的 Rand 指数

调整后的 Rand 指数（Adjusted Rand Index，ARI）是对 Rand 指数的调整，考虑了随机标签分配的影响。ARI 的取值范围为 -1～1。ARI 值为 1 表示聚类结果与真实标签完全一致；值为 0 表示聚类结果相当于随机分配的结果；负值表示聚类结果比随机分配的结果还要差。ARI 的计算公式为

$$ARI = \frac{RI - E[RI]}{\max(RI) - E[RI]} \tag{4-36}$$

式中，$E[RI]$ 是 Rand 指数的期望值；$\max(RI)$ 是 Rand 指数的最大可能值。ARI 值越接近 1，说明聚类效果越好。

3）归一化互信息

归一化互信息（Normalized Mutual Information，NMI）的计算公式为

$$\text{NMI}(Y,C) = \frac{2I(Y;C)}{H(Y) + H(C)} \tag{4-37}$$

式中，$I(Y;C)$ 是聚类结果 C 和真实标签 Y 之间的互信息；$H(Y)$、$H(C)$ 分别是 Y 和 C 的熵。

3．稳健性评估

稳健性评估是指通过多次运行同一聚类算法评估聚类的一致性和鲁棒性。这种方法不需要任何外部信息或标签，但需要大量的计算资源。常见的稳健性评估方法包括：自举法（Bootstrap），即对数据进行替换重采样，并对每个样本应用聚类算法；子采样法（Subsampling），即随机将数据分割成子集，并对每个子集应用聚类算法；扰动法（Perturbation），即在数据中添加噪声或使数据失真，并对扰动数据应用聚类算法。这些方法可以估计聚类的可靠性和不确定性，但可能无法考虑数据的可变性或复杂性。

4.5　数据挖掘中的伦理和隐私保护问题

在大数据时代，数据挖掘已经成为发掘数据价值、推动决策科学化的重要手段。数据挖掘通过从大量数据中提取有意义的模式和见解，辅助决策者进行决策。然而，随着各种数据挖掘模型和算法的广泛应用，由此带来的伦理和隐私保护问题不容小觑。

4.5.1　数据挖掘中的伦理问题

数据挖掘中的伦理问题主要涉及如何在挖掘和利用海量数据的同时，保护个人隐私，避免侵犯个人权利，确保在数据的收集、使用和保存过程中遵守道德与法律规范。

为了应对伦理问题，数据挖掘需要强调公平性，应确保所有个体和群体在数据分析与决策过程中受到公正的对待，避免算法偏见和歧视。这意味着在设计、实施和应用数据挖掘技术时，必须采取措施识别并消除数据本身的偏差，以及算法可能放大的不公平性。此外，还应确保数据挖掘过程中的透明度并实行问责制，确保数据挖掘过程可被监督，其结果和决策过程对所有利益相关者开放、可解释。

4.5.2　数据挖掘中的隐私保护问题

在挖掘大量数据以发现有价值的信息和模式的过程中，往往涉及个人敏感信息的处理。这些敏感信息包括但不限于个人身份、偏好、位置信息等，在敏感信息的挖掘和分析过程中，可能不经意间泄露个人隐私。随着技术的发展，从海量数据中提取信息变得越来越高效，同时加大了隐私泄露的风险。个人信息的无意泄露可能导致一系列问题，如身份盗用、个人安全受到威胁等。

在数据挖掘过程中，即便是不直接涉及个人身份的信息，通过数据分析，也有可能间

135

接识别出个人身份。例如，即使数据匿名化，通过与其他数据源的交叉分析，仍然可能重新识别出个人身份。在这种情况下，传统的隐私保护措施（如简单的匿名化或数据脱敏）不再足够有效。

数据挖掘中的隐私保护问题是一个复杂的多维问题，涉及技术、伦理、法律等多个方面。在享受数据挖掘带来的便利和效益的同时，如何有效保护个人隐私，是一个需要在技术创新和法律完善两个方面同时发力的长期课题。

4.5.3 相关法律法规

为了平衡数据挖掘带来的经济和社会价值与个人隐私的保护，各个国家和地区纷纷制定了一系列法律法规，其中最具代表性的是欧盟《通用数据保护条例》（*General Data Protection Regulation*，GDPR）。GDPR 自 2018 年 5 月 25 日生效，其对数据处理实施了严格的规范，包括要求数据处理具备一定的透明度、为数据处理设定明确的法律基础、强化数据主体的权利（如访问权、被遗忘权等），以及对违反规定的组织施加高额罚款。除了GDPR，还有一些重要的法律法规。例如，美国的《加利福尼亚州消费者隐私法案》为消费者提供了更多隐私权利，包括知情权、拒绝个人信息销售的权利等；《中华人民共和国个人信息保护法》于 2021 年正式颁布，其对个人信息的处理活动设定了严格的规范，强调了个人信息处理的合法性、正当性和必要性。

除了法律法规，各个国家和地区还需要增强用户的隐私保护意识，加强数据安全教育，同时推动隐私保护技术的发展。数据挖掘中的伦理和隐私保护不仅关系到技术实施的合法性和道德性，也是建立公众信任、促进技术健康发展的重要基石。只有在个人隐私得到充分尊重和保护的前提下，数据驱动的社会和经济发展才具有可持续性且有益于整个社会目标的实现。

本章小结

作为一种强大的数据分析工具，数据挖掘通过从大量数据中提取有价值的信息和模式，帮助企业和组织做出更明智的决策。本章首先讨论了分类技术，包括分类数据的表示、分类器性能度量及典型分类器（决策树和集成分类器）的构建；然后介绍了频繁项集和关联规则的概念，详细阐述了如何通过 Apriori 算法高效地识别关联规则，还讨论了关联规则的评估指标；接着讨论了聚类分析的基本概念、距离计算方法和性能评价指标，以 k-means 算法和高斯混合模型为例，介绍了聚类算法的工作原理，并指出不同聚类算法在处理不同类型数据时的优势和局限性；最后强调了数据挖掘中的伦理和隐私保护问题，讨论了法律法规在保护个人隐私方面的作用，并强调了增强用户隐私保护意识和推动隐私保护技术发展的必要性。

课后习题

1．说明真正例率、假正例率与查准率、查全率之间的联系。

2．训练误差通常用均方误差表示，$\mathrm{MSE}=\dfrac{1}{n}\sum_{i=1}^{n}(f(x_i)-y_i)^2$。说明使用最小训练误差作为决策树划分准则的缺陷。

3．编程实现以信息熵和基尼指数作为划分准则的决策树算法，并选择一个 UCI 数据集，为数据生成一棵决策树。

4．简述 AdaBoost 算法与 XGBoost 算法的异同。

5．给定一个简单的交易数据集，其中包括 5 项交易事务：{牛奶，面包，黄油}{面包，鸡蛋}{牛奶，面包，鸡蛋，黄油}{面包，黄油}{牛奶，面包}。如果设置最小支持度阈值为 60%，请找出所有的频繁项集。

6．根据第 5 题中的交易数据集，考虑关联规则"牛奶→面包"，计算该规则的支持度、置信度及提升度。

参考文献

[1] MINING W I D. Data mining: concepts and techniques[J]. San Francisco, CA: Morgan Kaufinann Publishers, 2006.

[2] TAN P N, STEINBACH M, KUMAR V. Introduction to data mining[M]. New York: Pearson Education, 2007.

[3] QUINLAN J R. Induction of decision trees[J]. Machine Learning, 1986, 1(1): 81-106.

[4] SHANNON C E. A mathematical theory of communication[J]. The Bell System Technical Journal, 1948, 27(3). 379-423.

[5] HAWKINS D M. The problem of overfitting[J]. Journal of Chemical Information and Computer Sciences, 2004, 44(1): 1-12.

[6] ZHOU Z H. Ensemble methods: foundations and algorithms[M]. London: Chapman and Hall/CRC, 2012.

[7] BREIMAN L. Random forests[J]. Machine Learning, 2001, 45(1): 5-32.

[8] CHEN T, GUESTRIN C. XGBoost: a scalable tree Boosting system[C]//Proceedings of the 22nd ACM SIGKDD International Conference on Knowledge Discovery and Data Mining. New York, USA: Association for Computing Machinery, 2016: 785-794.

[9] AGRAWAL R, IMIELIŃSKI T, SWAMI A. Mining association rules between sets of

items in large databases[C]//Proceedings of the 1993 ACM SIGMOD international conference on Management of data. Washington D. C.: Association for Computing Machinery, 1993: 207-216.

[10] JAIN A K, MURTY M N, FLYNN P J. Data clustering: a review[J]. ACM Computing Surveys, 1999, 31(3): 264-323.

[11] MAYER-SCHÖNBERGER V. Big data: a revolution that will transform how we live, work, and think[M]. Boston: Houghton Mifflin Harcourt, 2013.

[12] MACQUEEN J. Some methods for classification and analysis of multivariate observations[C]//Proceedings of the 5th Berkeley Symposium on Mathematical Statistics and Probability. Auckland: University of California Press, 1967: 281-297.

[13] REYNOLDS D A. Gaussian mixture models. [J]. Encyclopedia of Biometrics, 2009, 741: 659-663.

[14] ESTER M, KRIEGEL H P, SANDER J, et al. A density-based algorithm for discovering clusters in large spatial databases with noise[C]//Proceedings of the 2nd International Conference on Knowledge Discovery and Data Mining(KDD-96). New York: Association for Computing Machinery, 1996: 226-231.

[15] JOHNSON S C. Hierarchical clustering schemes[J]. Psychometrika, 1967, 32(3): 241-254.

[16] ROUSSEEUW P J. Silhouettes: a graphical aid to the interpretation and validation of cluster analysis[J]. Journal of Computational and Applied Mathematics, 1987, 20: 53-65.

[17] HUBERT L, ARABIE P. Comparing partitions[J] Journal of Classification, 1985,2: 193-218.

[18] BEN-DAVID S, VON LUXBURG U, PÁL D. A sober look at clustering stability[C] //Proceedings of 19th Annual Conference on Learning Theory, COLT 2006. Berlin: Springer, 2006: 5-19.

[19] BOYD D, CRAWFORD K. Critical questions for big data: provocations for a cultural, technological, and scholarly phenomenon[J]. Information, Communication & Society, 2012, 15(5): 662-679.

[20] TENE O, POLONETSKY J. Privacy in the age of big data: a time for big decisions[J]. Stanford Law Review Online, 2011, 64: 63.

[21] NARAYANAN A, SHMATIKOV V. Myths and fallacies of "personally identifiable information"[J]. Communications of the ACM, 2010, 53(6): 24-26.

[22] GREENLEAF G. Global data privacy laws 2017: 120 national data privacy laws, including Indonesia and Turkey[J]. Including Indonesia and Turkey, 2017, 145: 10-13.

[23] FREUND Y, SCHAPIRE R E. A decision-theoretic generalization of on-line learning and an application to boosting[J]. Journal of Computer and System Sciences, 1997, 55(1): 119-139.

[24] FRIEDMAN J, HASTIE T, TIBSHIRANI R. Additive logistic regression: a statistical view of boosting (with discussion and a rejoinder by the authors)[J]. The Annals of Statistics, 2000, 28(2): 337-407.

[25] KAUFMAN L, ROUSSEEUW P J. Finding groups in data: an introduction to cluster analysis[M]. Hoboken: John Wiley & Sons, 2009.

[26] GUPTA M K, CHANDRA P. A comprehensive survey of data mining[J]. International Journal of Information Technology, 2020, 12(4): 1243-1257.

[27] XU R, WUNSCH D. Survey of clustering algorithms[J]. IEEE Transactions on Neural Networks, 2005, 16(3): 645-678.

[28] XU D, TIAN Y. A comprehensive survey of clustering algorithms[J]. Annals of Data Science, 2015, 2: 165-193.

第5章

文本挖掘

文本挖掘是数据挖掘的一个重要分支，专注于从非结构化文本数据中提取有价值的信息和知识。随着互联网和社交媒体的快速发展，海量的非结构化文本数据不断涌现，成为企业获取洞察力和驱动决策的宝贵资源。如何高效地处理和分析这些文本数据成为商业智能分析的关键。本章将系统地介绍文本挖掘的基本概念、应用场景和常用技术。

➡ 本章学习重点

- 文本挖掘的基本概念及应用场景。
- 文本预处理的基本步骤。
- 文本表示方法。
- 文本分类、文本聚类和信息提取等文本挖掘任务。

5.1 文本挖掘概述

语言作为人类表达思想、获取知识和沟通交流的基本工具，在社会中发挥着重要的桥梁和纽带作用。随着大数据时代的来临，大量的文本数据不断涌现，数据来源广泛且复杂，数据质量参差不齐。如何有效地从海量文本数据中提取有用的信息和知识成为亟待解决的问题。由此，文本挖掘技术应运而生，为人们更好地利用和理解这些文本数据提供了有力支持。随着文本挖掘技术的持续进步与成熟，其在各个领域均展现出重要的作用，特别是在商业智能领域，该技术为应对各类应用挑战提供了坚实的技术支撑。

5.1.1 文本挖掘的基本概念

自然语言（Natural Language），也称为人类语言，是由人类创造并使用的符号系统，用于表达情感和交流思想。例如，中文和英文是目前全球范围内使用人数最多的自然语言。自然语言文本的内容和形式丰富多样，没有统一的格式和标准，这一点与结构化数据有着鲜明的区别，因此文本数据常称为非结构化数据。为了处理非结构化的自然语言文本内容，让计算机能够理解、解释和生成人类语言，自然语言处理（NLP）技术诞生了。

自然语言文本的内容多样且语义丰富，蕴含大量有价值的信息和知识，长期以来受到了工业界和学术界的广泛关注。随着互联网的发展和普及，每天都有大量内容在网上发布，文本数据规模呈现出爆炸式增长态势，数据量年增长率超过 10%。文本数据的来源也日趋多元化，人们可以通过社交媒体平台、在线论坛和社区、新闻网站和博客等多个渠道获取丰富多样的文本数据。然而，不同数据来源的文本数据质量存在较大的差异。因此，如何从海量的文本数据中有效地提取出有用的信息和知识，成为当前亟待解决的重要问题。文本挖掘（Text Mining）正是专门用于解决这一问题的方法和技术，其核心目标在于从自然语言文本中自动发现和挖掘用户感兴趣的模式、信息与知识。具体而言，文本挖掘是建立在自然语言处理技术基础之上的一种综合性方法，它融合了数据挖掘和信息检索等技术手段，旨在自动从文本数据中提取出有价值的信息和知识。

文本挖掘的过程涵盖多个核心步骤，依次为文本预处理（Text Preprocessing）、文本表示（Text Representation）、文本分析和知识发现（Text Analysis and Knowledge Discovery）。在文本预处理阶段，主要任务是对原始文本进行清洗和格式化，涉及文本词条化（Text Tokenization）、文本规范化（Text Normalization）和噪声去除（Noise Removal）等任务。在文本表示阶段，将预处理后的文本转化为计算机能够理解和处理的数据结构，文本表示方法主要包括文本离散式表示、文本概念表示和文本深度表示等。在文本分析和知识发现阶段，运用自然语言处理、数据挖掘、机器学习等方法和技术，实现对文本数据的深入理解，提炼出有价值的信息和知识，用于指导决策、辅助研究或推动相关领域的创新发展。

常见的文本挖掘任务包括文本分类（Text Classification）、文本聚类（Text Clustering）和信息提取（Information Extraction）等基础任务。文本分类是将文本数据自动归类到预定义类别的过程，广泛应用于情感分析、新闻分类、垃圾邮件识别等场景。文本聚类是根据内容相似性对文本数据分组的过程，可以应用于主题识别等场景。信息提取是从文本数据中提取结构化信息的过程，旨在从自然语言文本中提取出实体、事件、关系等关键信息，并将其转换为结构化形式，方便存储和查询。

在基础任务之上，还有复合任务，如语义搜索、问答系统等。这些复合任务进一步丰富了文本挖掘的应用场景。例如，语义搜索不只基于关键词进行匹配，它还通过理解用户的查询意图，从大量的文本数据中找出与用户的查询意图最匹配的答案；问答系统需要对问题进行解析，理解问题的上下文，进而从文本数据中找出与问题相关的答案。

5.1.2　文本挖掘面临的挑战

自然语言经历了漫长的演进历程，从最初简单的象形文字逐步发展为如今复杂的语言体系，其深度和广度均呈现出不断扩展的态势。这种演变不仅体现在词汇的日益丰富和语法的日趋复杂上，更体现在语义的多样性和语境的灵活性上。正因为自然语言的这种高度多样性和复杂性，文本挖掘成为一项极具挑战性的任务。文本挖掘面临的主要挑战可以从以下 4 个方面详细探讨。

首先，语义理解（Semantic Understanding）是文本挖掘面临的一个核心挑战。由于自然语言拥有庞大的词汇库、错综复杂的语法规则和灵活多变的表达方式，其语义理解异常困难。举例来说，同一个词汇在不同的语境中可能传达出截然不同的含义，这被称为词汇的多义性。同样，同一个句子也可能存在多种解读角度，这被称为词汇的歧义性。此外，尽管自然语言遵循一定的语法和拼写规则，但其中也存在大量的不规则现象，这在语义理解上需要特殊处理。再者，文本中使用的比喻、拟人、反讽等修辞手法，使仅识别出文本的字面意义远远不够。为了准确解释词汇的具体含义、句子的真正意图及语言的隐含信息，需要充分结合上下文信息进行分析和理解。

其次，文本挖掘需要处理数据噪声（Data Noise）。数据噪声指的是在原始文本数据中存在的各种干扰信息，这些信息可能掩盖文本的真实含义，从而影响挖掘结果的准确性。自然语言一般可以分为口头语言和书面语言两大类。口头语言指的是人们在日常交流中通过声音传递的语言形式，通常是即时发生的、非正式的，可能包含俚语和口头禅等非规范性表达。书面语言则是通过文字记录和传递的一种语言形式，过去常以书籍、文章和报告为载体，往往更加正式和结构化。然而，随着互联网技术的快速发展和普及，大量用户生成的内容涌现出来，其质量参差不齐，可能包含表情符号和非标准缩写等数据噪声。此外，在获取文本数据的过程中，也可能混入无关信息、错误信息或重复信息。因此，如何有效地识别和过滤这些噪声，以挖掘出清晰而有价值的数据，是文本挖掘需要关注的重要任务。

再次，语言多样性（Linguistic Diversity）是文本挖掘面临的另一个挑战。全球范围内存在成千上万种语言和方言，每种语言都有其独特的词汇、语法和表达习惯，都承载当地独特的文化习俗和历史积淀。以中文和英文为例，中文的语法结构较为灵活，词序相对自由，有时汉字的排列顺序并不会影响阅读，而英文的语法结构相对严格，依赖词汇和语法的准确性。即使是同一种语言，因地域和文化背景不同，也可能呈现出差异性。例如，英式英语和美式英语在词汇、发音和用法上都有所不同。这种地域性差异不仅体现在日常用语上，也体现在行业术语和专业用语上。随着互联网的普及，网络语言持续演变，新的词汇、短语和表达方式层出不穷。网络语言往往具有简洁、直观和富有创造力的特点，但同时可能带来语义模糊和歧义。为应对语言多样性带来的挑战，文本挖掘必须具备强大的适应性。这包括对不同语言环境的适应、对不同文化和表达方式的适应，以及对网络语言演变的适应。只有这样，文本挖掘才能在全球范围内发挥其应有的作用，帮助人们更好地理解和利用大量的文本数据。

最后，文本挖掘需要解决领域特定性（Domain Specificity）问题。很多文本数据往往与特定领域密切相关，需要相应的背景知识和专业理解才能有效挖掘其中蕴藏的信息和知识。以金融文本为例，金融资讯、财报等常涉及诸多金融概念和专业术语；在医疗文本（如医学文献或病历信息）中，存在大量医学专有名词和临床术语；在法律领域，法律条款和案例具备独特的规范与实践。因此，在进行文本挖掘时，必须充分考虑并解决领域特定性问题。

综上所述，文本挖掘是一项复杂且富有挑战性的任务。语义理解的困难、数据噪声的干扰、语言多样性的挑战及领域特定性的限制，都使文本挖掘工作变得异常艰巨。然而，正是这些挑战推动了文本挖掘方法与技术的不断发展和创新。

5.1.3　文本挖掘的应用场景

文本挖掘作为一种强大的数据挖掘工具，其影响力已广泛渗透至社会各领域，包括电商领域、金融领域、医疗领域和法律领域等。它在这些领域的深入应用，不仅为个人用户提供了更加便捷、高效的服务，也为企业、机构提供了宝贵的市场洞察和决策支持。

在电商领域，文本挖掘为商家和消费者之间搭建了一座沟通的桥梁。通过对消费者评论数据的深入挖掘，商家可以及时了解消费者对产品或服务的满意度，精准地把握市场需求，及时发现潜在问题，从而有针对性地优化产品和服务设计。这不仅提高了客户满意度，还为商家带来了更强大的市场竞争力。

在金融领域，文本挖掘也有着广阔的应用空间。通过对新闻报道、市场公告、社交媒体发布的文章等文本信息的分析，投资者可以获取更加精准的市场预测和风险评估，从而洞察市场变化，把握投资机会，降低投资风险。此外，文本挖掘可以帮助金融机构进行风险管理和合规监控，及时发现潜在的违规行为，保障金融市场的稳定和安全。

在医疗领域，文本挖掘为医学研究和临床实践提供了有力的技术支持。通过对医学文献的挖掘，研究人员可以更加全面地了解疾病的发病机理、治疗方法及最新的医学研究成果，从而提高研究效率和质量。同时，通过对病历资料的分析，医护人员可以更加快速而准确地诊断疾病，为患者提供更加个性化的治疗方案，提高临床效率和治疗效果。

在法律领域，文本挖掘为律师和法官提供了高效的案例检索与法律条文解读工具。通过对大量法律文书的文本挖掘，律师可以迅速找到相关案例和法律依据，为案件辩护提供有力支持。同时，法官可以利用文本挖掘技术对法律条文进行深入分析和解读，确保司法判决的公正性和准确性。此外，文本挖掘可以帮助法律机构进行案件管理和数据分析，提高司法效率和公正性。

综上所述，文本挖掘的广泛应用和深远影响已渗透到社会生活的方方面面。随着技术的不断发展和完善，我们有理由相信，文本挖掘将在更多领域发挥更大的作用，为社会的发展和进步做出更大的贡献。

5.2　文本预处理

在当前的大数据时代背景下，文本数据的数量不断增加。在社交媒体、电子商务、金融服务等多个领域，每天都在源源不断地产生海量的文本数据。然而，这些文本数据的质量并不尽如人意，其中不可避免地掺杂了各种噪声，存在大量的非规范语言现象，为后续的文本挖掘带来了诸多障碍。因此，如何有效应对这些挑战，提高文本数据的质量，成为文本挖掘领域亟待解决的问题。

为解决这一问题，文本预处理应运而生，其根本任务在于将原始的、非结构化的自然语言文本数据转化为结构化的、适合模型处理的格式。文本预处理通常包含三个主要步骤：文本词条化、文本规范化和噪声去除，如图 5.1 所示。这三大步骤协同工作，共同实现数据的预处理。具体而言，文本词条化作为第一步，负责将原始文本拆分成更小的、更易于分析的部分。文本规范化作为第二步，通过对词条进行标准化或统一化处理，提高数据质量，降低数据复杂度，以便进行后续的数据处理和分析工作。噪声去除作为第三步，旨在清除文本中的无关信息，提升数据纯度。为方便实施，部分噪声去除策略也可以被整合到文本词条化或文本规范化步骤中。

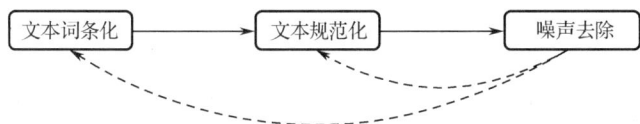

图 5.1　文本预处理的主要步骤

5.2.1　文本词条化

文本词条化，又称分词（Segmentation），是将文本切分成一系列语义单元的过程。这些语义单元称作词条（Token），可以是字词、短语或其他语言元素。文本词条化的目的在于识别并整理文本中的基本单元，从而便于计算机程序对自然语言进行更加有效的处理和理解。然而，实施文本词条化并非易事，需要综合考虑语言特性、歧义处理、分词粒度、新词识别等多个方面。

全球范围内存在超过 6000 种不同的语言，这些语言在语法和结构上呈现出很大的差异。因此，分词方法需要适应特定语言的特性。举例来说，中文和英文作为全球使用人数最多的两大自然语言，两者的特性之间存在显著差异。中文作为汉藏语系的代表，其文字系统主要基于字形构成，属于表意文字；英文则是印欧语系的代表，其文字系统以字音为基础，属于表音文字。这种差异使中文分词和英文分词有很大的不同。

英文词条通常以单词（Word）为主，辅以短语（Phrase），词条之间天然存在空格分隔。因此，在进行英文分词时，可以直接利用空格和标点对文本进行切分。相比之下，中文分词的难度更高，中文词条主要由词语构成，词语之间不存在明显的分隔符，而是由一连串的词语连接构成句子。这增加了中文分词的复杂性，需要设计符合中文理解习惯的分词算法，将连续的汉字切分成能独立表达意义的词语。

自 20 世纪 80 年代以来，学者们研究了很多中文分词算法，这些算法大致可以分为以下三大类。

1．基于规则的分词算法

基于预先定义好的词典，在切分语句时，将语句的每个字符串与词表中的词进行逐一匹配，找到则切分，否则不予切分。按照匹配切分方式的不同，基于规则的分词算法可分为正向最大匹配（Forward Maximum Matching，FMM）算法、逆向最大匹配（Reverse Maximum Matching，RMM）算法和双向最大匹配（Bi-directional Maximum Matching，BMM）算法三种[3]。

2．基于统计模型的分词算法

鉴于词是稳定的组合，基于大规模语料库，构建统计语言模型，可以重点分析词的统计特征。例如，基于 N 元语法（N-Gram）的分词算法，通过分析字之间的共现频率确定词语的边界。也可以将分词看成序列标注问题，常见的基于统计模型的分词算法有基于隐马尔可夫模型（Hidden Markov Model，HMM）的分词算法和基于条件随机场（Conditional Random Field，CRF）模型的分词算法[4]。

3．基于深度学习的分词算法

基于大规模语料库定义序列标注问题，设计深度学习模型，训练并学习词嵌入（Word Embedding），以实现端到端（End-to-End）的中文分词。具有代表性的基于深度学习的分词算法包括基于双向长短期记忆网络（Bi-directional Long Short-Term Memory，BiLSTM）的分词算法和基于注意力机制（Attention Mechanism）的分词算法。

同时，在进行中文分词时，由于文本中可能存在多义性歧义，同一字符串可能有多种分词方式，需要充分结合上下文语境来选择最合适的分词结果。因此，为确保分词结果的准确性，上述中文分词算法均会考虑引入相应规则或设计专门机制，以妥善处理这些潜在的歧义问题。

在文本词条化的处理过程中，除了要考虑语言特性和歧义处理，分词粒度也是一个至关重要的因素。必须根据用户的实际需求，审慎选择能够产生适合切分颗粒度的分词方法，以确保处理结果的准确性和实用性。例如，对于同一字符串，不同的分词工具可能产生不同的分词结果。以"同一字符串可能有多种分词方式"这句话为例，开源中文分词工具结巴（jieba）中文分词和开源中文自然语言处理工具库 SnowNLP 给出了不同的分词结果，如例 5.1 所示。

【例 5.1】同一字符串的多种分词方式示例如下所示。

```
text = '同一字符串可能有多种分词方式'
import jieba
seg_list = jieba.cut(text)
print(", ".join(seg_list))
```

```
# 同一, 字符串, 可能, 有, 多种, 分词, 方式
from snownlp import SnowNLP
s = SnowNLP(text)
print(', '.join(s.words))
# 同一, 字符, 串, 可能, 有, 多种, 分词, 方式
```

可以看到,"字符串"这一复合名词(名词+动词名词化)在不同的分词方法下呈现出差异化的分词粒度。具体来说,Jieba 中文分词将"字符串"视为专有名词,保持了其完整性;SnowNLP 则将其细分为"字符"和"串"两部分。这两种分词方法各有合理性,最终的选择应依据具体的应用需求来确定。

此外,由于语言的发展是一个不断演变的过程,新词和新用法不断出现。因此,对分词算法来说,能够识别、处理新词和新用法显得十分重要。新词的产生往往源于社会的变革和进步。例如,随着数字科技的发展,大数据、人工智能、数字经济等概念逐渐深入人心,这些概念所对应的词汇也逐渐被大众接受和使用。新用法大多来自日常生活,人们会根据自己的喜好和习惯,创造出一些新的用法,如网络用语、流行语等。这些新用法可能不符合传统的语法规则,却能够生动地表达出人们的情感和态度。分词算法需要能够捕捉到这些新词和新用法的出现,准确地将其切分出来,以便后续能够更加方便地进行搜索、分析和理解。例如,搜狗搜索可以根据搜索关键字自动生成流行新词,以外部词库的形式辅助现有中文分词工具识别新词。

5.2.2　文本规范化

文本规范化是将词条化后的文本数据进一步转换为更加统一且规范的格式的过程,旨在提高数据质量,降低数据复杂度,便于后续文本挖掘任务的进行。由于不同语言有各自的特性,文本规范化的具体执行方式各不相同。接下来将针对中文和英文的语言特性,分别详细介绍中文规范化和英文规范化。

无论是中文规范化还是英文规范化,都需要进行纠错。其中,英文规范化主要基于英文单词表,结合上下文语境进行拼写修正。开源自然语言处理工具库 TextBlob 提供了强大的英文拼写修正功能,如例 5.2 所示。

【例 5.2】英文拼写修正示例如下。

```
from textblob import TextBlob
text = 'Buziness inteligance is a trendding topic.'
blob = TextBlob(text)
print(blob.correct())
# Business intelligence is a treading topic.
```

相较于英文规范化,中文规范化在纠错方面显得更加困难,这主要源于中文语言结构的独特性及中文书写和表达习惯的多样性。

首先,由于中文存在大量的多音字和同音字,纠错时必须仔细甄别"音似错字",如

谐音字词、混淆音字词等，尤其是对于语音识别产生的文本要重点检查。中文拼音输入法的广泛应用也在一定程度上加剧了"音似错字"现象。开源中文文本纠错工具 pycorrector 支持对中文音似错误进行纠正，如例 5.3 所示。

【例 5.3】中文音似错误纠正示例如下。

```
from pycorrector import Corrector
m = Corrector()
text = '中文咎错工具'
print(m.correct(text))
# {'source': '中文咎错工具', 'target': '中文纠错工具', 'errors': [('咎错', '纠错', 2)]}
```

其次，中文由汉字组成，每个汉字都有其独特的形状和含义。汉字的构造很复杂，包括单一结构的字和由多个部分组成的复合字，纠错时必须仔细检查"形似错字"，尤其是对于图像识别产生的文本要重点甄别。中文五笔输入法的使用也会使"形似错字"现象更常见。pycorrector 也支持对中文形似错误进行纠正，如例 5.4 所示。

【例 5.4】中文形似错误纠正示例如下。

```
from pycorrector import Corrector
m = Corrector()
text = '中文纠措工具'
print(m.correct(text))
# {'source': '中文纠措工具', 'target': '中文纠错工具', 'errors': [('纠措', '纠错', 2)]}
```

此外，中文存在繁体字和简体字两种书写系统，两者在字形上有所不同。在中文规范化过程中，可能需要处理繁简体字之间的转换。pycorrector 支持繁简体的快速转换，如例 5.5 所示。

【例 5.5】中文繁简体转换示例如下。

```
import pycorrector
text_traditional = '繁簡體轉換'
text_simplified = pycorrector.traditional2simplified(text_traditional)
print(text_traditional, '=>', text_simplified)
# 繁簡體轉換 => 繁简体转换
text_simplified = '繁简体转换'
text_traditional = pycorrector.simplified2traditional(text_simplified)
print(text_simplified, '=>', text_traditional)
# 繁简体转换 => 繁簡體轉換
```

然而，相比于中文规范化，英文规范化在其他方面更加烦琐，这主要是由两种语言在词汇、语法、使用等方面的差异导致的。

首先，英文单词由字母组成，每个字母都有大小写之分，需要统一转换为小写或大写。TextBlob 支持大小写转换操作，如例 5.6 所示。

【例 5.6】英文大小写转换示例如下。

```
from textblob import TextBlob
text = 'Useful information is mined from text data.'
```

```
blob = TextBlob(text)
print(blob.lower())
```
 # useful information is mined from text data.
```
print(blob.upper())
```
 # USEFUL INFORMATION IS MINED FROM TEXT DATA.

其次，英文中的单词有多种形式，包括不同的时态、语态、单复数等。在规范化过程中，需要对这些词进行词形还原（Lemmatization），即将单词转换为原始形式，减少词汇的变形形式，降低数据复杂度。然而，同一单词的原始形式可能有多个。例如，ground 既可以表示地面，也可以是 grind（研磨）的过去分词，如例 5.7 所示。

【例 5.7】同一英文单词的多种可能原始形式示例如下。

```
from textblob import Word
word = 'ground'
w = Word(word)
print(w.lemmatize('n'))
```
 # ground
```
print(w.lemmatize('v'))
```
 # grind

因此，在词形还原过程中，需要结合上下文判断单词词性，如例 5.8 所示。

【例 5.8】考虑词性的英文词形还原示例如下。

```
from textblob import TextBlob
tag_dict = {'J': 'a', 'N': 'n', 'V': 'v', 'R': 'r'}
text = 'Useful information is mined from text data.'
blob = TextBlob(text.lower())
text_lemmatized = []
for w, tag in blob.tags:
text_lemmatized.append(w.lemmatize(tag_dict.get(tag[0], 'n')))
print(' '.join(text_lemmatized))
```
 # useful information be mine from text data.

再次，英文中广泛使用词根和词缀来构成新词。在英文规范化过程中，也可以选取词干提取（Stemming）代替词形还原，进一步降低数据复杂度。仍以"Useful information is mined from text data."为例，使用开源自然语言处理工具库 NLTK（Natural Language Toolkit）得到的词干提取结果相比之前的词形还原结果更简洁，如例 5.9 所示。

【例 5.9】英文词干提取示例如下。

```
import nltkfrom nltk.stem
import PorterStemmer
from textblob import TextBlob
ps = PorterStemmer()
text = 'Useful information is mined from text data.'
blob = TextBlob(text.lower())
text_stemmed = []
for w, tag in blob.tags:
```

```
text_stemmed.append(ps.stem(w))
print(' '.join(text_stemmed))
# use inform is mine from text data.
```

最后，英文中广泛使用缩写和首字母缩略词，需要在规范化过程中将其识别并转换为完整形式。同时，英文经常与其他印欧语系的语言混合使用，特别是在社交媒体和网络通信中。这种混合使用的语言现象给英文规范化带来了额外的复杂性。此外，英文作为跨文化和跨地区的通用语言，其用词习惯和表达方式在不同地区可能有所不同。在英文规范化过程中，需要考虑这些地域和文化差异，以确保文本的正确理解和使用。

综上所述，相较于英文规范化，中文规范化在纠错方面显得更困难，而英文规范化相比中文规范化在其他方面更烦琐。

5.2.3　噪声去除

噪声去除是识别并清除文本中的各种干扰信息的过程。这一步骤对于提升文本数据的质量和保障后续文本挖掘的准确性有着重要的作用。为方便实施，部分噪声去除策略可以被整合到文本词条化或文本规范化步骤中。在文本数据中，噪声的存在形式多种多样。例如，文本中的特殊字符和标点符号往往没有实际意义，可通过定义特定的字符集予以过滤，如例 5.10 所示。

【例 5.10】特殊字符和标点符号去除示例如下。

```
import re
text = '噪声去除，是识别***并清除@@文本中的各种干扰信息的过程。'
text_res = re.sub("[\s+\.\!\/_,$%^*(+\"\']+|[+——！，。？、~@#￥%……&*()]", "", text)
print(text_res)
# 噪声去除是识别并清除文本中的各种干扰信息的过程
text = "No;ise * Rem:ova;l!"
test_res = ''.join(letter for letter in text if letter.isalnum())
print(test_res)
# NoiseRemoval
```

在进行互联网文本数据抓取时，不可避免地会混入一些网页标签。这些标签在文本挖掘的过程中被视为无效信息或干扰信息。为提高数据质量和挖掘效率，推荐采用正则表达式匹配的方式，精准识别和过滤这些标签噪声，如例 5.11 所示。

【例 5.11】采用正则表达式匹配的方式去除网页标签噪声的示例如下。

```
import re
text = """<div>
<h1>标题</h1>
<p>内容 1</p>
<a href="">内容 2</a>
</div>"""
pattern = re.compile(r'<[^>]+>')
text_res = pattern.sub('', text)
```

```
print(text_res)
#
# 标题
# 内容 1
# 内容 2
#
```

也可以使用专门的网页结构解析库 BeautifulSoup 对网页进行解析，以达到去除噪声、保留内容的目的，如例 5.12 所示。

【例 5.12】使用 BeautifulSoup 去除网页标签噪声的示例如下。

```
from bs4 import BeautifulSoup
text = """<div>
<h1>标题</h1>
<p>内容 1</p>
<a href="">内容 2</a>
</div>"""
soup = BeautifulSoup(text, 'html.parser')
print(soup.get_text())
#
# 标题
# 内容 1
# 内容 2
#
```

在噪声去除过程中，还会进行停用词去除。停用词（Stopword）是指在文本中频繁出现但通常没有实际含义的词语，通常包括冠词、介词、连词等，如中文中的"的""了""是"等，英文中的"and""the""is"等。去掉这些停用词可以减少模型需要处理的特征数量，提高文本挖掘的速度和效率。

许多开源自然语言处理工具库都提供了预定义的停用词列表。例如，NLTK 提供包括英文在内的 29 种语言的停用词列表，如例 5.13 所示。

【例 5.13】NLTK 内置停用词列表语种列举如下。

```
from nltk.corpus import stopwords
print(stopwords.fileids())
# ['arabic', 'azerbaijani', 'basque', 'bengali', 'catalan', 'chinese', 'danish', 'dutch', 'english',
'finnish', 'french', 'german', 'greek', 'hebrew', 'hinglish', 'hungarian', 'indonesian', 'italian',
'kazakh', 'nepali', 'norwegian', 'portuguese', 'romanian', 'russian', 'slovene', 'spanish', 'swedish',
'tajik', 'turkish']
print(len(stopwords.fileids()))
# 29
```

其中，英文的停用词列表共包含 179 个单词，如例 5.14 所示。

【例 5.14】NLTK 内置英文停用词列表列举如下。

```
from nltk.corpus import stopwords
words = stopwords.words('english')
```

```
print(words)
# ['i', 'me', 'my', 'myself', 'we', 'our', 'ours', 'ourselves', 'you', "you're", "you've", "you'll",
"you'd", 'your', 'yours', 'yourself', 'yourselves', 'he', 'him', 'his', 'himself', 'she', "she's", 'her',
'hers', 'herself', 'it', "it's", 'its', 'itself', 'they', 'them', 'their', 'theirs', 'themselves', 'what', 'which',
'who', 'whom', 'this', 'that', "that'll", 'these', 'those', 'am', 'is', 'are', 'was', 'were', 'be', 'been',
'being', 'have', 'has', 'had', 'having', 'do', 'does', 'did', 'doing', 'a', 'an', 'the', 'and', 'but', 'if', 'or',
'because', 'as', 'until', 'while', 'of', 'at', 'by', 'for', 'with', 'about', 'against', 'between', 'into',
'through', 'during', 'before', 'after', 'above', 'below', 'to', 'from', 'up', 'down', 'in', 'out', 'on', 'off',
'over', 'under', 'again', 'further', 'then', 'once', 'here', 'there', 'when', 'where', 'why', 'how', 'all',
'any', 'both', 'each', 'few', 'more', 'most', 'other', 'some', 'such', 'no', 'nor', 'not', 'only', 'own',
'same', 'so', 'than', 'too', 'very', 's', 't', 'can', 'will', 'just', 'don', "don't", 'should', "should've",
'now', 'd', 'll', 'm', 'o', 're', 've', 'y', 'ain', 'aren', "aren't", 'couldn', "couldn't", 'didn', "didn't",
'doesn', "doesn't", 'hadn', "hadn't", 'hasn', "hasn't", 'haven', "haven't", 'isn', "isn't", 'ma',
'mightn', "mightn't", 'mustn', "mustn't", 'needn', "needn't", 'shan', "shan't", 'shouldn',
"shouldn't", 'wasn', "wasn't", 'weren', "weren't", 'won', "won't", 'wouldn', "wouldn't"]
print(len(words))
# 179
```

中文的停用词列表则更加庞杂，常用的有哈尔滨工业大学（以下简称"哈工大"）停用词列表、百度停用词列表、四川大学机器智能实验室停用词库。有研究表明，哈工大停用词列表对文献期刊类文本的停用词去除效果较好，百度停用词列表对新闻报道类的文本停用词去除效果更好，四川大学机器智能实验室停用词库则更适用于邮件文献类文本的停用词去除。

然而，需要强调的是，停用词去除这一策略并不总是普遍适用的，特别是在情感分析等任务中，停用词可能携带有用的信息，因此不应直接去除。在处理这些任务时，需要审慎评估停用词去除对结果的影响，并做出明智的决策。

综上所述，在文本预处理的过程中，文本词条化、文本规范化和噪声去除是三个至关重要的步骤。只有这三个步骤都得到有效执行，文本预处理工作才算正式完成，可进行下一步的文本表示。给定原始文档如下。

- 文档 1："Text mining is to identify useful information."
- 文档 2："Useful information is mined from text."
- 文档 3："Text mining is a subset of data mining."

经过完整的文本预处理，得到如下结果。

- 文档 1："text"，"mining"，"identify"，"useful"，"information"。
- 文档 2："useful"，"information"，"mine"，"text"。
- 文档 3："text"，"mining"，"subset"，"data"，"mining"。

具体结果如例 5.15 所示。这一结果将在后续文本表示的相关案例中继续使用。

【例 5.15】文本预处理示例如下。

```
from textblob import TextBlob
```

```
tag_dict = {'J': 'a', 'N': 'n', 'V': 'v', 'R': 'r'}
from nltk.corpus import stopwords
words = stopwords.words('english')
texts = ["Text mining is to identify useful information.",
    "Useful information is mined from text.",
    "Text mining is a subset of data mining."]
texts_preprocessed = []
for text in texts:
    blob = TextBlob(text.lower())
    text_lemmatized = []
    for w, tag in blob.tags:
        text_lemmatized.append(w.lemmatize(tag_dict.get(tag[0], 'n')))
    text_preprocessed = [w for w in text_lemmatized if w not in words]
    texts_preprocessed.append(text_preprocessed)
print(texts_preprocessed)
# [['text', 'mining', 'identify', 'useful', 'information'],
#   ['useful', 'information', 'mine', 'text'],
#   ['text', 'mining', 'subset', 'data', 'mining']]
```

5.3 文本表示

文本表示（Text Representation）是将文本转化为计算机可以处理的数据结构的过程。良好的文本表示方法能够有效地捕捉文本中的语义信息，提高自然语言处理的性能。历经近半个世纪的发展，文本表示方法取得了长足的进步，主要分为文本离散式表示和文本分布式表示两大类。20 世纪 80—90 年代，以向量空间模型为代表的文本离散式表示方法成为主流。之后，文本分布式表示方法成为主流，其历经文本概念表示和文本深度表示这两个阶段，持续活跃至今，对文本挖掘产生了深远的影响。文本表示方法的演进如图 5.2 所示。在实际应用中，具体文本表示方法的选择应根据任务和数据特性进行，不同的文本表示方法可能适用于不同的场景。

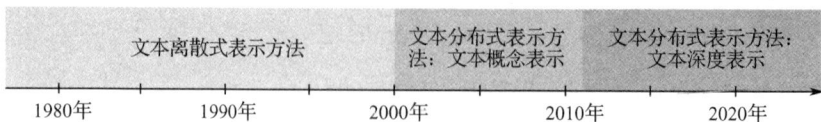

文本离散式表示方法		文本分布式表示方法：文本概念表示	文本分布式表示方法：文本深度表示
1980年　　　　1990年		2000年　　　　2010年	2020年

图 5.2　文本表示方法的演进

5.3.1 文本离散式表示

文本离散式表示是将文本数据转换为可识别的离散符号的过程。对于预处理后的文本，每个词条被独立地表示为一个可唯一识别的符号，各词条之间没有距离的亲疏远近之分。这一表示思路能够有效简化文本数据结构，加快文本数据处理速度，降低计算机处理后续任务的难度。经典的文本离散式表示方法有词集（Set of Words）模型、词袋（Bag of Words）模型、向量空间模型（Vector Space Model）等。

1. 词集模型

词集模型的核心在于将文本简化为词的集合，不考虑词的顺序，仅关注词出现与否。对于例 5.15 中的预处理结果，基于词集模型的文本表示如表 5.1 所示。所有在文档中出现过的单词构成词表（Vocabulary）。可以发现，每篇文档对应表示向量的维度就是词表中词的数量。通常情况下，英文词汇量可达万级别，中文词汇量更是高达十万级别。因此，基于词集模型的文本表示通常具有高维度且稀疏的特性。

表 5.1　基于词集模型的文本表示

	data	identify	information	mine	mining	subset	text	useful
文档 1	0	1	1	0	1	0	1	1
文档 2	0	0	1	1	0	0	1	1
文档 3	1	0	0	0	1	1	1	0

2. 词袋模型

词袋模型在词集模型的基础上，进一步关注词出现的频率。对于例 5.15 中的预处理结果，基于词袋模型的文本表示如表 5.2 所示。不难发现，mining 在文档 3 中共出现两次，其对应位置的元素值在基于词袋模型的文本表示中为 2，相比于在基于词集模型的文本表示中的元素值 1，能更准确地反映文本携带的信息。

表 5.2　基于词袋模型的文本表示

	data	identify	information	mine	mining	subset	text	useful
文档 1	0	1	1	0	1	0	1	1
文档 2	0	0	1	1	0	0	1	1
文档 3	1	0	0	0	2	1	1	0

3. 向量空间模型

向量空间模型是一种源自信息检索领域的文本表示方法，其特点在于简单而高效。向量空间模型把查询请求（Query）和文档信息（Document）表示成由特征项（Feature Term）构成的向量空间中的点。随后通过计算查询结果与文档特征向量权重（Weight）之间的距离，确定它们之间的相似程度。最后根据相似程度排列查询结果，将排序后的查询结果展示给用户。向量空间模型的关键在于特征项的定义和特征向量权重的计算这两部分。

特征项通常是最小的不可再分的语言单元，如字词、短语或其他语言元素。在向量空间模型中，这些特征项被视为相互独立的正交元素，即假定文本中的各词项之间无相互依赖或关联。

权重用于衡量特征项在文档中的重要程度，有多种计算方式。若采用布尔（Boolean）权重，则文本表示将简化为基于词集模型的形式；若采用词频（Term Frequency，TF）权重，则文本表示将转变为基于词袋模型的形式。为了更好地捕捉和表达文档内容的语义信息，向量空间模型使用词频-逆文档频率（Term Frequency-Inverse Document Frequency，TF-IDF）作为特征向量权重。

词频，即一个词在文档中出现的频率，可称为局部重要性。原始的词频计算公式为

$$\text{tf}(t,d) = \text{count}(t,d) \tag{5-1}$$

式中，t 代表特征项，d 代表文档。

词频反映了词在文档中的重要性，频率越高，权重越大。为避免由文档长度不同所导致的偏差，还可以进一步考虑词频权重的增广形式，即当 $\text{count}(t,d) > 0$ 时

$$\text{tf}(t,d) = 0.5 + 0.5 \frac{\text{count}(t,d)}{\max\limits_{t} \text{count}(t,d)} \tag{5-2}$$

逆文档频率用于衡量一个词在所有文档中的罕见程度，可称为全局重要性。具体而言，如果一个词在多数文档中频繁出现，其逆文档频率值将相对较低；如果这个词仅在少数文档中出现，其逆文档频率值则相对较高。原始的逆文档频率计算公式为

$$\text{idf}(t) = \log\left(\frac{N}{\text{df}(t)}\right) \tag{5-3}$$

式中，N 代表文档综述，$\text{df}(t)$ 代表包含词 t 的文档数。

为防止计算过程中的零值带来的影响，需要对原始公式进行平滑，即

$$\text{idf}(t) = \log\left(\frac{N+1}{\text{df}(t)+1}\right) + 1 \tag{5-4}$$

对于例 5.15 中的预处理结果，各词的逆文档频率如表 5.3 所示。

表 5.3　逆文档频率

	data	identify	information	mine	mining	subset	text	useful
所有文档	1.693	1.693	1.288	1.693	1.288	1.693	1.0	1.288

词频-逆文档频率结合了词频和逆文档频率，平衡了词在单篇文档中的局部重要性和在整个文档集中的全局重要性。具体的词频-逆文档频率计算公式为

$$\text{tfidf}(t,d) = \text{tf}(t,d) \times \text{idf}(t)$$

对于例 5.15 中的预处理结果，基于词频-逆文档频率的文本表示如表 5.4 所示。详细实现代码如例 5.16 所示。

表 5.4　基于词频-逆文档频率的文本表示

	data	identify	information	mine	mining	subset	text	useful
文档1	0	1.693	1.288	0	1.288	0	1	1.288
文档2	0	0	1.288	1.693	0	0	1	1.288
文档3	1.693	0	0	0	2.575	1.693	1	0

【例 5.16】基于词频-逆文档频率的文本表示计算示例如下。

```
from sklearn.feature_extraction.text import TfidfVectorizer
v = TfidfVectorizer(use_idf=True, smooth_idf=True, norm=None)
texts = [' '.join(text) for text in texts_preprocessed]
tfidf = v.fit_transform(texts)
print(tfidf.toarray())
# [[0.0 1.69314718 1.28768207 0.0 1.28768207 0.0 1.0 1.28768207]
#   [0.0 0.0 1.28768207 1.69314718 0.0 0.0 1.0 1.28768207]
#   [1.69314718 0.0 0.0 0.0 2.57536414 1.69314718 1.0 0.0]]
```

若将参数"norm=None"改为"norm='l2'"便可得到归一化的文本表示,如例 5.17 所示。

【例 5.17】基于词频-逆文档频率的归一化文本表示计算示例如下。

```
v = TfidfVectorizer(use_idf=True, smooth_idf=True, norm='l2')
texts = [' '.join(text) for text in texts_preprocessed]
tfidf = v.fit_transform(texts)
print(tfidf.toarray())
# [[0.0 0.56943086 0.43306685 0.0 0.43306685 0.0 0.33631504 0.43306685]
#   [0.0 0.0 0.4804584 0.63174505 0.0 0.0 0.37311881 0.4804584]
#   [0.46312056 0.0 0.0 0.0 0.70443024 0.46312056 0.27352646 0.0]]
```

向量空间模型在信息检索和文本挖掘中被广泛使用,该模型具有直观和计算简便的特点,受到了广大研究者的青睐。20 世纪 80—90 年代,以向量空间模型为代表的文本离散式表示方法成为主流。然而,该模型对特征项之间正交性的假设过于严格,难以准确捕捉词之间的复杂关联,如一词多义、同义词等情况。此外,向量空间模型忽略了词序信息,可能导致部分语义内容丢失。同时,高维稀疏的文本表示对存储和计算效率构成了一定的挑战。因此,在使用向量空间模型时,需要充分考虑其局限性和潜在问题。

5.3.2　文本概念表示

与文本离散式表示相对应,文本还可以进行分布式表示,即将高维稀疏的文本表示分散嵌入低维空间,得到稠密的文本表示。其中最具代表性的方法是文本概念表示和文本深度表示。文本概念表示活跃于 21 世纪初,文本深度表示则从 21 世纪 10 年代起持续活跃至今。

自然语言文本的生成过程是极其复杂的,人们在撰写文本时,通常首先构思并确立诸如"主题思想"等抽象概念,然后将这些概念具体化为文字表达。由此,文本概念表示得以产生。其中,主题模型(Topic Model)成为被广泛应用的文本概念表示方法。

主题模型是一系列旨在发现大型文档集合中潜在抽象主题的统计模型,其遵循一个共同的假设:每篇文档都是由一组主题混合而成的,这些主题又由特定的词汇构成。早期的主题模型以矩阵分解为基础,将文档-单词矩阵(Document-Word Matrix)分解为文档-主题矩阵(Document-Topic Matrix)和主题-单词矩阵(Topic-Word Matrix),代表性方法包括非负矩阵分解（Non-Negative Matrix Factorization，NNMF）和潜在语义分析（Latent Semantic Analysis，LSA）。其中，潜在语义分析主要依赖奇异值分解（Singular Value Decomposition，SVD）技术。此后，主题建模多采用概率视角。例如，在潜在语义分析模型的基础上，引入文档-主题概率（Document-Topic Probability）和主题-单词概率（Topic-Word Probability）的概念，从而发展出概率潜在语义分析（Probabilistic LSA，PLSA）模型。

在主题模型中进一步融入贝叶斯建模思想，考虑文档-主题概率分布（Document-Topic Probability Distribution）和主题-单词概率分布（Topic-Word Probability Distribution），形成了应用最广泛且最具代表性的主题模型之一——潜在狄利克雷分配（Latent Dirichlet Allocation，LDA）模型。LDA 模型假设每篇文档均由一系列潜在主题按照一定的概率分布生成，而每个主题又由一系列单词按照一定的概率分布组成。通过对文档和主题的概率分布进行建模，LDA 能够自动识别出文本中的主题，并给出每个主题在文档中的权重。如例 5.18 所示，在例 5.15 关于"文本挖掘（Text Mining）"的文本数据基础上，先添加关于"商业智能（Business Intelligence）"的文本内容，然后应用 LDA 进行主题识别和文本表示。

【例 5.18】基于例 5.15 扩增的文本数据示例如下。

```
from textblob import TextBlob
tag_dict = {'J': 'a', 'N': 'n', 'V': 'v', 'R': 'r'}
from nltk.corpus import stopwords
words = stopwords.words('english')
texts = ["Text mining is to identify useful information.",
        "Useful information is mined from text.",
        "Text mining is a subset of data mining.",
        "Business intelligence is a technology-driven process for analyzing data",
        "The goal of business intelligence is to improve decision-making in business ideas and analysis.",
        "Business intelligence keeps businesses smart."]
texts_preprocessed = []
for text in texts:
    blob = TextBlob(text.lower())
    text_lemmatized = []
    for w, tag in blob.tags:
        text_lemmatized.append(w.lemmatize(tag_dict.get(tag[0], 'n')))
    text_preprocessed = [w for w in text_lemmatized if w not in words]
texts_preprocessed.append(text_preprocessed)
print(texts_preprocessed)
# [['text', 'mining', 'identify', 'useful', 'information'], ['useful', 'information', 'mine', 'text'], ['text', 'mining', 'subset', 'data', 'mining'], ['business', 'intelligence', 'technology-driven', 'process', 'analyze', 'data'], ['goal', 'business', 'intelligence', 'improve', 'decision-making', 'business', 'idea', 'analysis'], ['business', 'intelligence', 'keep', 'business', 'smart']]
```

具体而言，可以使用开源主题建模工具库 gensim 实现 LDA 模型，具体实现过程可参考例 5.19。在设定主题数量为 2 的基础上，通过对主题词的归纳和总结，成功识别两大核心主题，即"文本挖掘（Text Mining）"与"商业智能（Business Intelligence）"。随后，利用 WordCloud 工具，进一步生成主题词可视化词云，如图 5.3 所示，以直观地展示各主题词的分布和权重。

【例 5.19】LDA 主题模型生成主题及可视化示例如下。

```
from gensim import corpora, models
text_dict = corpora.Dictionary(texts_preprocessed)
text_corpus = [text_dict.doc2bow(text) for text in texts_preprocessed]
lda = models.LdaModel(corpus=text_corpus, id2word=text_dict, num_topics=2, passes=10)
topic_list = lda.print_topics(2)
for topic in topic_list:
    print(topic)
# (0, '0.145*"text" + 0.145*"mining" + 0.103*"useful" + 0.103*"information" + 0.063*"data" +
0.062*"identify" + 0.062*"mine" + 0.062*"subset" + 0.022*"business" + 0.022*"intelligence"')
# (1, '0.189*"business" + 0.120*"intelligence" + 0.052*"smart" + 0.052*"keep" +
0.052*"decision-making" + 0.052*"goal" + 0.052*"idea" + 0.052*"data" + 0.052*"analysis" +
0.052*"improve"')
import matplotlib.pyplot as plt
from wordcloud import WordCloud
cloud = WordCloud(background_color='white', width=200, height=150, max_words=5,
color_func=lambda *args, **kwargs: 'black')
topics = lda.show_topics(formatted=False, num_topics=2)
fig, axes = plt.subplots(1, 2, figsize=(8, 6), sharex=True, sharey=True)
for i, ax in enumerate(axes.flatten()):
    fig.add_subplot(ax)
    topic_words = dict(topics[i][1])
    cloud.generate_from_frequencies(topic_words, max_font_size=54)
    plt.gca().imshow(cloud)
    plt.gca().set_title('Topic ' + str(i), fontdict=dict(size=24))
plt.subplots_adjust(wspace = 0, hspace = 0)
plt.margins(x = 0, y = 0)
plt.tight_layout()
plt.show()
```

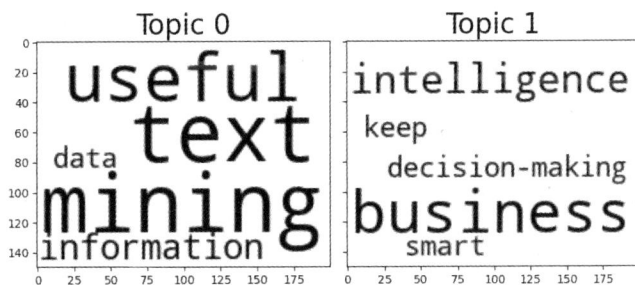

图 5.3　主题词可视化词云

此外，可以得到各文档所对应的主题向量，具体的实现过程与结果如例 5.20 所示。

【**例 5.20**】基于 LDA 模型的文本表示示例如下。

```
embeddings = lda[text_corpus]
for text, embedding in zip(texts_preprocessed, embeddings):
    print("Text:", text)
print("Embedding:", embedding)
# Text: ['text', 'mining', 'identify', 'useful', 'information']
# Embedding: [(0, 0.91510504), (1, 0.08489494)]
# Text: ['useful', 'information', 'mine', 'text']
# Embedding: [(0, 0.89795727), (1, 0.10204272)]
# Text: ['text', 'mining', 'subset', 'data', 'mining']
# Embedding: [(0, 0.9109231), (1, 0.0890769)]
# Text: ['business', 'intelligence', 'technology-driven', 'process', 'analyze', 'data']
# Embedding: [(0, 0.07924776), (1, 0.9207523)]
# Text: ['goal', 'business', 'intelligence', 'improve', 'decision-making', 'business', 'idea', 'analysis']
# Embedding: [(0, 0.057696197), (1, 0.94230384)]
# Text: ['business', 'intelligence', 'keep', 'business', 'smart']
# Embedding: [(0, 0.08572), (1, 0.91427994)]
```

自 LDA 模型提出以来，其在多个研究方向得到了拓展，包括有监督主题模型、关系主题模型和主题演化等。同时，该模型被广泛应用于多个商业领域，如信息系统、市场营销和金融会计等。这些应用不仅丰富了以 LDA 模型为代表的主题模型的理论体系，也进一步证明了其在商业实践中的实用性和价值。

5.3.3 文本深度表示

深度学习是基于神经网络的机器学习方法，通过模拟人脑神经元的连接方式，建立多层网络结构，从而实现对复杂数据的高效处理和分析。由于具有强大的特征提取能力，深度学习的发展如火如荼，在计算机视觉、语音识别、自然语言处理等方面都取得了令人瞩目的成果。因此，文本深度表示成为最流行的文本表示方法之一。

文本深度表示，又称基于深度学习的文本表示，是一种运用深度学习技术，将文本数据映射到连续的、低维度的向量空间的方法。其通过深度学习模型自动学习文本的分布式表示，进而捕捉到文本中的语义信息与上下文关系。代表性方法包括 Word2Vec 模型、Transformer 模型、BERT 模型及句子 BERT（Sentence-BERT，SBERT）模型等。

1. Word2Vec 模型

Word2Vec 模型作为早期深度学习领域文本表示的一种重要方法，源自神经概率语言模型，并在计算效率上实现了显著的提升，从而能有效地学习单词的向量表示。Word2Vec 模型的核心思想是利用中心词的上下文信息来学习单词的向量表示，主要包括连续词袋（Continuous Bag-of-Word，CBOW）模型和 Skip-Gram 模型两种实现方式，两者的主体架构如图 5.4 所示。具体而言，CBOW 模型通过上下文 $w(t-2)$、$w(t-1)$、$w(t+1)$ 和 $w(t+2)$

来预测中心词 $w(t)$，并在优化预测任务的过程中学习词向量；Skip-Gram 模型则利用中心词来预测上下文。这两种实现方式均能通过训练大量文本数据学习单词的向量表示，使语义上相近的单词在向量空间中的距离更加接近。

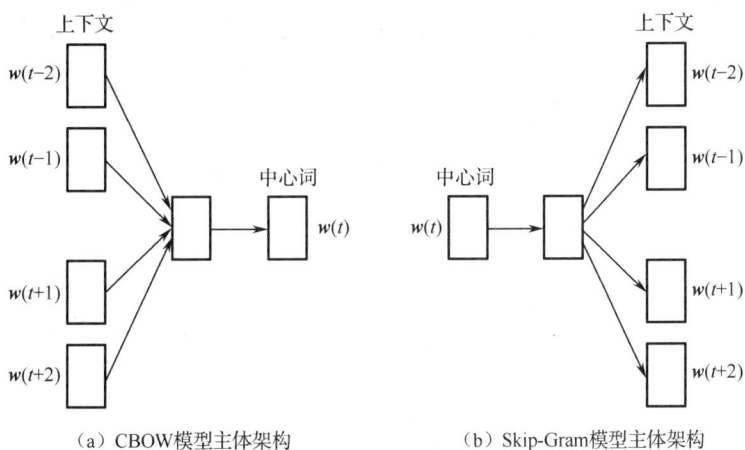

（a）CBOW模型主体架构　　　　（b）Skip-Gram模型主体架构

图 5.4　CBOW 模型和 Skip-Gram 模型

2. Transformer 模型

Transformer 模型作为近年来备受瞩目的深度学习模型之一，在机器翻译任务中的表现尤为出色。Transformer 模型的主体架构采用多层编码器-解码器（Encoder-Decoder）结构，如图 5.5 所示。其中，编码器与解码器内部均集成了基于自注意力机制（Self-Attention Mechanism）的模块设计，使模型能够同时考虑文本序列中所有词语之间的相互关系。相较于 Word2Vec 模型，Transformer 模型在捕捉文本上下文信息方面展现出了更出色的能力，获得的文本深度表示质量也更高。

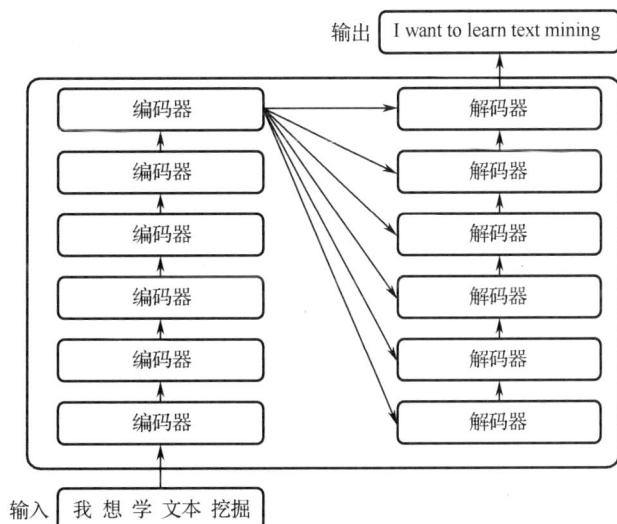

图 5.5　Transformer 模型主体架构

自注意力机制是一种基于内部关系建模的注意力机制，它通过对输入序列中的每个元素进行权重分配，实现对序列内部信息的有效捕捉。与传统的基于外部信息的注意力机制不同，自注意力机制不需要依赖外部信息，而是完全依赖输入序列。这种机制使模型能够更好地理解输入序列的内部结构，进而提升任务的性能。具体而言，Transformer 模型中使用的自注意力计算公式为

$$\text{Attention}(\boldsymbol{q}, \boldsymbol{K}, \boldsymbol{V}) = \text{softmax}\left(\frac{\boldsymbol{q}\boldsymbol{K}^{\text{T}}}{\sqrt{d_k}}\right) \tag{5-5}$$

式中，$\boldsymbol{q}$ 表示查询（Query）向量；$\boldsymbol{K}$ 表示键（Key）向量；$\boldsymbol{V}$ 表示值（Value）向量；d_k 表示查询向量的维度。对于编码器中的自注意力机制，其查询向量、键向量、值向量的来源相同，如图 5.6 所示。对于解码器中的自注意力机制，需要引入掩码保证第 i 个位置的查询只能关注 i 之前的位置。

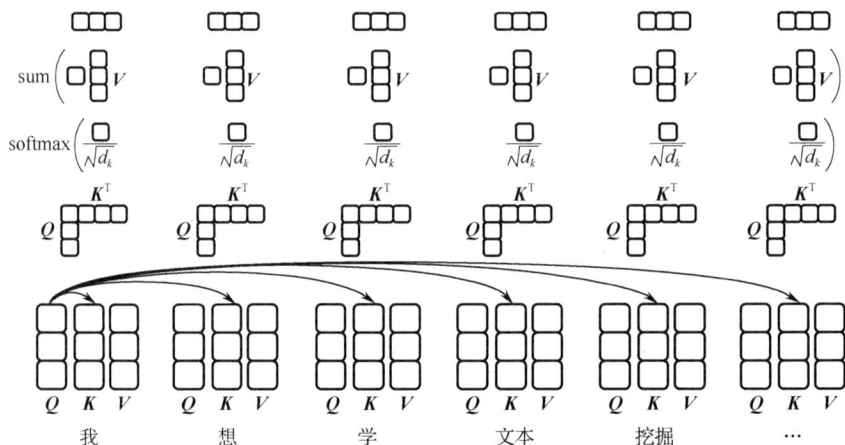

图 5.6　自注意力机制

鉴于 Transformer 模型在捕捉长距离依赖关系和并行处理方面的强大能力，其在处理大规模数据集和复杂任务时显示出巨大的潜力。因此，后继的文本深度表示方法大多以 Transformer 模型为核心构建。

3. BERT 模型

BERT 模型在 Transformer 模型的编码器部分基础上，设计双向编码器以充分挖掘左、右上下文信息，以得到高效的文本表示，其主体架构如图 5.7 所示。

4. SBERT 模型

SBERT 模型是一种基于 BERT 模型的孪生网络结构，其主体架构如图 5.8 所示。它由两个相同的 BERT 模型组成，每个模型分别处理一个文本语句。通过对比这两个文本语句的语义相似度，SBERT 模型得以训练。因此，在句向量生成方面，SBERT 模型表现优异，它能够将文本语句转换为富含语义信息的文本表示向量。相较于传统的句向量生成方法，

SBERT 模型具有更高的准确率和更低的计算成本。

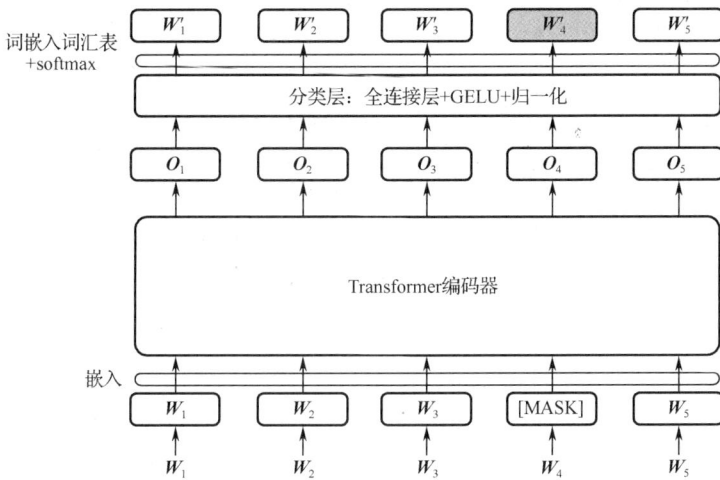

图 5.7　BERT 模型主体架构　　　　图 5.8　SBERT 模型主体架构

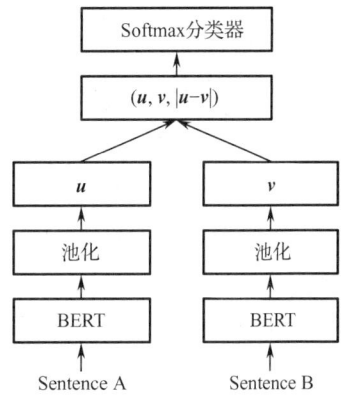

用户可以直接获取基于大规模语料预训练得到的文本深度表示，而无须从头开始训练。例如，用户可以利用开源的文本深度表示工具库 SentenceTransformer 加载预训练好的 SBERT 模型，将文本转换为 384 维的数值向量。具体的实现过程和结果如例 5.21 所示。另外，这些文本深度表示可以根据下游任务或具体场景进行微调。

【例 5.21】基于 SBERT 模型的文本表示示例如下。

```
from sentence_transformers import SentenceTransformer
model = SentenceTransformer("all-MiniLM-L6-v2")
sentences = ["Text mining is to identify useful information.",
        "Useful information is mined from text.",
        "Text mining is a subset of data mining."]
embeddings = model.encode(sentences)
for sentence, embedding in zip(sentences, embeddings):
    print("Sentence:", sentence)
    print("Embedding:", embedding)
# Sentence: Text mining is to identify useful information.
# Embedding: [ 6.64996505e-02   5.34259230e-02 -4.66721840e-02   1.33701358e-02 ……
6.11238144e-02   4.11943272e-02   5.62862903e-02   3.26953493e-02]
# Sentence: Useful information is mined from text.
# Embedding: [ 1.75007805e-02   7.78203383e-02 -4.80650440e-02   2.13985536e-02 ……
4.33151573e-02   5.03265932e-02   6.42059520e-02   2.27818592e-03]
# Sentence: Text mining is a subset of data mining.
# Embedding: [ 1.19499434e-02   2.52514072e-02 -3.64420749e-02   4.88679782e-02 ……
7.88768828e-02   1.05464701e-02   7.24186301e-02   1.75414830e-02]
```

5.4　文本分析和知识发现

在完成文本预处理和文本表示这两个关键步骤之后，可以根据具体的需求进行深入的文本分析和知识发现，从文本数据中挖掘出有价值的信息和深层次的知识。常见的文本挖掘任务包括文本分类、文本聚类和信息提取等基础任务。在基础任务之上，还有复合任务，如语义搜索、问答系统等。这些复合任务进一步丰富了文本挖掘的应用场景。

5.4.1　文本分类

文本分类是依据文本内容的语义特征，运用分类分析技术，将文本归到预定义类别的过程。它是实现文本分析和知识发现的关键任务之一，对于提升信息处理效率和优化内容管理效果具有至关重要的作用。例如，文本分类可以有效地识别和过滤垃圾邮件，进而改善电子邮件的使用效率；基于新闻内容的文本分类可以将新闻报道划分为经济、军事、体育等不同类别，为内容管理和检索提供便利。在实际应用中，最具代表性的文本分类应用当属情感分析（Sentiment Analysis）。

情感分析是针对文本中表达的情感进行自动识别和分类的技术。通过深入剖析文本内容，该技术能有效判断文本中所蕴含的情感倾向，如积极的、消极的、中性的。这一技术在众多领域都有重要的实用价值。例如，在商业领域，商家通过运用情感分析技术，迅速洞察消费者在线评论中对产品和服务的满意度，从而及时调整和优化产品与服务质量，提升市场竞争力；在金融领域，投资者和分析师可以借助情感分析技术准确捕捉市场情绪变化，预测市场行为趋势，评估投资风险，从而做出更明智的投资决策；在公共管理领域，情感分析可以帮助公共管理机构更好地理解群众的需求和情绪，从而更有针对性地提升公共服务的水平和效率。特别是在公共安全管理工作中，情感分析技术能够实时监测和分析网络舆情，为管理者提供及时和准确的舆情动态，帮助其迅速响应并采取有效的应对措施。

情感分析的实现通常需要将文本表示和分类分析相结合，对此，可以使用逻辑回归、朴素贝叶斯、决策树、基于决策树的集成方法等分类分析方法。其中，朴素贝叶斯在很多场景中表现出色。开源中文自然语言处理工具库 SnowNLP 通过构建贝叶斯分类实现了中文情感分析。其使用方式和效果如例 5.22 所示。

【例 5.22】使用 SnowNLP 进行中文情感分析的示例如下。

```
from snownlp import SnowNLP
text = '文本挖掘对商业智能十分有用。'
s = SnowNLP(text)
print(s.sentiments)
# 0.9881037266617081
```

开源自然语言处理工具库 TextBlob 也内置了类似的功能，该功能同样以朴素贝叶斯算

162

法为基础，使用方式和效果如例 5.23 所示。然而，需要注意的是，SnowNLP 和 TextBlob 均是利用在线评论数据集进行分类器训练的。因此，它们主要适用于消费者评论的情感分析。若要在特定领域使用它们，需另行收集并标注该领域的高质量数据，对分类器进行进一步训练。

【例 5.23】使用 TextBlob 进行英文情感分析的示例如下。

```
from textblob import TextBlob
text = 'I would be happy to explain text mining use case in Python.'
blob = TextBlob(text)
print(blob.sentiment)
# Sentiment(polarity=0.8, subjectivity=1.0)
```

近年来，随着深度学习技术的不断进展，情感分析技术迎来了新一轮迭代，基于深度学习的文本表示能够有效地提升情感分析效果。同时，情感分析也朝着细粒度、跨模态和可解释的方向发展，涌现出了基于方面的情感分析、多模态情感分析和可解释的情感分析等热点分析方法。对这些分析方法的探讨将持续推动情感分析技术的进步，并在商业智能、金融科技、公共管理等领域发挥重要作用。

5.4.2　文本聚类

文本聚类是根据文本内容之间的相似性，将相似的文本自动聚集的过程。这一任务有助于组织和管理文本语料，揭示文本数据中的潜在结构和主题，对于知识发现和决策支持具有重要价值。作为文本分析和知识发现的关键任务之一，文本聚类有着广泛的应用场景。例如，文本聚类可以帮助分析上市公司的年报，对风险披露内容进行聚类，这样既可以全面认识市场风险情况，又可以对上市公司按风险种类汇总；平台可以基于用户生成的文本内容开展聚类分析，以发现用户的兴趣偏好，实现用户画像和用户分群；文本聚类可以自动将新闻报道进行聚合，帮助读者快速了解不同主题的新闻事件。

文本聚类的实现需要综合运用文本表示方法和聚类分析技术。与文本表示的演进过程一致，早期的文本聚类大多建立在文本离散式表示的基础上。但是，文本离散式表示存在固有的局限性，文本聚类效果往往不太理想。在文本概念表示阶段，以 LDA 模型为代表的主题模型能够显著提升文本聚类效果。例如，对于例 5.20 中的文本表示结果，可以直接将文本对应的主题向量中占比最大的主题作为文本的聚簇。具体如例 5.24 所示，前三行文本被归入"text mining"聚簇，后三行文本则被归入"business intelligence"聚簇。如今，深度学习技术逐渐应用于文本聚类领域，由于深度学习在文本表示方面的优越性，文本聚类效果得到了进一步的提升。

【例 5.24】基于 LDA 模型的文本聚类示例如下。

```
embeddings = lda[text_corpus]
for text, embedding in zip(texts_preprocessed, embeddings):
    print("Text:", text)
```

```
        print("Cluster:", max(embedding, key=lambda c: c[1])[0])
# Text: ['text', 'mining', 'identify', 'useful', 'information']
# Cluster: 0
# Text: ['useful', 'information', 'mine', 'text']
# Cluster: 0
# Text: ['text', 'mining', 'subset', 'data', 'mining']
# Cluster: 0
# Text: ['business', 'intelligence', 'technology-driven', 'process', 'analyze', 'data']
# Cluster: 1
# Text: ['goal', 'business', 'intelligence', 'improve', 'decision-making', 'business', 'idea', 'analysis']
# Cluster: 1
# Text: ['business', 'intelligence', 'keep', 'business', 'smart']
# Cluster: 1
```

5.4.3 信息提取

信息提取是从文本内容中抽取关键信息的过程。这些关键信息可以是文本内容中具有特定意义的实体，也可以是实体间的关系，还可以是关于内容的精炼概述。信息提取对文本内容的深度解析与知识发现具有至关重要的作用。信息提取的结果可以为内容的使用者提供更加清晰和有条理的文本内容。

命名实体识别（Named Entity Recognition，NER）是从文本内容中识别出具有特定意义的实体的过程，如人名、地名、组织名等。关系抽取（Relation Extraction）则是在实体识别的基础上，进一步识别实体之间的关系，如个体之间的社交互动、组织间的上下游关联等。目前，命名实体识别和关系抽取的实现均依赖文本深度表示和分类分析框架，并需要大量已标注数据以训练和优化模型。例如，金融文本中通常存在大量的专业术语并涉及具体金额，需要进一步引入金融数值实体识别（Financial Numeric Entity Recognition）以提升处理效果；医疗文本中存在大量的专业术语和习惯用语，可借助知识图谱（Knowledge Graph）来有效地抽取并分析疾病与药物之间、不同疾病之间的复杂关系。

文本摘要是从给定文本内容中抽取或生成简明扼要的新文本的过程，该新文本能够全面反映原始文本的主要内容和意义。这一自动化技术可以帮助使用者迅速理解大量文本资料的核心观点，而无须逐一阅读全部内容。文本摘要应用范围广泛，如新闻摘要、商业报告摘要和法律文件摘要等。

文本摘要通常包括抽取式摘要和生成式摘要两大类。抽取式摘要可以通过权重计算，从原始文本中选取关键句子或短语以形成摘要，结果如例 5.25 所示。这种方法简单易行，速度快且准确度高，但所生成的摘要可能缺乏内在的连贯性。生成式摘要则试图通过重新表述和总结原文的主要观点，生成更加流畅且连贯的摘要。随着深度学习技术的不断突破，特别是 BERT 等相关模型在理解和生成文本方面的卓越表现，生成式摘要技术取得了显著进步，极大地推动了文本摘要技术的发展。

【例 5.25】 抽取式文本摘要示例如下。

```
from snownlp import SnowNLP
text = '在完成文本预处理和文本表示这两个关键步骤之后，可以根据具体的需求，进行深入的文本
分析和知识发现，从文本数据中挖掘出有价值的信息和深层次的知识。常见的文本挖掘任务包括文本分
类、文本聚类和信息提取等基础任务。在基础任务之上，还有复合任务，如语义搜索、问答系统等。这
些复合任务进一步丰富了文本挖掘的应用场景。'
s = SnowNLP(text)
print(s.keywords(4))
# ['文本', '挖掘', '信息', '知识']
print(s.summary(1))
# ['从文本数据中挖掘出有价值的信息和深层次的知识']
```

本章小结

本章围绕文本挖掘的三个核心步骤展开：文本预处理、文本表示、文本分析和知识发现，详细介绍了文本预处理的各种方法，梳理了文本表示的发展脉络，并讲解了文本分析和知识发现的主要任务及对应的技术与方法。通过本章的学习，读者应能全面理解文本挖掘的整体架构，并熟练掌握基本的文本挖掘技术。

课后习题

1. 语言多样性对文本挖掘系统的设计和实施提出了哪些挑战？请提出一种应对策略。

2. 在文本挖掘中，数据噪声如何影响模型的性能？如何有效减弱这种影响？

3. 评价深度学习在文本表示方面的优势和可能的局限性。

4. 解释文本分类和文本聚类的区别，并各自给出一个实际应用的例子。

5. 描述文本挖掘在金融领域的一个应用，并分析其对决策支持的潜在价值。

参考文献

[1] 宗成庆，夏睿，张家俊. 文本数据挖掘[M]. 2 版. 北京：清华大学出版社，2022.

[2] 孙铁利，刘延吉. 中文分词技术的研究现状与困难[J]. 信息技术，2009，33（7）：187-189，192.

[3] 余本功，范招娣. 面向自然语言处理的条件随机场模型研究综述[J]. 信息资源管理学报，2020，10（5）：96-111.

[4] CHEN X, QIU X, ZHU C, et al. Long short-term memory neural networks for Chinese word segmentation[C]//Proceedings of the 2015 Conference on Empirical Methods in Natural

Language Processing (EMNLP). Stroudsburg, PA: 2015: 1197-1206.

[5] DUAN S, ZHAO H. Attention is all you need for chinese word segmentation[C] //Proceedings of the 2020 Conference on Empirical Methods in Natural Language Processing (EMNLP). Stroudsburg, PA: 2020: 3862-3872.

[6] 官琴, 邓三鸿, 王昊. 中文文本聚类常用停用词表对比研究[J]. 数据分析与知识发现, 2017, 1（3）: 72-80.

[7] SALTON G, WONG A, YANG C S. A vector space model for automatic indexing[J]. Communications of the ACM, 1975, 18(11): 613-620.

[8] SALTON G M, BUCKLEY C A. Term-weighting approaches in automatic text retrieval[J]. Information Processing and Management, 1988, 24(5): 513-523.

[9] LEE D D, SEUNG H S. Learning the parts of objects by non-negative matrix factorization[J]. Nature, 1999, 401(6755): 788-791.

[10] DUMAIS S T. Latent semantic analysis[J]. Annual Review of Information Science and Technology, 2004, 38: 189-230.

[11] HOFMANN T. Probabilistic latent semantic indexing[C]//Proceedings of the 22nd Annual International ACM SIGIR Conference on Research and Development in Information Retrieval. New York, NY: ACM, 1999: 50-57.

[12] BLEI D M, NG A Y, JORDAN M I. Latent dirichlet allocation[J]. Journal of Machine Learning Research, 2003, 3: 993-1022.

[13] MCAULIFFE J, BLEI D. Supervised topic models[J]. Advances in Neural Information Processing Systems, 2007, 20: 1-8.

[14] CHANG J, BLEI D M. Hierarchical relational models for document networks[J]. The Annals of Applied Statistics, 2010, 4(1): 124-150.

[15] BLEI D M, LAFFERTY J D. Dynamic topic models[C]//Proceedings of the 23rd International Conference on Machine Learning(ICML). Pittsburgh, PA: IMLS, 2006: 113-120.

[16] GONG J, ABHISHEK V, LI B. Examining the impact of keyword ambiguity on search advertising performance[J]. MIS Quarterly, 2018, 42(3): 805-A14.

[17] WANG Q, LI B, SINGH P V. Copycats vs. original mobile apps: a machine learning copycat-detection method and empirical analysis[J]. Information Systems Research, 2018, 29(2): 273-291.

[18] BÜSCHKEN J, ALLENBY G M. Sentence-based text analysis for customer reviews[J]. Marketing Science, 2016, 35(6): 953-975.

[19] JACOBS B J D, DONKERS B, FOK D. Model-based purchase predictions for large assortments[J]. Marketing Science, 2016, 35(3): 389-404.

[20] TRUSOV M, MA L, JAMAL Z. Crumbs of the cookie: user profiling in customer-base analysis and behavioral targeting[J]. Marketing Science, 2016, 35(3): 405-426.

[21] PURANAM D, NARAYAN V, KADIYALI V. The effect of calorie posting regulation on consumer opinion: a flexible latent dirichlet allocation model with informative priors[J]. Marketing Science, 2017, 36(5): 726-746.

[22] BAO Y, DATTA A. Simultaneously discovering and quantifying risk types from textual risk disclosures[J]. Management Science, 2014, 60(6): 1371-1391.

[23] HUANG A H, LEHAVY R, ZANG A Y, et al. Analyst information discovery and interpretation roles: a topic modeling approach[J]. Management Science, 2018, 64(6): 2833-2855.

[24] LECUN Y, BENGIO Y, HINTON G E. Deep learning[J]. Nature, 2015, 521: 436-444.

[25] MIKOLOV T, SUTSKEVER I, CHEN K, et al. Distributed representations of words and phrases and their compositionality[J]. Advances in Neural Information Processing Systems, 2013, 26: 1-9.

[26] VASWANI A, SHAZEER N, PARMAR N, et al. Attention is all you need[J]. Advances in Neural Information Processing Systems, 2017, 30: 5998-6008.

[27] DEVLIN J, CHANG M W, LEE K, et al. BERT: pre-training of deep bidirectional transformers for language understanding[J]. arXiv preprint arXiv: 1810. 04805, 2018.

[28] REIMERS N, GUREVYCH I. Sentence-BERT: sentence embeddings using siamese bert-networks[J]. arXiv preprint arXiv: 1908. 10084, 2019.

[29] KIM S B, HAN K S, RIM H C, et al. Some effective techniques for naive Bayes text classification[J]. IEEE Transactions on Knowledge and Data Engineering, 2006, 18(11): 1457-1466.

[30] LI Q, PENG H, LI J, et al. A survey on text classification: from traditional to deep learning[J]. ACM Transactions on Intelligent Systems and Technology, 2022, 13(2): 1-41.

[31] MINAEE S, KALCHBRENNER N, CAMBRIA E, et al. Deep learning-based text classification: a comprehensive review[J]. ACM Computing Surveys, 2021, 54(3): 1-40.

[32] ZHANG W, LI X, DENG Y, et al. A survey on aspect-based sentiment analysis: tasks, methods, and challenges[J]. IEEE Transactions on Knowledge and Data Engineering, 2022, 35(11): 11019-11038.

[33] DAS R, SINGH T D. Multimodal sentiment analysis: a survey of methods, trends, and challenges[J]. ACM Computing Surveys, 2023, 55(13s): 1-38.

[34] YADAV R K, JIAO L, GRANMO O C, et al. Human-level interpretable learning for aspect-based sentiment analysis[C]//Proceedings of the 35th AAAI Conference on Artificial

Intelligence(AAAI). Vancouver, BC: AAAI, 2021: 14203-14212.

[35] BAO Y, DATTA A. Simultaneously discovering and quantifying risk types from textual risk disclosures[J]. Management Science, 2014, 60(6): 1371-1391.

[36] LIANG S, ZHANG X, REN Z, et al. Dynamic embeddings for user profiling in twitter[C]//Proceedings of the 24th ACM SIGKDD International Conference on Knowledge Discovery & Data Mining(KDD). Anchorage, AK: ACM, 2018: 1764-1773.

[37] BOURAS C, TSOGKAS V. A clustering technique for news articles using WordNet[J]. Knowledge-Based Systems, 2012, 36: 115-128.

[38] GUAN R, ZHANG H, LIANG Y, et al. Deep feature-based text clustering and its explanation[J]. IEEE Transactions on Knowledge and Data Engineering, 2020, 34(8): 3669-3680.

[39] LI J, SUN A, HAN J, et al. A survey on deep learning for named entity recognition[J]. IEEE Transactions on Knowledge and Data Engineering, 2020, 34(1): 50-70.

[40] LOUKAS L, FERGADIOTIS M, CHALKIDIS I, et al. FiNER: financial numeric entity recognition for XBRL tagging[C]//Proceedings of the 60th Annual Meeting of the Association for Computational Linguistics. Dublin, Ireland: ACL, 2022: 4419-4431.

[41] ROY A, PAN S. Incorporating medical knowledge in BERT for clinical relation extraction[C]//Proceedings of the 24th Conference on Empirical Methods in Natural Language Processing (EMNLP). Miami, FLA: ACL, 2021: 5357-5366.

[42] NASAR Z, JAFFRY S W, MALIK M K. Textual keyword extraction and summarization: state-of-the-art[J]. Information Processing & Management, 2019, 56(6): 102088.

第6章

时空数据挖掘

随着地理信息系统（Geographic Information System，GIS）、物联网（Internet of things，IoT）和移动设备的普及，时空数据的规模迅速增长，提升复杂度。在商业领域，时空数据常用于市场分析、物流优化、风险评估和资源管理等多个方面。对时空数据的挖掘和分析可以揭示数据中的时空模式与趋势，从而帮助企业和机构做出更科学和更高效的决策。本章将系统地介绍时空数据挖掘的基本概念和常用算法，帮助读者发现海量时空数据中隐藏的时间和空间相关性，并提取有价值的信息。

◦◦◦➡ 本章学习重点

- 时空数据挖掘的基本概念和应用场景。
- 时空数据的存储与管理。
- 时间序列预测的常用方法。
- 空间数据可视化的方法。
- 时空数据挖掘的常用算法。

6.1 时空数据挖掘概述

6.1.1 基本概念

1. 时空数据挖掘的定义

时空数据（Spatio-Temporal Data）是指带有时间和地理位置信息的数据，通常包括传感器数据、卫星数据、全球定位系统（Global Positioning System，GPS）数据、社交网络数据、气象数据、GIS 数据等。它们往往是大规模的、高维度的、非结构化的、异构的。时空数据挖掘（Spatio-Temporal Data Mining）是从时空数据中发掘有用的知识和模式的过程。时空数据挖掘可以发现数据中隐藏的模式、趋势和关联，从而帮助人们更好地理解和运用这些数据。时空数据挖掘具有以下几个重要的社会意义。

- 对于基于大规模空间或时空数据集做决策的组织，如中国气象局、中国地震局和国家卫星海洋应用中心等，时空数据挖掘可支持航天探索、地球观测和 GIS 项目，通过分析天文、地理等信息，帮助发现数据中隐藏的模式、趋势和关联，从而做出科学的决策、规划和预测。
- 在生态与环境管理领域，研究者可利用时空数据分析工具对遥感图像进行分类，绘制森林覆盖率等生态环境地图，支持生态保护和环境管理。
- 在公共安全管理领域，犯罪分析人员可通过犯罪事件地图发现热点模式，优化警力资源配置，提高公共安全管理水平。
- 在公共交通管理领域，研究人员可通过分析出租车 GPS 轨迹，推荐最优行车路线，优化交通管理和城市规划。
- 在公共卫生管理领域，流行病学家可利用时空数据挖掘技术预防疾病暴发。
- 其他很多应用领域，如地球科学、气候学和物联网等领域，也依赖时空数据挖掘技术的支持。

但时空数据挖掘仍然面临诸多挑战，主要挑战如下。

- 复杂的时空数据类型和关系。时空数据具有复杂的类型和关系，相比传统数据集，从时空数据中提取有趣且有用的模式更加困难。
- 空间依赖性（空间自相关效应）。在分析具有空间特征和时空特征的数据时，传统挖掘技术中独立同分布的假设失效，可能产生缺乏准确性或与数据集不一致的假设和模型。
- 时空数据的连续性。时空数据集被嵌入连续的时间和空间中，因此许多假设离散数据（如事务）的经典数据挖掘方法可能是无效的。
- 空间的异质性和时间的非平稳性。时空数据样本在整个空间和时间中并不遵循相同的分布，在不同的地理区域和时间可能有不同的分布。
- 多尺度效应。空间分析的结果取决于时空尺度的选择。
- 时空网络中的流动和运动。时空网络中的流动、运动及拉格朗日参考模型给时空数据挖掘带来了挑战，如方向性、各向异性等问题有待解决。

2．传统数据挖掘和时空数据挖掘对比

传统数据挖掘和时空数据挖掘在输入数据、统计基础、输出和计算过程等方面均存在一些区别，如表 6.1 所示。

表 6.1　传统数据挖掘和时空数据挖掘对比

	传统数据挖掘	时空数据挖掘
输入数据	显式的、简单类型的数据	隐式的、复杂类型的数据

	传统数据挖掘	时空数据挖掘
统计基础	独立同分布	考虑时空关联、时空自相关性、时空异质性等
输出	基于集合的兴趣度量,如关联规则、聚类等	时空感知的输出,如时空关联、位置预测、空间异常值等
计算过程	组合优化、数值算法等	计算效率优化、空间自相关、共现挖掘、平面扫描、各向异性权重估计

在输入数据方面，传统数据挖掘主要处理显式的、简单类型的数据，如表格型数据等。时空数据挖掘则经常涉及隐式的、复杂类型的数据，如 GIS 数据、移动轨迹数据等。

在统计基础方面，传统数据挖掘通常基于独立同分布的假设，即数据之间是相互独立的，且来自相同的分布。时空数据挖掘则需要考虑时空关联、时空自相关性、时空异质性等统计特征。

在输出方面，传统数据挖掘的输出通常是基于集合的兴趣度量，如关联规则、聚类等。时空数据挖掘则需要考虑时空感知的输出，如时空关联、位置预测、空间异常值等。

在计算过程方面，传统数据挖掘常使用组合优化、数值算法等进行计算。时空数据挖掘除使用传统计算方法外，还经常使用空间自相关、平面扫描等特殊的计算方法。除此之外，时空数据挖掘还涉及一系列新的复杂性问题，如空间自相关、共现挖掘、各向异性权重估计等。

3．时空数据挖掘的基本流程

时空数据挖掘的基本流程通常可以概括如下。

首先，对输入的时空数据进行预处理，包括噪声去除、错误修正和缺失值处理等，并进行探索性时空分析，探索数据的时空分布、趋势和模式。

其次，根据具体的问题和目标，选择适合的时空数据挖掘算法。常见的时空数据挖掘算法包括时空关联规则挖掘、时空聚类、时空异常检测、时空预测等。

再次，将预处理后的数据输入选定的时空数据挖掘算法，运行算法并生成输出模式。常见的输出模式包括时空异常值、时空关联规则、时空聚类簇、时空热点区域等。随后，对输出模式进行后处理，如筛选、排序、可视化等，以便更好地理解和解释模式。

最后，通过与领域专家的合作和交互，对输出模式进行解释和分析，以发现新的见解和知识。根据领域专家的反馈和需求，对数据挖掘算法进行细化和优化。可能需要调整算法参数、改进模型，或者采用其他方法来提高模型的准确性和可解释性。

6.1.2　应用场景

时空数据挖掘的主要应用场景包括基于位置的服务（Location Based Services，LBS）、GIS、店铺选址和营销分析等。

1. LBS

1）地图和导航

时空数据挖掘在地图生成与更新、智能导航领域都有重要的应用。

（1）地图生成与更新。时空数据挖掘可用于生成和更新地图数据。通过分析移动设备的位置数据、卫星图像和其他空间数据，自动创建和更新地图。这有助于捕获最新的地理空间信息，并保证地图应用的准确性和实时性。例如，时空数据可用于路网更新。交叉口是道路交汇处，是数字道路地图的关键组成部分。准确的交叉口信息对于移动导航和其他位置服务非常重要，因为它们提供了对道路网络拓扑和几何特征的精确描述。然而，随着城市的不断发展，交叉口信息的更新变得越来越频繁。这些更新可能涉及挂接关系的变更、新道路的建设及交叉口形状的改变。如果这些拓扑错误不能被及时检测和更新，将对基于道路网络数据的地图服务产生负面影响，如导航绕路、不合理的导航播报等，从而影响用户的导航体验。因此，确保交叉口信息的准确性和及时更新至关重要。现实中，基于交叉口范围内的轨迹通常具有减速、转向等特征，可以通过时空数据挖掘算法对交叉口进行识别，确保路网信息及时更新。

（2）智能导航。时空数据挖掘可以帮助用户选择最佳路径，提供导航指引。通过分析历史交通数据、实时交通信息和道路网络，预测交通拥堵情况，并为用户提供实时的路径规划。这有助于节省时间、减少交通堵塞，并为用户提供更准确的导航指引。

2）跟踪服务

时空数据挖掘在跟踪服务领域具有广泛的应用。

（1）亲友定位。时空数据挖掘可用于跟踪家人和朋友的位置。通过分析移动设备的位置数据，实时更新家人和朋友的位置信息并在地图上显示。这种跟踪服务对于保证家庭成员的安全和紧急情况救助非常有帮助，也可以让用户随时掌握亲友们在城市中的位置。

（2）交通状况跟踪。时空数据挖掘可用于跟踪交通状况。通过分析实时的交通数据和历史交通模式，生成实时的交通状况报告和预测。这有助于提供更准确的交通信息，帮助用户了解道路的拥堵程度、交通事件，规划最佳出行时间。

（3）车辆跟踪。时空数据挖掘可用于车辆跟踪服务。通过分析车辆的位置数据和移动模式，实时跟踪车辆的位置、速度和行驶路径。这对物流业和运输业来说非常有用，可以提供实时的车辆监控和配送管理。

3）信息服务

时空数据挖掘在信息服务领域发挥着重要的作用。

（1）本地搜索。时空数据挖掘可用于构建和提供准确的本地搜索服务。通过分析商家的位置数据、行业分类和用户评价，创建一个完整的商家列表，并提供详细的商家信息，以供用户查找附近的商家，并获取商家的联系方式、营业时间和用户评价等信息。

（2）城市指南。时空数据挖掘可用于提供城市指南服务。通过分析城市中的地理信息、公共设施和用户反馈，提供详细的城市指南，包括景点介绍、餐馆推荐、购物中心、医院和交通信息等，以供用户了解城市的文化、娱乐和旅游机会，并做出相应的决策。

（3）用户生成内容（User-Generated Content，UGC）。时空数据挖掘可用于分析 UGC，如用户评论、照片和社交媒体数据。通过分析这些数据中的时空信息，了解用户的兴趣和偏好，并识别出具有潜在价值的内容，促进基于位置的个性化推荐和内容定制，提供用户感兴趣的信息和体验。

2．GIS

GIS 是一种特定而重要的空间信息系统。它利用计算机硬件和软件系统的支持，对地球表层（包括大气层）空间的地理分布数据进行采集、存储、管理、运算、分析、显示和描述。GIS 是一门综合性学科，结合了地理学、地图学、遥感和计算机科学，广泛应用于城市规划、环境管理、自然资源管理、农业、气象、交通、电力等多个领域。

时空数据挖掘能够进一步提升 GIS 对空间信息的处理能力。时空数据挖掘可以提高空间数据库管理系统的空间数据查询和分析能力，优化空间索引和查询算法。时空数据挖掘能发现空间统计领域隐含的时空模式和关联性，揭示地理现象之间的空间相关性、时间趋势和空间分布规律，为用户提供科学依据和决策支持。时空数据挖掘还有助于绘制更精确、具有更高分辨率的地图。例如，应用于自动驾驶的高保真路线图可以处理多源、多尺度、多时相的地理数据，实现准确的地图投影和坐标转换，并从地形数据中挖掘地形特征和地貌变化的模式，通过分析和预测地形变化的趋势，为地形建模和地貌研究提供科学依据。

将时空数据挖掘技术与 GIS 相结合，可以更好地理解和利用空间信息，为社会经济发展和环境保护提供更精确、更可靠的数据支持与决策指导。

3．店铺选址

店铺地址是影响生意成功的最重要因素之一，对那些涉及与顾客面对面接触的零售生意（如餐馆或服装店）来说，接近潜在客户是非常重要的，其重要性甚至超过了产品或服务的质量。在传统业务中，店铺地址变化缓慢，并且由于各种条件（如成本、客源）的限制，店铺一旦选择了一个地址，就很难改变。因此，在选择营业地址时必须慎重，即使产品或服务很优秀，如果离目标人群太远或无法销售商品或服务，也可能导致店铺破产。

时空数据挖掘能够通过分析和挖掘时空数据，为店铺选址提供决策支持。通过分析人口分布和人流量的时空分布规律，确定哪些区域或街区拥有更高的人口密度或更多的人流量，从而吸引更多的潜在顾客；通过分析竞争对手的分布和活动，了解他们的店铺位置、销售活动和吸引力等方面的信息；通过分析潜在客户的行为模式，如购物偏好、消费习惯等，确定他们更倾向于选择在哪些地区购物，从而更好地定位店铺。除此之外，时空数据挖掘还可以分析交通流量的时空分布和拥堵情况，选择一个交通便利的地区以吸引顾客、提高顾客的回头率；挖掘不同业务类别之间的关联，确定哪些业务类型的店铺可能互相吸引顾客，从而选择与这些相关业务类型的店铺相邻的位置。

综上所述，时空数据挖掘能为店铺选址提供科学和准确的选址建议，从而提高店铺的成功率和盈利能力。

4．营销分析

时空数据挖掘在营销分析领域也有广泛的应用。

（1）帮助企业进行消费者行为分析。通过提取消费者在不同时间和地点的购买模式，了解他们的购买偏好、消费习惯等，有针对性地设计产品和服务，制定个性化的营销策略。

（2）帮助企业进行目标市场定位。通过分析消费者的地理位置、人口密度、社会经济特征，确定目标市场的地理位置和特征，找到潜在客户所在的区域，并制定针对性的市场推广活动。

（3）帮助企业对过往的营销活动进行分析。通过了解哪些促销活动在哪些地区和时间段更受欢迎，优化促销策略，提高促销活动的效果和回报率。

（4）帮助分析竞争对手在不同时间和地点的活动与表现。通过挖掘竞争对手的时空数据，获取它们的市场份额、销售趋势、顾客满意度等，了解它们的优势和劣势，并制定针对性的竞争策略。

（5）帮助企业预测未来市场需求、销售趋势等。时空数据挖掘可以为企业制订合理的生产计划、库存管理策略和市场营销计划提供依据，并及时警示潜在的市场风险和机会。

6.1.3 典型实际应用

1．出租车共享服务

城市交通问题关乎人们的日常出行。公共交通虽然经济高效，但无法提供门对门服务，而且人们需要花费更多的时间，因此人们更倾向于选择出租车作为交通工具，对出租车的需求越来越大。基于此，有人提出了一种基于位置的出租车共享服务（Cab-Sharing Service，CSS）。CSS 以"起点—目的地"对的形式接收来自移动设备的打车请求，然后自动对附近的请求进行分组，从而降低出租车运营成本，有效地利用可用的出租车。仿真实验结果表明，CSS 可以一种有效利用资源并显著节省成本的方式对打车请求进行分组。

2．T-Share 系统

T-Share 系统旨在解决高峰时段的"打车难"问题。首先利用一种出租车搜索算法，快速检索可能满足用户查询的候选出租车。然后使用一种调度算法检查每辆候选出租车，并将查询的行程插入满足查询的出租车时间表中，使额外产生的旅行距离最小。为了解决繁重的计算任务，它还设计了一种惰性最短路径计算策略来加快调度算法的计算速度。根据仿真实验结果，T-Share 系统一年可以为北京市节约汽油 8 亿升（可供 100 万辆汽车开 10 个月，价值 10 亿元，减排 CO_2（16 亿千克），乘客打到车的概率提高了 3 倍，打车费用降低了 7%，出租车司机的收入增加了 10%。

3. 基于位置的社交网络推荐系统

随着定位技术的快速发展，越来越多的用户在社交网络平台上分享自己的位置或与位置有关的内容，如带有地理标记的图像、视频、标签等，这些位置数据反映了用户的偏好和行为习惯。基于位置的社交网络（Location-Based Social Networking，LBSN）推荐系统通过对用户历史位置数据的分析挖掘，学习丰富的、与用户相关的知识，根据这些知识，向用户进行更有针对性的、更准确的推荐。位置维度的增加使传统的推荐系统变得更加准确、高效，极大地促进了推荐系统的发展。Bao 等从推荐内容、生成推荐所用方法、数据来源三方面对 LBSN 推荐系统进行了详细的分析。LBSN 推荐系统利用用户个人资料、位置信息或轨迹信息等数据，结合基于内容的、基于链接分析的、基于协同过滤的推荐方法，向用户推荐独立或连续的位置、潜在的好友、可能感兴趣的活动及社交媒体等各种内容。

4. 基于位置的广告

Gordon 等指出，广义的基于位置的广告（Location-Based Advertising，LBA）是指市场营销人员根据用户地理位置定向推送的广告信息，旨在为用户提供更具针对性的媒体内容。例如，路边的广告牌，其位置通常取决于所展示内容的目标受众。然而，随着手机等移动通信设备的普及，LBA 的实现方式也发生了变化。如今，LBA 主要是指基于移动通信设备接收者的地理位置，向其推送定制化市场信息。LBA 被广泛认为是最具发展潜力的定位服务商业模式之一。

5. Huff 模型

1963 年被提出的 Huff 模型本质上是一个基于重力的空间交互模型，其中有两个影响商店潜在顾客数量的主要因素。第一个是商品供应，即商店满足顾客需求的能力，也称为商店的吸引力。如果一家商店有大量商品，它就能够吸引更多的顾客。第二个是顾客到商店的时间或距离，当到店的出行成本增加时，顾客去商店的意愿会大幅降低。空间数据挖掘主要用于模型中各种参数的估计。Huff 模型的可理解性、相对易用性及对广泛问题的适用性使它被广泛应用在商业领域，如用于预测消费者空间行为、划定贸易区域、定位零售和服务设施、分析市场表现、模拟不同市场情景和预测销售等，并随着 GIS 的发展，受到越来越多的关注。虽然 Huff 模型具有普遍的适用性，但因为在早期的使用过程中，很多变量和参数都是任意分配的，缺乏统计验证，所以可能产生错误的结果。随着 GIS 系统和时空数据分析技术的发展，如今该模型中的各种变量都能够从统计学上得到检验，从而极大地提高了模型的能力和结果的准确性。早期的 Huff 模型及其后续的扩展模型大多是静态的。随着移动设备可用性的提高，用户可以使用基于位置的平台以良好的时空分辨率分享关于他们位置的丰富的多媒体信息。如今，粒状时空移动性数据的可用性允许在个体水平上检查客户移动性模式的动态。例如，Liang 等提出了一个基于时间感知的动态模型（T-Huff），用于基于位置的市场份额分析，并使用基于全美 10 个人口最多的城市的移动电话位置数据的大规模商店访问模式来校准此模型，校准后的 T-Huff 模型被证明比原来的 Huff 模型在预测不同类型业务的市场份额时更加准确。

6.2　时空数据管理

时空数据管理比传统数据管理更注重地理空间和时间信息的处理，涉及更复杂的数据类型和结构，需要更强大的存储和处理能力，并且具有更多的时空特性和应用需求。除此之外，时空数据管理需要支持时空索引和查询，以便有效检索和处理时间序列与地理空间数据。因此，本节重点介绍时空索引和轨迹数据管理，以满足时空数据管理的需要。

6.2.1　时空索引

现实世界中的对象本质上是在特定空间和时间被引用的。许多应用程序需要记录和管理对象在过去、现在和预期的未来的位置数据，并进行时空范围内的查询和分析。为了有效地支持对对象时空范围的查询，数据库系统需要有效支持对对象的时空索引。

时空索引是一种特殊的索引结构，用于存储和管理时空数据。它允许在空间和时间维度对数据进行快速访问与查询，并提供高效的时空范围查询操作。它的设计考虑了空间数据的位置关系和时间的顺序关系。索引的结构允许有效地存储和搜索具有时空范围的对象，同时支持对象的时空关系分析和查询操作。这对许多领域的应用程序来说非常重要，如 GIS、位置服务、交通管理、环境监测等领域。目前流行的时空索引架构都是由 R-Tree 衍生而来的。

1. R-Tree

R-Tree（R 树）是一种用于组织和索引多维数据的数据结构，由 Antonn Guttman 于 1984 年提出，专门用于高效地处理空间数据和范围查询。它的设计目标是在高效存储和检索多维数据的同时，提供快速的范围查询、相交查询和最近邻查询等操作。R-Tree 目前被广泛应用于 GIS 和数据库系统中，为空间数据的查询和检索加速。

R-Tree 的基本思想是将多维数据划分成一系列矩形区域，并以层次化的方式组织这些矩形区域。每个矩形区域表示一个或一组数据对象。根据数据对象的位置和范围，R-Tree

将这些矩形区域尽可能地合并或分割，以构建平衡和紧凑的树结构。R-Tree 的结构类似 B-Tree（多叉平衡搜索树），在每个节点上存储的是矩形区域的边界信息。每个节点都可以包含多个子节点，从而形成树的层次结构。叶子节点存储实际的数据对象和对应的矩形区域。

【例 6.1】R-Tree 矩形区域如图 6.1 所示，对应的 R-Tree 结构如图 6.2 所示。

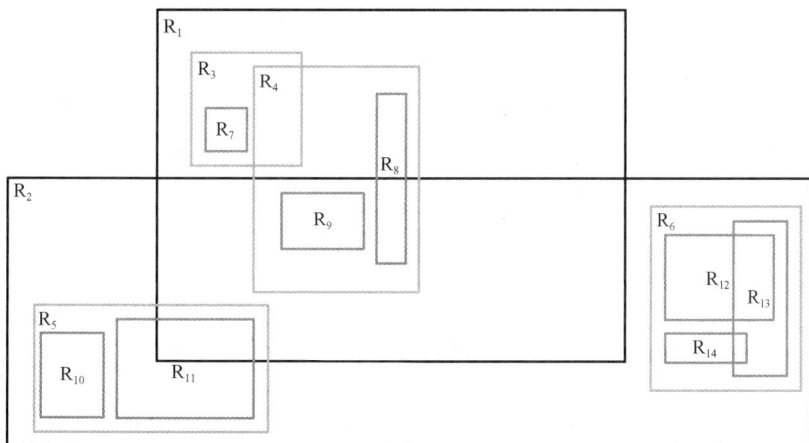

图 6.1　R-Tree 矩形区域

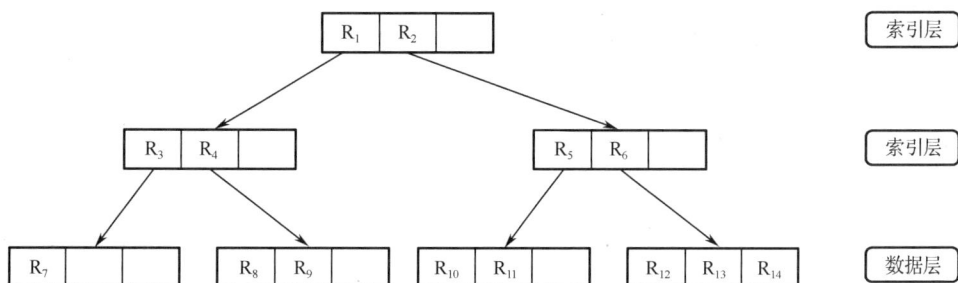

图 6.2　R-Tree 结构

（1）高效的范围查询。R-Tree 可以高效地进行范围查询，即查找与给定矩形区域相交或包含的数据对象。这使 R-Tree 在空间数据管理中能够快速地定位和检索数据。

（2）紧凑的存储方式。R-Tree 的结构使相邻的空间区域在存储上也是相邻的，从而提高了缓存的利用率。这种紧凑的存储方式有助于减少存储空间的占用，并提高数据访问的效率。

（3）动态更新。R-Tree 支持数据的动态插入和删除操作，可以有效地处理数据的更新。这意味着当数据集发生变化时，R-Tree 能够及时更新索引结构，保持数据查询效率。

（4）支持多维数据。R-Tree 适用于多维数据的索引和查询，如二维地理坐标、三维空间数据。

（5）支持多种查询。除了范围查询，R-Tree 还可以用于相交查询、最近邻查询和 k 最近邻查询等空间查询操作。这使 R-Tree 在处理不同类型的空间查询时具有很强的适用性和灵活性。

R-Tree 作为一种高效的空间索引结构,在空间数据管理和查询中具有明显的特点与优势。

2. 由 R-Tree 衍生而来的时空索引架构

R-Tree 衍生出了很多时空索引方法,根据不同的基本结构可以将不同方向的时空索引方法分为三类:检索过去的位置、检索当前的位置、检索当前和未来的位置。

1)检索过去的位置

检索过去的位置的时空索引方法有以下 3 类。

(1)时间扩展的时空索引方法。这类时空索引方法主要处理空间域数据,将时间查询视为次要问题。常用的技术包括以下几种。

- RT-Tree(时空 R 树):将时间作为额外的维度加入 R 树的节点中,以支持时间范围查询。

- 3D R-Tree(三维 R 树):类似 RT-Tree,但在空间索引结构中增加了时间维度。

(2)时间和空间相结合的时空索引方法。这类时空索引方法将时间维度和空间维度分别管理,并旨在将同时存在的所有空间数据保存在一个索引结构中。常用的技术包括以下几种。

- MR-Tree(多维 R 树):将时间维度和空间维度分别作为不同的 R 树来管理,并使用时间戳对其进行链接。

- HR-Tree(历史 R 树)和 HR±Tree(改进的历史 R 树):构建多个历史版本的 R 树,每个版本对应一个时间实例。

- MV3R-Tree(多版本三维 R 树):扩展了 R 树以支持多个时间版本的时空数据查询。

(3)时间主导、空间次要的时空索引方法。这类时空索引方法主要面向轨迹查询,将时间维度作为主要索引,空间维度作为次要索引。常用的技术包括以下几种。

- TB-Tree(时间绑定树):使用时间绑定来组织轨迹数据,并通过时间范围查询检索过去的时空数据。

- SEB-Tree(空间时间边界树):将时间边界与空间边界相结合,以支持时空范围查询。

以上这些时空索引方法在检索过去的时空数据时,提供了不同的存储和查询策略,可以根据具体应用的需求选择合适的方法。它们在时间维度和空间维度的结合可以有效地支持对历史时空数据的查询与分析,并为时空数据的管理和应用奠定重要的基础。

2)检索当前的位置

在大部分时空索引方法中,通常假设所有运动都是先验的,并只存储和查询闭合轨迹。这些方法主要适用于具有已知轨迹的对象,如物流运输中的车辆或航班。这些对象的轨迹通常是预先计划好的,因此可以在索引中存储和查询。

然而,对于移动对象当前位置的存储和查询,是一个具有挑战性的问题。因为移动对象的当前位置可能随时发生变化,无法事先确定或预测,所以传统的时空索引方法存在一些限制。针对这一挑战，常用的技术有以下几种。

- 2+3 R-Tree：一种改进的 R 树结构，用于管理时空数据。它在传统 R-Tree 结构的基础上进行了扩展，使用两个维度索引表示空间数据，使用一个维度索引表示时间数据。这种索引结构可以更有效地存储和查询时空数据。

- 2-3 R-Tree：一种改进的 R 树结构，类似 2+3 R-Tree，但它使用时间维度和空间维度索引表示时空数据，可以实现更高效的时空范围查询操作。

- LUR-Tree：一种针对位置更新频繁的移动对象的时空索引结构。它通过将最近更新的位置信息存储在索引结构的叶子节点中，支持对当前位置的快速查询。

3）检索当前和未来的位置

为了预测移动物体的未来位置，除了存储轨迹数据，还需要额外存储其他信息，如速度、目的地等。这里假设物体的运动模型为 $x=at+b$，其中 a 表示速度，b 表示起始位置，t 表示时间。

适用于预测移动物体未来位置的常用时空索引方法有如下几种。

- TPR-Tree：一种扩展的 R 树，它存储了物体的轨迹信息和额外的时间信息。通过提取轨迹数据中的速度信息，并结合运动模型进行时间参数化，TPR-Tree 支持未来位置的预测查询。

- PR-Tree：一种针对移动物体预测性查询的扩展的 R 树。它存储了物体的历史轨迹数据和额外的预测信息，如速度和目的地。PR-Tree 利用这些信息，结合运动模型，进行未来位置的预测查询。

- VCI R-Tree：一种基于速度一致性索引的扩展的 R 树。它根据物体的速度信息建立速度一致性索引，以支持未来位置的预测查询。

6.2.2 轨迹数据管理

轨迹数据涉及移动对象在空间和时间上的位置信息，因此在许多领域有广泛的应用，如交通管理、物流配送、移动社交网络、GIS、环境监测等领域。

1．轨迹数据的定义

轨迹数据是由移动物体在地理空间生成的轨迹，通常由一系列按时间顺序排列的点表示，如 $p_1 \to p_2 \to \cdots \to p_n$。其中，每个点由地理空间坐标集和时间戳组成，如 $p=(x,y,t)$。一般来说，轨迹数据除了包含时空位置信息，也需要考虑移动对象的其他属性信息。

2．轨迹数据的存储和索引

轨迹数据通常以数据库的形式进行存储。常见的数据库管理系统（如 MySQL、PostgreSQL 等）都可以用于存储轨迹数据。此外，还有专门用于存储和处理轨迹数据的时空数据库与分布式存储系统。

为了有效地查询和检索轨迹数据，需要设计合适的数据索引结构。常见的数据索引结构有基于空间划分的索引结构和数据驱动的索引结构。

1）基于空间划分的索引结构

（1）网格索引结构（Grid-based）。网格索引结构将空间分割成不相交且均匀的网格，在每个网格和网格中的点之间建立反向索引。

（2）四叉树（Quad-Tree）。四叉树的每个节点都与一个矩形空间区域相关联。顶部节点与整个目标空间相关联，每个非叶子节点把它的区域分成 4 个大小相等的象限，每个叶子节点的最大点数在 0 和某个固定的最大值之间。

（3）k 维树（k-D Tree）。树中的每个非叶子节点都对应一个维度上的划分，每次划分都会将空间分成两个子区域，分别由左子树和右子树管理。树的层数决定了当前划分使用的是哪一维。最终，每个叶子节点包含一个或多个空间对象。

2）数据驱动的索引结构

R-Tree 是一种经典的数据驱动的索引结构，它通过构建最小边界矩形（Minimum Bounding Rectangle，MBR），将数据点簇分组到 MBR 中，再将嵌套的 MBR 组织成一棵树。R-Tree 索引结构适用于处理大规模的轨迹数据集，通过构建 R-Tree 索引结构，实现对轨迹数据的高效查询和管理。

3．轨迹数据查询

轨迹数据作为历史时空数据，在各个领域发挥重要作用，如交通规划、城市管理、安全监控等领域。要想充分利用轨迹数据，必须依赖轨迹数据库中的各种查询操作。在轨迹数据管理中，主要有以下两种类型的查询。

1）范围查询

范围查询（Range Queries）旨在检索落入给定空间/时空范围或与给定空间/时空范围相交的轨迹。例如，用户需要检索过去一个月下午 2 时到 4 时经过给定矩形区域 R 的车辆轨迹。检索到的轨迹或片段可用于派生特征，如车速和交通流量，从而进行分类、预测等数据挖掘任务。可以使用以下三种常见的方法实现这类时空范围查询。

（1）将时间作为二维地理空间之外的三维空间，利用基于轨迹的 3DR-Tree 进行索引。

（2）将一个时间段划分为多个时间间隔，为每个时间间隔中生成的轨迹建立一个单独的空间索引。

（3）将地理空间划分为不同的网格，为落入网格的轨迹建立时间索引。

2）最近邻查询

最近邻查询（KNN Queries）旨在检索某几个点的聚合距离最小的前 K 个轨迹或到某个特定轨迹的聚合距离最小的前 K 个轨迹。

4．轨迹数据分析

在轨迹数据分析中，很重要的一点在于相似性度量，而相似性度量的关键是定义距离函数。下面介绍在轨迹数据分析中，点到轨迹的距离、轨迹到轨迹的距离和两个轨迹段之间的距离的计算方法。

1）点到轨迹的距离

点 q 到轨迹 A 的距离通常用 q 到 A 中最近点的距离来度量，即

$$D(q,A) = \min_{p' \in A} d(q,p') \tag{6-1}$$

式中，$d(q,p')$ 是两点之间的距离函数，可以是 L_p 范数，也可以是网络距离。

将单个查询点扩展为多个查询点，多个点 Q 到轨迹 A 的距离为

$$D(Q,A) = \sum_{q \in Q} e^{-D(q,A)} \tag{6-2}$$

这里使用指数函数给更近的点分配更大的贡献值，而给那些较远的点分配更小的贡献值。

2）轨迹到轨迹的距离

轨迹 A 到轨迹 B 的距离通常由两个轨迹之间距离的某种聚合来度量。常用的度量有以下几种。

（1）最近点对距离（Closest-Pair Distance，CPD）。CPD 使用两条轨迹中最近的点对之间的距离度量轨迹 A 到轨迹 B 的距离，计算公式为

$$\text{CPD}(A,B) = \min_{a_i \in A, b_j \in B} d(a_i, b_j) \tag{6-3}$$

式中，a_i 表示轨迹 A 上的第 i 个点；b_j 表示轨迹 B 上的第 j 个点。

（2）点对距离之和（Sum-of-Pairs Distance，SPD）。SPD 使用对应点对之间的距离之和度量轨迹 A 到轨迹 B 的距离，设 A、B 为点数相同的两条轨迹，两者之间的距离定义为

$$\text{SPD}(A,B) = \sum_{i=1}^{n} d(a_i, b_j) \tag{6-4}$$

（3）点对时间规整距离（Dynamic Time Wraping Distance，DTW）。欧氏距离的一个明显限制是，它要求两条轨迹具有相同的长度，这在实际应用中几乎是不可能的。为了使度量具有一定的灵活性，DTW 允许多次"重复"一些点，以获得最好的对齐结果。给定轨迹 $A = a_1, a_2, \cdots, a_n$，令 $\text{Head}(A)$ 表示 a_1，$\text{Rest}(A)$ 表示 $a_2, a_3, \cdots, a_n$，定义长度分别为 n 和 m 的两个轨迹 A 与 B 之间的 DTW 为

$$\text{DTW}(A,B) = \begin{cases} 0, & n=0 \text{且} m=0 \\ \infty, & n=0 \text{或} m=0 \\ d(\text{Head}(A), \text{Head}(B)) + \min \begin{cases} \text{DTW}(A, \text{Rest}(B)) \\ \text{DTW}(\text{Rest}(A), B) \\ \text{DTW}(\text{Rest}(A), \text{Rest}(B)) \end{cases} \end{cases} \tag{6-5}$$

式中，$d(\cdot)$可以是定义在点上的任意距离函数。

（4）最长公共子序列相似度（Longest Common Subsequence Similarity，LCSS）。SPD 和 DTW 对噪声相当敏感，因为包括噪声在内的所有点都需要进行匹配。为了解决这一问题，人们提出了 LCSS，它允许跳过一些点，而不是对这些点重新排序。设 A 和 B 是两个长度分别为 n、m 的轨迹，给定一个整数 δ 和一个距离阈值 ε，A 和 B 之间的 LCSS 定义为

$$\text{LCSS}(A,B) = \begin{cases} 0,\ n = 0\text{或}m = 0 \\ 1 + \text{LCSS}(\text{Rest}(A), \text{Rest}(B),\ d(\text{Head}(B)) < \varepsilon \text{且} |n-m| < \varepsilon \\ \max(\text{LCSS}(\text{Rest}(A), B), \text{LCSS}(A, \text{Rest}(B))),\ \text{其他} \end{cases} \tag{6-6}$$

式中，参数 δ 用于控制时间轴上允许的最大匹配偏移，即在多大的时间窗口内可以将一个轨迹中的点与另一个轨迹中的点进行匹配；参数 ε 是一个距离匹配阈值，用于判断两个点在空间上是否足够接近，如果足够接近，则视为"可以匹配"。

（5）实数序列编辑距离（Edit Distance on Real Sequence，EDR）。虽然 LCSS 可以处理带有噪声的轨迹，但它不区分具有相似公共子序列的轨迹，是一个非常粗糙的度量，于是一个新的距离函数——EDR 诞生了。给定长度分别为 n 和 m 的两个轨迹 A 与 B，匹配阈值 ε，在 A 和 B 上的 EDR 定义为将 A 变为 B 所需的插入、删除或替换操作的次数，计算公式为

$$\text{EDR}(A,B) = \begin{cases} n,\ m = 0 \\ m,\ n = 0 \\ \min\{\text{EDR}(\text{Rest}(R), \text{Rest}(S) + \text{sub}\cos t, \text{EDR}(\text{Rest}(R), S) + 1, \text{EDR}(R, \text{Rest}(S)) + 1\},\ \text{其他} \end{cases}$$
$$\tag{6-7}$$

式中，

$$\text{sub}\cos t = \begin{cases} 0,\ d(\text{Head}(A), \text{Head}(B)) \leqslant \varepsilon \\ 1,\ \text{其他} \end{cases} \tag{6-8}$$

（6）实数惩罚编辑距离（Edit Distance with Real Penalty，ERP）。ERP 对两个匹配点施加真实的惩罚，而对非匹配点使用一个常量值，它既支持本地时间的转移，又是一个度量标准。给定长度分别为 n 和 m 的两个轨迹 A、B，一个随机点 g，ERP 的定义为

$$\text{ERP}(A,B) = \begin{cases} \sum\limits_{1}^{n} |s_i - g|,\ m = 0 \\ \sum\limits_{1}^{m} |r_i - g|,\ n = 0 \\ \min\begin{cases} \text{ERP}(\text{Rest}(A), \text{Rest}(B)) + d(\text{Head}(A), \text{Head}(B)) \\ \text{ERP}(\text{Rest}(A), B) + d(\text{Head}(A), g) \\ \text{ERP}(A, \text{Rest}(B)) + d(\text{Head}(B), g) \end{cases},\ \text{其他} \end{cases} \tag{6-9}$$

3）两个轨迹段之间的距离

（1）最小边界矩形（Minimum Bounding Rectangle，MBR）。可以利用给定轨迹段之间的 MBR 来快速计算轨迹段之间的距离。假设 B_1 和 B_2 分别代表轨迹段 L_1 与 L_2 的 MBR。$D_{\min}(B_1, B_2)$ 代表 L_1 和 L_2 之间距离的下界，其计算公式为

$$D_{\min}(B_1, B_2) = \sqrt{(\Delta(B_1.[x_l, x_u], B_2.[x_l, x_u]))^2 + (\Delta(B_1.[y_l, y_u], B_2.[y_l, y_u]))^2} \qquad (6\text{-}10)$$

式中，$B_1.[x_l, x_u]$ 表示访问 B_1 在 x 维度的坐标区间 l 表示左端点，u 表示右端点；$B_2.[y_l, y_u]$ 表示访问 B_2 在 y 维度的坐标区间；$B_2[x_l, x_u]$ 和 $B_2[y_l, y_u]$ 同理。两个区间的距离定义为

$$\Delta([l_1, u_1], [l_2, u_2]) = \begin{cases} 0, [l_1, u_1] \cap [l_2, u_2] \neq \varnothing \\ l_2 - u_1, \ l_2 > u_1 \\ l_1 - u_2, \ u_1 > u_2 \end{cases} \qquad (6\text{-}11)$$

（2）轨迹-Hausdorff 距离（Trajectory-Hausdorff Distance）。给定轨迹段 L_1 和 L_2，D_{Haus} 的定义如式（6-12）所示，表示 3 个带权重距离的累加和。

$$\text{Hausdorff}(L_1, L_2) = w_\perp d_\perp + w_{\text{II}} d_{\text{II}} + w_\theta d_\theta \qquad (6\text{-}12)$$

式中，$d_\perp$ 表示两个轨迹段之间的垂直距离；d_{II} 代表轨迹段之间的平行距离；d_θ 代表轨迹段之间的夹角距离；$w_\perp$、w_{II} 和 w_θ 为上述 3 个距离的权重，这些权重的值可以根据应用场景的不同而调整。$d_\perp$、d_{II} 和 d_θ 的具体计算公式为

$$d_\perp = \frac{d_{\perp,a}^2 + d_{\perp,b}^2}{d_{\perp,a} + d_{\perp,b}}, \quad d_{\text{II}} = \min\{d_{\text{II},a}, d_{\text{II},b}\}, \quad d_\theta = \min\{\|L_1\|, \|L_2\|\}\sin\theta \qquad (6\text{-}13)$$

式中，$d_{\perp,a}$ 和 $d_{\perp,b}$ 分别表示 L_1 与 L_2 之间的垂直距离（L_1 到 L_2 的映射和 L_2 到 L_1 的映射）；$d_{\text{II},a}$ 和 $d_{\text{II},b}$ 分别表示 L_1 与 L_2 之间的平行距离（L_1 到 L_2 的映射和 L_2 到 L_1 的映射）；θ 代表两轨迹段之间的夹角；$\|L_1\|$ 和 $\|L_2\|$ 分别表示 L_1 与 L_2 的长度。

6.3　时间序列预测方法

时间序列是将同一统计指标的数值按时间先后顺序排列而成的数列。时间序列预测是一种回归预测方法，其基于历史数据对未来的变化进行预测，基本原理是承认事物发展的延续性，通过对过去的时间序列数据进行统计分析，推测事物的发展趋势。同时，它考虑了偶然因素产生的随机性影响，利用历史数据进行统计分析，并对数据进行适当的处理，以消除随机波动带来的影响。总体来说，它通过建立数学模型描述时间序列中的趋势、季节性和周期性，并进行拟合和预测，实现对未来变化的预测。

时间序列预测方法可以分为传统时序建模方法、机器学习建模方法和深度学习建模方法三个主要类别。传统时序建模方法包括自回归（Autoregressive，AR）模型、移动平均（Moving Average，MA）模型、自回归移动平均（Autoregressive Moving Average，ARMA）模型及自回归积分移动平均（Autoregressive Integrated Moving Average，ARIMA）模型。这些方法基于时间序列的滞后值、移动平均值、时间序列的自相关性等统计特性进行预测。机器学习建模方法通过构建特征向量，利用机器学习算法（如决策树、支持向量机、随机森林等）进行预测。深度学习建模方法利用深度神经网络模型（如循环神经网络、长短期记忆网络等）捕捉时间序列中的复杂模式和依赖关系。

6.3.1 传统时序建模方法

1. 移动平均模型

移动平均模型是一种常用的时间序列预测方法，它基于观测值的移动平均来估计未来的趋势。移动平均的方法可以分为简单移动平均和加权移动平均两种。它们的主要区别在于赋予数据权重的方式不同。

1）简单移动平均

简单移动平均（Simple Moving Average，SMA）是将时间序列中一定数量的数据点相加，然后除以数据点的个数，得到平均值，一般可以表示为

$$X_t = \frac{1}{p}\sum_{i=1}^{p} X_{t-i} \qquad (6\text{-}14)$$

式中，p 为窗口大小；X_t 为第 t 时刻的观测值；X_{t-i} 为第 $t-i$ 时刻的观测值。

每个数据点对平均值的贡献相同，没有特定的权重设置。简单移动平均可以平滑数据波动，减弱噪声的影响，但对于变化较快的数据反应较慢。

2）加权移动平均

加权移动平均（Weighted Moving Average，WMA）为不同时间点的数据点赋予不同的权重，一般可以表示为

$$X_t = \frac{1}{\sum_{i=1}^{p} W_{t-i}} \sum_{i=1}^{p} W_{t-i} X_{t-i} \qquad (6\text{-}15)$$

式中，W_{t-i} 为第 $t-i$ 时刻数据点的权重。通常情况下，近期数据的权重较大，远期数据的权重较小。这种权重设置可以根据特定的需求和分析目的进行调整。加权移动平均更加关注最新的数据，能够更快地反映趋势的变化。

移动平均模型的优点在于可以消除数据中的随机波动，使趋势更加明显。通过平滑数据，移动平均模型可以帮助分析者辨认长期趋势，并过滤掉短期的噪声。然而，移动平均模型也存在一定的局限性。例如，对于快速变化的数据或包含明显季节性因素的数据，移动平均模型可能无法准确反映实际情况。此外，移动平均线参数（如窗口大小或权重设置）的选择具有一定的主观性。因此，在使用移动平均模型时需要考虑具体应用场景和数据特点，并结合其他分析工具进行综合判断和决策。

2. 自回归模型

自回归模型是一种常用的时间序列预测方法，它基于时间序列自身的历史值预测未来的值。自回归模型假设当前时刻的观测值与过去时刻的观测值之间存在线性关系。自回归模型的一般形式可以表示为

$$X_t = c + \sum_{i=1}^{p} \varphi_i X_{t-i} + \epsilon_t \qquad (6\text{-}16)$$

式中，X_t 是当前时刻的观测值；c 是模型的截距；φ_i 是自回归系数，表示当前时刻观测值与过去时刻观测值之间的线性关系；ϵ_t 是误差项，表示模型无法解释的随机波动。自回归模型的阶数 p 表示模型考虑的过去观测值的数量。例如，AR(1)表示一阶自回归模型，仅考虑前一时刻的观测值；AR(2)表示二阶自回归模型，考虑前两个时刻的观测值；以此类推。

自回归模型的参数通常使用最小二乘法或最大似然估计等方法进行求解。通过对历史观测值的拟合，得到模型的参数估计值，利用估计的参数进行未来值的预测。

自回归模型的预测性能受到阶数选择和误差项性质的影响。较高阶的自回归模型可以更好地拟合复杂的时间序列模式，但也可能引入过度拟合的问题。误差项的性质也会对自回归模型的预测精度产生影响，如误差项是否满足平稳性、独立性等假设。

自回归模型的优点在于所需数据较少，可利用自身的变量序列进行预测。然而，自回归模型也存在如下一些限制。

- 自相关系数的重要性：自回归方法的有效性与自相关系数的大小密切相关。若自相关系数（R）小于 0.5，则不宜采用自回归模型，否则预测结果将极不准确。
- 适用性限制：自回归模型适用于预测与自身前期相关性较强的对象（如受自身历史因素影响较大的对象），如矿产开采量和各类自然资源产量。对于受社会因素影响较大的对象，不宜仅采用自回归模型，而应考虑使用能够纳入其他变量的向量自回归模型。

3．其他模型

自回归模型和移动平均模型相结合诞生了自回归移动平均模型（ARMA）和自回归积分移动平均模型（ARIMA）。

ARMA 模型是一种将自回归模型和移动平均模型结合起来的线性模型，用于描述时间序列数据中的趋势和随机波动。其中，自回归部分利用过去时刻的观测值和滞后项来预测当前时刻的值，而移动平均部分利用过去时刻的噪声项来预测当前时刻的值。ARMA 模型一般可表示为

$$X_t = c + \sum_{i=1}^{p} \varphi_i X_{t-i} + \epsilon_t + \sum_{j=1}^{q} \theta_j \epsilon_{t-j} \qquad (6\text{-}17)$$

式中，X_t 是当前时刻的观测值；c 是模型的截距；φ_i 是自回归系数，表示当前时刻观测值与过去时刻观测值之间的线性关系；p 是自回归阶数，表示模型考虑的过去观测值的数量（自回归阶数）；ϵ_t 是误差项，表示模型无法解释的随机波动；θ_j 是移动平均模型的参数，表示过去 j 个误差项的权重；q 是移动平均阶数，表示考虑的过去误差项的数量。

ARMA 模型的核心思想是使用过去的观测值和误差项来预测未来的观测值，通过调整自回归阶数 p 和移动平均阶数 q，适应不同的数据特征，以实现更准确的预测。ARMA 模型通常用于对平稳时间序列①数据进行建模和预测，特别是在没有明显趋势和季节性影响时。该模型可以通过最小二乘法等方法估计模型的参数，从而得到最佳拟合效果。

ARIMA 模型是 ARMA 模型的扩展形式，通过引入差分操作处理非平稳时间序列。ARIMA 模型包含三个部分：自回归部分、差分部分和移动平均部分。通过对非平稳时间序列进行差分操作，将其转化为平稳时间序列，然后应用 ARIMA 模型进行建模和预测。ARIMA 模型是一种常用的时间序列分析工具，它能够捕捉数据的长期趋势、季节性和随机波动，并对未来的变化进行预测。调整自回归部分、差分部分和移动平均部分的阶数，可以适应不同时间序列数据的特征和模式。ARIMA 模型一般表示为

$$Y_t = c + \sum_{i=1}^{p} \varphi_i Y_{t-i} + \epsilon_t + \sum_{j=1}^{q} \theta_j \epsilon_{t-j} \qquad (6\text{-}18)$$

式中，Y_t 是时间点 t 的差分序列，通过对原始时间序列进行一阶或多阶差分得到。差分指的是时间序列中相邻观测值之间的差值。其他变量的含义与式（6-17）相同。

总体来说，ARMA 模型适用于平稳时间序列数据的建模和预测，而 ARIMA 模型适用于具有趋势与季节性的非平稳时间序列数据的建模和预测。

自回归模型和移动平均模型还能扩展到季节性模型中，用来捕捉和建模数据中重复出现的季节性模式，如每年、每季度、每月或每周的周期性变化。

6.3.2 机器学习建模方法

时间序列预测问题也可以使用机器学习的解决方案，决策树、支持向量机和随机森林等都是常用的机器学习模型。

1. 决策树

在决策树中，可以将当前时间点的观测值作为输入特征，将下一个时间点的值作为输出（目标变量）。决策树通过对特征进行划分，构建一个树状模型来预测目标变量的值。预测时，从根节点开始，根据特征的取值依次经过树的分支，最终到达叶子节点，叶子节点的预测值为预测结果。决策树具有可解释性和易于理解的优势，但对于复杂的时间序列模式可能不够灵活。

2. 支持向量机

支持向量机（SVM）是一种常用的监督学习算法，它通过在特征空间找到一个最优的

---

① 一般来说，平稳时间序列的性质不随观测时间的变化而变化，不具有趋势或季节性。一个平稳时间序列从长期来看不存在可预测的特征。它的时间曲线反映了这个序列近似水平并保持固定的方差。

超平面，将样本点分隔开，使预测值尽可能接近真实值。对于时间序列预测，可以将当前时间点作为输入，将下一个时间点的值作为输出。SVM 可以利用核函数处理非线性关系，提高模型的拟合能力。然而，SVM 在处理大规模时间序列数据时可能面临计算复杂度高和训练时间较长的挑战。

3．随机森林

随机森林（RF）是一种基于集成学习的方法，由多个决策树组成。在时间序列预测中，随机森林可以用于回归任务。随机森林通过对训练数据进行随机抽样和随机选择特征，构建多个决策树，并通过集成决策树的预测结果进行最终的预测。随机森林具有良好的鲁棒性和泛化能力，对于复杂的时间序列模式具有较好的预测性能。同时，随机森林可以评估特征的重要性，帮助理解时间序列数据中的关键因素。

6.3.3　深度学习建模方法

近年来，随着神经网络的发展，人们在时间序列预测方面取得了很好的成果。常用的深度学习模型包括循环神经网络、长短期记忆网络、门控循环单元、卷积神经网络、注意力机制等。与机器学习模型需要经过复杂的特征工程相比，深度学习模型通常只需要经过数据预处理、网络结构设计和超参数调整等，即可端到端输出时序预测结果。深度学习模型能够自动学习时间序列数据中的模式和趋势，对于复杂的非线性模式有很好的表达能力。设计合适的深度学习模型来解决时间序列预测问题是近年来的研究热点。

6.4　时空数据挖掘算法

6.4.1　空间数据可视化

空间数据可视化是指使用图形表示方法将地理空间数据呈现为可视化形式，以便更直观地理解和分析地理空间信息。空间数据可视化可以有效地展示地图、地理特征、空间模式和关系，帮助用户探索和理解地理数据的内在趋势、分布及相互作用。本节以 Yelp 数据集为例，展示如何对空间数据进行可视化。

【例 6.2】Yelp 是一个被广泛使用的公开数据集，其中包含来自 Yelp 在线商务平台的餐馆信息、用户评价和用户活动数据。本节主要使用餐馆信息，每家餐馆的数据包括餐馆的 ID、名称、地址、坐标（经纬度）、类别、评分、评论数量、是否营业等。表 6.2 是 Yelp 的一个子集示例，这里主要使用餐馆的经度、纬度、评分、是否营业（1=营业，0=不营业）等信息进行空间数据可视化。

表 6.2　Yelp 子集示例

餐 馆 名 称	纬 度	经 度	评 分	是 否 营 业
McCarthy's Irish Pub	43.6780488	−79.3147736	4	0
Oishi Sushi	43.7635097	−79.4907499	2	0
Boardwalk Place	43.6630096	−79.3108978	3	1
Buonanotte	43.6456871	−79.3904932	2	1
Big Daddy's Bourbon Street Bistro & Oyster Bar	43.647499	−79.3864714	3.5	0
MainSha Restaurant	43.6744092	−79.4580342	4	1
Sushi Osaka	43.6452327	−79.5324224	4.5	1
Amuse-Bouche Restaurant	43.6440828	−79.4056841	4.5	0
Smoke Bourbon Bar-B-Q House	43.6603391	−79.4150747	3.5	1

空间数据可视化的常用图表有地图和热力图等。

1．地图

地图能够通过图形化方式将地理空间信息呈现出来，以便用户更直观地理解和分析地理数据。地图可以展示地理要素、地理特征、地理模式和关系，帮助用户发现地理数据的内在趋势、分布和相互作用。

【例 6.3】通过地图对表 6.2 中的餐馆分布进行可视化，如图 6.3 所示。在这张地图中，每个点代表一家餐馆，点越密集，代表餐馆越密集，反之则代表餐馆越稀疏。图 6.3 能够让人们直观地看到城市中餐馆的大致分布情况，方便后续进行时空数据挖掘。

图 6.3　餐馆分布可视化

【例 6.4】对不同评分的餐馆分别进行展示，如图 6.4 所示。

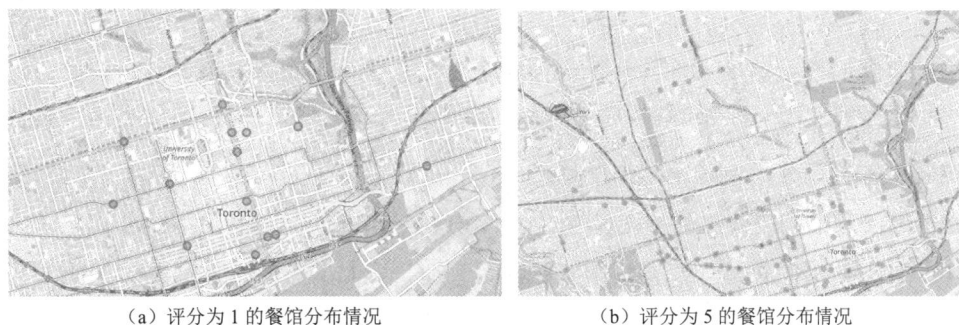

（a）评分为 1 的餐馆分布情况　　　　　　（b）评分为 5 的餐馆分布情况

图 6.4　不同评分餐馆的分布情况

也可以使用 Choropleth 地图将地图数据和变量数据进行结合。Choropleth 地图是一种用来表示地理区域内统计数据分布或密度的地图类型。它通过在地图上使用不同的颜色或阴影展示各个地理区域的数据值，从而直观地显示出地理区域的数据分布情况。

通过 Choropleth 地图，用户可以直观地了解各个地理区域的数据分布情况，快速识别出数据的空间分布模式和趋势，从而为决策和分析提供有力支持。

2．热力图

热力图也是一种常用的空间信息可视化图表，它通过对色块着色显示数据。绘图时，需要明确颜色映射的规则。例如，较大的值由较深的颜色表示，较小的值由较浅的颜色表示；较大的值由偏暖的颜色表示，较小的值由偏冷的颜色表示。热力图的优势在于空间利用率高，可以容纳较为庞大的数据。热力图有助于发现数据之间的关系、找出极值，常用于刻画数据的整体样貌。

【例 6.5】绘制热力图，将餐馆数量更多的地方用更暖的颜色表示，如图 6.5 所示。

图 6.5　餐馆数量热力图

6.4.2　时空数据统计

处理隐式时空关系的一种方法是将这些关系物化到传统的数据输入列中，然后应用经典的数据挖掘技术进行处理。然而，这种物化会导致信息丢失。数据和关系中自然存在的空间与时间的模糊性，给时空数据挖掘的建模和处理带来了困难。一个更好的捕捉隐式时空关系的方法是借助统计建模和先进技术，将空间信息和时间信息整合到数据挖掘过程中。

由于时空数据的特殊性，如空间依赖性、异质性、时间自相关性等，时空统计有别于传统非空间统计分析方法，其将空间（邻域、区域、连通性和/或其他空间关系）直接融入数学中。

1. 空间统计

空间统计学是统计学的一个分支，涉及空间数据的分析和建模。空间统计与经典统计之间的主要区别是空间数据不满足独立同分布的假设。例如，瓦尔多·托贝尔（Waldo Tobler）的地理学第一定律（所有事物都与其他事物相关，但是近处的事物比远处的事物更相关）在一定程度上反映了事物的空间相关性和自相关性。空间数据主要有三种类型：点数据、线数据和面数据。根据空间数据的类型，空间统计可以分为三类：点参考数据的地理统计学、面数据的格点统计和空间点模式的空间点过程。

1）地理统计学

地理统计学是地理学和统计学的交叉学科，专注于地理空间数据的空间连续性、弱平稳性和各向同性分析。它致力于构建空间依赖模型。在处理地理空间数据时，地理统计学假设了弱平稳性或内在平稳性，即数据的统计性质在空间上是稳定的，不随位置的变化而变化。在地理统计学中，为了描述空间数据之间的相关性，通常使用协方差函数或半方差图。这些工具可以捕捉不同距离之间的空间相关性，并提供了评估空间依赖性的方式。协方差函数或半方差图的形状和趋势可以揭示地理现象的空间结构及空间变异的规律，为空间模型的构建和预测提供重要的信息。

2）格点统计

格点统计用于研究领域（或区域）模型中的空间数据。面数据包括规则的数据（如遥感影像的栅格数据）和不规则的数据（如多边形的县界数据、省界数据）等。面数据分析主要通过反映一定地域单元的整体数据，根据空间自相关研究事物的空间分布格局及该格局背后的形成原因。

也可以基于空间邻接或欧氏距离定义空间邻域关系，基于邻接矩阵定义空间自相关统计量来度量非空间属性在相邻位置之间的相关性。常用的面数据统计包括 Moran 指数和 Geary 系数。它们是两个用来度量空间自相关性的全局指标。其中，Moran 指数反映的是空间邻接或空间邻近的区域单元属性值的相似程度；Geary 系数与 Moran 指数存在负相关关系。Moran 指数更受欢迎，因为其分布特征比 Geary 系数更理想。

Moran 指数的计算公式为

$$I = \frac{n\sum\limits_{i=1}^{n}\sum\limits_{j=1}^{n}w_{ij}(x_i-\overline{x})(x_j-\overline{x})}{\sum\limits_{i=1}^{n}\sum\limits_{j=1}^{n}w_{ij}\sum\limits_{i=1}^{n}(x_i-\overline{x})^2} \qquad (6\text{-}19)$$

式中，w_{ij} 表示位置 i 和位置 j 之间的权重；x_i 表示位置 i（区域）的观测值；I 为 x_i 的全局 Moran 指数，其取值一般为[-1,1]，小于 0 表示负相关，等于 0 表示不相关，大于 0 表示正相关。对于 Moran 指数，可以用标准化统计量 Z 来检验 n 个区域是否存在空间自相关关系。当 Z 值为正且显著时，表明存在正的空间自相关关系，观测值趋于集聚分布；当 Z 值为负且显著时，表明存在负的空间自相关关系，观测值趋于分散分布；当 Z 值为 0 时，观测值呈独立随机分布。

Geary 系数的计算公式为

$$C = \frac{(n-1)\sum\limits_{i=1}^{n}\sum\limits_{j=1}^{n}w_{ij}(x_i-x_j)^2}{\sum\limits_{i=1}^{n}\sum\limits_{j=1}^{n}w_{ij}\sum\limits_{i=1}^{n}(x_i-\overline{x})^2} \qquad (6\text{-}20)$$

式中，C 的取值一般为[0,2]，大于 1 表示负相关，等于 1 表示不相关，小于 1 表示正相关。

一些空间统计模型，如空间自回归模型、条件自回归模型、马尔可夫随机场及贝叶斯层次模型，可以用来建模格点数据。

3）空间点过程

空间点过程是一个研究点在空间中的分布模式的模型，描述了点在空间中如何按照特定的规则分布。通过该模型每次抽样得到的是某个空间区域内的一个离散点集。

空间点过程的一种基本类型是均匀空间泊松点过程，也称为完全空间随机（Complete Spatial Randomness，CSR），其中点的位置是相互独立的，在空间上具有相同的强度。空间统计中常用 Ripley's K 函数，即计算某一点周围一定距离内的平均点数，该函数可用于检测 CSR 点模式。此外，现实世界中的空间点过程，如犯罪事件，往往包含热点区域，而不是均匀分布的。空间扫描统计量通过扫描窗口内点的强度是否明显高于（或低于）窗口外点的强度，检测这些热点区域。

在空间点过程的研究中，主要关注以下几个方面。

- 点的密度和分布特征：分析点在空间中的密度和分布模式，如点的聚集程度、均匀性和随机性。

- 点之间的空间相关性：研究点之间的空间关联程度，包括点的相互作用、距离效应等。

- 点的空间集聚和分散：识别和描述点的聚类与分散现象，如点的簇集、集聚中心等。

191

- 点过程的模型拟合和预测：建立数学模型以描述和预测空间点过程的分布与变化，如泊松点过程、克里格插值等。

2. 时空统计

时空统计针对的是时空数据，即在时间和空间上都变化的数据。时空数据包含时间维度和空间维度的信息，涉及随着时间推移而变化的空间现象，如气象观测数据、交通流量数据、人口迁移数据等。时空统计分析旨在理解和描述时空数据的特征、变化规律及空间相关性，并对未来的时空变化进行预测和模拟。

与前文的空间统计对应，时空统计也可以分为三类：空间时间序列、格点数据的时间序列和时空点过程。

1）空间时间序列

空间时间序列是指按时间顺序采集的时空观测数据序列。核心分析方法包括时空平稳性检验、时空协方差建模、时空异质性分析及时空克里格插值等。

2）格点数据的时间序列

与格点统计类似，格点数据的时间序列也存在时空自相关问题。常用的模型有时空自回归模型和贝叶斯层次模型。其他时空统计方法包括用于数据同化的经验正交函数分析（地球物理中的主成分分析）、正相关分析和动态时空模型。

3）时空点过程

时空点过程在空间点过程中纳入了时间因素。与空间点过程类似，时空点过程的基本类型有时空泊松过程、Cox 过程和聚类过程。还有相应的统计检验，包括时空 K 函数和时空扫描统计。

6.4.3 典型的时空数据挖掘算法

接下来将介绍 5 种典型的空间数据挖掘算法，它们都对传统的数据挖掘算法进行了相应的迁移。

1. 空间自回归模型

许多经典的数据挖掘算法（如线性回归算法），假设学习样本是独立同分布的，但在空间数据中，由于空间自相关性的存在，这一假设被打破，经典线性回归得到的模型不仅预测精度较低，而且残差具有空间依赖性。空间自回归模型（Spatial Autoregressive Model，SAM）是线性回归模型的一种推广模型，用于解释空间自相关性，即空间上相邻地点之间的相互影响和依赖关系。SAM 已经成功地应用于区域经济、生态学等空间数据集的分析中。对于许多空间自相关性强的空间数据集，该模型具有很好的分类和预测精度，是一种非常流行的空间数据挖掘算法。

SAM 的定义为

$$y = \rho Wy + x\beta + \epsilon \qquad (6\text{-}21)$$

其中，ρ、W、y 是空间自相关项，用于对因变量 y 的元素之间的空间依赖强度进行建模；ρ 是空间自回归参数，在区间[0,1）内变化；y 是一个 $n \times 1$ 因变量观测向量；x 是一个 $n \times k$ 矩阵，用于解释变量的观测值；W 是一个 $n \times n$ 邻接矩阵，用于解释空间数据之间的空间关系（依赖性）；β 是一个 $k \times 1$ 的向量回归系数；ϵ 是一个 $n \times 1$ 向量，代表不可观测误差，服从正态分布。

SAM 的精准求解算法包括以下 3 个步骤。首先，根据输入的 x、y、W、ϵ 计算 W 的所有特征值；其次，利用 W 的所有特征值，使用黄金分割搜索计算 ρ 的极大似然估计，以确定最佳空间自回归参数；最后，计算误差平方和，评估模型的拟合程度。

SAM 的求解过程通常是一个迭代的过程。因为需要计算超大矩阵 W 的所有特征值，SAM 的计算成本非常高，这限制了 SAM 的使用。目前很多研究者提出了该模型的有效求解方法。

2．地理加权回归模型

地理加权回归（Geographically Weighted Regression，GWR）模型是一种空间统计分析方法，用于探索地理数据中的空间非平稳性和空间异质性。相比于传统的全局回归模型，GWR 模型允许回归系数在空间上发生变化，以适应不同地理位置的局部特征。

在 GWR 模型中，每个观测点的权重根据其与其他观测点之间的距离或相似性确定。通常使用距离衰减函数来计算权重，距离较近的观测点具有较大的权重，距离较远的观测点具有较小的权重。这样，对于每个观测点，GWR 模型的参数会根据其邻域内的数据进行估计，从而捕捉到局部的空间异质性。

GWR 模型的一般形式可以表示为

$$y_i = \beta_0(u_i, v_i) + \sum_{k=1}^{m} \beta_k(u_i, v_i)x_{ik} + \varepsilon_i \qquad (6\text{-}22)$$

式中，y_i 是观测点（空间位置）i 的因变量（依赖变量）；x_{ik} 是观测点 i 的第 k 维自变量（解释变量）；(u_i, v_i) 是观测点 i 的坐标；$\beta_k(u_i, v_i)$ 是观测点 i 处第 k 维自变量的局部回归系数，可以根据权重函数和邻域内的数据进行估计；$\beta_0(u_i, v_i)$ 是观测点 i 处的截距项；ε_i 是观测点 i 的误差项。

GWR 模型可以揭示空间异质性，即在不同的地理位置，自变量与因变量之间的关系可能存在差异，表现为 $\beta_0(u_i, v_i)$ 和 $\beta_k(u_i, v_i)$ 的不同。通过对每个观测点进行局部回归建模，获得空间上的局部回归系数，从而更好地理解和解释地理数据的空间变化。

3．空间聚类

Knox（1989 年）将空间聚类定义为"在地理范围内的一系列事件，其规模和集中程度足以使其不太可能是偶然发生的"。空间聚类是一个必须同时包含空间元素和非空间元素的聚类过程，空间元素通常隐含在空间数据集中，可以有点、线或面等多种表示形式，不同的表示形式将导致对数据对象相似度的不同测量。

目前有些空间聚类算法是通过应用空间元素从经典的聚类算法扩展而来的。CLARANS 算法（基于随机搜索的大规模应用聚类算法）是经典的聚类算法之一，它由 PAM 算法（围绕中心点分割算法）和 CLARA 算法（大规模应用的聚类算法）发展而来，是一种用于空间数据挖掘的对象聚类算法。CLARANS 算法的核心思想是通过随机搜索的方式寻找数据集中的聚类结构。与传统的基于划分或层次的聚类算法不同，CLARANS 算法使用了一种更加灵活的搜索策略，可以在规模较大的数据集中高效地发现聚类。CLARANS 在实际中具有广泛的应用，Ng 等使用 CLARANS 算法和多边形不相似函数（Polygon Dissimilarity Function，PDF）来测量空间相似性，通过对南万隆市洪水相关数据进行聚类分析，确定了救援站的位置，为印度尼西亚西爪哇省南万隆市的洪水问题提供了解决方案。

大型空间数据库的应用对聚类算法提出了使用最小领域知识来确定输入参数、发现任意形状的簇、具有良好的处理效率等要求。为了满足这些要求，人们提出了基于密度的带噪声空间聚类算法（DBSCAN），它只需要一个输入参数，并支持用户为该参数确定合适的值；它可以发现任意形状的簇，有效地处理噪声点；对于大型空间数据库，它非常高效。DBSCAN 算法的核心思想是通过定义数据点的密度和邻域关系进行聚类，其工作过程见4.4.3 节。

194

4．空间决策树

空间决策树（Spatial Decision Tree）是一种用于空间数据分析和决策的方法。它结合了决策树和空间自相关统计的概念，通过在决策树的遍历过程中考虑局部自相关统计量，确定最佳分裂变量和分裂点，从而实现对空间数据的有效划分和分类。

在传统的决策树中，分裂变量和分裂点的选择通常基于数据的纯度或不纯度相关度量，如基尼指数或信息增益。但是，在空间决策树中，除了考虑数据的纯度，还引入了局部自相关统计量来衡量变量之间的空间关联性。

在空间决策树的遍历过程中使用了以下两个关键概念。

1）焦点函数和局部自相关统计量

焦点函数（Focal Function）是在位置附近的非空间属性值的聚合。一个重要的焦点函数是焦点自相关统计量，它衡量了位置的属性值与其邻居的值之间的依赖关系。例如，局部测试指标上的焦点 $\varGamma_i$ 指数被定义为

$$\varGamma_i = \frac{\sum\limits_j W_{i,j} I_i I_j}{\sum\limits_j W_{i,j}} \tag{6-23}$$

式中，Γ_i 为空间位置 i 的焦点指数，i 和 j 分别对应两个空间位置；$W_{i,j}$ 为邻接矩阵，用来衡量 i 和 j 的关系；I_i 和 I_j 是局部测试中的指示变量。使用一个局部测试 $f^m \leq \delta$ 检查样本在相应空间位置处第 m 维的特征 f^m 的值是否超过阈值 δ。如果超过阈值，则相应的 I 为 -1，否则为 1。

另外，一个负的 Γ 指数（$\Gamma < 0$）表明当前位置可能是 salt-and-pepper 噪声。salt-and-pepper 噪声被定义为一种具有长尾脉冲的噪声类型，其值通常是极端的（如最小值或最大值）。在一个预测的类别标签地图中，salt-and-pepper 噪声可以被视为与其空间邻近性不同的单个像素（或一小组相邻像素）。

2）焦点测试

焦点测试（Focal Test）是对位置附近属性值进行的一个或一组测试。例如，$f \leq \delta \oplus \Gamma < 0$（$\oplus$ 是"异或"逻辑运算符）是一个将局部测试 $f \leq \delta$ 和测试 $\Gamma < 0$ 相结合的焦点测试。与仅使用局部测试 $f \leq \delta$ 相比，这种组合的焦点测试更不容易受到 salt-and-pepper 噪声的影响，原因是 salt-and-pepper 噪声像素通常具有负的 Γ 指数（$\Gamma < 0$ 为真），它们的局部测试结果（$f \leq \delta$）通过逻辑运算符 $\oplus$ 进行翻转（"false"异或真变为"true"，"true"异或真变为"false"）。

基于焦点测试的空间决策树是对每个特征均进行焦点测试的树。局部测试和焦点测试都是在单个特征上定义的。当存在多个特征时，每个特征上的局部测试或焦点测试均被视为候选树。通过将局部自相关统计量和焦点测试纳入决策树的构建过程，空间决策树可以更好地适应空间数据的特征和空间模式。它可以在决策树中捕捉到变量之间的空间依赖关系，并通过递归的分裂过程生成具有空间解释力的决策规则。

空间决策树提供了一种直观、可解释且适用于空间数据的决策模型，有助于理解和预测空间数据的行为与变化。

5. 空间关联规则分析

空间关联规则分析（Spatial Association Rule Mining）是一种用于探索和描述空间数据的关联性与相互作用的方法。它结合了关联规则挖掘和空间数据分析的概念，旨在揭示空间数据中的隐含关联模式和空间依赖关系。

关联规则是指在数据集中频繁出现的项之间的关联关系。传统关联规则与空间关联规则的对比如表 6-3 所示。

表6.3 传统关联规则与空间关联规则的对比

	传统关联规则	空间关联规则
潜在空间	离散集	连续空间
对象类型	物品	事件/布尔空间特征集
集合	交易（T）	邻居（N）

续表

	传统关联规则	空间关联规则
衡量标准	支持度	参与指数
条件概率指标	$\Pr[A \text{ in } T \mid B \text{ in } T]$	$\Pr[A \text{ in } N(L) \mid B \text{ at location } L]$

- 传统关联规则挖掘通常应用于离散型数据，如购物篮中的商品集合（交易 T）。而空间关联规则挖掘通常应用于连续型空间属性，如地理坐标、距离、面积等。空间数据通常具有地理位置信息和空间特征，需要考虑空间邻域（邻居 N）和空间权重。

- 传统关联规则挖掘使用支持度来评估规则的兴趣度，支持度表示规则在数据集中出现的频率。空间关联规则挖掘使用参与指数来衡量空间数据中属性的集中程度，参与指数表示每个空间单元对属性总值的贡献百分比。

- 传统关联规则挖掘使用条件概率指标，如 $\Pr[A \text{ in } T \mid B \text{ in } T]$，表示在交易数据集中，当发生 B 时 A 发生的概率。空间关联规则挖掘使用条件概率指标，如 $\Pr[A \text{ in } N(L) \mid B \text{ at location } L]$，表示在特定位置 L，当发生事件 B 时，在位置 L 的邻近区域 $N(L)$ 内事件 A 发生的概率。它考虑了空间位置的影响。

本章小结

本章首先讨论了时空数据挖掘的基本概念及其在基于位置的服务、地理信息系统、店铺选址和营销分析中的应用；然后介绍了时空数据管理的关键技术，特别是 R-Tree 并介绍了轨迹数据的基本概念、索引、查询、分析等；接着介绍了空间数据可视化方法，帮助读者直观地呈现和分析空间数据；最后介绍了时空统计方法和时空数据挖掘常用算法，为进一步研究和应用时空数据挖掘提供了参考与指导。

课后习题

1. 简述 GPS 和感知技术的概念及它们对时空数据挖掘的意义。
2. 讨论时空数据挖掘在实际中的应用。
3. 为什么传统的数据挖掘算法不能解决空间数据挖掘问题？
4. 请下载 Yelp 数据集，完成以下两个任务。
（1）绘制热力图，将餐馆评分更高的地方用更暖的颜色表示。
（2）将餐馆是否营业作为分类依据，绘制不同颜色的散点地图。

参考文献

[1] GIDOFALVI G, PEDERSEN T B. Cab-sharing: an effective, door-to-door, on-demand transportation service[C]//Proceedings of the 6th European Congress on Intelligent Transport Systems and Services. Aalborg, Denmark: ERTICO, 2007: 8.

[2] MA S, ZHENG Y, WOLFSON O. T-share: a large-scale dynamic taxi ridesharing service[C]//Proceedings of the 29th IEEE International Conference on Data Engineering (ICDE). Rio de Janeiro, Brazil: IEEE, 2013: 410-421.

[3] BAO J, ZHENG Y, WILKIE D, et al. Recommendations in location-based social networks: a survey[J]. GeoInformatica, 2015, 19: 525-565.

[4] BRUNER G C, KUMAR A. Attitude toward location-based advertising[J]. Journal of Interactive Advertising, 2007, 7(2): 3-15.

[5] SHEKHAR S, HUANG Y. Discovering spatial co-location patterns: a summary of results[C]//Proceedings of the 7th International Symposium on Spatial and Temporal Databases. Redondo Beach, CA: Springer, 2001: 236-256.

[6] HUFF D L. A probabilistic analysis of shopping center trade areas[J]. Land Economics, 1963, 39(1): 81-90.

[7] LIANG Y, GAO S, CAI Y, et al. Calibrating the dynamic Huff model for business analysis using location big data[J]. Transactions in GIS, 2020, 24(3): 681-703.

[8] SHEKHAR S, JIANG Z, ALI R Y, et al. Spatiotemporal data mining: a computational perspective[J]. ISPRS International Journal of Geo-Information, 2015, 4(4): 2306-2338.

[9] MOKBEL M F, GHANEM T M, AREF W G. Spatio-temporal access methods[J]. IEEE Data Engineering, 2003, 26(2): 40-49.

[10] KAZAR B M, SHEKHAR S, LILJA D J, et al. Comparing exact and approximate spatial auto-regression model solutions for spatial data analysis[C]//Proceedings of the 3rd International Conference on Geographic Information Science. Adelphi, MD: Springer, 2004: 140-161.

[11] ESTER M, KRIEGEL H P, SANDER J, et al. A density-based algorithm for discovering clusters in large spatial databases with noise[C]//Proceedings of the 2nd International Conference on Knowledge Discovery and Data Mining. Portland, Oregon: AAAI Press, 1996: 226-231.

[12] NG R T, HAN J. CLARANS: a method for clustering objects for spatial data mining[J]. IEEE Transactions on Knowledge and Data Engineering, 2002, 14(5): 1003-1016.

[13] JIANG Z, SHEKHAR S, ZHOU X, et al. Focal-test-based spatial decision tree learning[J]. IEEE Transactions on Knowledge and Data Engineering, 2014, 27(6): 1547-1559.

[14] YU W. Spatial co-location pattern mining for location-based services in road networks[J]. Expert Systems with Applications, 2016, 46: 324-335.

[15] BEMBENIK R, SZWAJ J, PROTAZIUK G. OptiLocator: discovering optimum location for a business using spatial co-location mining and spatio-temporal data[C]//Proceedings of the 23rd International Symposium on Foundations of Intelligent Systems. Warsaw, Poland: Springer, 2017: 347-357.

第7章

社会网络分析

社会网络不仅是个人之间关系的体现,更是社会互动的镜像。社会网络分析作为一种研究社会结构和信息传播的强大工具,日益成为数据科学、社会科学和商业智能的重要研究领域。本章将深入探讨社会网络的基本概念,分析社会网络的结构和特征,深入理解群体行为、信息传播路径及影响力机制,从而为企业和机构提供科学的决策支持。

●●●➡本章学习重点

- 社会网络的基本概念。
- 社会网络中的社群发现算法。
- 社会网络中节点的影响力和中心性度量指标。
- 社会网络中的信息传播。

7.1 社会网络概述

7.1.1 社会网络简介

社会网络是指人际关系和社会联系的网络化表达,它涵盖个体之间的联系、信息传播、资源共享等方面。社会学中对社会网络的研究已经有较长的历史,社会网络对社会学和网络科学的发展与普及起到了积极的推动作用。在当今数字化时代,社会网络已经超越了传统的面对面交流,转变为基于互联网和数字技术的虚拟社交空间。社会网络不仅指社交媒体平台,还包括各种在线社区、论坛、博客等,如图 7.1 所示。它的发展深刻地改变了人们的生活方式、工作方式和社交模式。

对个人来讲,社会网络作为一种连接人与人之间关系的载体,极大地拓展了人际交往的范围。社交媒体平台已经成为个人用户彼此之间分享意见、经验与观点的重要渠道。通过该类平台,人们可以轻松地与分散在世界各地的朋友、家人甚至陌生人建立联系,进行交流互动。对企业来讲,社会媒体平台是其进行广告宣传、提供客户服务、收集顾客反馈和竞争情报的重要平台。各类企业和品牌通过该类平台建立粉丝群体，进行产品推广和营销活动。借助社会网络的力量，企业可以更直接地与消费者沟通互动，了解市场需求，精准定位受众。

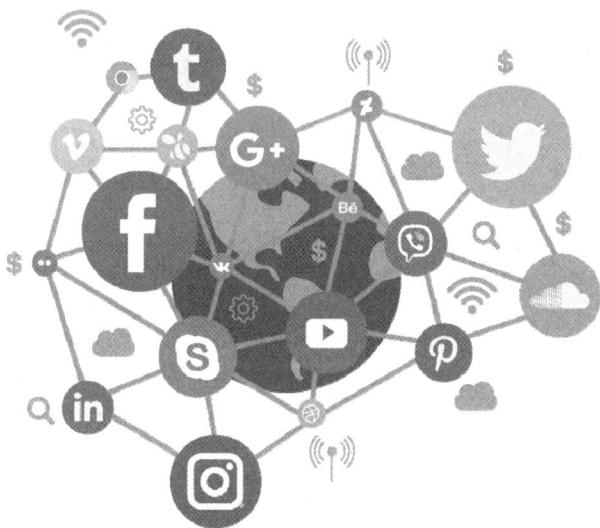

图 7.1　由各种平台构建的社会网络

社会网络也对信息传播和知识获取产生了深远影响。通过社交媒体平台，个体可以快速、便捷地获取各种信息和新闻，了解社会热点、时事动态。同时，个体可以通过分享和传播，将自己的观点和知识推送给更广泛的受众，形成信息的多向传播和交流。这种信息的自由流动促进了知识的碎片化和个性化，让人们更容易获取感兴趣的内容，也更容易表达自己的观点和声音。

7.1.2　社会网络的基本概念

1．网络的图表示

图（Graph）提供了一种用抽象的点和线表示各种实际网络的统一方法。网络的图表示是指将网络结构以图的形式进行可视化和表示。一个具体的网络 G 可抽象为一个由点集 V 和边集 E 组成的图。顶点数记为 $|V|$，边数记为 $|E|$。对于 E 中的每条边，V 中都有一对点与之对应。

2．图的类型

根据图中节点和边的性质及它们之间的联系，网络的图可分为以下 6 种。

1）无向图

在无向图（Undirected Graph）中，边没有方向，表示节点之间的对称关系。如果节点 i 与节点 j 之间有一条边，则节点 j 与节点 i 之间也有一条边。例如，社会网络中的好友关系图，若用户 A 是用户 B 的好友，则用户 B 也是用户 A 的好友。

【例 7.1】图 7.2 展示了一个节点数为 7 的无向图。

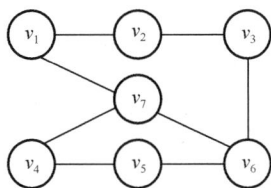

图 7.2　无向图

2）有向图

在有向图（Directed Graph）中，边有方向，表示节点之间的单向关系。如果节点 i 与节点 j 之间有一条有向边，那么从节点 i 到节点 j 有一条边，但从节点 j 到节点 i 并不一定有一条边。网页之间的超链接关系图是一个典型的有向图，网页之间的超链接为单方向的，具有指向性。

【例 7.2】图 7.3 展示了一个有向图。

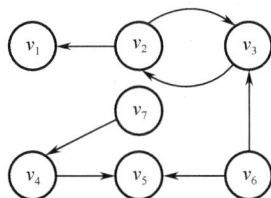

图 7.3　有向图

3）加权图

在加权图（Weighted Graph）中，边被赋予了权重，表示节点之间的连接强度或距离。这些权重可以代表各种不同的属性，如距离、成本、相似度等。

【例 7.3】图 7.4 用加权图表示了美国各机场之间的航线与距离（单位为英里）。

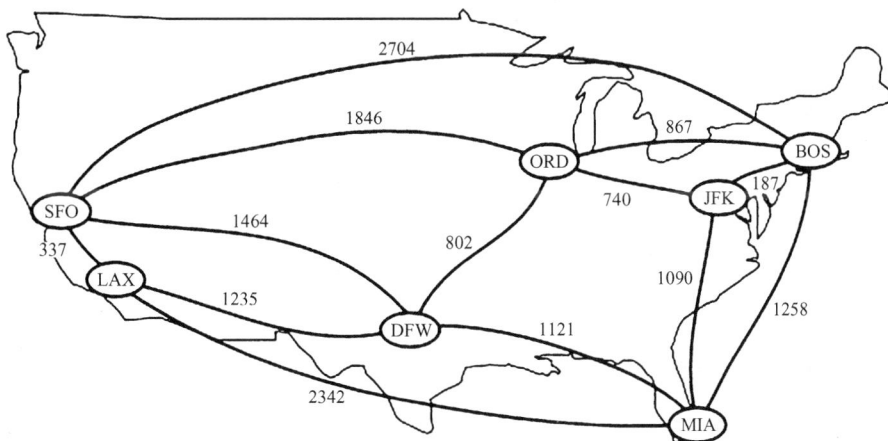

图 7.4　用加权图表示美国各机场之间的航线与距离

4）完全图

完全图（Complete Graph）是指任意两个节点之间都有一条边相连的图。在完全图中，每对节点之间都存在一条边。例如，当各城市之间都存在交通连接时，城市交通网络就构成了一个完全图。

【例 7.4】图 7.5 展示了一个节点数为 5 的完全图。

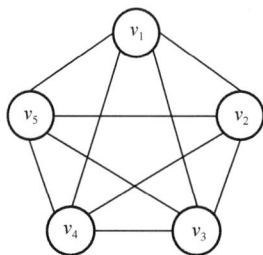

图 7.5　完全图

5）二部图

二部图（Bipartite Graph）是指图的节点可以分为两个不相交的集合，且图中的每条边连接的两个节点分别属于不同的集合。用户和商品之间的购买关系图是一个典型的二部图，用户和商品分别构成了两种不同的节点集合，且连接只存在于不同集合的节点之间。

【例 7.5】图 7.6 展示了一个由用户与商品构成的二部图。

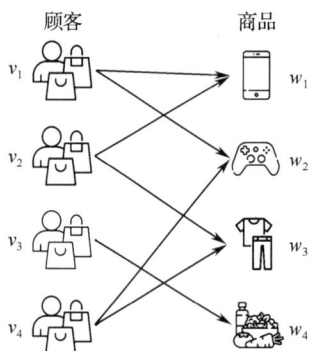

图 7.6　用户与商品构成的二部图

6）超图

超图（Hypergraph）是一种广义的图结构，其中的边可以连接多个节点，而不是仅连接两个节点。常见的超图包括分子结构中的原子连接关系图、电力系统中的电网连接图和知识图谱中的实体关系图。

3. 邻接矩阵、邻接表与三元组

1）邻接矩阵

图 G 的邻接矩阵 $A = (a_{ij})_{N \times N}$ 是一个 N 阶方阵，其中的元素表示节点之间的连接关系。

对于无向无权图，如果节点 i 和节点 j 之间有边相连，则邻接矩阵中的第 i 行第 j 列和第 j 行第 i 列的元素值为 1；否则值为 0。对于有向无权图，如果存在一条从节点 i 到节点 j 的有向边，则邻接矩阵中的第 i 行第 j 列的元素值为 1；否则值为 0。对于加权图，邻接矩阵中对应位置的元素值以权重值表示。例如，图 7.2 对应的邻接矩阵可表示为

$$A = \begin{bmatrix} 0 & 1 & 0 & 0 & 0 & 0 & 1 \\ 1 & 0 & 1 & 0 & 0 & 0 & 0 \\ 0 & 1 & 0 & 0 & 0 & 1 & 0 \\ 0 & 0 & 0 & 0 & 1 & 0 & 1 \\ 0 & 0 & 0 & 1 & 0 & 1 & 0 \\ 0 & 0 & 1 & 0 & 1 & 0 & 1 \\ 1 & 0 & 0 & 1 & 0 & 1 & 0 \end{bmatrix}$$

邻接矩阵的优点是易于实现，并且可以快速判断任意两个节点之间是否存在连接关系。此外，图的矩阵表示可以让人们使用矩阵分析的方法来研究图的许多性质。但对稀疏图（边的数量相对节点数量较少）来说，邻接矩阵可能占用较大的存储空间。

2）邻接表与三元组

在图算法中，表示稀疏的无权图的常用方法是邻接表。它对每个节点 i 建立一个单链表（邻接表），这个单链表由邻接于节点 i 的所有节点构成。对稀疏图来说，邻接表的优点是可以节省大量存储空间，并且可以快速遍历节点的邻居。

三元组形式也是网络数据常见的表示方式，它可以很容易地表示一般的加权有向图。在三元组表示中，每行的三元组 $\langle i, j, w_{ij} \rangle$ 表示有一条从节点 i 指向节点 j 的边，且该边的权重为 w_{ij}。以图 7.3 为例，其三元组形式表示为

$$\begin{pmatrix} 2 & 1 & 1 \\ 2 & 3 & 1 \\ 3 & 2 & 1 \\ 4 & 5 & 1 \\ 6 & 3 & 1 \\ 6 & 5 & 1 \\ 7 & 4 & 1 \end{pmatrix}$$

4．网络的描述性指标

1）度与度分布

在网络中，度（Degree）是指一个节点 i 所连接的边的数量，以符号 d_i 表示，通常用来衡量节点的重要性和连接性。对于无向图，节点的度是与该节点相邻的边的数量。对于有向图，节点的度分为出度（Out-Degree）和入度（In-Degree），节点 i 的出度 d_i^{out} 是指从节点 i 指向其他节点的边的数目；入度 d_i^{in} 是指从其他节点指向节点 i 的边的数目。

在确定网络中各个节点的度值之后，可以进一步得到有关整个网络的一些性质。首先，

可以很容易地计算出网络中所有节点的度的平均值，也称为网络的平均度，记为 $\bar{d}$ 。其次，可以把网络中节点的度按从小到大的顺序排列，从而统计得到度为 d 的节点占整个网络节点数的比例 p_d 。从概率统计的角度来看，p_d 也可以视为网络中一个随机选择节点的度为 d 的概率，这就是网络的度分布（Degree Distribution）。无向网络的度分布 $P(d)$ 定义为网络中一个随机选择节点的度为 d 的概率。类似地，可以得到有向网络中的出度分布与入度分布的定义。

2）路径、距离和网络直径

在网络中，路径（Path）是指通过连接网络中的节点形成的一系列节点的序列，其中相邻的节点通过边相连。路径的长度是指路径上经过的边的数目。网络中节点 i 和 j 之间的最短路径是指连接这两个节点的边数最少的路径，它们之间的距离 q_{ij} 定义为最短路径上边的数目。

网络的平均路径长度 L 定义为任意两个节点之间距离的平均值，即

$$L = \frac{1}{\frac{1}{2}N(N-1)} \sum_{i \geqslant j} q_{ij} \tag{7-1}$$

网络中任意两个节点之间距离的最大值称为网络直径（Diameter），记为 D，有

$$D = \max_{i,j} q_{ij} \tag{7-2}$$

3）聚类系数

网络的聚类系数（Clustering Coefficient）是衡量网络中节点聚集程度的指标之一，它描述了节点邻居之间连接的紧密程度。网络中一个度为 d_i 的节点 i 的聚类系数定义为

$$C_i = \frac{E_i}{(d_i(d_i-1))/2} = \frac{2E_i}{d_i(d_i-1)} \tag{7-3}$$

式中，E_i 是节点 i 的 d_i 个邻居节点之间实际存在的边的数目。若节点 i 只有一个邻居节点或没有邻居节点，那么 $E_i = 0$，此时记 $C_i = 0$。

一个网络 G 的聚类系数 C 定义为网络中所有节点的聚类系数的平均值，即

$$C = \frac{1}{N} \sum_{i=1}^{N} C_i \tag{7-4}$$

4）连通性

在网络理论中，连通性（Connectivity）是指网络中节点之间能够直接或间接地互相达到的性质。在一个图中，如果任意两个节点之间都存在至少一条路径，则该图称为连通图（Connected Graph）；反之，该图称为不连通图（Disconnected Graph）。在一个不连通图中，连通分量（Connected Component）是指图中的极大连通子图，该子图中任意两个节点之间都存在路径，但该子图中任意节点与图中其他连通分量的节点之间不存在路径。一个不连通图可能由多个连通分量组成。

5）同配性

网络的同配性（Assortativity）是指网络中相连的节点倾向于连接具有相似性质的节点的程度。如果网络更倾向于将具有相似性质的节点连接在一起，那么该网络就具有高度同配性。

同配性可以通过度同配性（Degree Assortativity）和属性同配性（Attribute Assortativity）衡量。度同配性是指在网络中，度较高的节点倾向于连接其他度较高的节点，而度较低的节点倾向于连接其他度较低的节点。度同配性通常通过计算节点度的相关性衡量，如使用皮尔逊相关系数衡量。属性同配性是指在网络中，具有相似属性的节点更有可能连接在一起。这些属性可以是节点的性别、年龄、兴趣爱好等。属性同配性通常通过计算节点属性之间的相关性衡量，如使用皮尔逊相关系数或基于熵的度量方法衡量。

高同配性的网络往往具有一些特定的结构特征，如社会网络中朋友之间的联系、生物网络中功能相似的基因或蛋白质之间的相互作用等。同配性的存在可以影响信息传播、社区结构及网络的稳定性等。

7.1.3　社会网络研究的经典案例

1．米尔格拉姆的小世界实验

米尔格拉姆的小世界实验是一项著名的社会心理学实验，旨在揭示人际关系网络中的"小世界现象"。该实验由斯坦利·米尔格拉姆（Stanley Milgram）在 20 世纪 60 年代进行，其结果对理解社会网络和人际关系有着重要的启发意义。在米尔格拉姆的实验中，参与者被要求通过社会网络将一封信件传递给一个特定的目标人物，而他们只能通过自己认识的人来传递这封信件。具体来说，参与者被要求将信件寄送给他们所认识的某个人，然后这个人将信件转交给他所认识的某个人，以此类推，直至最终信件送达目标人物。通过实验，米尔格拉姆发现，大多数信件平均只经过几步转交就能够到达目标人物手中，这揭示了社会网络中的"六度分隔"或"小世界现象"，即任意两个人之间的社交关系平均只需要很少的中间人来联系。这一实验结果引起了广泛关注，并对后来的社会网络研究产生了深远的影响。实验结果表明，即使在人口密集的大城市，人们之间的社会网络也是相当紧密的，人际关系网络呈现出一种惊人的短距离连接特性。米尔格拉姆的小世界实验揭示了人际关系网络中的隐性结构和连接模式，为人们理解社会网络、信息传播、疾病传播等现象提供了重要的参考。这一实验成果也直接促成了后来"六度分隔理论"的形成，并对社交心理学、计算机网络、传播学等领域产生了深远的影响。

2．社会网络中的肥胖传播

尼古拉斯·克里斯塔基斯（Nicholas Christakis）和詹姆斯·福勒（James Fowler）在

2007 年发表了一篇重要的研究,题为"社会网络结构中的肥胖传染"(The Spread of Obesity in a Large Social Network over 32 Years)。该研究以 Framingham 心血管健康研究为基础,通过分析长达 32 年的数据,探讨了社会网络中肥胖问题的传播现象。克里斯塔基斯和福勒的研究利用了 Framingham 心血管健康研究的数据,长期追踪了美国马萨诸塞州弗雷明翰市的居民(包括来自多个家庭的成员和朋友),构建了一个较为完整的社会网络,如图 7.7 所示。研究者分析了这些人之间的社交联系和肥胖情况,并发现了一个有趣的现象:如果一个人的朋友变胖了,那么他自己也有可能变胖,具体而言,其变胖的概率会增加 57%。这一结果引起了广泛的社会关注,证实了在社会网络中存在肥胖问题的传播现象。研究者指出,这种传播现象可能与社会网络中的信息传递、行为模仿、社会比较等因素有关。此外,该研究还发现,肥胖传播的影响并不仅限于直接的朋友关系,甚至扩展到了朋友的朋友圈。该研究为人们更好地理解社会网络中健康行为的传播提供了重要的启示,也凸显了个体行为和社会网络结构之间的相互影响关系。通过深入研究社会网络中的肥胖传播现象,人们可以更好地制定预防和干预措施,促进健康行为的传播和推广。

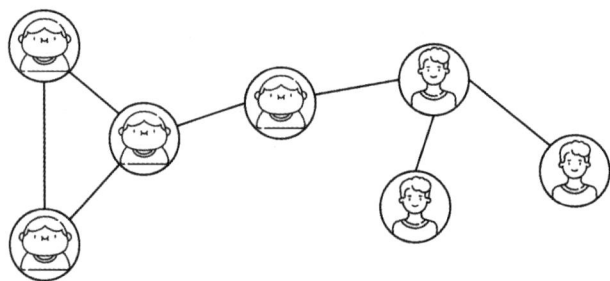

图 7.7 社会网络中的肥胖传播现象

3. 基于社会网络的选票预测

2012 年美国总统选举是社会网络数据分析被用于选票预测的一个著名案例。在这次选举中,民主党候选人奥巴马和共和党候选人罗姆尼都积极利用社交媒体平台进行竞选活动。奥巴马团队在 2012 年美国总统选举中采取了积极的社会网络策略,利用社交媒体平台(如 Facebook、Twitter 等)与选民互动。他们不仅在社会网络上发布政策和竞选信息,还鼓励支持者通过分享、转发等方式扩散信息,形成传播效应。共和党候选人罗姆尼也重视社会网络在选举中的作用,他的团队也在各大社交媒体平台上建立了活跃的账号,并与选民进行互动和宣传。然而,相对于奥巴马团队,罗姆尼团队在社会网络上的活跃度和影响力稍显不足。

研究人员通过分析两位候选人在社会网络上的粉丝数量、互动、用户评论和情绪等数据,评估他们在社会网络上的受欢迎程度和影响力。这些数据被认为可以反映公众舆论和选民态度,从而预测选票走势。社会网络数据分析显示,奥巴马在社会网络上的支持者数量远远超过罗姆尼,而且他的支持者更活跃,更具有传播力。用户评论和情绪分析表明,奥巴马在社会网络上的声望要高于罗姆尼。这些数据分析结果与最终的选举结果相吻合，奥巴马成功连任总统。

该案例充分表明社会网络分析在选票预测中的重要作用。候选人在社会网络上的活跃度、支持者数量及用户评论和情绪等数据都可以为选票预测提供线索与依据，为政治分析和选举策略的制定提供新的视角与工具。

7.2　社会网络模型

7.2.1　社会网络模型与真实世界网络

1．社会网络模型的基本概念

社会网络模型用数学或计算方法描述与分析真实世界网络中的人际关系、连接方式和信息传播等特征。它是对真实社会网络的抽象和简化，旨在反映真实世界网络的一些重要特征（如节点之间的连接方式、群体结构、信息传播规律等）。创建社会网络模型可以让人们更好地理解真实世界网络中的行为和关系。社会网络模型的简化使其更易于被理解和处理，但也可能导致与真实网络之间的差异。在创建社会网络模型时，通常使用真实网络数据进行验证和拟合，以确保模型能够较好地反映真实世界网络的情况。由于社会网络的形成、信息传播及网络演化过程是未知且复杂的，为确保创建的社会网络模型能够反映真实网络的情况，首先需要对真实网络进行深入的了解与分析，在掌握真实网络的部分属性后，构建机制生成社会网络模型以逼近真实网络的属性。

207

2．真实世界网络的属性

1）节点度数的幂律分布

7.1.2 节介绍了网络中节点度分布的概念，即节点在网络中所具有的连接数的分布情况。那么真实世界网络的节点度分布是怎样的呢？

1999 年 9 月，阿尔伯特-拉斯洛·巴拉巴西（Albert-László Barabási）小组在 *Nature* 期刊上发表了一篇论文，指出万维网的出度分布和入度分布都与正态分布有很大的不同，两者都服从幂律分布。一个月之后，该小组又在 *Science* 期刊上发表了一篇文章，指出包括电影演员网络和电力网络在内的其他许多实际网络的度分布也都服从与泊松分布有很大差异的幂律分布。

幂律分布是一种特殊的概率分布形式，其概率密度函数或概率质量函数具有幂律形式。在幂律分布中，随机变量的取值与其概率之间存在幂律关系，即随机变量取较大值的概率相对较低，而取较小值的概率相对较高。以 d 表示一个节点的度（节点的邻居数量），

p_d 表示节点度为 d 的节点在整个网络节点中所占的比例，幂律分布可表示为

$$p_d = ad^{-b} \tag{7-5}$$

式中，a 为正规化常数，用于使整个分布满足概率和为 1；d 为节点的度；b 为幂律指数，b 值越大，随着 d 的增大，p_d 减小得越快。节点度数的幂律分布如图 7.8 所示。

幂律分布又称二八分布。在社会网络中，许多真实世界网络表现出幂律分布的度分布特征，如图 7.9 所示。这类网络通常也称无标度网络。在这类网络中，大多数节点的度数相对较小，只有少数节点具有非常高的度数。换句话说，绝大多数节点只与少数节点相连，只有少数节点具有大量的连接。

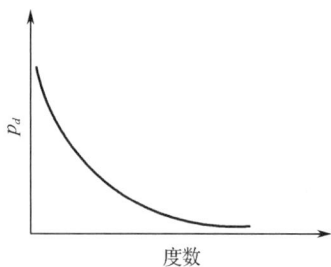

图 7.8　节点度数的幂律分布

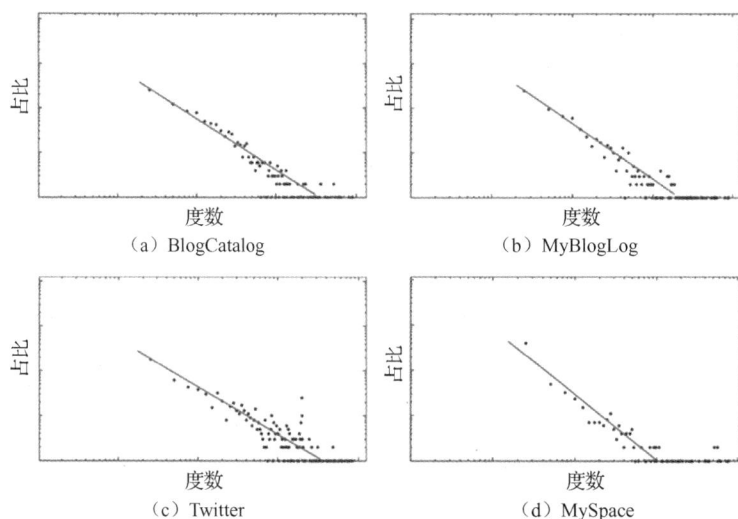

（a）BlogCatalog　　　　　（b）MyBlogLog

（c）Twitter　　　　　（d）MySpace

图 7.9　服从幂律分布的真实世界网络

节点度的幂律分布特征对社会网络具有重要影响。例如，幂律分布的度分布特征使社会网络具有"小世界"性质，即任意两个节点之间的路径长度通常很短。这是因为大部分节点与少数几个具有大量连接的"中心节点"相连，从而形成了短路径；幂律分布的度分布特征使社会网络具有较强的鲁棒性，这意味着网络对于随机节点或边的删除相对稳健，不易被破坏；具有大量连接的节点通常具有更大的影响力，这些节点在信息传播、舆论引导等方面扮演着重要角色，其行为和决策可能对整个网络产生较大影响。

2）较高的聚类系数

聚类系数描述了网络中节点之间连接的密集程度，反映了节点间关系的紧密程度和社群结构的特征。真实世界网络往往表现出较高的平均聚类系数，主要是由以下一些因素导致的。

（1）社群结构。许多真实世界网络具有明显的社群结构，即节点倾向于聚集在密集连接的子图中。这种社群结构导致了高度聚类现象，即节点之间存在大量的密切连接，形成

了社群或子群。例如，社会网络中的朋友圈、职业网络中的同事群等都是由密集连接的节点组成的社群。

（2）三角关系。许多真实世界网络中存在大量的三角形关系，即节点之间存在闭合的连接。这种三角关系是聚类系数高的主要原因之一。当节点 i 与节点 j、节点 j 与节点 k 之间存在连接时，节点 i 与节点 k 之间通常也存在连接，形成一种三角关系。这种三角关系的存在使聚类系数较高。

（3）社会属性影响。真实世界网络往往反映了人类社会的特征，包括社会属性、人际关系等。人类社会具有较强的群体性和社交性，人们倾向于与那些和自己拥有共同的兴趣、背景或属性的人联系，从而形成密切的社交圈子和群体。这种社会属性影响导致了真实世界网络的高度聚类。

（4）信息传播和影响力扩散。在真实世界网络中，高聚类系数使信息的传播和影响力的扩散更加高效。当节点之间存在密切的连接时，信息和影响力更容易在网络中传播与扩散，从而形成舆论聚合点和社交影响力中心。

3）较短的平均路径长度

在真实世界网络中，任意两个网络成员通常通过一条较短的路径相连，这一点符合米尔格拉姆的"小世界"论断（或"六度分隔理论"）。目前已有大量的研究验证了这一现象。例如，Facebook 数据科学家拉尔斯·巴克斯特罗姆（Lars Backstrom）和乔恩·克莱因伯格（Jon Kleinberg）于 2011 年发表的研究表明，Facebook 用户的平均路径长度约为 4.74。这意味着在 Facebook 社会网络中，平均来说，任意两个用户之间可以通过大约 4.74 个中间人相互连接，如图 7.10 所示。

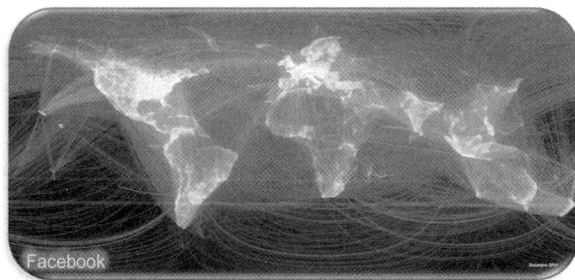

Web	Facebook	Flickr	LiveJournal	Orkut	YouTube
16.12	4.74	5.67	5.88	4.25	5.10

图 7.10　真实世界网络的平均路径长度

7.2.2　ER 随机图模型

ER（Erdős-Rényi）随机图模型是一种经典的随机图模型，由匈牙利数学家保罗·埃尔德什（Paul Erdős）和阿尔弗雷德·雷尼（Alfréd Rényi）于 1960 年提出。该模型既易于描述，又可通过解析方法研究。在之后的 40 年，ER 随机图理论一直是研究复杂网络拓扑的基本理论。

1. ER 随机图的生成过程

ER 随机图的构造方式是,在一个固定的节点集合中,任意两个节点之间以一定的概率连接,连接关系是独立的。具体来说,ER 随机图由以下两个参数决定。

- 节点数量:图中节点的总数,通常表示为 N。
- 连接概率:任意两个节点之间存在连接的概率通常表示为 p。一般情况下,$0 \leqslant p \leqslant 1$。

根据上述参数,ER 随机图的生成过程如下。

(1) 初始化一个包含 N 个节点的空图。

(2) 对于图中的每对节点 (i, j),以概率 p 添加一条连接,使节点 i 和节点 j 相连。这一步是独立进行的,因此连接关系是随机的。

(3) 根据给定的连接概率 p,重复步骤(2),直至满足一定的条件(如达到期望的平均度数或边的数量)。

2. ER 随机图的特性

1)度分布

ER 随机图的度分布服从二项分布,当节点数量 N 很大且连接概率 p 很小时,度分布可近似为泊松分布。

2)聚类系数

网络中任一节点的聚类系数定义为该节点任意两个邻居节点之间有边相连的概率。对 ER 随机图而言,两个节点之间不管是否有共同的邻居节点,其连接概率均为 p。因此,ER 随机图的聚类系数为

$$C = p \tag{7-6}$$

在真实世界网络中,由于存在明显的聚类效应,节点的邻居节点之间互相连接的概率较高。因此,ER 随机图模拟会低估真实世界网络的聚类系数。

3)平均路径长度

ER 随机图模型能够较好地模拟真实世界网络的平均路径长度。对于 ER 随机图中随机选取的一个点,网络中大约有 $\overline{d}$ 个其他点与该点之间的距离为 1,其中 $\overline{d}$ 为网络节点的平均度,$\overline{d} = p(N-1)$;大约有 $\overline{d}^2$ 个其他点与该点之间的距离为 2;以此类推。由于网络节点总数为 N,设 D_{ER} 是 ER 随机图的直径,大体上有 $N \sim \overline{d}^{D_{ER}}$。因此,网络的直径和平均路径长度满足

$$L_{ER} \leqslant D_{ER} \sim \frac{\ln N}{\ln d} \tag{7-7}$$

平均路径长度随网络规模以对数形式增长是小世界网络的典型特征。$\ln N$ 的值随 N 增长得十分缓慢,因此即使规模很大的网络也可以具有很小的平均路径长度和直径。

7.2.3 WS 小世界网络模型

WS（Watts-Strogatz）小世界网络由美国学者邓肯·J.瓦茨（Duncan J. Watts）和史蒂文·斯特罗加兹（Steven Strogatz）于 1998 年提出。它是小世界网络的一种特例，具有平均路径长度短和聚类系数较高两个重要特征。

1. WS 小世界模型的生成过程

WS 小世界模型的生成过程包括以下两个阶段。

（1）初始阶段。构建一个规则网络，即将每个节点与其左右相邻的各 $K/2$ 个节点直接连接（K 为偶数），形成一个具有较高聚类性的规则网络。

（2）重连边阶段。随机选择网络中的一条边，以一定的概率 p 将其重新连接到网络中的其他节点上。重连边操作可以提升网络的随机性，使网络结构更加接近小世界网络。

在 WS 小世界模型中，$p=0$ 对应完全规则网络，$p=1$ 对应完全随机网络，通过调节参数 p 的值实现从规则网络到随机网络的过渡，如图 7.11 所示。

链路随机重连

图 7.11 链路随机重连过程

2. WS 小世界网络模型的特性

1）度分布

在 WS 小世界网络模型中，大部分节点的度数比较接近，呈现出一个近乎常数的度分布。这是因为在初始的规则网络构建阶段，每个节点都有相同数量的邻居连接。在 WS 小世界网络模型中，当重连概率 $p=0$ 时，每个节点的度都为 K（偶数），即每个节点都与 K 条边相连；当 $p>0$ 时，基于 WS 小世界网络模型的随机重连规则的实现算法，每个节点仍然至少与顺时针方向的 $K/2$ 条原有的边相连，即每个节点的度至少为 $K/2$。

2）聚类系数

WS 小世界网络模型能够较好地模拟真实世界网络的聚类系数。在 WS 小世界网络模型中，随着随机重连概率 p 的增加，初始规则网络的局部性会逐渐减弱，聚类系数也会逐渐下降。当 p 较小时，网络保持较高的局部聚类性，聚类系数较高；当 p 较大时，网络更接近随机网络，聚类系数较低。因此，WS 小世界网络模型的聚类系数取决于初始规则网络的连接度 K 和随机重连概率 p 的组合。

3）平均路径长度

WS 小世界网络模型能够较好地模拟真实世界网络的平均路径长度。在 WS 小世界网络模型中，随着随机重连概率 p 的增加，网络的平均路径长度会增加，因为随机重连会使网络的全局性增强，节点之间的平均最短路径长度也会因此变得更长。

7.2.4　BA 无标度网络模型

ER 随机图模型和 WS 小世界网络模型的一个共同特征是网络的度分布可近似用泊松分布来表示，该分布在度平均值处有一峰值，之后呈指数级衰减。因此，这类网络也称为均匀网络或指数网络。20 世纪末，网络科学研究者们发现因特网、万维网、科研合作网络及蛋白质交互网络等众多不同领域的网络的度分布都可以用适当的幂律形式来较好地描述。由于这类网络的节点的度没有明显的特征长度，故称为无标度网络。BA（Barabási-Albert）无标度网络是由匈牙利物理学家拉斐尔·巴拉巴西（László Barabási）和阿尔伯特-拉茨洛（Albert-László）于 1999 年提出的一个重要的网络模型，它使无标度网络成为网络科学研究中的一个重要课题。

1．BA 无标度网络的生成过程

巴拉巴西和阿尔伯特指出，ER 随机图模型和 WS 小世界网络模型忽略了真实网络的两个重要特性：①增长特性，即网络的规模是不断扩大的；②优先连接特性，即新的节点更倾向于与那些具有较高连接度的节点相连接。这种现象也称为"马太效应"。基于以上思想，BA 无标度网络的生成过程包括以下两个步骤。

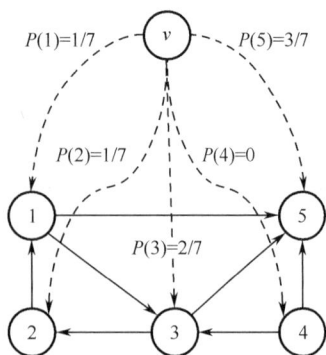

图 7.12　当新节点 v 加入网络时其与各节点产生连接的概率

（1）增长。从一个具有 m_0 个节点的连通网络开始，每次引入一个新的节点，并将其连接到 m 个已存在的节点上，$m \le m_0$。

（2）优先连接。在将新节点与已存在的节点 i 进行连接时，连接概率 Π_i 与节点的度之间满足以下关系

$$\Pi_i = \frac{d_i}{\sum_j d_j} \tag{7-8}$$

经过 t 步后，BA 算法产生一个包含 $N = t + m_0$ 个节点和 $mt + M_0$ 条边的网络，其中 M_0 是初始时刻 $t = 0$ 的 m_0 个节点之间存在的边数。图 7.12 展示了当一个新节点 v 加入网络时，其与各已有节点产生连接的概率。

2．BA 无标度网络模型的特性

1）度分布

BA 无标度网络模型的度分布遵循幂律分布，且与参数 m 和网络规模无关。由于遵循

幂律分布，BA 无标度网络模型的度分布能够较好地模拟真实世界网络的度分布特征。

2）聚类系数与平均路径长度

由于 BA 无标度网络模型的聚类系数与平均路径长度的推导涉及较深的数学知识，这里只给出相关结果。BA 无标度网络模型的平均路径长度比网络规模的对数还要小。具体而言，当参数 $m \geq 2$ 时，有

$$L \sim \frac{\ln N}{\ln \ln N} \tag{7-9}$$

随着网络规模的扩大，BA 无标度网络模型的聚类特征趋于不明显。具体而言，BA 无标度网络模型的聚类系数满足

$$C \sim \frac{(\ln t)^2}{t} \tag{7-10}$$

7.3　社群发现

7.3.1　社群的基本概念

在现实生活中，社群是指具有共同地理位置、文化、兴趣爱好、职业等特征的个体的集合，如一个社区、一个俱乐部、一个行业协会等。这些社群通常通过面对面的交流和活动建立联系，成员之间的关系比较直接和密切。而在社会网络中，社群是指网络中连接紧密、内部联系频繁、外部联系较少的子群体。社会网络中的社群可以基于成员之间的相互关联性、信息交流等因素进行划分，如社交媒体中的朋友圈、兴趣群组等。这些社群的形成和维系更多地依赖虚拟平台上的信息传播和互动。

研究社会网络中的社群发现具有重要的理论和实际意义。首先，从理论研究的角度来说，社会网络中的社群结构是复杂网络研究的重要对象之一，研究社群结构有助于深入理解网络的形成、演化和功能。对社会网络中的社群发现进行研究，可以促进人们对网络拓扑结构、信息传播规律等基础理论的进一步认识，为复杂网络理论提供新的实证和验证。其次，社会网络中的社群发现研究为社交分析、信息传播等应用提供了支撑。社群发现有助于理解人类社会中的社交模式和关系，可以揭示不同群体之间的联系、互动和信息传播规律，为社交学和人类行为研究提供重要的数据支持与分析工具。在社交媒体和互联网时代，社会网络中的社群发现对于理解信息传播、舆论影响等具有重要意义。社群发现有助于更好地理解信息在社会网络中的扩散路径和传播效应，为舆情监测、信息推广等提供理论支持和技术手段。此外，社群发现应用在市场营销领域，可以了解社会网络中的社群结构和成员特征（见图 7.13），有助于企业和市场营销者制定更精准的营销策略，实现精准营销。社群发现有助于确定潜在客户群体、发现潜在需求和趋势，从而帮助企业更好地满足市场需求。

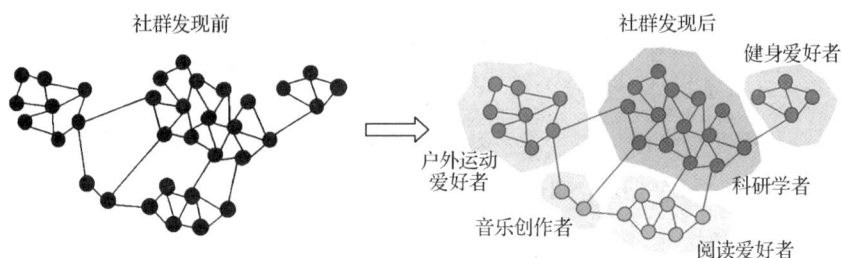

图 7.13　社群发现示例

7.3.2　模块度

模块度是衡量网络社群结构的一个重要指标,用于评估网络中社群的划分程度和结构化程度。模块度的基本思想是把划分后的网络与对应的零模型进行比较,以度量社群划分的质量。所谓网络对应的零模型,是指与该网络具有某些相同性质(如相同的边数或相同的度分布等)而在其他方面完全随机的随机图模型。模块度通常用于衡量网络中实际观察到的社群划分与随机网络模型的差异程度,即网络中真实社群结构的显著性。模块度越高,表示网络中的社群划分越合理和显著。

社群的形成与模块度密切相关。一个好的社群划分应该使网络的模块度最大,即网络中的社群结构清晰明确,社群内部联系紧密,社群之间联系稀疏。优化模块度指标有助于更好地发现网络中的隐含社群结构,揭示节点之间的潜在关联和组织方式。在复杂网络分析中,有许多社群发现算法可以帮助识别网络中的社群结构,其中一些算法将模块度作为评估标准。常见的社群发现算法包括 Louvain 算法、CNM(Clauset-Newman-Moore)算法等,它们通过优化模块度指标找到网络中的社群结构。

7.3.3　基于成员与图连接的社群发现

1. 基于成员的社群发现

基于成员的社群发现的基本思想是关注节点的图结构特征,从而将具有相近图结构特征的节点聚合成社群。典型的节点特征包括:①节点度,即聚合具有相同(相似)度的节点;②节点可达性,即聚合在网络中距离相近的节点;③节点相似性,即聚合属性相似的节点。

2. 团的识别

网络中的团即最大完全子图,在该子图中,所有节点互相连接。k-团的概念建立在团概念的基础之上,是指由 k 个节点组成的子图,在该子图中,所有节点的度都为 $k-1$。给定一个网络,可以使用团过滤算法来实现社群发现。团过滤算法是一种基于节点度相似度的社群发现方法。具体而言,将 k-团作为社群的一个种子,算法首先找到所有大小为 k 的团；然后构建团图，在团图中，共享 $k-1$ 个节点的两个 k-团相邻。以上步骤完成后，团图就形成了社群。

3．基于图连接的社群发现

基于图连接的社群发现的基本思想是根据群组连接特征进行群组发现。典型的社群连接特征包括均衡、模块化、高密度、层次化等。

4．最小割社群发现

割（Cut）是指将一个图分为两个或两个以上部分。割的大小是指被切割的边的数量，或者连接切割后各子图的边的数量。

最小割问题：给定一个节点图，找一个割将该图分成两个（或多个）子图，使各子图之间的连接最少。最小割的思想也可用于解决社群发现问题，即寻找一种图分割方式，使组间的连接远少于组内的连接。

7.3.4　社群发现算法

社群发现算法是一类用于在复杂网络中发现社群结构的算法，其目的是将网络节点划分为若干社群，使社群内部连接紧密而社群之间连接稀疏。这类算法通常基于网络的拓扑结构和节点之间的连接关系发现社群，有助于揭示网络中隐藏的组织结构和功能模块。

1．Louvain 算法

Louvain 算法是一种用于复杂网络社群发现的启发式算法，其核心思想是通过最大化网络的模块度指标实现社群的划分。该算法由文森特·D.布朗德尔（Vincent D. Blondel）、让-卢普·纪尧姆（Jean-Loup Guillaume）和雷诺·兰比奥特（Renaud Lambiotte）于 2008 年提出。

Louvain 算法的基本思想是将节点逐步合并到相邻的社群中，并在每一步尝试优化整体网络的模块度。具体而言，Louvain 算法共包含以下三个主要步骤。

（1）初始化。将每个节点视为一个独立的社群。

（2）局部优化。针对每个节点，计算将其移动到相邻社群时的模块度增益。依次考虑每个节点，将其移动到使整体模块度增加幅度最大的社群中。迭代该步骤直至无法再增加模块度。

（3）全局优化。构建一个新网络，其中节点是局部优化步骤得到的社群。对新网络同样进行局部优化操作，不断合并社群以最大化模块度。重复这一过程，直至无法再增加模块度。

当经过一定次数的迭代，模块度无法进一步增加时，算法停止。图 7.14 展示了 Louvain 算法的基本流程。

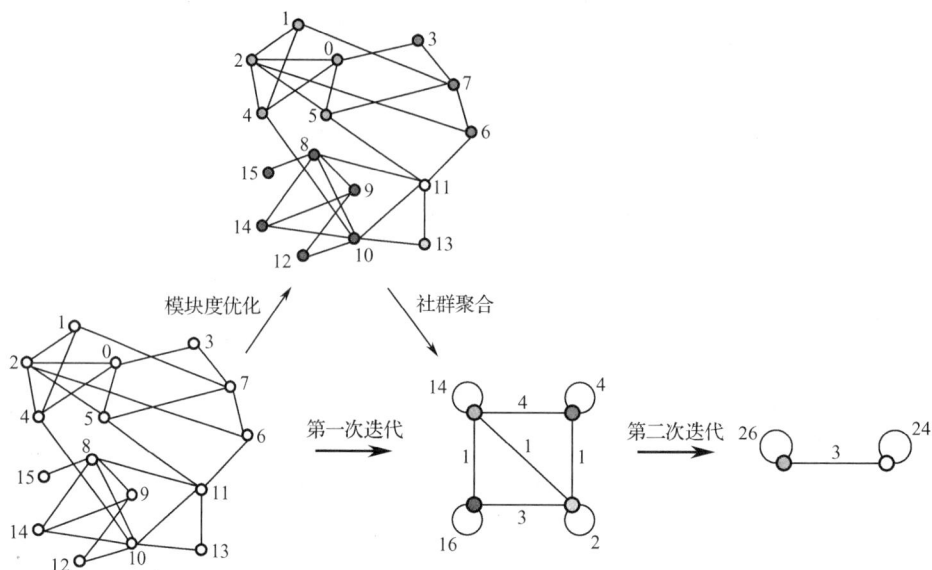

图 7.14　Louvain 算法的基本流程

Louvain 算法在第一轮迭代过程中，首先经过模块度的优化，将 16 个节点划分为 4 个社群；其次 4 个社群被凝聚为 4 个超级节点，并更新由这些超级节点构成的新网络的边权重；最后在更新的网络中进行新一轮迭代。

Louvain 算法具有高效性和可扩展性的特点，能够处理大规模网络，并且通常能够在较短的时间内找到较优的社群划分结果。

2. GN 算法

GN（Girvan-Newman）算法由马克·格文（Mark Girvan）和米歇尔·纽曼（Michelle Newman）于 2002 年提出。该算法基于图论和介数的概念，通过识别网络中的关键边划分社群。下面将详细介绍 GN 算法的基本思想、步骤、特点、应用及优缺点。

GN 算法的基本思想是利用边的介数来发现连接不同社群的桥梁边，然后通过反复移除介数最高的边逐步细化社群划分。介数表示一条边在所有最短路径中被经过的次数，介数值高的边通常连接不同社群内的节点，因此被认为是潜在的社区边界。通过不断去除介数最高的边，逐步将网络划分为不同的社群。

GN 算法的主要步骤如下所示。

（1）计算边的介数。计算网络中每条边的介数，即计算每条边在所有最短路径中被经过的次数。

（2）去除介数最高的边。从网络中当前的所有边中找到具有最高介数的边，并将其从网络中移除。移除之后，重新计算网络中各条边的介数。重复该步骤，直至满足某个停止条件（如发现的社群数量达到预设值）。

（3）社群划分。根据移除的边，将网络划分为不同的社群。

GN 算法通过反复移除介数最高的边逐步细化社群划分，实现了自底向上的社群划分过程。它的优点在于具有较好的解释性与可视化效果。然而，介数的计算过程十分耗时，导致 GN 算法的计算复杂度较高，在大规模网络上运行的时间较长。此外，GN 算法对参数的选择较为敏感，要求谨慎调整参数。

3. 谱聚类算法

谱聚类（Spectral Clustering）是常用的图数据社群发现算法，它是一种基于图论和矩阵特征分解的聚类算法。谱聚类的核心思想是通过将图数据转换到低维的特征空间，利用特征向量信息来刻画数据之间的相似性，从而实现有效的聚类和社群发现。它假设同类节点的相似度更高，体现为连接它们的边权重更大，而连接不同类节点的边权重更小。谱聚类的目标是找到一种切割图的方法，使切割后的各个子图内的边权重很大，子图之间的边权重很小。

谱聚类算法的主要步骤如下所示。

（1）构建相似度图。根据给定的图网络数据构建相似度图。通常使用欧氏距离、高斯核函数等方法计算节点之间的相似度，从而得到一个相似度矩阵。

（2）构建拉普拉斯矩阵。基于上一步得到的相似度矩阵构建相应的拉普拉斯矩阵，常用的是标准化的拉普拉斯矩阵，其计算方式为 $L = D^{\frac{1}{2}} A D^{\frac{1}{2}}$，其中 A 表示相似度矩阵，D 表示度矩阵。

（3）计算特征向量。对拉普拉斯矩阵进行特征值分解，得到对应的特征向量，通常取前 k 个特征向量作为节点的特征表示。

（4）特征向量聚类。基于上一步得到的节点特征向量对节点进行聚类，常用的聚类方法为 k-means 或谱聚类独有的聚类方法。

（5）社群划分。根据聚类结果将图中的节点划分到不同的社群中。

谱聚类算法的优点在于能够有效地保留全局信息，适用于不同形状的簇结构，并且不需要事先指定簇的数量，更加自适应不同数据集的特点。其缺点在于计算复杂度较高，尤其是特征向量的计算与矩阵分解过程复杂度高。此外，谱聚类的结构对参数较为敏感，需要谨慎选择相似度矩阵的构建方式和聚类参数。

7.4　影响力和中心性

7.4.1　影响力

影响力是指在没有明显的强制措施和直接命令的情况下影响他人行为的能力。在社会网络中，度量节点的影响力是一个极为重要的主题。对企业或品牌来说，识别具有影响力的社会网络用户，将其作为营销推广的合作对象，帮助企业或品牌在社会网络上获得更多的曝光和传播，有助于市场营销与品牌推广。此外，识别具有影响力的用户可以帮助政府、媒体和企业更好地了解信息在社会网络中的传播路径与影响程度，从而进行舆情监测和应对。对学术研究者来说，度量社会网络用户的影响力（见图 7.15）可以帮助他们更好地理解信息传播和社会互动的规律，推动社会网络分析和研究的深入发展。

图 7.15　社会网络中的影响力分析

社会网络中节点的影响力通常通过网络的中心性指标度量，如度中心性、特征向量中心性、Katz 中心性等。接下来详细介绍各个中心性指标。

7.4.2　中心性

中心性（Centrality）是用于刻画网络结构中某个节点的重要程度或节点在网络中心的位置的指标。基于不同的思想，研究者们从不同的角度提出了多种中心性度量指标。

1. 度中心性

度中心性（Degree Centrality）是最直接的中心性度量指标之一，即一个节点的度越大，表示这个节点越重要。具有高度中心性的节点通常在网络中扮演重要的角色，因为它们有更多的连接，可以更快地传播信息、影响其他节点及控制信息流动。在一个包含 N 个节点的网络中，节点最大的度值为 $N-1$。为便于比较中心性指标的大小，通常对其进行归一化处理。度为 d_i 的节点 i 的归一化度中心性值定义为

$$\mathrm{DC}_i = \frac{d_i}{N-1} \tag{7-11}$$

现实生活中有许多例子可以说明度中心性的重要性。在社会网络中，度中心性高的用户通常拥有更多的朋友或关注者，能够影响更多的人。例如，在微博上，一些名人或意见领袖可能拥有大量粉丝，他们的推文往往能够快速传播并引起广泛关注；在城市交通网络中，一些重要的交通枢纽（如机场、火车站）可以视为度中心性高的节点，因为它们连接

了不同的交通线路和出行路径，对整个交通系统的运行具有重要影响。

2. 特征向量中心性

特征向量中心性（Eigenvector Centrality）的基本思想是，一个节点的重要性既取决于其邻居节点的数量（该节点的度），也取决于其邻居节点的重要性，即当一个节点连接到中心性高的节点时，该节点本身的中心性也会提高。记 x_i 为节点 i 的重要性度量值，那么有

$$x_i = c \sum_{j=1}^{N} a_{ij} x_j \tag{7-12}$$

式中，c 为比例常数；$\boldsymbol{A} = (a_{ij})$ 为网络的邻接矩阵。记 $\boldsymbol{x} = [x_1, x_2, \cdots, x_N]^{\mathrm{T}}$，则式（7-12）可写成如下矩阵形式

$$\boldsymbol{x} = c\boldsymbol{A}\boldsymbol{x} \tag{7-13}$$

式（7-13）意味着度量值 $\boldsymbol{x}$ 是矩阵 $\boldsymbol{A}$ 与特征值 c^{-1} 对应的特征向量，因此称其特征向量中心性。计算向量 $\boldsymbol{x}$ 的一个基本方法是给定初值 $\boldsymbol{x}(0)$，采用如下迭代算法。

$$\boldsymbol{x}(k) = c\boldsymbol{A}\boldsymbol{x}(k-1), k = 1, 2, \cdots \tag{7-14}$$

值得注意的是，一个矩阵可能有多个特征值，对应多个特征向量，特征向量 $\boldsymbol{x}$ 应该是模最大的特征向量，也称为主特征向量。

特征向量中心性能够度量一些度中心性无法度量的重要性。例如，在学术合作网络中，特征向量中心性高的研究者往往与其他高影响力研究者合作频繁，他们的成果和观点可能更容易被其他学者接受与传播。

3. Katz 中心性

Katz 中心性（Katz Centrality）考虑了节点之间路径的数量和长度，以及节点之间的直接连接。Katz 中心性通过计算节点之间所有可能路径的加权和确定节点的重要性。与度中心性和特征向量中心性不同，Katz 中心性更多地考虑了节点之间的间接连接和路径长度，因此能够更全面地捕捉节点在网络中的重要性。

具体来说，Katz 中心性的计算方式涉及一个衰减因子（通常表示为 α），该因子决定了不同路径的权重，即越远的路径权重越小。Katz 中心性的计算公式为

$$C_{\mathrm{Katz}}(i) = \sum_{i=1}^{\infty} \sum_{j=1}^{N} \alpha^q (\boldsymbol{A}^q)_{ij} \tag{7-15}$$

式中，$C_{\mathrm{Katz}}(i)$ 为节点 i 的 Katz 中心性；$\boldsymbol{A}$ 为邻接矩阵；N 为节点总数；q 是路径的长度；α 为衰减因子（通常满足 $0 < \alpha < \dfrac{1}{\lambda_{\max}}$，其中 $\lambda_{\max}$ 是邻接矩阵的最大特征值）。

Katz 中心性的优点在于能够同时考虑节点之间的直接连接和间接连接，并且能够充分利用网络中所有可能的路径，从而更全面地评估节点在网络中的地位和影响力。

219

4．PageRank 中心性

PageRank 中心性最初由谷歌的创始人之一拉里·佩奇（Larry Page）提出，它是谷歌为网页排序的关键技术，用于评估网页的重要性。随后，这个概念被扩展应用到了其他网络结构中，如社会网络、信息网络等。PageRank 中心性的基本思想是，万维网上一个页面的重要性取决于指向它的其他页面的数量和质量。它的基本假设是，一个被其他重要节点连接的节点，其本身更有可能是重要节点。PageRank 中心性不仅考虑了节点的出度（指向其他节点的连接数），还考虑了连接到该节点的重要性。

PageRank 中心性的计算过程利用了迭代思想，具体步骤如下所示。

（1）初始化。给定所有节点的初始 PageRank 值（简称 PR 值）$PR_i(0), i = 1, 2, \cdots, N$，满足 $\sum_{i=1}^{N} PR_i(0) = 1$。

（2）迭代计算。把每个节点在第 $t-1$ 步时的 PR 值平分给它所指向的节点。若节点 i 的出度为 d_i^{out}，那么节点 i 所指向的每个节点分得的 PR 值为 $PR_i(t-1)/d_i^{out}$。如果一个节点的出度为 0，那么它始终把 PR 值只给自己。每个节点的新 PR 值更新为它所分得的 PR 值之和，即

$$PR_i(t) = \sum_{i=1}^{N} a_{ij} \frac{PR_i(t-1)}{d_j^{out}}, \quad i = 1, 2, \cdots, N \tag{7-16}$$

重复进行迭代计算，直到节点的 PR 值收敛或达到预设的迭代次数。

PageRank 中心性的优点在于能够考虑整个网络的连接结构和节点之间的传播关系。它被广泛应用于搜索引擎排名、社会网络分析、推荐系统等领域，帮助人们理解网络结构、发现关键节点及优化网络布局。

5．介数中心性

介数中心性（Betweenness Centrality）经过某个节点的最短路径的数量来刻画节点的重要性，它度量的是一个节点在网络中作为桥梁的程度，即节点在网络中连接其他节点的能力。一个节点的介数中心性越高，表示它在网络中发挥的中介作用越大，所连接的节点之间的路径也越多。

具体来说，节点 i 的介数中心性定义为

$$C_{BC}(i) = \sum_{s \neq i \neq t} \frac{n_{st}^i}{g_{st}} \tag{7-17}$$

式中，g_{st} 为节点 s 到节点 t 的最短路径的数量；n_{st}^i 为经过节点 i 的最短路径的数量。

介数中心性的定义最早由林顿·弗里曼（Linton Freeman）于 1977 年提出，它刻画了节点 i 对网络中节点对之间沿着最短路径传输信息的控制能力。如果节点 s 和节点 t 之间没有路径，或者节点 i 没有位于节点 s 和节点 t 之间的任何一条最短路径上，那么显然节点 i 对于节点 s 和节点 t 之间的传输信息不具备直接控制能力。一般地，如果信息在两个节点之间总是沿着最短路径传输，并且在存在多条最短路径的情形下随机选择其中一条最短路径，

那么节点 s 和节点 t 之间传输的信息经过节点 i 的概率为 n_{st}^{i}/g_{st}。对此，M.E.J.纽曼（M.E.J. Newman）给出了一个归一化的介数中心性定义，即

$$C_{BC}(i) = \frac{1}{N^2} \sum_{s,t} \frac{n_{st}^{i}}{g_{st}} \tag{7-18}$$

式（7-18）包含每个节点到自身的路径，以及以节点 s 为起点或终点的路径，N^2 是网络中所有可能的节点对（包括节点到自身的配对）。

介数中心性的优点在于能够识别出在网络中发挥重要中介作用的节点，这些节点对于信息传播、资源流动等具有重要影响。介数中心性被广泛应用于社会网络、交通网络、电力网络等领域的网络结构分析，帮助人们理解网络结构中的关键节点、信息流动的路径及网络的稳定性。

6. 接近度中心性

接近度中心性（Closeness Centrality）的基本思想是，对于网络中的每个节点 i，可以计算其到网络中其他所有节点的距离的平均值，记为 q_i，即

$$q_i = \frac{1}{N} \sum_{j=1}^{N} q_{ij} \tag{7-19}$$

式中，q_{ij} 是节点 i 到节点 j 的距离。这样就得到了网络平均路径长度的另一种计算方法，即

$$L = \frac{1}{N} \sum_{i=1}^{N} q_i \tag{7-20}$$

q_i 值的相对大小在某种程度上反映了节点 i 在网络中的相对重要性，即 q_i 越小，意味着节点 i 越接近其他节点。将 q_i 的倒数定义为节点 i 的接近中心性，有

$$C_{cc}(i) = \frac{1}{q_i} = \frac{N}{\sum_{j=1}^{N} q_{ij}} \tag{7-21}$$

接近度中心性的优点在于能够识别出在网络中距离其他节点更近的节点，这些节点具有更快的信息传播速度和更大的影响力。在网络设计、信息传播优化等方面，接近度中心性可以帮助人们理解节点在网络中的位置和影响力，从而更好地设计和管理网络结构。需要注意的是，接近度中心性可能受到网络中存在孤立节点或网络连通性不足的影响。因此，在应用接近度中心性进行节点重要性分析时，需要考虑网络的具体特点和问题背景。

7.5 社会网络中的信息传播

7.5.1 信息传播的基本概念

信息传播（Information Diffusion）是指通过交互将信息（或知识）进行传播并到达个体的过程。在信息传播过程中，主要包含以下几个要素：①传播者，即一个或一小部分发

起信息传播过程的信息发布者；②接收者，即一个或一部分接收传播信息的参与者，通常接收者数量远大于传播者的数量，且可以覆盖传播者；③传播媒介，即信息传播的媒介，如社会网络上谣言的传播媒介主要是个体之间的交流。

网络上的传播行为在许多实际网络中广泛存在，如社会网络中的疾病传播、通信网络中的病毒传播、社会网络中的信息传播、经济网络中的危机扩散等。近年来，随着网络科学的兴起，研究网络结构对传播行为的影响成为一个热点话题。在社会网络中，信息传播的研究有助于理解信息如何在网络中扩散及影响信息传播的因素。

一般而言，社会网络中的信息传播通常受到以下几个重要因素的影响。

- 网络结构：网络的拓扑结构对信息传播具有重要影响。例如，在具有高度集聚性的小世界网络中，信息可以迅速传播到整个网络；而在分散的网络中，信息传播可能受到一定的阻碍。
- 节点特征：节点的特征，如影响力、意见倾向等，会影响其在信息传播中的作用。一些节点可能具有更大的影响力，能够更快地传播信息。
- 信息特性：信息本身的内容和形式会影响其在网络中的传播效果。一些易于理解、引人注目的信息可能更容易传播，而复杂或无趣的信息可能传播效果较差。

7.5.2 传播动力学

传播动力学是研究信息、意见、行为等在群体内传播和扩散过程的学科，涉及社会网络、传染病传播、信息传播等多个方面。独立级联模型、线性阈值模型和传染病模型是传播动力学中常用的三种模型，它们分别从不同角度描述了信息或现象在群体中的传播过程。

1. 独立级联模型

独立级联模型（Independent Cascade Model）最初由雅各布·戈登堡（Jacob Goldenberg）等提出，它假设信息在网络中传播时是以级联的方式进行的，即一个节点接收到信息后，以一定的概率将信息传播给其邻居节点。在独立级联模型中，每条连接都有一个独立的传播概率，表示信息从一个节点传播到其邻居节点的概率。当一个节点被激活后，它以独立的概率将信息传播给其邻居节点。

独立级联模型的信息传播过程可以表示如下。

（1）假设有一个初始的活跃节点集合。

（2）在 t 时刻，新近被激活的节点 i 对它的邻居节点 j 产生影响，成功的概率为 $p(i, j)$。若 j 有多个邻居节点是新近被激活的节点，那么这些节点将以任意顺序尝试激活节点 j。

（3）如果节点 j 被激活成功，那么在 $t+1$ 时刻，节点 j 转为活跃状态，将对其处于非活跃状态的邻居节点产生影响；否则，节点 j 在 $t+1$ 时刻的状态不发生变化。

（4）不断重复如上过程，直至网络中不存在有影响力的活跃节点，传播过程结束。

独立级联模型具有随机性和离散性，每个节点的激活状态是相互独立的，信息传播的结果可能有不确定性。独立级联模型以传播者为中心，当一个节点被激活后，它试图去激活所有邻居节点，且该过程是独立的，信息传播过程是不确定的，随信息的级联过程而变化。

2．线性阈值模型

1978 年，马克·格兰诺维特（Mark Granovetter）对用户受周围参与某项集体活动的人员影响从而也参与该活动的潜在抗拒现象进行了研究，提出了集体行为的阈值模型。借鉴这种阈值的思想，研究人员进行了广泛研究，其中线性阈值模型（Linear Threshold Model）得到了广泛共识。线性阈值模型为每个节点 i 分配了一个阈值，该阈值表示这个节点受到影响的难易程度。与节点 i 相邻的节点 j 以非负的权重 $b_{i,j}$ 对节点 i 产生影响，并且节点 i 的所有邻居节点 j 的 $b_{i,j}$ 之和小于或等于 1。对于一个处于未活跃状态的节点 i，只有当它的活跃邻居节点的影响力之和大于或等于其阈值时，它才会被激活，即网络中个体的决策依赖其所有邻居节点的决策。与独立级联模型不同的是，线性阈值模型中节点 i 的活跃邻居节点可以多次参与激活节点 i。

线性阈值模型的信息传播过程可表示如下。

（1）传播过程从一组初始激活节点开始，这些节点可以是事先设定的，也可以是随机选择的。

（2）每个节点根据其邻居节点的激活状态和自身的阈值来决定是否激活。如果一个节点的邻居节点中激活节点的比例超过该节点的阈值，则该节点会被激活；否则保持未激活状态。

（3）不断重复以上传播过程，直至到达稳定状态。在稳定状态下，没有新的节点被激活，传播过程结束。

线性阈值模型有助于理解个体在社会网络中受到邻居影响的阈值现象及信息在网络中的传播规律和速度。线性阈值模型以接收者为中心，通过观察一个节点的所有邻居节点，根据该节点的阈值来决定其是否激活，因此一个节点的激活依赖其全部邻居节点。一旦给定线性阈值模型中的阈值，网络中的信息传播过程就确定了。

3．传染病模型

传染病模型最早用于研究人群中传染病的传播过程，后被广泛应用于信息传播领域。其中，SIR 模型是经典的传染病模型，本节主要以 SIR 模型为例对传染病模型进行介绍。SIR 模型将人群分为三个互斥的类别，即：易感者（Susceptible，S）、感染者（Infectious，I）和康复者或移除者（Recovered or Removed，R）。

SIR 模型主要有以下两个假设。

（1）人群总数恒定。$S+I+R=N$，其中，S、I、R 分别代表易感者人口、感染者人口和康复者人口；N 为总人口，为一个固定值。

（2）传染病只有一次感染。一旦个体康复，他们就获得了免疫力，不会再被感染。

基于以上假设，SIR 模型的基本方程可表达如下。

易感者（S）的变化率为

$$\frac{\mathrm{d}S}{\mathrm{d}t}=-\beta\frac{SI}{N}$$

感染者（I）的变化率为

$$\frac{\mathrm{d}I}{\mathrm{d}t}=\beta\frac{SI}{N}-\gamma I$$

康复者（R）的变化率为

$$\frac{\mathrm{d}R}{\mathrm{d}t}=\gamma I$$

式中，β 为传染率，表示一个感染者每天将传染病传播给易感者的概率；γ 为康复率，表示感染者每天康复的概率；N 为总人口数；t 为时间。

将传染病模型应用于信息传播研究，将信息传播看作一种传染病，其中信息可以视为病原体，人群中的个体可以视为易感者、感染者和康复者。通过类似 SIR 模型的框架，建立信息在群体中的传播模型，并根据不同的参数来模拟信息传播的过程。此时，SIR 模型可以描述如下：最初，所有的节点都处于易感染状态，对应个体不知道信息的情况；然后，部分节点接触到此信息，变为感染状态，这些节点试图感染处于易感染状态的节点，或者进入恢复状态。感染一个节点，即传递信息或影响节点对某事的态度。恢复状态，即免疫，处于恢复状态的节点不再参与信息的传播。

7.5.3 社会网络信息传播研究

1．羊群效应

羊群效应（Herd Effect）是指个体在面对不确定性情况时，会倾向于模仿其他人的行为或观点，而不是依据自己掌握的信息或判断做出决策。这种现象常常出现在社会、经济和金融等领域，导致人们在群体中出现集体行为的趋势。

羊群效应也常常体现在社会网络中。在社会网络中，羊群效应可以被描述为人们在决策时受到他人的影响，从而产生集体行为的倾向。这种影响可以是直接的，如朋友、家人或同事的行为；也可以是间接的，如媒体报道、社会舆论等。在社交媒体时代，社会网络成为影响个体决策的重要因素之一。例如，在政治领域，社会网络上经常出现一些热门话题或争议性言论。一旦某个政治观点或言论在社会网络上得到广泛传播和支持，很快就会有大量的用户跟随，表达类似的观点或言论，从而形成羊群效应，这种现象可能影响公众舆论和政治氛围。此外，经常有一些网红或名人在社会网络上推荐某款产品或某个品牌。一旦相关产品或品牌被广泛传播和推荐，很快就会出现大量的用户跟风购买。这种现象在电商平台上尤为常见，商家利用羊群效应促进产品的销售和品牌的传播。类似的现象同样出现在金融投资领域，当某个投资建议或股票推荐在社会网络上得到广泛传播和认可后，很快就会有大量的投资者跟随，进行类似的投资行为。

米尔格拉姆曾在纽约市的大街上进行了一次羊群效应实验：1 个人站在纽约市大街上仰望天空，大约 4% 的过路者停下来也往天上看；当有 5 个人站在路边仰望天空时，大约 20% 的过路者会停下来往天上看；当有 18 个人站在路边同时仰望天空时，将近一半的过路者会停下来往天上看（见图 7.16）。这一实验印证了羊群效应的存在。

图 7.16　米尔格拉姆的羊群效应实验

羊群效应与信息传播密切相关，它不仅影响信息在社会网络中的传播速度和范围，也对信息的影响力、舆论导向及用户的决策行为产生重要影响。因此，在信息传播过程中需要注意羊群效应的作用，以更好地理解和引导信息传播的动态。

2．影响力最大化

社会网络中的影响力最大化（Influence Maximization）问题是指在社会网络中，如何选择一小部分节点作为种子节点，使它们的影响力最大化，即通过这些种子节点影响尽可能多的其他节点。这个问题在社会网络分析和网络营销中具有重要的现实意义。在社会网络上，企业和品牌通常希望通过影响一小部分核心用户，最大化它们的产品或服务的传播和推广效果，从而实现营销目标；政府、组织或个人可能希望通过社会网络传播特定信息或引导舆论，影响公众的态度和行为，选择合适的种子节点可以帮助他们在社会网络中快速扩散目标信息；个人或组织可能希望通过扩大自己的社会影响力和领导力实现特定的目标，选择合适的种子节点可以帮助他们最大化其影响力和影响范围。

影响力最大化问题涉及网络科学、社会网络分析和网络营销等领域。在实践中，有许多经典研究探讨了如何选择种子节点以最大化信息在社会网络中的影响力。其中，基于节点的影响力最大化方法主要关注选择哪些个体作为种子节点，从而最大化信息或影响的传播或扩散。研究者通过分析社会网络的拓扑结构、节点的连接模式及节点的影响力等因素，确定最优的种子节点集合。常见的策略包括基于节点中心性（如度中心性，介数中心性、接近度中心性等）的影响力最大化方法和基于影响力分数的影响力最大化方法。

此外，基于模型的影响力最大化方法使用信息传播模型（如独立级联模型、线性阈值模型等）来模拟信息在社会网络中的传播过程，并根据模拟结果选择最优的种子节点。其策略包括以下几种。①贪婪算法：从空集合开始，依次选择能够最大限度地提升影响力的节点，直至达到预定的种子节点数量或满足其他停止条件。②模拟退火算法：结合信息传播模型，通过随机搜索和优化过程选择最优的种子节点集合。③通过使用种群、交叉、变异和选择等操作搜索最优的种子节点集合；通过不断迭代和进化搜索最优的种子节点集合。④深度强化学习：利用深度学习和强化学习技术，从大规模的社会网络数据中学习最优的种子节点选择策略。

总体来说，影响力最大化的经验研究涉及从网络结构、节点特性、信息传播模型等多个方面来分析和优化种子节点的选择策略，以实现影响力在社会网络中的最大化。这些研究对于理解社会网络的影响机制、网络营销策略和信息传播规律都具有重要的指导意义。

本章小结

本章系统地介绍了社会网络分析的关键方面，首先概述了社会网络的基本概念，然后详细探讨了社会网络模型、基于模块度的社群发现方法、基于成员与图连接的社群发现方法、节点的影响力和中心性度量指标，以及信息在社会网络中的传播机制和策略优化方法。各部分内容相互衔接，为读者理解社会网络的结构、功能及影响奠定基础。

课后习题

1．请列出在线社会网络的类型，并针对每种类型列出 3 个相应的真实平台。

2．分别用邻接矩阵和邻接表表示图 7.17。

3．请尝试使用 Python 中的 NetworkX 库设置不同的参数，生成对应的 ER 随机图、WS 小世界网络模型及 BA 无标度网络模型，并将其可视化。

4．请使用不同的社群发现方法对 Karate 空手道俱乐部网络进行社群发现。

5．请计算图 7.18 中每个节点的介数中心性和接近度中心性。

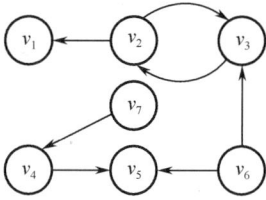

图 7.17　第 2 题图

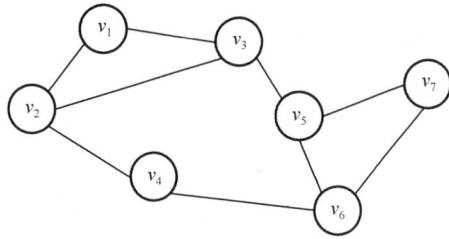

图 7.18　第 5 题图

参考文献

[1] TRAVERS J, MILGRAM S. An experimental study of the small world problem[J] Sociometry, 1969, 32(4): 425-449.

[2] CHRISTAKIS N A, FOWLER J H. The spread of obesity in a large social network over 32 years[J]. New England Journal of Medicine, 2007, 357(4): 370-379.

[3] ALBERT R, JEONG H, BARABÁSI A L. Diameter of the world-wide web[J]. Nature, 1999, 401(6749): 130-131.

[4] BARABÁSI A L, ALBERT R. Emergence of scaling in random networks[J]. Science, 1999, 286(5439): 509-512.

[5] UGANDER J, KARRER B, BACKSTROM L, et al. The anatomy of the Facebook social graph[J]. arXiv preprint arXiv:1111.4503, 2011.

[6] ERDOS P, RÉNYI A. On random graphs[J]. Publicationes Mathematicae-Debrecen, 1959, 6: 290-297.

[7] WATTS D J, STROGATZ S H. Collective dynamics of "small-world" networks[J]. Nature, 1998, 393(6684): 440-442.

[8] BLONDEL V D, GUILLAUME J L, LAMBIOTTE R, et al. Fast unfolding of communities in large networks[J]. Journal of Statistical Mechanics: Theory and Experiment, 2008, 2008(10): P10008.

[9] GIRVAN M, NEWMAN M E J. Community structure in social and biological networks[J]. Proceedings of the National Academy of Sciences, 2002, 99(12): 7821-7826.

[10] VON LUXBURG U. A tutorial on spectral clustering[J]. Statistics and Computing, 2007, 17: 395-416.

[11] KATZ L. A new status index derived from sociometric analysis[J]. Psychometrika, 1953, 18(1): 39-43.

[12] PAGE L, BRIN S, MOTWANI R, et al. The PageRank citation ranking: bringing order

to the web[R]. (1998-01-29)[2024-09-13].

[13] FREEMAN L C. A set of measures of centrality based on betweenness[J]. Sociometry, 1977: 35-41.

[14] NEWMAN M E J. A measure of betweenness centrality based on random walks[J]. Social Networks, 2005, 27(1): 39-54.

[15] GOLDENBERG J, LIBAI B, MULLER E. Talk of the network: a complex systems look at the underlying process of word-of-mouth[J]. Marketing Letters, 2001, 12: 211-223.

[16] GRANOVETTER M. Threshold models of collective behavior[J]. American Journal of Sociology, 1978, 83(6): 1420-1443.

[17] 李栋，徐志明，李生，等. 在线社会网络中信息扩散[J]. 计算机学报，2014，37（1）：189-206.

[18] 李国良，楚娅萍，冯建华，等. 多社交网络的影响力最大化分析[J]. 计算机学报，2016，39（4）：643-656.

第 3 篇

商业智能应用

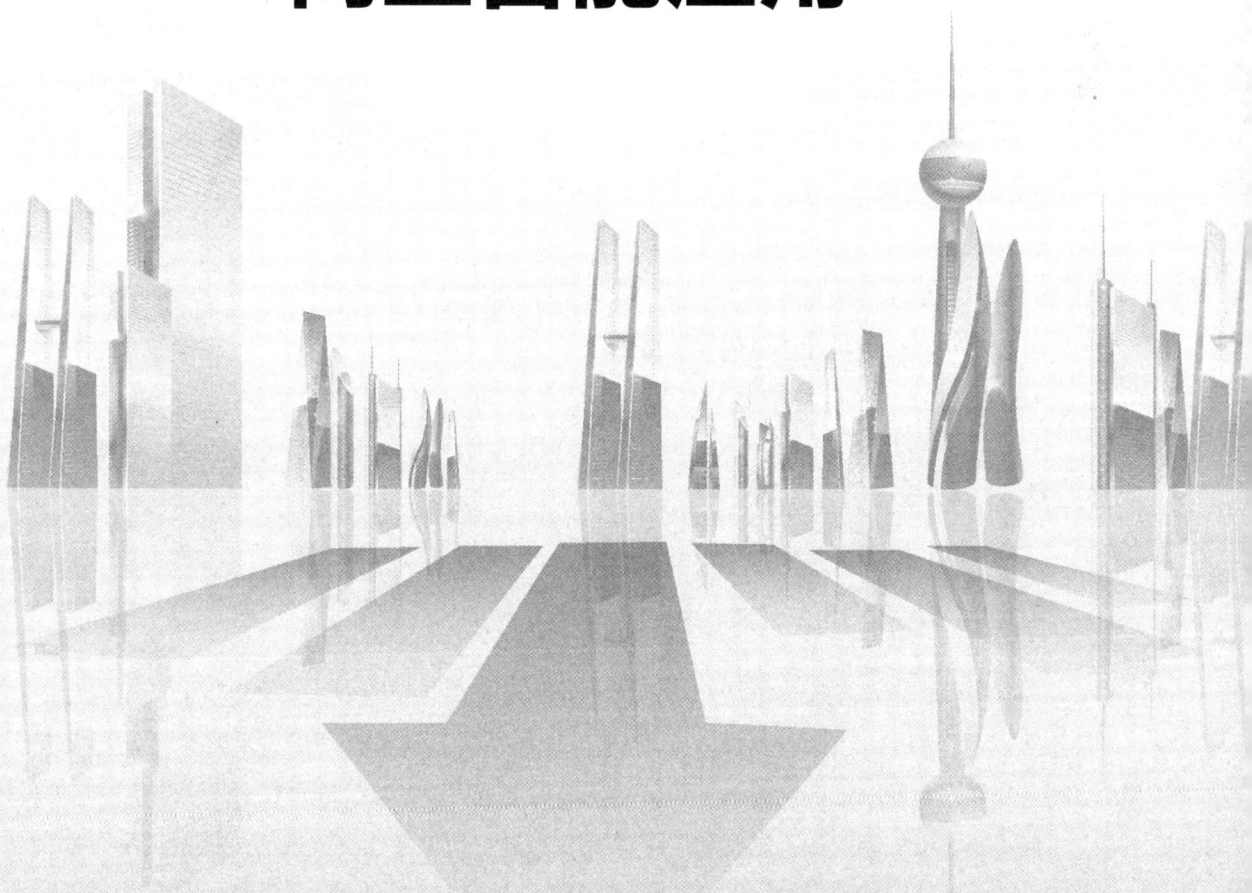

第 8 章

数字营销

数字营销是利用数字技术和平台来推广产品或服务,高效实现营销目标的过程。随着互联网和移动设备的普及,数字营销已成为现代营销策略中不可或缺的一部分。本章将深入探讨数字营销的基本概念和主要方式,介绍面向数字营销的用户画像的创建及具体应用,剖析数字平台营销推荐服务的工作原理和 AIGC 时代下的数字营销新趋势,帮助读者深入理解数字营销的核心策略和关键技术,为数字营销实践提供指导和帮助。

●●➡ 本章学习重点

- 数字营销的基本概念和主要方式。
- 用户画像的创建和应用。
- 数字平台营销推荐服务的工作原理。
- AIGC 时代下的数字营销新趋势。

8.1 数字营销概述

8.1.1 数字营销的定义

数字营销,也称在线营销或网络营销,是利用互联网和数字技术来促进品牌、产品或服务推广与销售的一种营销方式。它通过各种数字渠道和平台与潜在用户直接沟通及互动,充分利用互联网的广泛覆盖性和数字工具的便利性。

与传统营销依赖广告、电视和广播等媒介不同,数字营销更多地通过搜索引擎、社交媒体、电子邮件、移动应用等渠道实现信息的即时传播与受众互动。其核心目标包括提升品牌认知度、吸引特定受众、促进销售增长和提高用户满意度。数字营销使企业能够密切联系潜在用户,精准捕捉需求并提供个性化服务,同时借助市场调研与数据分析,持续优化策略,以紧跟市场动态和消费者行为。

8.1.2 数字营销的主要方式

数字营销的主要方式包括以下几种。

1. 搜索引擎优化

搜索引擎优化是一种通过优化网站内容、结构和技术，提高网站在搜索引擎结果页上的排名和可见性的方法。通过关键词研究、网站优化、创建高质量的链接和提供有价值的内容等策略，企业可以吸引更多有机（非付费）流量，并提升网站的曝光度，增加用户点击量。

2. 内容营销

内容营销是一种通过创建和分享有价值、相关、连贯的内容，吸引和保留明确的用户，并最终驱动用户采取特定行动的营销方法。企业可以通过博客文章、视频、电子书、信息图表等形式提供有用的信息，解决问题，或者满足用户的需求，从而建立品牌声誉、提升品牌认知度，并与潜在用户建立长期关系。

3. 社交媒体营销

社交媒体营销是一种利用社交媒体平台（如小红书、微博、朋友圈等）进行品牌推广和销售的方法。通过在社交媒体上发布有趣、有用和引人注目的内容，企业可以与用户进行互动、回答问题、参与讨论，并促进用户的参与和转化。社交媒体营销能够帮助企业与用户建立更紧密的关系，提升品牌知名度，扩大用户群体，并提高用户参与度和品牌忠诚度。

4. 电子邮件营销

电子邮件营销是一种通过发送电子邮件进行直接营销的方法。企业可以通过构建电子邮件列表，设计个性化的邮件模板，并定期向订阅者发送有价值的信息，如促销活动或产品更新等。电子邮件营销可以帮助企业与现有用户保持联系，提高重复购买率，并吸引新用户。通过有效的分段和定位，企业可以将定制化的信息发送给特定的目标人群，提高邮件的开启率和点击率。

5. 付费搜索广告

付费搜索广告是一种在线广告模式，广告商只在用户点击广告时才支付费用。企业可以使用搜索引擎的广告平台（如 Google Ads、Bing Ads）投放关键词广告，使其显示在搜索结果页上。通过设置适当的关键词、编写吸引人的广告文本和优化目标页面，企业可以提升在线曝光度，吸引目标人群的点击，并促进用户转化。

6. 移动营销

移动营销是一种通过移动设备（如智能手机和平板电脑）进行营销的方法。企业可以通过短信、应用程序、移动网站等方式，向用户发送个性化的信息、促销活动和特别优惠活动。移动营销可以帮助企业更好地与移动用户互动，提供便捷的购物体验，并提升用户的参与度和转化率。

7. 视频营销

视频营销是一种通过创建和分享视频内容进行营销的方法。企业可以通过制作品牌宣传视频、产品演示视频、用户故事或有趣的短片等，展示产品或服务的特点和优势，吸引用户的注意力，并提高用户的参与度和转化率。通过在视频平台（如 bilibili、抖音等）上发布视频内容，并结合适当的关键词和描述，企业可以提升品牌曝光度，扩大受众群体，并与用户建立更深入的联系。

8. 用户画像

用户画像是指通过收集和分析用户的行为、兴趣、偏好、购买习惯等数据，将用户划分为不同的群体或类型，以便更好地了解他们的需求和行为模式。通过构建用户画像和进行用户分群，企业可以更精确地定位目标用户，针对不同群体的用户制定个性化的营销策略，为他们提供更有针对性的推荐和信息，从而提高营销的针对性和效果。

9. 推荐算法

推荐算法是一种利用数据分析和机器学习技术，根据用户的历史行为和偏好，向其推荐相关的产品、内容或服务的算法。推荐算法可以根据用户的兴趣和行为模式，自动化地为其提供个性化的推荐，以提升其满意度和购买意愿。常见的推荐算法包括基于内容的推荐算法、基于近邻的协同过滤算法和基于矩阵分解的协同过滤算法等。

10. 网红营销

随着社交媒体的兴起，网红营销成为一种越来越受欢迎的数字营销策略。网红是在社交媒体平台上拥有大量粉丝和影响力的个人或个人品牌。通过与网红合作，企业可以借助其影响力和粉丝基础，将产品或服务推荐给目标受众。网红营销能够带来更真实、更有说服力的推荐，提升品牌曝光度和用户信任度。

11. 直播带货

直播带货是一种结合直播平台和电子商务的数字营销形式。通过直播平台，销售人员可以实时展示和介绍产品，与观众互动，并提供实时的购买链接。直播带货通过创造紧密互动的购物体验，提供产品演示、专业解答和即时促销，加快用户的购买决策速度，提升用户的购买意愿。这种形式的数字营销特别适合时尚、美妆、家居等消费品领域，如今抖音、美团等企业正在将这种营销方式推广到餐饮行业。

8.1.3　数字营销的优势

数字营销在当今商业环境中具有重要的地位和影响力。随着互联网的普及和数字技术的不断发展，企业需要适应数字化时代的趋势，并利用数字营销策略来推广产品、建立品牌形象、与目标受众进行有效的互动。数字营销的优势主要包括以下几个。

1．触达广泛的受众

数字营销能够帮助企业突破地理限制和时间限制，将产品或服务推广给全球范围内的潜在用户。通过互联网和社交媒体平台，企业可以触及大量用户群体，提升品牌知名度和曝光度。

2．提供个性化的营销内容和体验

数字营销使企业能够了解目标受众的兴趣、偏好和行为，从而提供个性化的营销内容和体验。通过数据分析和用户行为跟踪，企业可以精确定位受众，提供定制化的信息、产品推荐和促销活动，提升用户的参与度和转化率。

3．提供实时互动和反馈

数字营销为企业提供了实时互动的机会，企业可以通过社交媒体、在线聊天和即时通信工具与用户直接沟通。这种实时互动能够增进用户关系、解决问题、回答疑问，并及时获取用户的反馈和意见，从而改进产品和服务。

4．易于测量和分析营销效果

与传统营销相比，数字营销更易于测量和分析营销效果。通过使用各种分析工具和指标，企业可以准确评估营销活动的效果和回报率。数据分析可以帮助企业了解市场趋势、用户行为和竞争对手动态，从而优化营销策略并做出更明智的决策。

5．提高品牌忠诚度和口碑

通过数字营销，企业可以建立品牌的在线存在感和声誉。通过提供有价值的内容、积极参与社交媒体和回应用户反馈，企业可以提升用户的品牌忠诚度，树立良好的企业形象，并获得口碑传播的力量。满意的用户更有可能成为品牌的忠实支持者，向他人推荐产品或服务。

6．降低营销成本

相比传统的广告和营销手段，数字营销通常更具成本效益。在线广告、电子邮件营销

和社交媒体推广等数字渠道相对廉价，并且可以更精确地投放给目标受众。此外，数字营销可以通过自动化工具和流程提高营销效率，减少人力和资源的浪费。

8.2 面向数字营销的用户画像

8.2.1 用户画像概述

1. 用户画像的定义

用户画像是通过收集、整理和分析用户的相关数据，综合描述用户的特征和属性的过程。用户画像的概念源于企业对用户的深入了解和洞察。在数字化时代，企业可以通过多种渠道和工具获取用户的数据，包括购买历史、在线行为、社交媒体活动等。通过对这些数据进行分析和挖掘，揭示用户的偏好、需求、购买行为及消费决策过程等关键信息，从而形成用户的全面画像。用户画像可以帮助企业实现以下目标。

（1）精准定位目标受众。用户画像可以帮助企业更准确地识别和定位目标受众群体。通过对用户的特征和属性进行分析，企业可以了解不同用户群体的差异，有针对性地制定营销策略和推广活动，提高精准营销的效果。

（2）提供个性化营销和定制化服务。用户画像可以帮助企业了解用户的兴趣、喜好和需求，从而提供个性化的产品推荐和定制化的服务。通过向用户提供更符合其需求的产品和服务，企业可以提升用户的满意度和忠诚度，提高用户的购买意愿和留存率。

（3）提高营销决策的科学性。用户画像提供了基于数据的客观依据，使营销决策更加科学和准确。企业可以通过用户画像了解市场趋势、竞争对手的策略，预测用户行为和需求的变化，从而制订更具针对性和前瞻性的营销计划与策略。

（4）提高市场反应速度。用户画像可以帮助企业更快速地响应市场变化。通过实时收集和更新用户数据，企业可以及时调整营销策略，抓住市场机遇，应对竞争挑战，提高市场反应速度和灵活性。

（5）优化资源配置和投资回报。用户画像可以帮助企业更好地理解用户的价值和潜力，从而优化资源的配置和利用。企业可以将有限的资源和预算集中投放在具有高价值与高潜力的用户群体上，以提高投资回报率和资源利用效率。

2. 用户画像的要素

用户画像需要通过对用户数据的收集、整理和分析，揭示用户的关键特征和属性，形成用户的全面描述。用户画像的要素主要包括个人信息、行为数据、社交媒体活动、兴趣偏好、地理位置和设备信息等。

（1）个人信息。个人信息是用户画像的基础要素，包括用户的姓名、性别、年龄、职业、教育程度等基本身份信息。这些信息可以帮助企业对用户进行初步分类和分析。

（2）行为数据。行为数据是用户画像的重要组成部分，包括用户的网站浏览记录、搜索关键词、点击广告、购买历史等。通过分析用户的行为数据，企业可以了解用户的兴趣、偏好、购买行为和消费习惯，从而进行个性化的推荐和营销。

（3）社交媒体活动。社交媒体活动是用户画像的另一个关键要素，包括用户在社交网络平台上的活动、关注的话题、点赞和评论等。通过分析用户在社交媒体上的活动，企业可以了解用户的社交圈子、影响力和社交行为，从而制定更精准的社交化营销策略。

（4）兴趣偏好。兴趣偏好是用户画像的重要要素，包括用户对不同主题、领域的兴趣爱好和偏好。通过了解用户的兴趣偏好，企业可以进行精准的内容推荐和个性化的营销活动，提高用户的参与度和满意度。

（5）地理位置。地理位置是用户画像的一个重要要素，可以帮助企业了解用户的地域特征和文化背景。了解用户的地理位置对企业进行本地化营销和区域性推广具有重要意义。

（6）设备信息。设备信息是用户画像的补充要素，包括用户使用的设备类型、操作系统、浏览器等。通过了解用户的设备信息，企业可以进行设备优化和跨平台营销，从而提供更好的用户体验。

3．用户画像的应用场景

1）企业战略制定

通过对用户画像的分析，企业可以深入了解不同用户群体的特征、需求和行为，从而为战略制定提供重要的参考和指导。

（1）市场趋势分析。通过用户画像分析市场中不同用户群体的特征和需求，了解市场趋势，为企业制定市场策略提供参考。

（2）竞争分析。通过对用户画像的比较和对竞争对手用户画像的分析，了解竞争对手的优势和劣势，寻找差异化竞争策略。

（3）产品定位。通过对用户画像的分析，确定产品的目标用户群体，进行产品定位和差异化设计。

2）企业运营优化

通过对用户画像的深入分析和理解，企业可以优化运营策略，提升用户留存率、活跃度和满意度。具体的应用包括以下几个方面。

（1）功能优化。根据对用户画像的分析，了解用户的需求和偏好，优化产品功能和用户体验。

（2）用户增长。通过对用户画像的分析，找到潜在用户和用户增长的机会，制定相应的用户增长策略和营销计划。

（3）个性化推荐。根据从用户画像中得出的用户兴趣和行为特征，实现个性化推荐，提供用户感兴趣的内容和产品。

（4）量化风控。通过对用户画像的分析，建立用户的信用评估模型，实现风险控制和防范。

（5）精准营销。通过对用户画像的分析，精确识别目标用户，制定个性化的营销策略，提高营销效果和投资回报率。

3）用户价值发现

通过深入分析用户画像中的用户特征、行为和偏好，企业可以发现用户的潜在价值，识别高价值用户并进行精细化运营。具体的应用包括以下几个方面。

（1）用户特征识别。通过对用户画像的分析，识别用户特征和群体行为规律，用于用户分类和提供个性化服务。

（2）基础信息构建。通过对用户画像的分析，建立用户的基础信息数据库，包括个人资料、兴趣偏好、历史行为等，为个性化服务和精准营销提供基础。

（3）用户需求分析。通过对用户画像的分析，深入了解用户的需求和痛点，为产品改进和用户满意度提升提供依据。

用户画像的应用场景如图 8.1 所示。

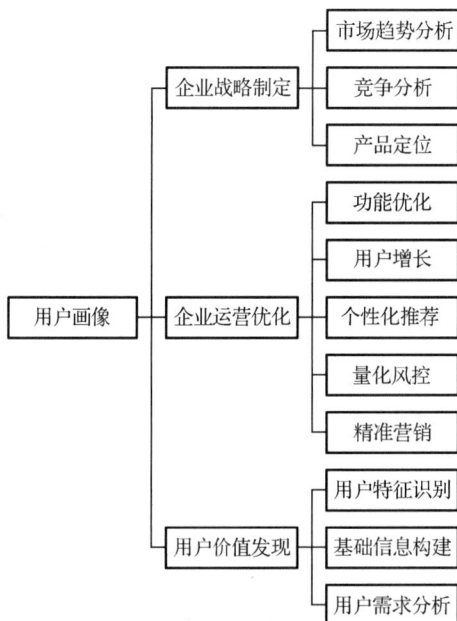

图 8.1　用户画像的应用场景

8.2.2　用户画像与精准营销

1. 用户画像与精准营销的关系

用户画像是精准营销的基础，它通过收集和分析用户数据，将用户的个性化特征转化为可视化内容。用户画像可以帮助企业全面了解用户,指导企业制定精准营销策略,进行市场细分和目标定位。通过用户画像,企业能够更好地满足用户需求,提高营销的效果和效率,提升用户的满意度和忠诚度。因此,用户画像在精准营销中扮演着重要的角色。随着数据分析技术的不断发展和数据的不断丰富,用户画像将在未来的精准营销中发挥越来越重要的作用。

2. 用户分群

用户分群是将用户根据某种共同特征或行为模式进行分类的过程。这一过程可以借助用户画像提供的基础信息,通过分析用户画像中的各种特征和数据,将用户划分为不同的群体,以更好地理解和满足不同群体的需求。用户画像提供了丰富的用户信息,包括个人特征、消费行为、兴趣爱好等。通过对用户画像进行深入分析,企业可以发现不同用户之间的共同特征和行为模式,进而将用户划分为具有相似特征的群体。用户分群可以帮助企业更好地了解不同群体的需求和行为习惯,为精准营销奠定基础。

3. 个性化推荐

个性化推荐是指基于用户画像和行为数据,向用户提供符合其个性化需求和兴趣的产品或服务推荐。用户画像提供了用户的个人特征和行为数据,为个性化推荐提供了关键信息和依据。通过个性化推荐,企业能够提升用户的购买体验,增强用户与企业的互动,提高用户的忠诚度,实现更好的营销效果。

4. 精准营销策略的制定

精准营销策略的制定一般包含如下几个步骤。

(1)收集用户数据。企业可以通过各种渠道收集用户数据,包括购买记录、在线行为、社交媒体活动等。这些数据将有助于创建用户画像,了解用户的需求和喜好。例如,企业可以通过用户的购买记录了解其购买偏好和消费习惯,通过用户的在线行为分析其浏览历史和点击行为,通过用户的社交媒体活动了解其兴趣爱好和社交互动。同时,随着大数据和人工智能技术的发展,企业可以通过数据挖掘算法和机器学习算法对海量的用户数据进行深度分析,从中发现隐藏的模式和关联,从而进一步优化精准营销策略。

(2)创建用户画像。基于收集的数据,企业可以进行用户画像的创建。用户画像应包括用户的以下信息:基本信息,如年龄、性别、地理位置等;消费行为,如购买频次、购买金额等;兴趣爱好,如喜欢的产品类别、参与的活动等;购买偏好,如线上购买、线下购买、品牌偏好等方面的细节。通过综合分析这些信息,企业可以对用户进行分类和细分,形成全面而准确的用户画像。

(3)分析用户画像、实施用户分群。通过对用户画像的分析,企业可以发现用户群体中的共同特征和行为模式。例如,某些用户可能更注重产品的品质和品牌声誉,而另一些用户可能更关注产品的价格和促销优惠。这些细分群体的识别可以为企业制定精准营销策略提供依据。通过深入了解不同用户群体的需求和行为，企业可以更加准确地定位目标用户，精确投放资源和营销活动。

（4）制定个性化策略。针对不同的用户群体，企业可以制定个性化的营销策略。例如，对于注重品质和品牌声誉的用户群体，企业可以强调产品的独特性和高品质，通过品牌故事和口碑营销吸引其购买；对于关注价格和促销优惠的用户群体，企业可以提供定制的促销活动和优惠券，激发其购买欲望。个性化策略的制定需要综合考虑用户画像、市场趋势和企业资源等因素，确保策略的可行性和有效性。

（5）实施和监控营销策略。制定个性化的营销策略之后，企业需要将其付诸实施，并实时监控其效果。企业可以使用分析工具和指标来跟踪用户反馈、销售数据及市场表现，评估营销策略的有效性和效果。同时，企业可以通过 A/B 测试等方法比较不同营销策略的效果，从而对其进行优化和调整，使其更加符合用户需求和市场变化。

通过以上步骤，企业能制定精准营销策略，提高营销策略的针对性和效果。用户画像的建立和分析是精准营销的基础，它使企业能更深入地了解用户，准确把握用户需求，制定个性化策略。与此同时，要注意精准营销是一个持续的过程，需要不断地优化、改进。企业需要分析营销数据和市场趋势，发现新机会和新挑战，及时调整策略，并与用户沟通互动，了解需求变化，从而改进产品和服务。

8.2.3 案例分析：去哪儿网用户画像的构建与应用

1. 背景介绍

去哪儿网是中国领先的在线旅游平台，其网站上线于 2005 年 5 月，公司总部位于北京。去哪儿网通过网站和移动用户端的全平台覆盖，随时随地为旅行者提供国内外机票、酒店、度假、旅游团购及旅行信息的深度搜索，主要业务包括机票预订、酒店预订、度假线路推荐、旅游团购、签证服务、景区门票预订、火车票预订和地面交通服务等。去哪儿网全面的业务系统背后，离不开精准的用户画像的支持。

2. 数据来源

图 8.2 展示了去哪儿网创建用户画像的数据来源，主要包括业务数据和用户行为数据两大类。

1）业务数据

业务数据是去哪儿网创建用户画像的主要数据来源，这部分数据主要来自去哪儿网的各种业务系统，包括机票、酒店、火车票及保险等业务系统。

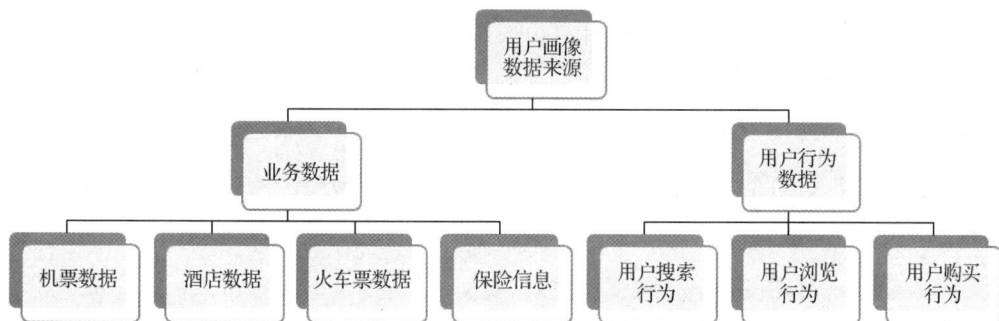

图 8.2 去哪儿网用户画像的数据来源

（1）机票数据。去哪儿网通过机票业务系统收集和存储了大量的机票信息，包括航空公司、出发地和到达地位置、航班时间、乘机人数等。这些数据可用于推断用户的出行频次、航班偏好及旅行目的地偏好。

（2）酒店数据。去哪儿网的酒店业务系统提供了酒店的基本信息，包括酒店名称、位置、设施、房型、价格等。通过分析用户的酒店搜索和预订行为，企业可以了解用户对酒店位置、价格范围、服务设施等方面的偏好。

（3）火车票数据。去哪儿网的火车票业务系统提供了火车票的相关信息，如车次、出发地和到达地位置、座位类型、票价等。这些数据可以揭示用户的出行方式、出发地点偏好及对不同座位类型的偏好。

（4）保险信息。去哪儿网提供旅行保险服务，用户购买保险时提供的信息可以用于了解用户的旅行风险偏好、保险需求等。

2）用户行为数据

用户行为数据是创建用户画像的另一个重要数据来源。这部分数据主要记录了用户在使用去哪儿网服务过程中的各种行为，包括用户搜索行为、用户浏览行为、用户购买行为等。

（1）用户搜索行为。去哪儿网记录用户的搜索关键词、搜索时间、搜索结果点击等信息，通过分析用户的搜索行为，了解用户的旅行偏好、目的地偏好及需求特点。

（2）用户浏览行为。去哪儿网追踪用户在平台上的浏览行为，包括浏览的产品页面，点击的酒店、机票详情等。这些数据可以揭示用户对不同产品的兴趣和偏好。

（3）用户购买行为。去哪儿网记录用户的购买行为，包括预订的机票、酒店、火车票等。购买行为数据可以提供用户的消费能力、旅行频次、出行方式等信息。

3. 创建用户画像

去哪儿网在收集了丰富的用户数据之后，通过对业务数据和用户行为数据的分析，可以对用户特征、偏好和行为进行概括。去哪儿网的用户特征可以总结为五大类：个人身份信息、价值特征、行为偏好、购票行为和其他特征。

（1）个人身份信息。个人身份信息包括性别、年龄区间、出生地、账户名称、注册手机号、终端渠道和常住地等。这些特征可以帮助去哪儿网标识用户的基本信息和身份，了解用户的个人背景和特点，从而根据不同性别、不同年龄段、不同地域用户的特点提供个性化推荐和服务。

（2）价值特征。价值特征包括平均客单价、航线数、舱位、索要行程单比例、购买标签分布、极速出票、旗舰店订单占比等。这些特征可以帮助去哪儿网评估用户对消费能力、出行频次、航线、舒适度和出票速度的偏好程度，了解用户的需求特点，从而提供符合用户价值观和偏好的旅行产品与服务。

（3）行为偏好。行为偏好包括提前购票天数、购票时间分布、下单时间、支付时间、订单支付月份和主动取消保险情况等。这些特征揭示了用户的购买行为、时间分布和偏好，可以帮助去哪儿网了解用户的购票习惯和偏好，从而为用户提供更准确的个性化推荐和服务。

（4）购票行为。购票行为包括搜索次数、预定次数、支付次数、退改签次数和活跃天数等。这些特征反映了用户在去哪儿网平台上的购票活动和行为习惯，可以帮助去哪儿网评估用户的活跃度、购买频次和忠诚度。

（5）其他特征。其他特征包括舱位折扣费、餐食、航班准点率、起飞与抵达时间、航司、机型、购买往返程等。这些特征提供了与机票相关的具体信息，如航班准点率、航空公司选择和机型偏好等，可以帮助去哪儿网了解用户对航班质量、航空公司和机型的偏好，从而为用户提供更符合其需求的旅行推荐和服务。

4．进行用户分群

分析并创建用户画像之后，便可以根据用户的特征进行分群，并为每个用户打上相应的标签。标签是用来表达人的基本属性、行为倾向、兴趣偏好等方面的数据标识，它是一种简洁而有关联性的关键词，用于描述和分类人群。标签的定义是根据业务目标而确定的，在不同的行业和应用场景中，相同的标签可能具有不同的含义，这也决定了不同的模型设计和数据处理方式。针对机票用户画像，可以将标签分为两大类：基础类标签和个性化标签。基础类标签主要涵盖用户的一般属性和行为特征；个性化标签则更加关注用户的特殊兴趣和需求。两类标签之间可能有重叠，但它们通过不同的角度对用户进行定义和刻画，以满足不同的业务营销需求。

1）基础类标签

（1）高频个人：频繁购买机票的个人用户。此类用户可能经常旅行，对旅行需求较高。

（2）低频个人：较少购买机票的个人用户。此类用户可能偶尔旅行或不太频繁出行。

（3）商旅：以商务目的为主的用户。此类用户可能需要频繁出差，对舒适度和时间安排有较高的要求。

（4）黄牛：存在代买和转售机票等行为的用户。此类用户可能从事票务代理或二手票务交易业务。

（5）VIP：具有特殊身份和待遇的用户。此类用户可能是航空公司的高级会员或特定合作伙伴的优质用户。

2）个性化标签

（1）自由行：喜欢自主安排行程、独立选择机票和酒店的用户。此类用户倾向于自由度较高的旅行方式。

（2）包机：选择包机服务的用户。此类用户可能是团队旅行或私人定制旅行的用户。

（3）亲子游：以家庭为主的用户。此类用户关注亲子旅行相关的需求和服务。

（4）商城用户：在机票购买过程中表现出对相关商城产品和服务的关注与购买行为的用户。

（5）活跃用户：在社交媒体平台上表现出高度参与和互动的用户。此类用户可能对社交媒体平台上发布的旅行内容有较大的兴趣。

（6）潜在用户：具备潜在购买需求但尚未进行购买的用户。对此类用户可能需要进一步的引导和推荐。

（7）流失用户：曾经是活跃用户但近期转化率下降或停止使用平台的用户。对此类用户可能需要重新吸引和挽留。

（8）风险/不良用户：具有一定风险特征或不良行为的用户，如恶意退订、违规操作等。

5．实施精准营销

有了丰富的画像数据后，企业可以通过对用户进行分类和群体划分，更好地理解不同用户群体的特点和需求，从而开展有针对性的市场定位和营销活动。通过对用户画像数据的分析，企业还可以进行用户行为预测和趋势分析。这有助于企业的产品和运营团队做出更准确的决策，如产品改进、市场推广和资源优化，以满足用户需求并提升业务效果。

8.3　数字平台营销推荐服务

8.3.1　推荐系统

1．推荐系统的定义

推荐系统是指通过分析用户的兴趣和行为、预测用户对特定产品或服务的评分或偏好，为每个用户生成个性化推荐列表，提供个性化推荐内容和服务。在数字平台营销中，推荐系统被广泛应用于向用户推荐产品、服务或内容，以改善用户体验、提高用户参与度和促进销售增长。常用的推荐系统包括商品推荐系统、内容推荐系统、好友推荐系统、视频推荐系统等。

2．推荐系统的作用

1）从平台提供者的角度分析推荐系统的作用

从平台提供者的角度来看，推荐系统具有以下几个作用。

（1）提高销售额。推荐系统可以根据用户的兴趣和行为，向其推荐相关的产品或服务，提升用户购买意愿，从而提高销售额。

（2）提升商品销售的多样性。推荐系统可以将用户推向不同的产品或服务，引导用户发现和购买平台上更多的商品，从而提升商品销售的多样性。

（3）提高用户满意度和用户黏性。通过个性化的推荐，推荐系统可以满足用户的个性化需求，提供更加符合用户兴趣和偏好的产品与服务，从而提高用户的满意度和忠诚度，增加用户在平台上的停留时间，提高用户的平台使用频率。

2）从用户的角度分析推荐系统的作用

从用户的角度来看，推荐系统具有以下几个作用。

（1）降低搜索成本。推荐系统可以根据用户的兴趣和需求，主动向其推荐相关的产品或服务，减少其在海量信息中的搜索时间和精力消耗。

（2）增加娱乐性。浏览推荐列表本身也是一种娱乐，推荐系统可以在推荐列表中展示多样化的推荐内容，让用户在探索推荐结果的过程中获得乐趣和满足感。

3．推荐系统的架构

推荐系统通过收集用户信息、商品信息和交互信息，分析和建模用户的兴趣、偏好与需求。在用户建模过程中，可以采用机器学习和数据挖掘技术，如聚类、分类和特征提取等方法。同时，对商品进行建模，分析商品的属性、特征、标签和类别，运用文本挖掘和图像识别等技术提取商品特征。推荐算法基于用户历史行为、商品特征和其他上下文信息，预测用户对未接触商品的偏好，生成个性化的推荐列表并进行排序。最终，推荐系统将这些推荐结果以适合用户界面的形式展示给用户，从而提升用户体验和平台活跃度。推荐系统的架构如图8.3所示。

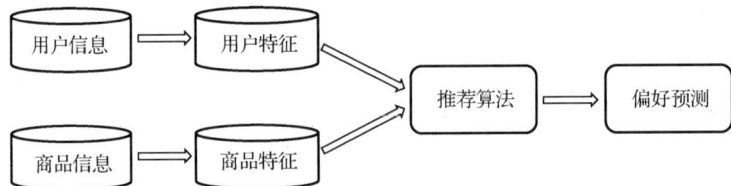

图 8.3 推荐系统的架构

4．推荐算法的评估

推荐算法的评估主要通过离线实验、用户测试和线上实验进行。

1）离线实验

离线实验是在离线数据集上进行的实验。该方法基于用户行为日志收集离线数据集，将数据集划分为训练集和测试集。常用的数据集划分方式包括交叉验证法和留一法。交叉验证法适用于数据量较小的情况。它将数据集分为 K 份，每次将其中的 K-1 份作为训练集，剩下的一份作为测试集，一共进行 K 次实验。留一法是一种特殊的交叉验证方法，测试集中每个用户都有且仅有一条评分记录。数据集划分完成后，在训练集上训练推荐模型，在测试集上评估模型的推荐效果。对于有真实评分的测试集，评估推荐算法的预测评分与用户真实评分的差异。常用的评估指标包括平均绝对误差和均方根误差，用于衡量推荐算法预测评分的准确性。其他评估指标包括准确率、召回率、F1 值等，用于衡量推荐结果的准确性和覆盖率。

2）用户测试

用户测试是通过直接与用户进行交互和反馈评估推荐算法的方法。为了确保测试用户和线上用户服从相同的分布，需要选择具有代表性的测试用户。用户测试可以获得反映用户主观感受的指标，如满意度、惊喜度等。可以通过用户调查问卷、用户访谈等方式收集用户反馈和评价。

3）线上实验

线上实验是在真实的线上环境中进行的实验。一种常见的线上实验方法是 A/B 实验，用于比较不同推荐算法的点击率或其他指标。A/B 实验将用户随机分为不同的组，分别给不同的组展示不同的推荐算法，然后比较各推荐算法的效果。线上实验需要在实际生产环境中进行，因此需要考虑实验的开销和影响。

8.3.2 基于内容的推荐算法

基于内容的推荐算法是一种智能系统，其主要目标是根据用户的兴趣和偏好向其推荐相关的项目。它通过分析和理解用户的行为与反馈数据，以及项目的描述信息，实现个性化的推荐服务。

1. 推荐步骤

（1）项目描述。在基于内容的推荐算法中，每个项目都会被描述为一组描述性词语或概念。描述信息可以是项目的各种特征，如电影的类型（如喜剧、恐怖、动作等）、导演、演员、剧情简介等。这些描述性词语或概念构成了项目的特征向量，用来表示项目的内容。

（2）用户档案创建。基于内容的推荐算法会针对每个用户创建一个用户档案，用来表示用户的兴趣。用户档案的创建依赖用户过去的行为数据和用户提供的反馈信息。行为数据包括用户的购买历史、浏览历史、收藏或标记的项目等；反馈信息包括用户给出的评分、评论或喜欢/不喜欢的标记等。用户档案中的每个元素与项目描述中的某个元素对应，并被赋予一定的权重，表示该元素对用户兴趣的重要性。

（3）推荐生成。当需要生成推荐时，基于内容的推荐算法会通过比较用户档案和所有可用项目的描述确定与用户兴趣最匹配的项目。通常，匹配度通过计算用户档案和项目描述之间的相似度确定。可以使用各种方法度量相似度，如余弦相似度度量或基于特征匹配的方法。根据相似度度量结果，推荐系统会选择与用户档案最匹配的项目进行推荐。

2. 优缺点分析

基于内容的推荐算法具有许多优点。首先，它不需要依赖其他用户的数据就可以生成推荐，因此即使在用户数量较少的情况下也可以工作。其次，它可以提供详细的推荐理由，因为推荐是基于项目的内容和用户的兴趣生成的，用户可以更好地理解为什么会收到这些推荐。此外，基于内容的推荐算法能帮助用户发现长尾项目，即那些不太热门但可能符合用户兴趣的项目。这有助于提高用户的发现体验和推荐的多样性。

然而，基于内容的推荐算法也存在一些缺点。首先，它可能只推荐与用户已知兴趣非常相似的项目，这可能限制了推荐的多样性，用户可能错过了一些与其兴趣有关但不同于其已知兴趣的项目。其次，创建准确的用户档案和项目描述是一个挑战，需要大量的数据和复杂的算法来确保准确性与完整性。再次，基于内容的推荐算法无法处理新用户的问题，因为新用户没有足够的历史数据来创建准确的用户档案。这被称为冷启动问题。最后，基于内容的推荐算法无法利用用户之间的相似性，因为它只关注单个用户的兴趣，而忽视了用户社区的信息。这可能导致推荐的质量不如基于协同过滤的推荐系统，后者可以利用用户之间的相似性来提供更详细和更准确的推荐。

8.3.3　基于近邻的协同过滤算法

基于内容的推荐算法存在一些缺陷。它主要依赖用户的兴趣标签和偏好进行推荐，没有考虑用户兴趣的变化和升级。推荐的候选集通常被限制在用户已有的兴趣标签维度内，无法引导用户发现新的知识和兴趣点。随着用户获取的知识和信息越来越多，他们的认知会逐渐提升，从而对更高层次的知识感兴趣，希望进行更深入的探索。例如，用户对大数据领域非常感兴趣，系统可能根据用户的偏好不断推送与 Hadoop、大数据技术框架相关的信息。这在一定的时间段内是合理的。但是，如果用户对这些内容已经非常熟悉了，系统仍然持续推送相同类型的信息，就无法满足用户的需求。实际上，用户可能需要寻求与大数据相关的其他领域的信息或更高级别的知识，如基于大数据的机器学习、数据挖掘等。然而，基于用户画像的个性化推荐系统无法实现这种升级的推荐。相比之下，基于近邻的协同过滤算法能够在一定程度上解决这一问题。

基于近邻的协同过滤算法是一种常用的推荐算法，它的核心思想是根据用户在物品上的行为找到用户或物品的近邻，这里的"邻"，一般指群体。基于近邻的协同过滤算法分为基于用户的协同过滤算法和基于物品的协同过滤算法，基本假设是：相似的用户可能有相似的喜好，即人以群分；相似的物品可能被相似的人所偏好，即物以类聚。具体如图 8.4 所示。

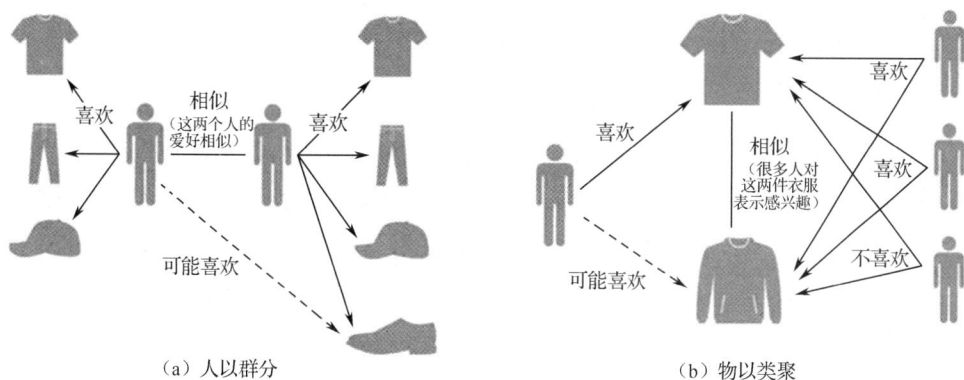

（a）人以群分 （b）物以类聚

图 8.4 基于近邻的协同过滤算法的基本假设

基于协同过滤的推荐一定程度上解决了用户兴趣变化所导致的问题，能够结合用户的行为，让用户触达新的知识信息，并且这种递进是通过协同关系得到的，意味着是大部分人的共同选择，因此具有合理性。

1. 基于用户的协同过滤算法

基于用户的协同过滤（User-Based Collaborative Filtering，UserCF）算法在推荐系统中被广泛使用。它通过分析用户之间的相似性，预测用户可能感兴趣的内容并将这些内容推荐给用户。具体而言，UserCF 算法主要考虑用户之间的相似度，通过找到与目标用户兴趣相似的其他用户，将这些用户喜欢的物品推荐给目标用户。

UserCF 算法的基本思路和步骤如下。

（1）找到与目标用户兴趣相似的用户集合。为了确定与目标用户兴趣相似的其他用户，需要计算用户之间的相似度。常用的相似度度量方法包括 Jaccard 公式和余弦相似度计算公式。这些公式可以根据用户之间的行为数据（如评分记录、购买记录等）来度量用户之间的相似度。通过计算用户相似度，建立一个用户相似度表，表中保存了任意两个用户之间的相似度值。

（2）找到相似用户喜欢的、目标用户尚未接触的物品。对于目标用户 A，通过计算与其最相似的用户 B，获取用户 B 喜欢的物品。然后，从这些物品中筛选出目标用户 A 尚未接触的物品，即目标用户没有评分或购买过的物品。

（3）预测用户对推荐物品的评分。对于目标用户 A 尚未接触的物品，可以利用相似用户 B 对这些物品的评分来预测目标用户 A 对这些物品的喜好程度。常用的预测方法包括加权平均法和基于回归的方法。选取预测评分最高的若干物品作为推荐结果，推荐给目标用户 A。

总之，UserCF 算法利用用户之间的相似度来推荐物品，让用户发现与其兴趣相似的其他用户喜欢的物品。这种算法在个性化推荐中非常有效，因为人们倾向于与志同道合的人交朋友，也会喜欢类似的东西。通过分析用户之间的行为数据和相似度，UserCF 算法能够为用户提供个性化、多样化的推荐结果，从而提升用户的使用体验和满意度。

2. 基于物品的协同过滤算法

基于物品的协同过滤（Item-Based Collaborative Filtering，ItemCF）算法通过分析物品之间的相似度预测用户可能喜欢的物品并进行推荐。ItemCF 算法与 UserCF 算法的不同之处在于前者从计算用户相似度变成了计算物品相似度。ItemCF 算法向用户推荐那些和他们之前喜欢的物品相似的物品。例如，用户 A 喜欢一个物品 s 集合，那么推荐系统就把与物品 s 集合中最相似的前 N 个物品推荐给用户 A。ItemCF 算法并不利用物品的内容属性计算物品之间的相似度，它主要通过分析用户的行为记录计算物品之间的相似度。该算法认为，物品 A 和物品 B 之所以具有很高的相似度，是因为喜欢物品 A 的用户大都也喜欢物品 B。

ItemCF 算法主要分为以下两步。

（1）计算物品之间的相似度。通过用户对物品的行为数据计算物品之间的相似度矩阵。常用的相似度度量方法包括余弦相似度、皮尔逊相关系数等。

（2）对于目标用户，找到相似物品并进行推荐。针对目标用户，根据其历史行为或偏好，找到与其喜欢的物品相似度较高的其他物品。具体而言，首先根据用户过去喜欢的物品列表，找到与这些物品相似度较高的其他物品。然后根据相似物品的热度或其他评价指标，选择推荐给用户的物品。

ItemCF 算法通过计算物品之间的相似度和考虑用户的历史行为，为用户提供个性化的推荐结果。相比 UserCF 算法，ItemCF 算法不需要用户的个人信息或画像，只需要分析用户对物品的行为数据。通过建立相似度矩阵和寻找相似物品，ItemCF 算法能够提供多样化和个性化的推荐结果。然而，在实际应用中，该算法需要解决相似度矩阵计算的复杂度问题和冷启动问题等，以提高推荐的准确性和效果。

8.3.4 基于矩阵分解的协同过滤算法

1. Netflix Prize 简介

Netflix Prize 是由视频流媒体服务 Netflix 举办的一项公开竞赛。该竞赛的目标是找到最佳协同过滤算法，以根据之前的评分预测用户对电影的评分，而不需要任何其他关于用户或电影的信息。

在 Netflix Prize 中，基于矩阵分解的协同过滤算法在提升电影推荐的准确性和个性化方面取得了显著进展。这项比赛推动了推荐系统研究的发展，并为基于矩阵分解的协同过滤算法的应用奠定了坚实的实践基础。

【例 8.1】Netflix Prize 提供了一个训练数据集，包含 480189 个用户对 17770 部电影的 100480507 个评分。每个训练评分都是一个四元组，形式为<用户,电影,评分日期,评分>。用户和电影字段是整数 ID，而评分是 1～5（整数）星。资格赛数据集包含 2817131 个三元组，形式为<用户,电影,评分日期>，评分只有评审团知道。参赛团队的算法必须预测整个资格赛数据集的评分，但他们只被告知约一半的数据，即资格赛数据集中的 1408342 个评分。另一半数据是资格赛数据集中的 1408789 个评分，评审团使用这一半数据来确定可能的奖项获得者。

2．矩阵分解方法

基于矩阵分解的协同过滤算法是一种常用的推荐算法，它通过对用户-物品评分矩阵进行分解，捕捉用户和物品之间的潜在特征与关联关系。图 8.5 展示了矩阵分解的方法。假设有 m 个用户和 n 个物品，基于矩阵分解的协同过滤算法的核心思想是将用户-物品评分矩阵分解为两个低维矩阵的乘积，分别代表用户和物品的特征向量。一般而言，可以将用户特征矩阵表示为一个 $m×k$ 矩阵，其中 m 是用户数量，k 是特征维度；将物品特征矩阵表示为一个 $k×n$ 矩阵，其中 n 是物品数量。通过矩阵分解得到用户和物品的特征表示。这种特征表示能够揭示用户和物品之间的潜在关系，进而用于预测用户对未评分物品的评分或生成个性化的推荐列表。

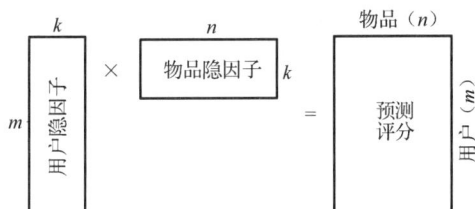

图 8.5　矩阵分解的方法

3．优缺点分析

1）优点

基于矩阵分解的协同过滤算法的优点包括以下两个。

（1）能够捕捉用户和物品的潜在特征。通过矩阵分解，将用户和物品表示为低维的特征向量，这些特征向量能够捕捉用户和物品之间的潜在特征与关联关系。

（2）处理稀疏数据。在真实世界的推荐系统中，用户对物品的评分数据通常是稀疏的，即大部分的评分是缺失的。基于矩阵分解的协同过滤算法能够通过填补缺失值，提供对未评分物品的预测评分和推荐。

2）缺点

基于矩阵分解的协同过滤算法存在以下两个缺点。

（1）冷启动问题。对于新加入的用户或物品，由于缺乏足够的历史评分数据，基于矩阵分解的协同过滤算法可能无法准确预测其评分或进行个性化推荐。在这种情况下，可以采用其他方法，如基于内容的推荐或热门物品推荐。

（2）矩阵规模和计算复杂度问题。当用户和物品数量较大时，基于矩阵分解的协同过滤算法的计算复杂度会变得很高。为了解决这个问题，可以采用一些优化算法和技术，如随机梯度下降、矩阵分解的近似方法等。

8.4 AIGC 时代的数字营销

8.4.1 AIGC 概述

1. AIGC 的定义

AIGC，全称为 Artificial Intelligence Generated Content，即人工智能生成内容。它是一种基于生成对抗网络、大型预训练模型等人工智能技术方法，通过已有数据的学习和识别，以适当的泛化能力生成相关内容的技术。AIGC 可以自动创作并生成各种内容，如文本、图像、音频、视频等。AIGC 的核心技术包括以下几项。

（1）深度变分自编码器。变分自编码器是深度生成模型的一种，通过编码器将原始高维输入数据转换为潜在空间的概率分布描述；解码器从采样的数据中进行重建，生成新数据。

（2）生成对抗网络。生成对抗网络使用零和博弈策略学习，在图像生成中应用广泛。生成对抗网络有两个角色：一个是生成器（Generator），另一个是判别器（Discriminator）。生成器的任务是创作看起来真实的作品，如图像、音乐等；判别器的任务是判断这些作品是真的还是生成器创作的。

（3）大型预训练模型。人工智能大模型就是一种超级强大的机器学习模型。它可以处理海量的信息，如图像、文字、声音等，并且可以完成各种各样的任务。

2. AIGC 的应用

AIGC 的应用非常广泛，包括但不限于以下几个方面。

（1）文本生成。基于 NLP 的文本生成根据使用场景可分为非交互式文本生成与交互式文本生成。

（2）图像生成。图像生成根据使用场景可分为图像编辑修改与图像自主生成。

（3）音频生成。音频生成技术较为成熟，在 C 端产品中较为常见，如语音克隆，即将人声 1 替换为人声 2。

（4）视频生成。视频生成与图像生成在原理上相似，主要分为视频编辑与视频自主生成。

（5）多模态生成。以上 4 种模态可以组合搭配，进行模态间转换生成。

总体来说，AIGC 是继专家生成内容和用户生成内容之后的新型内容创作方式。它打开了一个全新的创作世界，为人们创作作品提供了无限可能。

8.4.2　AIGC 与数字营销

"AIGC+营销"是在数字营销体系基础上出现的一种创新技术，它利用生成对抗网络和大型预训练模型等人工智能技术方法，通过学习和识别已有数据，生成相关内容并修补数字营销存在的问题，推动营销模式的创新。"AIGC+营销"的主要应用方向包括内容生产、创新运营、客服、销售和策略洞察，每个应用方向都具有不同的业务价值和技术门槛。

1．内容生产

在内容生产方面，AIGC 技术可以满足基本的文本和图像生成需求，为内容营销类和设计类厂商提供服务。AIGC 技术基于高质量的专有数据进行训练，可以实现进一步发展，实现商品推广策划和整个创意广告的生成。具体而言，在文本生成方面，AIGC 技术可以根据指定的主题、关键词或指令生成各种类型的文本内容，如广告文案、博客文章、产品描述和社交媒体帖子等。通过学习和分析大量的文本数据，AIGC 技术能够模仿人类的写作风格和语言表达方式，生成与真实人类创作的相似的文本内容。这为营销人员和内容创作者提供了更高效与更具创造性的工具，能够快速生成吸引人的文字内容。而在图像生成方面，AIGC 可以生成多种类型的图像，包括平面设计、广告海报、产品展示图和社交媒体图像等。通过学习大量的图像数据，AIGC 技术可以理解图像的结构、风格和特征，并据此生成与给定要求相符的图像内容。AIGC 技术可以帮助设计师和营销人员快速生成具有吸引力和创意的图像素材，以满足不同的营销需求，从而提升品牌形象和营销效果。

2．创新运营

在创新运营方面，AIGC 技术主要用于革新用户运营，包括虚拟人、对话助手和直播服务等产品。大型预训练模型的应用使这些产品更加成熟，约有 1/4 的服务提供商在这个方向进行布局。定制化的虚拟人和流程机器人需要基于专有数据进行微调或训练，以确保其与特定业务场景的契合度并满足个性化需求。

3．客服

在客服场景中，AIGC 技术与现有技术高度契合，智能客服已经相对成熟。AIGC 技术在客服方面的应用主要分为直接面向用户的交互和知识库优化、商机挖掘等后端场景。不同的应用场景需要基于不同的专有数据进行微调或训练，以确保系统能够提供准确、个性化的服务。

4．销售

销售与企业的营收直接相关。与销售相关的数据通常都是企业的专有数据。由于用户数据和销售数据的敏感性，企业在获取大型预训练模型的能力时非常谨慎，这对服务提供商的大型预训练模型的安全性提出了挑战。确保数据隐私和安全是在销售领域应用 AIGC 技术时需要考虑的重要内容。

5．策略洞察

策略洞察涉及整体营销策略的制定。传统营销策略主要依赖经验和个性化思考，缺乏系统化和产品化的共识。随着大型预训练模型的出现，机器能够参与策略制定，实现全链路自动化营销，并填补数字营销中"策略"这一环节的空缺。通过分析大量的市场数据和消费者行为，AIGC 技术可以提供策略洞察和建议，帮助企业制定更有效的营销策略。这种系统化的、数据驱动的营销策略为企业提供了更科学和更可靠的决策依据，促进了营销效果的提升。

总体来说，AIGC 技术在内容生产领域具有良好的应用前景。它可以满足内容营销类和设计类厂商的需求，帮助它们快速生成文本内容和图像内容，并实现商品合成和整个创意广告的生成。同时，AIGC 技术在创新运营、客服、销售和策略洞察等方面有着重要的应用，可以为企业的运营和营销提供更多的可能性与机遇。随着技术的不断进步和应用的不断深入，AIGC 技术将继续推动内容生产领域的创新和发展。

本章小结

本章介绍了数字营销的基本概念和主要方式，并介绍了用户画像的创建和应用，详细解析了数字平台营销推荐服务，以及 AIGC 技术如何革新数字营销领域。通过本章的学习，读者可以理解数字营销如何利用互联网和数字技术提高品牌知名度、吸引目标受众、增加销量和提升用户满意度，利用用户画像精准定位目标受众、实施个性化营销策略，并学会通过推荐算法向用户推荐个性化的内容，从而提高用户体验和销售转化率。

课后习题

1．数字营销与传统营销相比有哪些优势和不足？

2．描述一下用户画像在数字营销中的作用，并给出一个你认为有效的用户画像创建方法。

3．请选择一个具体行业（如零售、旅游、金融服务等），并针对该行业的一个具体企业或品牌进行用户画像分析。

4．基于内容的推荐算法和协同过滤推荐算法各有什么优缺点？在什么情况下你会推荐使用其中的一种而不是另一种？

5．讨论 AIGC 技术在数字营销中的应用，并分析它对未来营销活动可能产生的影响。

参考文献

[1] PONDE S, JAIN A. Digital marketing: concepts & aspects[J]. International Journal of Advanced Research, 2019, 7(2): 260-266.

[2] BALA M, VERMA D. A critical review of digital marketing: a critical review of digital marketing[J]. International Journal of Management, IT & Engineering, 2018, 8(10): 321-339.

[3] WANG X, WEI X, MA J, et al. User portrait technology and its application scenario analysis[C]//Proceedings of the 2021 3rd International Conference on Big Data Engineering. Shanghai: ACM, 2021: 64-69.

[4] GAUCH S, SPERETTA M, CHANDRAMOULI A, et al. User profiles for personalized information access[M]. Berlin: Springer, 2007: 54-89.

[5] 刘启林. 用户画像的基础、原理、方法论（模型）和应用 [EB/OL]. (2021-01-23)[2024-09-13].

[6] 李国芳. Qunar 用户画像构建策略及应用实践 [EB/OL]. (2016-11-15)[2024-09-13].

[7] BENNETT J, LANNING S. The Netflix Prize[C]//Proceedings of the KDD Cup and Workshop 2007. New York: ACM, 2007: 35.

[8] BASU C, HIRSH H, COHEN W, et al. Recommendation as classification: using social and content-based information in recommendation[C]//Proceedings of the 1998 National Conference on Artificial Intelligence. Madison, WI: AIII, 1998: 714-720.

[9] SU X, KHOSHGOFTAAR T M. A survey of collaborative filtering techniques[J]. Advances in Artificial Intelligence, 2009, 4(12): 1-19.

[10] SARWAR B, KARYPIS G, KONSTAN J, et al. Item-based collaborative filtering recommendation algorithms[C]//Proceedings of the 10th International Conference on World Wide Web. Hongkong: ACM, 2001: 285-295.

[11] HERLOCKER J L, KONSTAN J A, RIEDL J. Explaining collaborative filtering recommendations[C]//Proceedings of the 2000 ACM Conference on Computer Supported Cooperative Work. Philadelphia, PA: ACM, 2000: 241-250.

[12] KOREN Y, BELL R, VOLINSKY C. Matrix factorization techniques for recommender systems[J]. Computer, 2009, 42(8): 30-37.

[13] CAO Y, LI S, LIU Y, et al. A comprehensive survey of ai-generated content (aigc): a history of generative ai from gan to chatgpt[J]. arXiv preprint arXiv: 2303. 04226, 2023.

[14] ZHANG C, ZHANG C, ZHENG S, et al. A complete survey on generative ai (aigc): is ChatGPT from GPT-4 to GPT-5 all you need? [J]. arXiv preprint arXiv: 2303. 11717, 2023.

[15] WU J, GAN W, CHEN Z, et al. AI-generated content (AIGC): a survey[J]. arXiv preprint arXiv: 2304. 06632, 2023.

[16] DOERSCH C. Tutorial on variational autoencoders[J]. arXiv preprint arXiv: 1606. 05908, 2016.

[17] KRICHEN M. Generative adversarial networks[C]//Proceedings of the 14th International Conference on Computing Communication and Networking Technologies (ICCCNT). Delhi: IEEE, 2023: 1-7.

[18] WANG W, BAO H, DONG L, et al. Image as a foreign language: Beit pretraining for vision and vision-language tasks[C]//Proceedings of the IEEE/CVF Conference on Computer Vision and Pattern Recognition. Vancouver, BC: IEEE, 2023: 19175-19186.

第9章

数字财务与审计

在数字经济时代，传统财务和审计正在经历深刻的变革与重塑。数字财务与审计通过集成数据、算法和算力，推动财务流程和审计方法的智能化与自动化，成为现代企业提升管理效率和决策能力的重要手段。本章将深入探讨数字财务与审计的核心概念、发展历程、关键目标及技术应用，为读者提供理论框架和实践指导。

ᵒᵒᵒ➡ 本章学习重点

- 数字财务与审计的核心概念、发展阶段。
- 传统财务目标与数字财务目标。
- 财务和审计的数字化转型。
- 数字财务与审计的应用。

9.1 数字财务与审计概述

9.1.1 数字财务概述

1. 数字财务的定义

数字财务是一种新型财务管理模式，它基于先进的财务管理理论和方法，利用真实、完整、实时的数据作为基础，通过人和机器的有机合作形成智能系统，辅助企业的财务管理活动。一方面，数字财务将分散于各地的基础财务业务集中起来，进行专业分工和流程再造，实现对财务信息的快速处理和实时共享，进而实现财务工业化。另一方面，数字财务使用工作流引擎构建系统内自动化，使用 API 构建开放系统间集成，使用财务机器人等自动化工具构建封闭异构系统的连接，进而实现财务自动化。数字财务利用云计算、大数据等技术，为财务提供场景化的智能应用，提升财务工作的效率，将企业内部的小数据集转化为大数据中心，再借助业务分析、风险预警的相关模型和工具，为管理者提供前瞻性的战略支持、深入价值链的业务支持及高效的企业风险预警体系。

2. 数字财务的发展历程

数字财务主要经历了三个发展阶段：财务电算化、财务自动化和财务智能化。在这三个阶段中，财务人员的数据处理能力不断提升，现代财务的数字化特征表现得也越来越明显。

1）财务电算化

我国自 1978 年起开始从计划经济条件下的企业财务管理体制向市场经济条件下的企业财务管理体制转变，财务管理进入了电算化阶段。其特点是使用关系型数据库系统，进行简单的程序设计，使部分简单的会计核算工作实现了自动化，使用计算机程序对工资、成本、固定资产等的核算工作进行辅助处理。财务电算化在财务领域发挥了两大作用：一是以自动化取代了传统的手工核算，颠覆了传统的财务处理方式，促使会计账簿登记和后端会计报表编制实现了自动化，解决了会计核算中端和后端的两大难题；二是极大地提高了数据处理的效率与准确率，节省了财务人员在数据处理领域投入的时间与精力，催生了数字化会计的雏形。财务电算化阶段只是用计算机程序实现了部分会计核算环节，在核心内容上没有改变账务处理的流程和财务的本质内容。

2）财务自动化

在财务自动化阶段，财务系统与互联网技术深度融合，促使企业各部门之间，企业与供应商、客户、服务商、税务、工商及统计单位之间的数据实现互联互通。在自动化财务系统的支持下，自动化软件承担了很多简单的会计核算工作，将财务人员从简单但烦琐的工作中解放出来。相较于财务电算化，财务自动化在数据检索与记录、平台数据上传与下载、图像识别与处理、数据加工与分析、信息监控与产出等方面具有非常强大的功能，可以切实提高财务处理效率，降低财务核算成本，实现 7×24 小时全天候值守，为财务计划快速准确、及时地落地提供了强有力的支持。但是，财务自动化技术仅将财务管理过程流程化或标准化，没有从本质上提出业务的智能化，以及会计核算、管理决策的智能化。

3）财务智能化

随着人工智能、大数据、云计算等技术的快速发展，财务进入智能化发展阶段。财务智能化主要以机器自主学习和深度学习为基础，其核心是可以像人脑一样思考。智能化财务机器人集成了很多技术，包括卷积神经网络、光学字符识别、自然语言处理、智能管理、机器学习和生物识别等，可以对票据进行自动审核，对供应商关系进行管理，提高智能审核能力等。

3. 数字财务的目标

简单来说，财务目标是指企业财务活动在一定环境和条件下追求的目标。财务目标不仅指明了财务管理的基本方向，也为评价企业财务活动合理与否设立了标准。财务目标贯穿财务管理的始终，如财务决策以财务目标为准绳，财务活动以财务目标为依据，而绩效考核更是以财务目标为标准。在数字化背景下，我们认为数字财务的发展目标实际上包含和融合了传统财务目标。

1）传统财务目标

传统财务目标包括利润最大化、每股收益最大化、股东权益最大化、股东财富最大化和企业价值最大化。

（1）利润最大化。利润最大化观点认为，企业以利润最大化为目标具有合理性。从微观角度来看，更多的利润意味着更有效的资金利用，可以增强企业的风险抵御能力和竞争实力。从宏观角度来看，利润是企业可生产产品数量的体现，更多的利润意味着企业对社会的贡献更大。然而，利润最大化也带来了一些问题。它忽略了利润的时间价值，以及利润与投入资本之间的投入产出关系。若企业仅专注于利润最大化，可能导致决策短视，牺牲长期利益，并且难以科学地反映企业的经济效益水平。此外，利润最大化难以协调股东与经营者之间的利益分配，可能导致经营者为了个人利益而操纵财务数据，损害企业的长期发展。

（2）每股收益最大化。每股收益最大化观点认为，应当把企业的利润和股东投入的资本联系起来进行考察，用每股资本对应的收益来概括企业的财务目标，反映所得利润与投入资本之间的投入产出关系，这在一定程度上克服了利润最大化目标的局限性。自 20 世纪 60 年代以来，随着资本市场的逐步完善，尤其是随着股份制企业的迅速发展，每股资本收益最大化成为企业的财务目标。

（3）股东权益最大化。股东权益最大化观点认为，股东权益通过股票的市价反映，所以直观地说，股东权益最大化就是追求股票市价最大化。这种观点以美国为代表。在美国，企业股东以个人居多，他们并不控制企业财权，只通过股票的买卖间接影响企业的财务决策。大股东因为持有较多的股票，拥有更多的投票权，所以能够影响企业的财务决策。职业经理人的报酬也与股价直接相关，股价同利润、每股收益一样，本身就是一个量化指标。因此，股票价格成为财务决策需要考虑的最重要因素之一，股票价格也是股东权益的充分体现。

（4）股东财富最大化。股东财富最大化观点认为，在股份有限公司中，企业的价值可以用股票价格来表示，当企业的股票价格达到最高点时，意味着企业实现了财富最大化目标，也意味着股东的财富实现了最大化。这一观点也起源于美国。股东财富最大化目标能激励企业采用最优的财务决策，它考虑了利润的时间价值和风险情况，从而最大化企业的总价值，进而最大化股东的财富。这一目标比前三种目标更全面、更综合。

（5）企业价值最大化。企业价值最大化观点认为，企业价值最大化就是通过对企业财务的合理经营，采取最优的财务政策，同时充分考虑货币的时间价值及风险与报酬的关系，在实现企业稳定、长期发展的基础上，不断增加企业的财富，使企业价值实现最大化。企业价值除了包括企业存量资产的重置价值，还包括人力资本价值、无形资产价值及潜在的获利能力，这些是其他目标所没有考虑的重要价值。

2）数字财务目标

数字财务目标并非单一的财务目标。在财务数字化发展过程中，传统财务目标在企业内部供企业自行选择以实现内部价值最大化，同时在企业外部实现利益共同体的价值最大化。总体来说，数字财务目标同时考虑了内部价值和外部利益共同体价值的最大化。

数字财务实现了从传统的价值守护到价值创造的过程。从企业实际发展的角度来看，提质增效、业财融合是企业开展财务数字化的主要目标，具体包括以下几个主要方面。

（1）以数字技术应用提高财务流程自动化、智能化水平，提升财务运营效率。

（2）优化端到端业务流程，推动业财信息的全面对接和整合，深化业财融合，提升业务满意度。

（3）统一数据口径，规范数据来源，确保数据真实完整，保证会计信息质量。

（4）通过深化财务数据的采集、清洗、处理和分析应用能力，突破经验决策限制，提高决策效率和质量。

（5）帮助企业及时识别、预警和响应风险，加强企业风险管理、合规和内控。

（6）帮助企业在收入、利润、成本等方面有更出色的绩效表现，提高财务的价值创造能力。

（7）加强企业与产业链上下游、政府机构、金融机构等利益相关者的协同联动，实现生态共赢。

财务数字化是一个长期持续的过程，不可能一步到位。企业需要考虑外部环境、企业战略、业务发展、财务管理现状等因素，统筹制定财务数字化规划，并在集团范围内形成统一认识。若不能形成清晰的转型愿景和方向，零散式的财务数字化建设可能导致盲目部署，难以从投入中看到价值。

4. 数字财务的功能

1）对传统财务岗位风险的控制

数字财务系统为业务的全部流程和财务对接提供服务。以采购业务为例，数字财务系统对采购申请、供应商管理、合同管理、付款申请、财务记账等一整套完整的流程进行管控，跟踪合同付款的全流程，提供智能预警和检查，杜绝异常支付；事后能够追溯发票核销流程，对于错误发票在源头录入时给予提醒。通过数字财务系统的全流程控制，企业能够减少传统财务工作岗位中经常发生的内部费用重复报销、款项异常支付、超预算、超标准等不合规操作。

数字财务系统还能够代替部分人工作业，如自动生成费用凭证、凭证对接与自动生成合并报表。数字财务系统能够在保证数据的一致性、及时性、准确性及质量的同时，优化流程，提高工作效率，使财务人员有更多的精力提供运营支持服务，大幅减少财务工作量。

2）对传统财务管理风险的控制

数字财务系统具有智能报表分析和财务预警功能，可以在实时获取信息的同时，对财务报表进行分析，并对潜在风险进行实时监控。

财务预警系统包括预警功能、矫正功能和免疫功能。

（1）预警功能。当出现可能危害企业财务状况的关键因素时，财务预警系统能够预先发出警告，提醒相关人员采取措施应对风险。

（2）矫正功能。当危害企业财务的状况出现时，财务预警系统不仅能预告风险，还能寻找导致风险的相关因素，对于架构中被预先设定为系统可以自动阻断的风险，财务预警系统将直接采取阻断措施；对于其他风险，财务预警系统能够提供有效的措施给财务人员参考，预防或控制危机的发生和恶化。

（3）免疫功能。为避免未来再次发生类似的财务风险，财务预警系统通过机器学习和 AI 技术，参考历史风险的发生、应对措施及相应的结果，并结合企业所处环境的变化，对系统应对风险的能力进行不断的优化和改进。

9.1.2　数字审计概述

1. 数字审计的定义

数字审计是指基于系统论和行业内部数据治理工作，以行业经营管理相关的内外部数据和信息为基础，借助数据库系统、数据分析软件、信息系统平台，与非现场数据分析、现场检查和审计质量控制要求相结合，提取结构化数据与非结构化数据，对这些数据进行深入挖掘与分析，将数据分析结果展示出来进行共享，以切实提高审计质量与效率，促使审计过程创造更大的价值。简单来讲，数字审计就是对各类数据与业务进行解构和重构，以输出知识，创造更大的价值。

大数据审计、云计算审计、人工智能审计和区块链审计等数字审计技术是推动数字审计发展的外因，数字经济环境所催生的数字审计对象则是数字审计发展的真正内因。数字审计技术和数字审计对象共同构成了数字审计的体系。在信息化环境下，数字审计对象既包括数值型数据，也包括非数值型数据。数值型数据包括财政财务收支和相关经济活动的业务数据，以及必要的外部数据。非数值型数据的覆盖范围广泛，与审计事项相关的报告、总结、文件、合同、说明、录音、录像、纪要、记录等都包括在内，数据类型复杂，有文本、文档、电子表格、视频、音频等。数值型数据为审计线索提供最终证据。非数值型数据为数据分析提示重点、筛选线索、形成思路。两者联系紧密，形成一体，不可分开，共同构筑了审计信息资源平台。

数字审计的核心在于，通过数据驱动实现审计思路的不断演进与深入，精准把控问题，

257

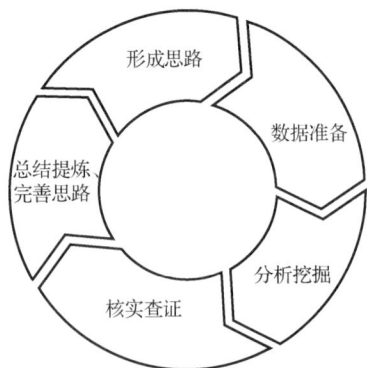

图 9.1　数字审计循环

最终打造"形成思路—数据准备—分析挖掘—核实查证—总结提炼、完善思路"的完整闭环，即数字审计循环，如图 9.1 所示。

1）形成思路

整个数字审计循环始于形成思路，这里的思路是广义上的思路，包括管理判断、审计经验、风险识别与规避、监测阈值、数理模型、挖掘算法等。

2）数据准备

有了思路后，根据不同思路对数据的要求确定内外部数据源，进行数据申请、采集、融合和清洗，构建中间表。

3）分析挖掘

根据思路，对数据进行分析和挖掘，并在此过程中不断优化思路，形成问题清单或列出需要现场查证的疑点。

4）核实查证

对于问题清单或疑点，通过现场和非现场方式进行核实查证。在核实查证过程中，根据区域差异、审计对象反馈等进行思路扩展和延伸。

5）总结提炼、完善思路

根据查证情况进行思路扩展和总结提炼，并根据核实过程中发现的新因素，对原有的思路进行修正或形成新的思路。如此不断循环和迭代，直至思路完善。

2．数字审计的发展历程

1）国外数字审计的发展历程

（1）美国。20 世纪 60 年代，美国开始信息系统审计实践。1977 年，国际信息系统审计协会发布《信息系统和技术控制目标》。1978 年，电子数据处理审计师协会实行信息系统审计师认证，并于 1981 年推出正式考试。2002 年，美国出台《萨班斯法案》。

（2）英国。2003—2011 年，英国审计署开展信息系统审计，主要目的在于评价政府机构信息化建设的投资价值，审查被审计机构信息系统的经济性问题。

（3）澳大利亚。1995—2011 年，澳大利亚审计署结合被审计机构的绩效审计，多次开展信息系统安全防护审计。2005 年之后，澳大利亚审计署对信息系统的安全防护部署定义了新的目标和要求。

（4）日本。1984 年，日本通产省参考美国信息系统审计标准发布日本的信息系统审计标准，并在国内软件水平考试中审理信息系统审计师考试。

目前，以上几个国家已经建立了非常成熟的信息系统审计管理体系，具体表现在以下几个方面：①信息系统审计政策和法规健全；②信息系统审计发挥越来越大的作用；③在审计方式上，越来越多地开展独立式信息系统审计；④在审计内容上，越来越重视安全性审计；⑤利用信息系统审计更好地服务企业利益相关者，争取企业利益和价值的最大化。

2）国内数字审计的发展历程

自 1993 年以来，中国注册会计师协会、中国内部审计协会、财政部、审计署、中国证券监督管理委员会、中国银行保险监督管理委员会（现国家金融监督管理总局）等单位或部门相继出台了与信息系统相关的审计准则、审计指南或指引等。国内信息系统审计提出的时间相对较晚，1993 年审计署提出计算机审计的概念。近几年，电商、互联网金融、大数据、云计算、区块链等发展相对迅速，对信息系统审计的需求逐渐增加，如何让信息技术更好地赋能业务发展成为研究热点。

国内信息系统审计的发展现状主要体现在以下几个方面。

（1）信息系统审计的业务分布。当前信息系统审计主要基于监管合规的要求开展，从企业发展的角度开展信息系统审计工作的情况相对较少。从审计主体来看，政府审计占比为 10%，企业内审占比为 40%，事务所审计占比为 20%，第三方咨询机构审计占比为 30%。

（2）信息系统审计的覆盖面。从应用对象来看，目前信息系统审计主要集中在对信息化程度要求较高、与生产安全紧密相关的单位，如政府机构、通信行业、能源行业、金融机构、国企/央企等。在金融行业，银行业的信息系统审计政策、规章、制度较为健全，而证券基金业的信息系统审计仍处于起步阶段。2018 年中国证监会颁布了《证券基金经营机构信息技术管理办法》，明确了信息系统审计的范围和频率，从某种意义上在信息技术治理方面向经营机构提出了更高的要求。

（3）信息系统审计的实践性较差。目前大部分企业的信息系统审计浮于表面，在审计过程中过多地关注信息系统的一般性控制，对应用性控制的关注不够深入，不能更好地将信息系统审计与业务审计相融合，从而导致信息系统审计流于形式，缺乏解决实际问题的能力。

（4）信息系统审计主要服务于财务审计。绝大多数信息系统审计服务于企业年度财务报表的审计工作。

（5）企业管理人员对信息系统审计的重要性认识不足。在审计过程中，对于审计人员提出的信息技术管理问题，企业管理层往往不够重视，认为只要能保证信息系统正常运转就行，在网络边界防护、权限管理、安全访问、数据库安全、应急管理等方面缺乏足够的认识。

（6）缺乏复合型人才。目前企业对信息系统审计人才的培养处于初级阶段，缺少对企业的业务、信息系统、审计相关知识的综合理解。在互联网金融转型、科技金融背景下，以及在大数据、物联网、区块链的快速发展趋势下，数字审计复合型人才将在实现企业发展目标、满足利益相关者需求方面发挥重要的作用。

3. 数字审计的基本任务

从内部审计部门的职能和工作实践看，数字审计的基本任务有两大类：目标明确的任务和探索性分析任务。

1）目标明确的任务

目标明确的任务是内部审计部门事前明确目标和范围的定量审计任务，其往往根据特定的要求，带着特定的目的或目标，通过数据分析发现潜藏在数据中的规律，并进行问题诊断、原因探寻等。这也是内部审计部门日常的主要工作。

内部审计部门的首要任务是做好所在企业经营管理和风险控制的检查与监督。企业高级管理层比较关心三件事：未知的情况、与其认知存在较大偏差的情况、存在疑问的情况。对于这些情况，条线管理部门可以做出相关分析，但作为旁观者的内部审计部门能更加客观地反映事实。

例如，银行高级管理层需要对县域机构的信用风险进行评估，确定资源配置方式。这时就需要内部审计部门根据高级管理层的要求展开专项审计，对所有县域机构的经营管理和信用风险管控情况进行全面分析，给出审计结论。

执行目标明确的任务的基本流程如下。

（1）数字审计业务定义：将一个具体的业务问题定义成一个数据可分析问题。

（2）数据分析与模型构建：数据收集、清理、描述统计、SQL 分析、数据可视化。

（3）数字审计任务实施：疑点核实、问题归纳、成果审计、制度完善、流程改造。

2）探索性分析任务

探索性分析任务虽未在事前明确目标，但可以通过数据挖掘和分析发现新的风险点和问题领域。探索性分析任务一般是指对陌生的数据进行分析研究，了解数据概况，探索数据属性之间的关系，选择关键属性，建模预测，发现数据中隐含的特征或未来的趋势等。探索性分析任务实际就是从一点已知的信息开始，步步为营，探索更多的未知信息，获得洞察。

例如，对互联网金融业务进行审计，相比一般的企业客户授信业务，此类审计任务从业务到数据都是全新的，需要在熟悉业务的同时对取得的管理和交易数据进行探索性分析，并与业务实际进行佐证。

执行探索性分析任务的基本流程如下。

（1）数据的基本属性和特征定义：数据的基本属性和特征定义是数据最直观的表现，如字段数量、字段含义、字段类型等。

（2）数据的重要变量和结构审核：审核数据中重要的字段与已有的业务场景是否相关，发现数据中潜在的结构。

（3）假设检验和模型迭代：结合业务知识和场景，提出各类假设并进行检验，迭代优化模型。

3）两类任务的关系

无论是目标明确的任务还是探索性分析任务，从最终目的来看，都是应用数字审计，通过数据分析为审计结论提供坚实的支撑。两类任务并不是泾渭分明、相互排斥的，只是从不同的角度对数据价值进行挖掘。在执行目标明确的任务的过程中，离不开对各类数据边界的探索；而执行探索性分析任务的过程，实际上就是向一个目标不断迈进的过程，只不过这个目标一开始不太清晰，需要在探索过程中不断修正、调整。

因此，这两类任务只是在任务驱动、运用路径上有差异。从数字审计的角度看，这两类任务在思考逻辑、数据分析方法等方面并没有太大的差异，核心步骤基本是一致的。

4．数字审计的技术与工具

从定义和使用范围来看，数字审计技术是数据分析技术的子集。广义的数据分析技术包括数据获取、数据清洗、数据分析、数据展现等基于数据的全流程操作；狭义的数据分析技术是指对数据进行分析的技术。本节所说的数字审计技术是指广义数据分析技术中的常见技术。

1）统计分析技术

统计分析技术的基本思路是通过一些指标对数据进行度量和分析，找到数据中的异常。其中，集中趋势指标和变异性指标是常用的统计分析指标，分别用于评估数据的分布和变异程度。它们可以帮助审计人员更好地理解数据的特征和趋势，揭示潜在的异常和风险。

（1）集中趋势指标。集中趋势指标用于描述数据集中的位置，可以帮助审计人员了解数据的中心位置，为进一步分析提供基准。常用的集中趋势指标包括以下几个。

- 平均值：数据的算术平均值，通过将所有观测值相加并除以观测值的数量得到。
- 中位数：将数据从大到小排序，取中间值作为中位数。中位数不受极端值的影响，更能反映数据的典型值。
- 众数：数据中出现频率最高的值。众数可用于发现数据中的常见模式和异常值。

（2）变异性指标。变异性指标用于描述数据的分散程度和变异程度，可以帮助审计人员了解数据的离散程度和分布特征。通过分析变异性指标，审计人员可以发现异常值、极端情况及数据分布的不均匀性。常用的变异性指标包括以下几个。

- 标准差：用于衡量数据值与其平均值之间的差异程度。标准差越大，表示数据的离散程度越高。
- 方差：标准差的平方，用于度量数据的离散程度。
- 范围：用于度量最大值和最小值之间的差异。范围越大，表示数据的变化越大。
- 百分位数：将数据从大到小排序，然后以百分之几为一份，将其切分成不同的部分。常用的百分位数有四分位数，如第一四分位数、中位数和第三四分位数。

集中趋势指标和变异性指标在数字审计中经常用于数据分析和风险评估。审计人员可以利用这些指标来识别潜在的异常情况、趋势变化和风险点，从而提供更准确的审计意见和建议。

2）多维数据分析技术

多维数据分析技术也称联机分析处理（OLAP），是一种建立在数据仓库基础上的技术，可以根据数据的维度和度量，通过切片和钻取操作，在多个维度和层面进行问题原因追溯，按照管理的需要快捷生成任意维度组合的统计报表。一般的数据库查询和统计分析难以给出全面的数据，而在数字审计过程中，审计人员希望从多个角度观察某个或多个指标，探索指标之间的关系。例如，审计人员在对全公司的生产情况进行分析时，需要了解不同地区的分公司在不同的月份、不同的季度，不同产品的产出情况。这个需求包括指标（产量）、角度（月份、分公司）、分组（区域、季度）等多个维度，这时就需要应用多维数据分析技术。

常见的多维数据分析技术有上卷、下钻、切片、切块和旋转，如图 9.2 所示，具体见2.3.3 节，此处不再赘述。

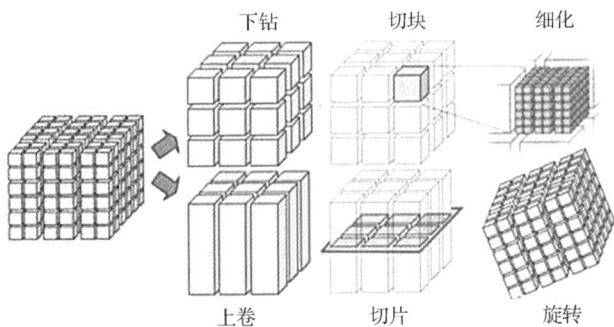

图 9.2　常见的多维数据分析技术

3）高级数据分析技术

在数字审计中，高级数据分析技术可以帮助审计人员深入挖掘和分析大规模、高复杂性数据，以提高审计的效率和准确性。这些技术可以帮助审计人员发现隐藏的风险和潜在的欺诈行为，提供实时的业务洞察，并为决策和报告提供有力支持。然而，审计人员在应用这些技术时，需要具备相应的数据分析和领域知识，以确保正确地解读和应用分析结果，从而提供准确和可靠的审计意见。以下介绍几种常见的高级数据分析技术。

（1）数据挖掘技术。数据挖掘技术是从大量的、不完全的、有噪声的、模糊的、随机的实际应用数据中，提取隐含在其中的、人们事先不知道的、但潜在有用的信息和知识的过程，用于发现数据中的模式、趋势和异常。通过数据挖掘，审计人员可以从大量的数据中提取有价值的信息，并发现潜在的风险和机会。

（2）机器学习技术。机器学习技术通过训练计算机算法，使其能够从数据中学习模式和规律，并根据学习到的知识做出预测和决策。在数字审计中，机器学习是一种强大的技术，被广泛应用于数据分析和风险识别中。

（3）深度学习技术。深度学习技术是一种多层神经网络结构的学习框架，通过组合底层特征构建高层抽象的类别属性，并提取数据的分布式特征来模仿人脑解释数据。审计业务的深度学习任务可分解为独立的子任务，利用各节点的计算力进行分布式学习和训练，对做出贡献的节点奖励数字货币，鼓励闲置的计算机资源参与计算深度学习任务。深度学习模型比机器学习模型更加复杂，它以神经网络或其他模型为基础，通过学习网络参数和设计模型结构，应用于不同的任务。

（4）文本分析技术。文本分析技术用于处理和分析大量的文本数据，如合同文件、电子邮件和社交媒体内容。审计人员可以利用文本分析技术发现关键词、进行情感分析和主题建模等，从而了解企业的舆情、风险和业务关系。

（5）网络分析技术。网络分析技术用于研究和分析数据之间的关系与连接。在数字审计中，网络分析可以帮助审计人员理解企业内外部的关系网络，发现潜在的关联交易、关键利益相关者和风险链条。

（6）可视化分析技术。可视化分析技术将数据转化为直观、易于理解的图表、图形和仪表盘。审计人员可以利用可视化分析技术展示复杂数据的关系、趋势和异常，从而提高对数据的理解和洞察力。

上述高级数据分析技术也可以应用在数字财务中，帮助财会人员分析大规模、复杂的财务数据，提高财务实务和管理工作的效率与准确性。

263

9.2 财务和审计数字化转型

新技术、新管理和新模式是推动社会变革的动力，数字化转型是传统企业的变革之道。在这个数字化转型的时代，财务和审计领域必须敢于创新、勇于变革。只有积极拥抱新技术、新管理和新模式，传统企业才能在竞争激烈的市场中保持竞争优势，实现可持续发展。财务和审计数字化转型不仅是企业的变革之道，更是企业开启未来大门的钥匙，它可以引领企业走向更加智慧和高效的未来。

9.2.1 财务数字化转型

当今世界正处在数字化进程中，数据被称为新时代的"石油"。财务领域的各项业务都与数字有关，天然适合开展数字化、智能化转型。在企业数字化转型的过程中，生产运营的效率和智能化程度不断提升，传统的财务核算已经无法为其提供良好的支持，必须进行数字化、智能化转型。同时，财务人员应当积极学习，提升自身的数字化技能，把握机遇主动向管理会计转型，全面支持企业的运营决策，改善企业的经营管理。因此，在社会经济环境、信息技术和企业内部运营三方面的影响下，财务数字化转型成为企业的必然选择。

1. 数字财务管理模式

财务管理作为企业转型的重要支撑手段，是在组织转型和业务转型下实现资源优化配置的有效工具。传统的财务工作采用分散式的、封闭的、手工操作的模式，复杂的交易行为不断被压缩在会计科目中，直至将信息压缩为最小数据集。每次压缩都会导致信息价值的损失，在这一信息处理流程中，财务部门丢弃了能够反映企业业务经营状况的过程数据，仅记录了经营的结果。

1）数字财务是企业财务转型的趋势

数字时代背景下的财务转型要从"小数据"向"大数据"转变，通过与利益相关者的在线互联，运用信息技术高效地采集、加工、报告数据，建立企业的数字神经网络，帮助企业用数据来管理、用数据来决策、用数据来创新，从而在多变的商业环境中保持竞争优势。2014 年 10 月 27 日，财政部印发《关于全面推进管理会计体系建设的指导意见》，指出管理会计是通过利用相关信息，有机融合财务与业务活动，在单位规划、决策、控制和评价等方面发挥重要作用的管理活动。借助数字化技术，财务部门能够帮助企业进行更加有效的预算管控、资产配置和经营布局，为决策层提供更加有力的决策支撑，更好地发挥财务的管理职能，促进企业的良好稳定运营。

调研显示，在许多企业的财务部门中，交易处理占财务所执行的全部作业的 80% 以上；在财务职能中，仅有不到 4% 的可用时间和资源被投入思考未来和支持面向未来的分析中。因此，智能技术驱动下的财务职能将更多地向分析、建议和预测转变，并呈现出如下 4 种趋势。

（1）提供数据驱动的决策支持。随着大数据时代的到来，海量数据成为传统生产要素的有效补充和企业的宝贵资产。传统的财务是"精确的不准确"，财务报表能精确到小数点后两位数字，却不能准确地反映企业真实的经营状况。在大数据时代，财务部门应提升数据挖掘能力，从数据中发现规律、发掘数据价值；同时重视非财务数据，充分运用企业内部和外部的各类信息，厘清生产要素之间及其折射在业务、管理、会计中的信息关系，从而提供决策支持。

（2）提供深入价值链的业务支持。企业的三大循环包括信息循环、业务循环和管理循环，财务是信息循环的重要组成部分。信息技术使财务部门能够更高效地采集信息、加工信息和报告信息，促使财务更好地与业务循环、管理循环相融合，面向业务经营过程，提供财务支持。

（3）提升效率和生产率。财务对生产率的提升是通过财务管理职能间接体现的。财务管理水平的提升可以促进企业管理水平的提升，帮助企业进行更有效的资源配置，释放出管理价值；同时借助强大的数据分析获取未来商机，洞察前沿。

（4）进行更有效的风险控制。财务部门数据能力的提升有助于对财务风险甚至非财务风险的预判。财务部门由提供事后的财务数据向事前的预算管控和事中的规范管理转变，借助健全的防范机制和内控机制，促使企业风险应对能力获得极大的提升。

2）数字财务是企业数字化生态建设的核心

智能化时代的到来，互联网思维和"互联网+"对人们思维和行动方式的改变，对社会商业模式和企业管理方式都产生了极大的影响。提升财务管理水平、实现财务转型，既是企业转型的关键环节，也是企业核心竞争力之所在。财务转型是财务战略、职能定位、组织结构、人力资源、操作流程和信息技术等的全方位转变，是一个动态、持续的优化过程。财务共享服务以信息技术为支撑，通过标准化的流程实现企业基础财务业务的统一处理与流程再造。财务共享服务为财务机器人的应用提供了丰富的场景，从而实现了业务流程节点的优化改造。财务上云的过程也是财务工业化的过程，数字技术的发展将不断推动财务工作向着自动化、数字化和智能化的方向转型，数字财务必然成为企业数字化发展的核心。

2. 数字财务管理转型

企业财务管理必须以市场为导向、以资本为纽带、以现代企业制度为保证，在企业内部合理配置资产，由此提高资本运营效率。而在数字化背景下，财务管理模式如果仅在企业内部对管理权限进行分配，则难以为继，因为数字财务管理模式不仅需要关注企业集团内母子公司之间、管理者与基层员工之间的关系，更需要囊括所有利益相关者，发展成为能创造价值的模式。

1）财务转型的方向

财务转型的方向，是为利益相关者创造价值。利益相关者理论认为，企业的利益相关者包括企业的股东、债权人、员工、消费者、供应商等，也包括政府部门、本地居民、本地社区、媒体、环保部门等具有监督权或影响力的相关方，甚至包括自然环境等受到企业经营活动直接或间接影响的客体，如图 9.3 所示。企业的生存和发展与这些利益相关者紧密相关，有的利益相关者直接分担了企业的经营风险，如股东；有的利益相关者为企业的经营活动付出了代价，如消费者；有的利益相关者对企业进行监督和制约，如董事会和政府部门。企业的经营决策不能独立于这些利益相关者，必须考虑他们的利益或接受他们的约束。

在数字化、全球化背景下，企业数字财务目标的实现本质上是一个通过财务转型实现价值创造的过程。财务的目标是以客户为中心，将业务循环中的信息进行提取、挖掘、加工分析，输出内部报告和外部报告，支持企业的管理循环（包含资金管理、预算管理、投资理财、风险管理、合规管理和税务管理等），进而支持企业的经营决策，为利益相关者创造价值。在全球化时代，技术的飞速进步让本已复杂多变的商业世界更加难以预料，企业需要获得的财务支持与日俱增，财务部门服务的对象不再局限于外部客户，而是包括企业主价值链上的各个业务单元和企业的各级管理者。财务部门需要提供的将不再只是三张会计报表（资产负债表、利润表和现金流量表），而是从各个维度分析企业经营业绩的管理报告。

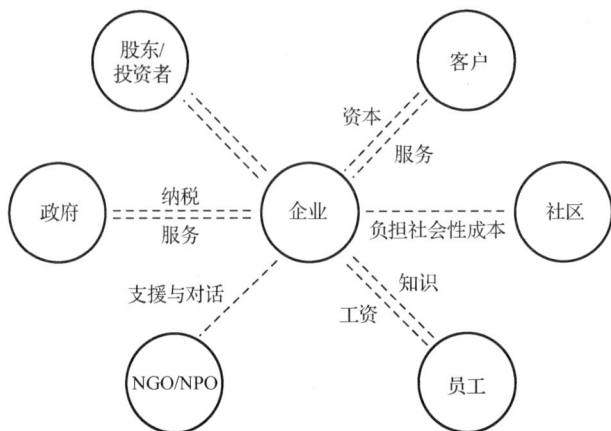

图 9.3　企业的利益相关者示意

当然，企业财务转型在流程管理、转型实施，以及人才、流程和技术的提升上离不开内外部专家的支持。内外部专家团队并不是实体的组织单位，而是一个虚拟概念，它由战略财务、业务财务及共享财务领域的专家共同组成，这些专家可以是企业内部的管理层、员工，也可以是外聘专家。他们采用项目化运作方式来研究和解决财务管理问题，并对实践工作提供专业的指导意见。专家团队的职能是对商业模式、会计政策、税务、利率、资金等领域集中研究，输出业务指导，同时对重点项目提供专业的财务支持。

2）财务管理技术的新逻辑

管理技术是财务主体的脉络。好的管理技术能够让财务主体运转得更具活力，并焕发出蓬勃的能量。财务管理技术的逻辑转变将使财务能够触及更加广阔的管理技术领域，获得更加先进和更有价值的管理技术工具。以下将从数据、计算、记账、流程、互联 5 个关键词分析财务管理技术的新逻辑。

（1）数据：由"小数据"变为"大数据"。传统的财务数据处理和数据分析都是建立在结构化数据基础上的，也称为"小数据"。传统财务分析领域的技术工具大多是基于"小数据"开展的。对财务来说，即使在智能时代，"小数据"也仍然是不可舍弃的核心，毕竟很多财务管理理论构建在结构化数据基础上。但是，在手握"小数据"工具的同时，还要高度重视大数据。基于大数据的技术工具让海量非结构化数据处理成为可能，这能够帮助人们跳出传统思维的局限，探索广阔的新天地。这是智能时代数据的新逻辑。

（2）计算：由本地变为云端。传统的信息系统大多构建在本地部署基础之上，从用户的角度来看，本地部署模式能够更加灵活地匹配企业的管理需求，更好地支持按需建设。但随着本地部署量越来越大，其所带来的负面影响是持续高昂的运维成本和企业大量资产的占用。这些在传统时代由于算力有限，并非"不可容忍之痒"。在智能时代，大数据和机器学习对算力的要求都是很高的，传统的本地部署模式势必受限，云计算将成为首选。

无论是公有云、私有云还是混合云，走向云端将成为必然。这是智能时代计算的新逻辑。

（3）记账：由集中变为分布。传统财务信息采用的是集中记账方式，或者说是"有中心"的记账方式。这种方式的好处是数据存储量小，不会产生大量的资源消耗，但数据的安全性和一致性并不是很高。因此，很多企业常见的财务问题是业财不一致，或者可以解释成不同系统之间的同源数据不一致。在智能时代，随着区块链技术的出现，财务信息的记账方式发生了革命性的改变，从原来的集中记账转变成分布式记账，即将财务信息进行去中心化的多账本同步记录。尽管这种记账方式会造成大量的数据冗余，但网络和存储的快速进步克服了这一不足，分布式记账将有越来越多的应用场景。这是智能时代记账的新逻辑。

（4）流程：由稳健变为敏捷。为保持传统财务端到端流程的可靠性，企业做得最多的是流程固化。在业务流程相对稳健的模式下，流程的可靠性和维护的便利性得到提升，但丧失了较多的流程灵活性，以及对客户需求响应的可能性，从而导致客户满意度下降。在智能时代，更加高效的流程引擎能够支持维度更加丰富的流程控制，并且能够基于动态数据分析及时调整流程控制参数。同时，流程中智能自动处理环节不断增加，流程变动并不会给运营造成过多压力。在这种情况下，适度地将流程从稳健向敏捷转变成为可能，这将帮助企业赢得财务客户的青睐。这是智能时代流程的新逻辑。

（5）互联：数联叠加物联。传统的财务关注数字之间的联系，无论是流程处理还是经营管理，都更多地关注数字流转。在数联时代，企业将一系列经营管理过程和流程转换为数字形态，从而展开量化管理。在智能时代，企业可以在数联的基础上叠加物联的概念。随着物联网应用的逐渐展开，在企业经营中，关键实物、运输、人、财务凭证等的流动都可以打上物联标签。将物流信息进一步转换为数字信息可以让企业通过数字进一步分析物流业务，引入在没有物联时难以关注到的管理视角，如更复杂的物流运输成本管理等。物联并不排斥数联，这里强调的是将物联转换为数联，在数联中加上物联的信息。这是智能时代互联的新逻辑。

3）财务部门转型

随着信息技术的不断发展，企业管理不再粗放，逐渐进入精细化阶段，即可以根据准确且经过处理的数据来辨别企业目前面临的问题或可以改进的领域，然后实施具有针对性的措施。职能上，财务部门需要不断下沉，将自己定位成企业的"基础设施"，为企业整体的运营提供财务上的支持性工作；功能上，财务部门需要积极主动地不断提高自己在企业中的作用，利用所获取的财务数据为企业的决策提供支持。

企业财务部门通常由高层管理者、运营人员和基础工作人员构成，这三个层级的人员之间存在严格的迭代依存关系，跨层级沟通比较困难，导致沟通效率比较低，而且顶层设计和底层应用之间存在大量分散的数据，导致数据价值得不到充分发挥。同时，传统管理模式下的财务部门将绝大部分资源投入原始凭证的核对和处理中。而在面对环境的变化和挑战时，特别是在数字化背景下，企业的管理者已经不满足于财务部门仅作为记录者，更希望财务部门能够参与到价值链的管理和决策支持中。这就要求管理层对财务模式进行创新，使财务部门的结构能够及时得到调整，财务资源能够利用信息技术在集团内部整合，并将财务人员的精力从大量重复的基础核算业务中释放出来，进而投入企业的经营和战略决策支持中。

目前，财务转型企业的财务部门可以分成三个层次。第一层次为会计式财务部门，承担最基础的核算财务工作，包括记账、算账、报账、财务核算、资金收付等，需要投入的人员最多。虽然会计式财务部门对财务人员的要求相对较低，却并不意味着转型所需要投入的培训成本会低，因为在数字化过程中，数据的录入和存储至关重要。第二层次为财务经理式财务部门，财务人员需要把基础业务量降低到 60% 以下，抽出一部分精力完成管理会计的工作，如预算管理、成本管理、绩效管理、融资支持等。这些工作能够有效地支持企业的业务运作，同时帮助企业实现有效的管理。这意味着对财务人员的要求较高，因为他们承担了一定的分析和统筹管理工作，如果要实现财务转型，对中层人员的培训重点应在数据的使用与提取上。第三层次为战略层面的财务部门，通常由企业的首席财务官（Chief Financial Officer，CFO）主导，财务人员需要把企业的基础业务量降低到 40% 以下，把管理业务量降低到 40% 以下，抽出 20% 的精力做战略性并购和支持，以及企业的风险管理和未来预测。这对人才的要求非常高，如果要实现财务转型，对高层人员的培训重点应放在对数据的分析上。图 9.4 为财务部门传统金字塔结构的转换。

此外，财务转型对财务人员既是机遇也是挑战。为数字财务服务的财务人员，必须从各方面更新自己的观念、知识结构和技能才能够胜任新的角色。

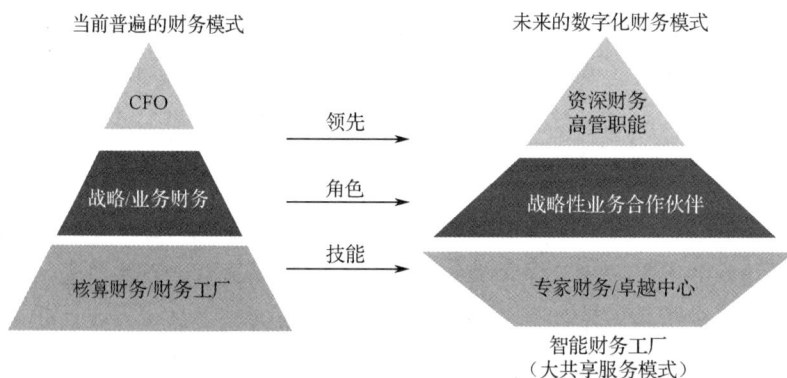

图 9.4　财务部门传统金字塔结构的转换

通过业务合作伙伴（Business Partner，BP），从用户需求出发，提供精准、高效、高价值的数据服务，支持前端业务决策。通过财务领域专家（Center of Expertise，COE），借助其在某细分领域深厚的知识储备、先进的技能和敏锐的市场洞察力，为财务、业务的创新与发展提供专业洞见和解决方案。通过财务共享服务中心（Shared Services Centre，SSC），依托"大共享"平台运营模式，集中批量处理重复性高、可标准化且附加值低的基础财务工作，以提升运营效率、优化运营成本、降低运营风险。数字财务可以打破传统财务部门的组织架构，改变传统层级中自上而下的迭代关系，促使高层管理者、运营人员和基础工作人员相互协同。

9.2.2　审计数字化转型

审计数字化转型是实现审计高质量发展的重要路径，也是让审计在国家治理体系和治理能力现代化中发挥积极作用的重要抓手。财政部于 2021 年发布的《会计改革与发展"十四五"规划纲要》提出，把推进审计工作的数字化转型作为提高审计质效、降低审计风险的重要手段；党的二十大也明确要求把我国的制度优势更好地转化为国家治理效能。传统的手工审计方法难以适应日益增长的数据量和日益提高的数据复杂性，审计机构迫切需要借助数字化技术来提高审计的效率、准确性和全面性。数字化转型成为审计界的当务之急。

1. 审计数字化转型是经营管理的必然选择

数字化转型是一个全球性现象，审计人员应当在助力企业实现数字化转型的过程中发挥重要作用。

1）行业信息技术驱动化

信息技术的驱动化已经广泛渗透到各个行业，从制造业到金融业，从零售业到医疗保健业。这些行业都在积极进行信息技术的驱动化转型，在不同程度上利用信息技术来提高效率、降低成本、改进业务流程，为企业带来创新和竞争优势，这种数字化转型对审计提出了新的要求，带来了新的机遇。在数字化转型的浪潮中，审计人员需要保持足够的敏感度和学习迭代能力，从数据驱动的视角为企业数字化转型的控制活动、流程、技术和完整度提出更好的建议。同时，审计人员自身需要进行数字化转型创新，利用新的技术手段提高工作效率，提升风险识别能力，把审计工作扩展到数据分析领域。

2）风险的外生性特征越发明显

全球化的推进和企业国际化程度的提高使企业面临更多的外部风险。跨境交易、国际贸易、全球供应链等带来了更多的市场风险、政治风险、货币风险等。此外，企业的运营环境变得更加复杂，涉及各种利益相关者、法规和标准，这些外部因素增加了企业面临的风险。传统的审计工作更多地关注内生性因素，目前亟须创新审计程序，寻找新的审计技术，对外生性因素的影响进行评估。

3）数字化转型创造了黄金机遇

数字化转型为内部审计带来了前所未有的发展机遇，不仅拓展了审计工作的边界，也提升了审计在企业治理中的战略价值。内部审计人员应站在管理者的角度，从执行数字化转型出发，从数据驱动的视角检视企业数字化转型的控制活动、流程、技术与完整度，回顾和分析潜在风险，提出更具前瞻性的建议。此外，内部审计工作本身面临转型升级的机遇。通过引入新技术、提高数据分析能力、建立覆盖企业上下的风险数据库，以及用全样本分析替代抽样分析，内部审计将实现从传统合规监督向智能风险管理的转变，从而在智慧商业、数据挖掘、网络安全和持续监控等新兴领域发挥更大价值。

2. 审计数字化实施模式

审计数字化的实施模式主要包括嵌入式、集中式和虚拟团队。数字审计只是企业经营管理的子集，如果基于企业经营管理的全集从全景和历史的视角来看，业务是技术进步的初始驱动力，技术是业务深化的重要推动力。审计数字化的实施模式在不同的阶段、不同的内外部环境中，需要利用主成分分析方法找出关键要素，进行优化组合、重点突破。

1）嵌入式

嵌入式适用于全面内控模式，是指对全企业分支机构的内控管理进行全面的审视和评估。

企业的分支机构遍布全国各地，区域差异比较大，统一的规则和模式在不同的区域可能出现"水土不服"的现象，这时就需要使用嵌入式模式。

嵌入式实际是检查和分析的融合模式，在这种模式下，专业技术人员和业务人员混合组队，企业并没有单独的数据分析团队。通过伙伴式学习等方式，要求每名审计人员均具备运用技术工具开展现场检查和非现场数据分析的能力。这种模式强调现场检查和非现场数据分析的结合，淡化了现场与非现场的界限；业务和技术被整合在一起，要求每名审计人员都必须具备应用 IT 工具进行数据分析检查的能力；配套实施系统推广和能力培训，有效地提升了审计的广度、深度和精准度。

嵌入式的缺点是对审计人员的能力要求比较高，团队在实现高效运作之前的整体学习曲线比较陡峭；优点是团队中的每个审计人员都能独当一面，成为某条线审计检查的战斗单元，而且好的思路和方法经多次验证成熟后，将转化为审计支持系统的固化模型和功能。

2）集中式

集中式适用于以专题检查为主的审计工作模式，它将常规内控检查和专项检查分离，集中力量对高管层关心的区域、业务、领域等进行重点审视和评估。

大多数企业采取的是这种模式。这种模式要求企业拥有一定数量的技术和业务相结合的复合型人才，因此应组建两支队伍：一支专业技术队伍和一支业务检查队伍。专业技术队伍是由专业技术人员组成的数据处理和分析队伍，通过探索性分析和任务式分析，提取问题线索或疑点，发送给业务检查队伍核查落实。业务检查队伍由业务检查人员组成，根据专业技术队伍提供的线索和疑点进行重点核查，同时向专业技术队伍提出分析思路或需求。

集中式的优点是"专业的人做专业的事"，缺点是由于两支队伍在时间、空间和知识上存在共通区域的错位，信息交流链条比较长，信息衰减比较厉害，经常会出现"鸡同鸭讲"的局面，容易陷入"有吓人的线索，无落地的问题"的怪圈中。

3）虚拟团队

在审计数字化实施一段时间后，不同层级的内部审计机构将培养出一定数量的业务和技术相结合的复合型人才，他们日常分散在不同区域的内部审计部门。对属地机构而言，这些人才是日常工作中不可或缺的员工；对审计条线而言，这些人才采取集中式模式工作可以发挥更大的价值。

从企业的组织架构发展来看，随着技术的进步和应用，企业内部逐步由传统的职能型组织转变为以产品与项目为导向的组织，也越来越需要多样化的数字审计人才。随着 5G 时代的到来，无论是数据还是音视频的交流和交换，网络传输的延迟问题几乎不存在。企业需要一种能扬弃嵌入式和集中式优缺点的审计数字化模式，这种模式就是虚拟团队。

研究人员杰西卡·利普耐克对虚拟团队的定义是：一群人为了实现共同的目标而跨越时间、空间和组织的边界，通过技术进行互动。

虚拟团队的作用是增进跨部门、跨组织的有效沟通，使组织扁平化，打破机械式的金字塔结构。它还提供了各式各样的平台，让富有才能但不在领导岗位的员工有所发挥，得到自下而上的历练，成为企业文化传播和弘扬的载体。

3．审计数字化转型实施的重点工作

要想真正落实审计数字化转型，需要坚定不移地做好以下几个方面的重点工作。

1）顶层设计：不断完善规则指南

随着企业的数字化转型成为发展趋势，企业的组织架构、运营模式、文化基因等都发生了巨大的变化，内外部环境也发生了重大变化。作为企业管理重要组成部分的内部审计，其理念和模式的调整势在必行。企业需要在不断摸索实践的同时，认识到审计理论研究的重要性，进行理论创新和前瞻性顶层设计，扩展审计理论，实现数字化技术和传统审计流程的融合，更新和完善内部审计章程，提高科学性。

在数字化转型内部控制环境中，要逐步树立数字审计观，审计思维要从"从抽样到全体"转向"从全局到部分"，从关注因果关系转向因果关系和相关关系并重。在引入各种模型和算法支撑数字审计后，需要在审计风险的评估中考虑模型风险带来的影响。

2）夯实基础：多渠道拓展数据源

数据既是审计挖掘的"金矿"，也是审计数字化的基石。只有数据源不断增加，数字审计的广度和深度才有可能不断拓展。

数字审计的数据源经历了从各种系统的裸数据到搭建数据仓库的过程。数据仓库是一个面向主题的，对多来源、结构化历史数据进行清洗、加工、整合后集合存储的系统。

随着人们对非结构化数据的重视，数据湖这种新的数据存储理念日益流行。和数据仓库不同的是，数据湖中存储的数据不仅包括结构化数据，还包括非结构化数据，数据不需要经过清洗和整理，而是以原始的格式存储。维基百科对数据湖的定义如下：数据湖是一个存储企业各种各样的原始数据的大型仓库，其中的数据可供存取、处理、分析及传输。数据湖通常作为企业各类数据的统一存储平台，集中存放原始数据副本，以及用于分析和建模的转换数据。数据湖可以包括来自关系型数据库（如行和列）的结构化数据、半结构化数据（如 CSV、日志、XML、JSON）、非结构化数据（如电子邮件、文档、PDF）和二进制数据（如图像、音频、视频）。从数据湖的定义可知，它可以容纳、存储尽可能多来源的数据，以最大限度地满足审计数字化的探索、挖掘和分析需求。

3）安全至上：强化数据安全保障

数字审计是一把双刃剑，在实施过程中，如果关键环节处理不当，有可能造成一定损失。在数字审计工作中，很多时候需要和数据打交道，所以审计人员必须树立安全至上的风险意识，强化数据安全保障，主要包括以下三个方面。

（1）数据采集风险防范。数据质量是数字审计的根基，数据在采集过程中需要满足如下质量标准：完整性、一致性、准确性和及时性。在数字审计过程中，一致性和完整性是始终存在的挑战。

（2）数据管理风险防范。在数据清洗、转换和整合过程中，需要平衡数字审计需求和标准数据映射之间的矛盾。在数据存储方面，需要平衡数据安全和高效使用之间的矛盾。数据只有被使用，其资产价值才能体现出来，但和其他资产不一样，数据资产很难被溯源和追踪。因此，需要在保证安全性的基础上，建立数据使用的分级管理权限机制和日志机制，数据应用过程要可追溯、可审计。

（3）数据分析风险防范。数据本身没有观点和立场，但审计人员在数据使用过程中难免受到自身专业背景、技术能力和认知水平的影响，人为偏见和个人价值观很容易被嵌入分析过程中。数字审计扩大了审计范围，丰富了审计内容，让审计专业判断更加复杂，"无意视盲"更容易被放大，并且一些模型和算法具有"黑匣"的特点，其结果不具有可解释性。在数字审计实施过程中需要建立数据应用的基本规范和评估标准，构建核验机制，防范审计风险。

9.2.3　案例：见知公司的自动对账系统

1. 案例背景

JZJ 是一家 A 股上市公司，从事医药大健康行业。它有线下门店数千家、账户数百个，每天有近 30 万笔交易。数十名财务人员无法完成订单级的精准核对，因此公司希望建立一个以自动对账为基础功能的收入结算管理平台。

具体而言，该公司的收入结算急需数字化的原因有如下几个。

（1）数据量大。JZJ 公司具有连锁零售的特征，门店多、账户多、订单交易量大；每天 30 万笔交易，人工核对难度大、精度低。随着企业规模的扩大，交易量还会持续增加。

（2）收入来源多样化。除了传统的柜面交易，随着数字货币的发展，JZJ 公司线上业务激增，收入来自十多家 O2O 电商平台和支付渠道、100 多家医保中心、多家商业保险平台。这些平台和渠道提供的数据形式各异，给核对造成了很大的困难。

（3）收入结算方式和对账方式多样化，数据格式各异，清洗耗时。JZJ 公司存在 ToB（对企业）和 ToC（对个人）等多种收款与结算方式。在 B 端，JZJ 公司要和医保中心、商业保险平台按月结算，类似传统生产或贸易企业的应收管理，需要管理应收账期、拖欠情况、催收等；在 C 端，JZJ 公司不仅要与各平台打通接口，还需要对现金收款和缴存进行核对与监督，因为顾客群体中存在使用现金结算的老年人。

（4）企业数据标准化有一定基础，各环节数字化水平不一。订单系统虽然与某些交易平台打通了接口，但存在数据缺失等问题，对财务确认收入产生了影响，所以除了传统的订单和现金流的核对，还需要做到交易数据的核对，即订单系统数据和第三方平台交易订单的核对。

在财务系统的选型上，JZJ 公司发现大多数市场产品基于流程的收入结算对账不能彻底解决目前的效率问题，不能满足公司数字化角度的期待，即通过财务系统，让数据维度更丰富、更有价值。经过多级对比，JZJ 公司最终选择了见知数据科技（上海）有限公司（以下简称"见知公司"）的自动对账系统。

2．解决方案

见知公司的自动对账系统（以下简称"系统"）的优点有：①以数据而非流程为对账基础；②深入结合 JZJ 公司的数字化基础，充分考虑上下游的数据需求；③通过数据分仓和优化的算法解决效率问题。具体做法如下。

1）打造交易核对和到账核对两大模块，完成财务视角的收入确认和收入核销两个环节

（1）交易核对。通过接口打通数据，一侧是 JZJ 公司订单系统的数据，另一侧是各第三方交易平台的数据，以订单号为唯一识别码，使用对账引擎进行订单级核对。核对不一致的作为前台任务，留有人工干预的入口。将核对结果按约定的频率传给下游记账系统，完成收入确认凭证的制单。对于没有提供接口的第三方交易平台，可以选择人工上传或机器人流程自动化（Robotic Process Automation，RPA）取数等方式获取原始数据，系统可识别第三方交易平台的原始数据并自动解析和清洗。

对于不同的交易形式，系统使用不同的颗粒度将数据分为三个级别：订单级，即第三方交易平台的数据；店天级，即按日提供的数据，涉及第三方交易平台和现金交易；店月级，即按月提供的数据，主要针对 B 端客户。

（2）到账核对。到账核对是指核对订单应收数据和实收数据的一致性。

首先，对现金流数据进行数据分仓。资金平台的全流水识别和现金流自动分类能力在这里起到关键作用。银企直联接入流水、非直联的银行数据识别技术、数十个第三方交易平台的资金账单的接入或识别，使 JZJ 公司获取了全量资金数据。但并不是以上所有数据都需要参加到账核对，系统会将所有数据进行自动分类，将营业收入类数据导入对账平台，无关数据则不导入。此外，系统会对不同渠道的数据进行分仓。

其次，按不同收款方式设定不同的核对方式，举例如下。营业款缴存场景以天为核对颗粒度，要核对某天订单中现金收款形式下的订单总额和门店缴存现金的一致性，各门店按要求将营业款缴存到指定的集团收款账户，该账户会收到多笔缴存流水，这时候需要系统解析存款流水的摘要，解析营业款所属门店、所属日期等，再进行核对。

在医保报销、商业报销的 B 端长账期核对中，使用大量算法推荐核对，包括但不限于使用语义理解对现金流数据中的备注进行语义分析，确认对应的账期；根据金额关系对数据进行匹配推荐。

JZJ 公司对对账和核对不一致情况的处理非常复杂，系统进行了多维度处理，举例如下。对于现金缴存摘要不完整的，由对账人员推送给门店负责人进行信息补足，补足后再次进入自动对账循环；对于代付情况，建立客户组群，记录一次后，系统纳入自动对账规则引擎，A、B 两个公司在一个客户组群的，付款方 A 公司可以对 B 公司的订单进行核销。

2）从整体出发，贯穿考虑上下游

对于 JZJ 公司的收入结算平台，除了考虑增强收入结算的智能核对功能，还要考虑系统在公司整体数字化架构中的位置。系统架构如图 9.5 所示。

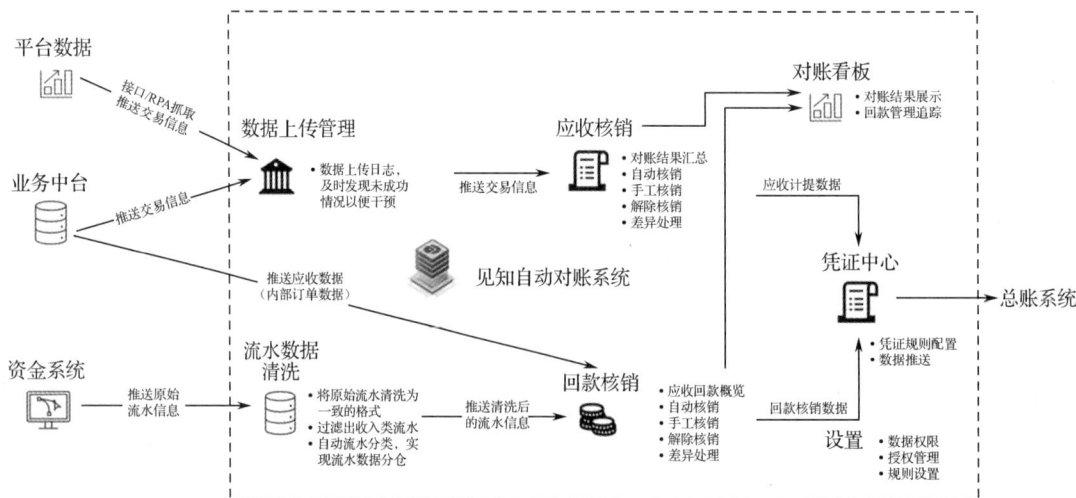

图 9.5　系统架构

系统承担围绕收入确认和收入核销的上下游数据链接工作，从各平台、内部系统中获得的数据将在这里进行清洗和智能核对，然后核对接口形成标准数据传给下游总账系统，构建整个财务管理链条。收入结算核对的最终需求其实是提高公司资金流动性，所以系统设置了对账看板，从而对应收账款账期管理、核对流程和进度管理进行可视化跟踪及预警，提升资金流动性管理水平。

　　系统的核心价值是：连通第三方交易平台的数据，并统一进行汇总和清洗；减少财务人员手工对账的工作时间，自动对账率在80%以上；统一对账看板，及时发现异常信息，提升资金流动性管理水平；支持手工核销和强制核销，无缝支持公司流程。

9.3　智能财务的应用：大数据预算管理

9.3.1　预算管理概述

　　预算管理，是指企业以战略目标为导向，通过对未来一定期间的经营活动和相应的财务结果进行全面预测与筹划，科学、合理配置企业各项财务和非财务资源，并对执行过程进行监督和分析，对执行结果进行评价和反馈，指导经营活动的改善和调整，进而推动实现企业战略目标的管理活动。

　　预算管理的内容主要包括经营预算、专门决策预算和财务预算。经营预算也称业务预算，是指与企业日常业务直接相关的一系列预算，包括销售预算、生产预算、采购预算、费用预算、人力资源预算等。专门决策预算是指企业重大的或不经常发生的、需要根据特定决策编制的预算，包括投融资决策预算等。财务预算是指与企业资金收支、财务状况或经营成果等有关的预算，包括资金预算、预计资产负债表、预计利润表等。

　　企业进行预算管理时一般应遵循以下原则。

　　（1）战略导向原则。预算管理应围绕企业的战略目标和业务计划有序地展开，引导各预算责任主体聚焦战略、专注执行、达成绩效。

　　（2）过程控制原则。预算管理应通过及时监控、分析等把握预算目标的实现进度并实施有效评价，对企业经营决策提供有效支撑。

　　（3）融合性原则。预算管理应以业务为先导、以财务为协同，将预算管理嵌入企业经营管理活动的各个领域、层次、环节。

　　（4）平衡管理原则。预算管理应平衡长期目标与短期目标、整体利益与局部利益、收入与支出、结果与动因等的关系，促进企业可持续发展。

　　（5）权变性原则。预算管理应将刚性管理与柔性管理相结合，强调预算对经营管理的刚性约束，并根据内外部环境的重大变化调整预算，针对例外事项进行特殊处理。

9.3.2 预算管理中的智能技术

1. 大数据技术

大数据技术是一组用于处理、分析大规模、高维度、多样化数据并从中提取价值的方法和工具。它涵盖数据采集、存储、管理、处理和分析等方面的技术，旨在帮助人们从海量数据中发现模式、关联和洞察，以支持决策制定、问题解决和业务创新。针对规模大、有时间属性的现金流数据，可以利用 Hadoop 等大数据处理框架，对大量历史数据进行 ETL 处理，提取和分析有价值的特征；与数据仓库相结合，利用 InfluxDB 等专门用来存储和处理时间序列数据的数据库，管理和查询海量数据，为模型算法提供可靠的数据支持，进行高效预测和分析。

2. 机器学习技术

机器学习技术是人工智能的一个重要分支，也是大数据技术的一种。简单来说，机器学习就是通过对历史数据的学习，赋予计算机一定的学习能力和智能能力，从而在没有显式编程的情况下进行预测或决策。在传统模式下，由于人力所限，无论是对控制规则的设计还是对控制过程的管理，都被约束在一定的范围内。基于机器学习技术的预算执行与控制能够提供更丰富的控制逻辑，在不同的场景下选择差异化且更合适的控制机制，实现预算的柔性管控。

9.3.3 案例分析：韩都衣舍的大数据预算管理

1. 案例背景

韩都衣舍电商商务集团股份有限公司（以下简称"韩都衣舍"）创立于 2006 年，是一家以服饰、鞋包、化妆品、家纺、运动等产品为主要经营范围的互联网电商集团，其品牌以款式多、更新快、性价比高为特点，受到广大消费者的喜爱，2012—2018 年蝉联行业综合排名第一，2016 年集团总营收达到 14 亿元，有多达 70 个品牌集群。其组织架构为事业部形式，由总部的职能部门为各个品牌事业部提供服务。

韩都衣舍每季度会推出上千款产品，涉及上万种产品颜色、大小等属性信息，品牌多、服装款式更新快的特点使韩都衣舍的预算管理和企业资源分配存在困难。在事业部组织形式下，集团各部门之间信息传递的阻碍更是对集团预测分析的及时性造成了压力。

在应用大数据预算管理之前，韩都衣舍的交易虽然是在电商平台上进行的，但其会计记录以手工记账为主，预算分析采用的数据主要是服装的销量和价格信息，手工入账效率低、出错率高、耗时久，无法适应电商行业越来越大的竞争压力和满足企业日益提高的产品更新频率需求。因此，韩都衣舍从 2014 年开始引入企业数字财务系统，采用大数据技术辅助提高集团的预算管理效率。

2．大数据解决方案

韩都衣舍在引入大数据技术进行财务预算管理之前做了一系列准备工作，其中最关键的一步就是将数字财务系统和办公系统引入集团，替代原有的手工记账方式，实现集团信息的电子化。2013—2016 年，韩都衣舍相继引入了办公自动化（Office Automation，OA）系统、金蝶财务系统、企业资源管理（Enterprise Resource Planning，ERP）系统、仓储管理系统、商业智能系统、供应商关系管理（Supplier Relationship Management，SRM）系统等一系列数字系统。除了外购的信息系统，韩都衣舍还结合自身服装产品和业务流程的特点，自主开发了样衣评审系统、商品发布系统、商品清仓管理系统等适应集团运营环境的大数据分析系统。

通过引入这些信息系统，韩都衣舍实现了从产品设计、供应商选择、产品生产、产品入库、库存管理、产品出库、产品营销、产品销售到用户评价的运营全过程电子化记录。韩都衣舍还从外部购买数据，与内部数据相结合，共同为集团的预算分析奠定数据基础。

3．大数据分析系统架构

韩都衣舍的大数据分析系统主要由三个板块构成，分别是负责数据收集和标签管理的商业智能板块，负责数据分类存储、算法和分析模型建立的商业分析板块，以及负责将数据信息进行可视化呈现以辅助财务和生产决策的人工智能板块。

1）商业智能板块

商业智能板块是大数据分析的基础，为大数据分析提供了基础的数据支持，这些数据有企业自行研发的系统中的数据、企业外购的信息系统中的数据、企业外部行业的公开数据及企业额外购买的外部数据，不同的来源有不同的数据格式。商业智能板块主要负责对这些数据进行分类管理，将数据按照产品属性、设计属性、物料标签等不同的分类标准附上相关标签进入产品标签库、供应链标签库等不同的标签数据库。集团对标签进行动态管理，按照需求创建新的标签，并在不同的标签之间建立联系。初步处理后的数据将进入下一个板块。与传统的预算分析相比，引入大数据分析系统之后，集团可用于分析的数据来源更加广泛，不再局限于产品的单价和销量等财务数据，还包括一些行业的非财务数据。同时，电子化的数据获取方式相比传统的手工数据录入效率更高，出错率也更低，从而提高了企业的预算质量。

2）商业分析板块

商业分析板块由数据库、算法层和模型层三部分组成。其中，数据库主要负责对商业智能板块上传的数据进行进一步分类。商业智能板块的标签库主要以标签形式对数据进行归类。但在数据库中，不同标签的数据会按照企业的决策需求和业务流程重新归类，如按照营销业务需求形成营销数据流、按照采购需求形成供应商数据流等，从而更好地适应企业的决策需求。算法层主要用来支持模型层根据集团运营需求形成成本优化、库存预测等模型。

3）人工智能板块

人工智能板块是大数据技术支持企业决策的具体应用。经过前两个板块的处理，来自各方数据源的数据得到整合，能够以可视化的形式呈现在企业管理和运营人员面前，管理人员可以根据分析决策的不同需求选择不同的图表呈现方式，数据也会随着企业的运营状态不断实时更新。与传统的财务管理方式相比，这种方式使集团财务决策的时滞性大幅降低，能够更好地应对不断变化的商业环境。

4．大数据分析系统对预算管理的影响

大数据分析系统的应用对预算管理的第一个影响体现在信息方面。在使用大数据分析系统之前，集团用于预算分析的数据主要是单价和数量等财务信息，且由于人工录入的有效性较低和各部门之间信息传递的阻碍，用于分析的数据量较少。在应用大数据分析系统之后，除了财务信息，集团还将一些非财务信息（如通过外购数据和开源平台获取的竞争对手销售信息），纳入预算分析的影响因素中。同时，不同数据源整合的信息使集团的数据量大幅增加，集团可以从数据中挖掘出以前未能发现的数据趋势等信息。输入数据种类和数量的增加能使集团的财务预算更加适应集团的经营环境，让集团的利润预测更可靠。通过应用大数据辅助预算，集团的销售预测准确率由 2013 年的 38% 提升至 2017 年的 72%，毛利率预算与实际差异率降低了 5%，净利率预算与实际差异率降低了 6%。

同时，大数据分析系统实时更新企业运营数据的功能使集团的预算过程控制得到了加强。虽然预算是由财务部门制定的，但是真正能够发现预算与实际效果偏差的是一线业务部门。在传统的预算模式下，预算在实施过程中的偏差从业务部门传回财务部门会有较长时间的延迟，但在引入大数据分析系统并整合集团的各个信息系统之后，一线业务部门会将预算的实际执行数据直接反馈到大数据中，实现"从一线呼唤炮火"。财务人员可以实时获取业务部门的运作信息。大数据分析系统会通过风险预警模型等提示财务部门数据大幅偏离了预算，并进一步追溯和分析产生偏差的原因。相较于传统的预算管理模式，大数据支持下的预算管理模式能够更好地进行预算过程控制，同时更容易发现导致集团运营出现问题的原因并加以改善。

另一个容易被忽视的点是，大数据支持下的财务预算对员工考核也产生了积极的影响。在传统模式下，集团对员工绩效的考核方式主要是员工为企业创造的利润，这是受限于集团以财务数据为主要分析工具的运作模式导致的。但在引入大数据分析系统后，集团的财务数据和业务数据得到整合，集团能够将一些业务流程规范指标纳入员工的绩效考核中。大数据分析系统会将员工的不合规操作进行记录并与员工的奖金挂钩，这样能够让集团的业务流程更加规范，从而使集团设定的预算假设更加可靠。韩都衣舍的大数据分析系统架构如图 9.6 所示。

人工智能板块

决策层

| 产品集成开发 | 货品规划 | 活动策划 | 货品流转 | 产能自动分配 | 面辅料储备 | 额度管控 | 价格政策 | 关联搭配推荐 | 用户体验 | 库位存放优化 |

| 产品 | 营销 | 生产 | 策划 | 客服 | 储运 |

应用层

| 设计属性流行周期分析 | 产品定制化 | 产品需求定制服务 | 数据日常监控 | 单品数据评价体系 | 自动补货管理 | 物料供应预测 | 库存优化 |
| 局部属性生命周期分析 | 物流高效化 | 物流地域最优化 | 单品标签关联研究 | 标签化单品营销 | 产能自动分配 | 供应商产能预测 | 自动排单 |

商业分析板块

模型层

属性预估规划模型	下单量预测模型	客户KA模型	商品推荐模型	商品成交关联度	详情页版式评价	产能自动分配模型	面辅料自动储备
断货预警模型	性价比优化模型	职业预测模型	物流推荐模型	搜索权重优化模型	页面设计体验模型	自动排单模型	动态库存预测模型
成本优化模型	产品卖点分析模型	客户生命周期模型	商品清仓模型	流量健康度模型	渠道运营效率评价	自动补货模型	供应商产能预测

算法层

决策分类算法	降低维度算法	时间序列算法	人工神经网络	回归分析
分类及回归树	主成分分析	ARMA模型	感知器神经网络 / 反向传递	逻辑回归
ID3	偏最小二乘回归	滑动平均模型	Hopfield网络 / 自组织映射	最小二乘法
C4.5算法	多维尺度	组合-ARMA模型	学习矢量量化	逐步式回归
随机森林	投影追踪			散点平滑估计
多元自适应回归				
梯度推进机				

数据库

静态数据：数据库 | 廓形库 | 工艺库 ； 面料库 | 辅料库 | 款式库
动态数据：色彩库 | 设计属性库 | 消费属性库 ； 备货销售数据库 | 备货订单数据库

数据交易 | 活动数据
订单数据库 | 会员数据库 | 微信数据库 ； 商品数据库 | 潜客数据库 | 旺旺聊天库

营销数据流 | 标签数据流
渠道活动 | 渠道单品 | 商品策划 | 单品营销 | 视觉效果 | 营销推广
组建标签 | 活动标签 | 策划标签 | 推广标签

供应链静态数据 | 供应链动态数据
款式资料库 | 物料销售数据 | 呆滞物料分析 ； 供应商资料库 | 物料价格变动 | 成衣厂产能数据库

商业智能板块

标签管理

标签定义与标签库建立 | 标签分类 | 标签之间的关联性预判 | 标签生命周期 | 标签评价体系

内部	行业	组建标签	组建标签
高频	低频	活动标签	活动标签
即时	后置	策划标签	策划标签
		推广标签	推广标签

渠道活动 | 渠道单品 | 商品策划 | 单品活动

标签分类：划分等级 / 使用等级 / 状态等级 / 获取难易
标签之间的关联性预判：描述通俗化 | 组合合理化 ； 图片精准化 | 数据精准化
标签生命周期：创建 审批 / 发布 执行 / 评估 下线
标签评价体系：创建 审批 / 发布 执行 / 评估 下线

标签库

产品属性	产品属性	产品属性	身材	活动偏好	互动方式	渠道	搜索	视觉	策划	供应商标签体系	物料标签体系
整体 局部 风格 系列	商品评定	进销存	地址	购买渠道	忠诚度	商品	档期	活动类型	利益点	基础属性 调查属性 动态属性 人效属性	
版型 工艺 廓形 面料	爆旺平滞	清仓渠道	大学	商品偏好	时间次数	路径	商详	转化效率	曝光方式	地址 品牌 绩效 产能 规模 工艺	

系统层

HWMS	HSCM	HOMS	物料网站	ECRP	生意参谋
HNB	HBI	HCRM	物料平台	开放平台	甩手
内部数据	基础数据	外部行业数据	外部自采数据

279

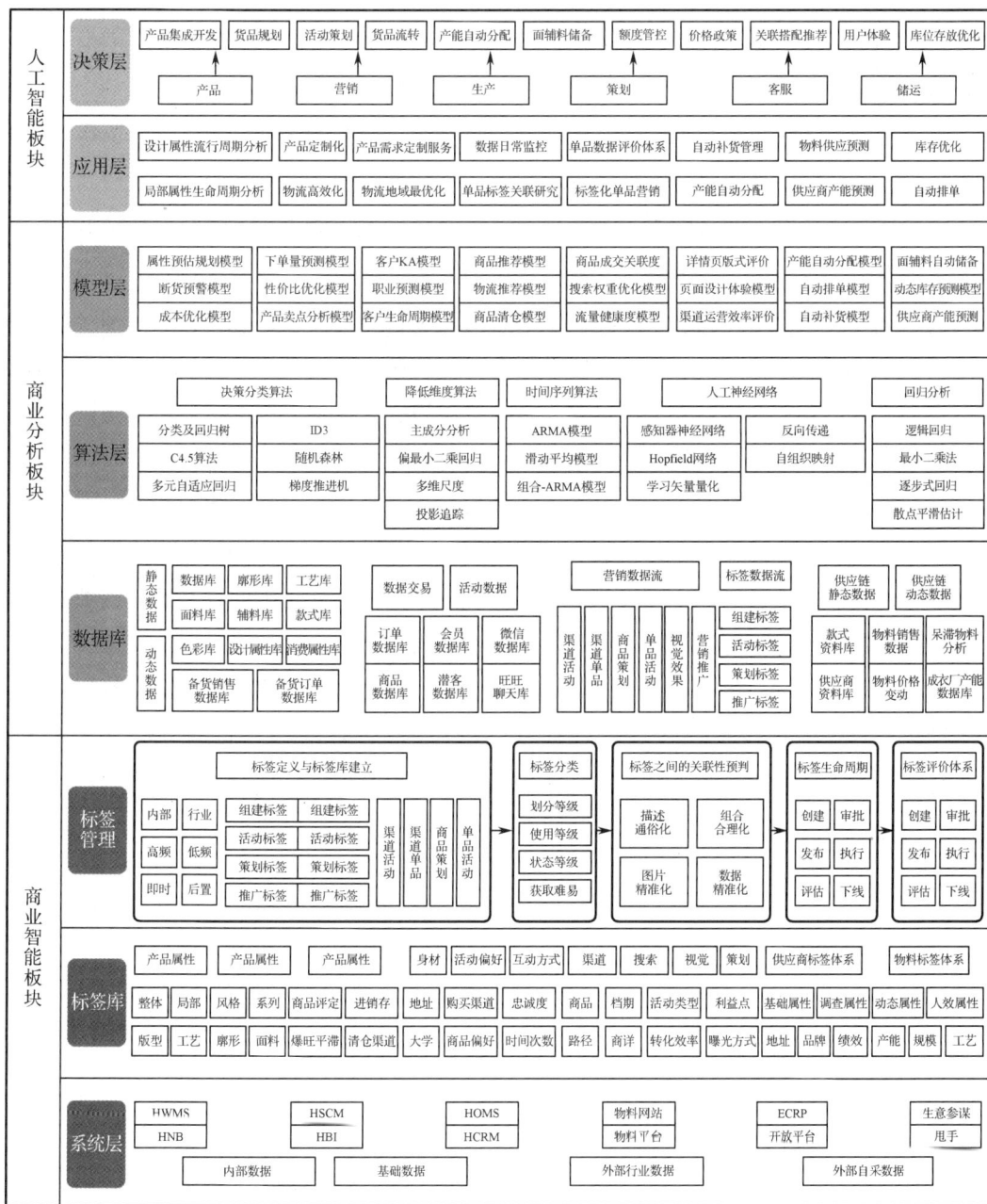

图 9.6　韩都衣舍的大数据分析系统架构

9.4　智能审计的应用：财务欺诈识别

9.4.1　财务欺诈概述

1. 财务欺诈的定义

财务欺诈是一种故意从本质上提供误导性财务报表的行为，美国注册会计师协会在

《在财务报表审计中对欺诈的考虑》中把财务欺诈定义为：在财务报表中蓄意错报、漏报或泄露以欺骗财务报表使用者。

财务欺诈是一种企业欺诈，会导致会计信息不实，影响投资者、债权人等决策，严重扰乱正常的社会经济秩序，影响经济的正常发展，危害十分严重，给个人、企业和国家带来巨大的损失。传统的财务欺诈识别手段大多需要大量人工操作，成本高而效率低，同时识别范围受限，难以应对数据量大、场景多变的财务欺诈问题。智能化技术的应用可以辅助识别财务欺诈，提高审计效率，具有重要的实践意义和价值。财务舞弊的识别一直以来主要依据审计师的职业判断。然而，众多财务舞弊案例表明，审计师的理性、能力是有限的，许多"先进"的会计舞弊方法常常没能或难以被有效识别。以上市公司为例，部分上市公司为了提高财务报告的可信度，增强投资者对公司的信心，降低公司融资成本，会购买审计意见、变相加强披露透明程度等。近年来，不少被出具标准无保留意见的上市公司出现了财务造假现象，表明这种情况并不是个案。此外，随着上市公司的舞弊手段越来越高明，单纯依靠传统的审计程序可能无法有效地识别财务舞弊。因此，有效且高效的公司财务欺诈检测方法将为监管机构、审计人员和投资者提供重要的信息。

人类社会已经步入大数据时代。机器自动采集、网络爬虫等借助现代科学技术手段的数据采集方式受到人们的欢迎；数据展示从单一的指标罗列逐渐趋向多维度的立体展示，非结构化数据分析能帮助数据使用者从不同的维度掌握数据之间的联系。这些数据技术的发展为机器学习算法在各领域的广泛应用铺平了道路，在财务舞弊识别领域亦是如此。

2. 财务欺诈的原因

企业进行财务欺诈的原因可能有多种，只有了解企业财务欺诈的原因，才能采取有效的预防措施，识别财务欺诈行为。以下是企业财务欺诈的常见原因。

1）企业治理结构不完善

现代企业所有权与经营权的分离，必然导致企业的投资者与管理层存在严重的信息不对称问题。信息不对称是财务欺诈的诱因之一。财务报告由管理层负责编制和提供，而管理层的聘任受大股东意志的影响。我国上市公司基本是从国有企业脱钩改制而成的，存在国有股"一股独大"的现象，因此在企业中，由委托代理关系形成的投资者与管理层之间的信息不对称问题更加突出。我国的企业治理结构中未对确保财务会计信息质量做出有效安排，结果管理层在财务会计信息编报方面的权力过大，且缺乏有效的约束和监督，造成企业财务造假行为无法得到制度上的约束。

2）会计审计制度存在缺陷

我国会计审计制度规定，中国境内的企业都要接受社会审计。而注册会计师对企业的财务报告进行独立审计，目的是对企业管理层的财务报告编报权力进行约束，督促管理层充分披露财务信息并缓解管理层与投资者之间的信息不对称问题。长期以来，我国审计聘任制度存在严重的缺陷，影响注册会计师审计的独立性。尽管企业聘请会计师事务所应经股东大会批准，但在内部人控制现象普遍存在的情况下，聘请会计师事务所的真正权力掌握在管理层手中，管理层若对会计师事务所不满意，会马上更换。注册会计师规范执业，被上市公司解聘；不规范执业，被监管部门禁人。注册会计师因此被戏称为"两院院士"，"做得好进医院，做不好进法院"。这种被扭曲的聘任制度助长了企业的财务欺诈行为。

3）财务欺诈的成本与收益不对称

财务欺诈的成本与收益不对称助长了财务欺诈行为。对欺诈者而言，只要财务欺诈的预期成本大幅低于预期收益，就有博弈的理由和冲动，如虚构经营业绩骗取上市、配股、增发资格所募集的资金，操纵利润导致市值增加。红光实业股份有限公司在股票发行上市前已出现巨额亏损，但为了取得上市资格，其在股票发行上市的申报材料中虚构产品销售、虚增产品库存并将亏损 1 亿多元虚报为盈利 5400 万元，从而通过股票发行上市骗取投资者的巨额资金。

4）轻罚薄惩导致威慑失灵

虽然我国制定了一系列旨在保证企业财务信息真实的法律法规，但这些法律法规的权威并未得到确立，财务欺诈往往难以被识破，或者识破以后也难以追究欺诈者更多的责任。如果对法律法规的漠视或嘲弄成为一种习惯，将比无法可依更可怕。近年来，对企业财务欺诈的处理结果模糊、随意、缺乏威慑力，起诉不受理、受理不开庭、开庭不判决、判决不执行。此类怪状在银广夏、锦州港、东方电子等证券民事赔偿案件中一再上演。监督部门对直接责任人追究刑事责任的情况少之又少，民事赔偿更是微乎其微，可见财务欺诈所付出的代价极其有限。

281

9.4.2　常见的财务欺诈识别技术

1．数据挖掘与分析

数据挖掘与分析是一种从大量数据中自动发现模式、关联、规律和知识的技术。它将统计学、机器学习、人工智能和数据库等技术相结合，目标是通过分析数据提取有用的信息和知识，以支持决策制定、未来趋势预测、业务流程优化等。对财务数据进行清洗、特征选择之后，可以通过构建逻辑回归、神经网络、支持向量机、朴素贝叶斯等模型，在财务数据中发现潜在的财务欺诈行为。现代智能财务欺诈识别模型大幅提高了识别的效率和识别结果的可靠性，并降低了大规模审计的成本。

2．自然语言处理

财务报表中大部分的内容是文本，是对数值指标的解释和说明，其中隐藏了丰富而未经挖掘的信息。自然语言处理（NLP）是一种致力于让计算机理解、处理和生成自然语言的技术，可以分析和理解文本数据，如财务报告、公告和新闻文章等。NLP可以用于识别欺诈性言辞和信息，发现可能的信息不一致或误导性语言。因此，可以从财务报告的文字中提取语言学特征，并把欺诈性财务报告的识别转化成文本分类问题，应用NLP进行财务欺诈识别。

3．社会网络分析

社会网络分析是一种研究人际关系网络的方法和技术。它通过分析人与人之间的关系、连接和交互，揭示社会结构、信息传播、影响力传播等现象和模式。在社会网络中，人们被视为网络中的节点，也称为个体、角色或顶点；人们之间的关系被视为网络中的边，也称为连接、链接或关联。这些关系可以是各种类型的，如友谊关系、合作关系、信息传播关系等。社会网络分析可以通过分析个体之间的关系和交互情况，在财务欺诈识别中提供有价值的洞察和信息，揭示财务欺诈背后的隐藏模式和关联。

9.4.3 案例分析：康美药业财务舞弊

1．案例背景

康美药业股份有限公司（以下简称"康美药业"）是一家民营企业，主要生产、经营和批发销售医药产品，主营业务包括生产和销售中药饮片、进行中药材贸易等，该公司拥有行业内生产规模最大、品种最多的中药饮片业务。该公司于2001年在上海证券交易所上市，董事长、总经理及实际控制人均为马兴田，其持股比例为32.74%。

2018年10月，康美药业被媒体质疑存在存贷双高、大股东股权质押、存货积压等问题，被指有财务造假行为，舆论不断发酵。存贷双高是一种不符合商业逻辑的现象，指的是一家公司在拥有充足货币资金的情况下，仍然向金融机构贷款，或者在资本市场发债融资，或者通过日常业务经营进行商业信用融资。康美药业在2017年更正错报前的财务报告中显示的货币资金与有息负债情况如表9.1所示。从表中可以看出，该公司存在明显的存贷双高现象。拥有公司股份最多的股东康美实业投资控股有限公司的股份被质押，显然公司处于一种极度缺钱的状态，再一次与账上高额的货币资金相矛盾。

表9.1 2017年更正错报前财务报告中显示的货币资金与有息负债情况（单位：亿元）

科　目	金　额	在净资产中的占比
货币资金	341.51	
短期借款	113.70	107%
应付票据	0.22	
应付债券	83.07	
长期应付款	18.00	83%
短期融资券	50.00	

2018 年 12 月 28 日，康美药业因被指控不按规定完整披露信息，收到了中国证券监督管理委员会的《调查通知书》，被正式调查。2019 年 4 月 30 日，康美药业发布了 2018 年财务报告，将近 300 亿货币资金不翼而飞，这使其再一次成为舆论的焦点。随后公司发布前期会计差错更正公告，试图解释财务报告出现前后期重大差异的原因。公司称，通过自查发现 2018 年以前公司的营业收入、营业成本、费用和款项收付方面存在账实不符的情况，如表 9.2 所示。

表9.2　"会计差错"简况

应 收 账 款	少计 6.41 亿元	财 务 费 用	少计 2.28 亿元
存货	少计 195.46 亿元	销售商品、提供劳务收到的现金	多计 102.99 亿元
在建工程	少计 6.32 亿元	收到与其他经营活动有关的现金	少计 1.37 亿元
货币资金	多计 299.44 亿元	购买商品、接受劳务支付的现金	多计 73.01 亿元
营业收入	多计 88.98 亿元	支付其他与经营活动有关的现金	少计 38.21 亿元
营业成本	多计 76.62 亿元	购置固定资产、无形资产和其他长期资产支付的现金	少计 3.52 亿元
销售费用	少计 4.97 亿元	收到其他与筹资活动有关的现金	多计 3.69 亿元

2019 年 5 月 5 日和 5 月 13 日，康美药业分别收到上海证券交易所关于康美药业媒体报道有关事项的问询函和 2018 年有关年度财务报告的审核问询函，并分别于 2019 年 5 月 29 日和 6 月 5 日进行回复，复函中对自己在过去年份使用不实单据和伪造凭证的行为供认不讳，承认公司在内部控制和公司治理方面存在重大不足，这无疑和会计师事务所出具的以前年度的内部控制有效的审计意见相矛盾。

2019 年 5 月 17 日，中国证券监督管理委员会通报康美药业案调查进展，称康美药业披露的 2016—2018 年财务报告存在重大虚假，被通报有使用虚假银行单据虚增存款、通过伪造业务凭证进行收入造假、将部分资金转入关联方账户买卖本公司股票三项违法行为。2019 年 5 月 21 日，公司股票简称改为 ST 康美。正中珠江会计师事务所对康美药业 2016 年和 2017 年的年度财务报告出具了不恰当的审计意见，均没有客观反映上市公司的真实状况，审计质量出现了严重的问题，被中国证券监督管理委员会正式调查。

2．大数据欺诈识别方案：机器学习

机器学习模型是近年来研究的热点，比较典型的机器学习模型包括支持向量机、多层感知器等。在财务欺诈识别方面，该类模型的精确率、召回率、准确率和 F1 分数表现良好。舞弊三角理论认为财务舞弊来源于机会、压力和借口三个因素，它们相互作用，共同导致舞弊行为的发生。因此，结合案例背景，可以在舞弊机会、舞弊压力和舞弊借口三个维度分别选取特征，并对特征信息进行约简。最终确定的特征分类、名称及定义如表 9.3 所示。

表 9.3　特征分类、名称及定义

特征符号	特征分类	特征名称	特征定义
x_1	舞弊机会	流通股占比	可流通股本/总股本
x_2		年度股东大会出席率	出席股东大会的股东持有股份/总股本
x_3		公司是否为国有控股	国有控股=1，其他=0
x_4		董事会会议次数	所属年度董事会会议次数
x_5		董事会规模	所属年度董事会人数
x_6		董事长与总经理兼任情况	同一人=1，非同一人=0
x_7		独立董事占比	$\dfrac{独立董事总人数}{董事会总人数}$
x_8	舞弊压力	应收账款变动率	$\dfrac{(应收账款_i / 资产总计_i)}{(应收账款_{i-1} / 资产总计_{i-1})}$
x_9		固定资产折旧变动率	$\dfrac{[折旧发生额_{i-1} / (折旧发生额_{i-1}+固定资产净值_{i-1})]}{[折旧发生额_i / (折旧发生额_i+固定资产净值_i)]}$
x_{10}		资产质量变动率	$\dfrac{[1-(流动资产_i+固定资产净值_i) / 资产总计_i]}{[1-(流动资产_{i-1}+固定资产净值_{i-1}) / 资产总计_{i-1}]}$
x_{11}		主营业务收入变动率	$\dfrac{主营业务收入_i}{主营业务收入_{i-1}}$
x_{12}		毛利率变动率	$\dfrac{[(主营业务收入_{i-1}-主营业务成本_{i-1}) / 主营业务收入_{i-1}]}{[(主营业务收入_i-主营业务成本_i) / 主营业务收入_i]}$
x_{13}		应收账款周转天数	$\dfrac{360}{[主营业务收入/(应收账款+应收票据)]}$
x_{14}		资产质量	$1-\dfrac{(流动资产+固定资产净值)}{资产总计}$
x_{15}		盈余现金流量差	$\dfrac{(净利润-经营活动现金净流量)}{资产总计}$
x_{16}		现金流动负债比	$\dfrac{经营活动现金流量}{流动负债}$
x_{17}	舞弊借口	审计意见类型	标准无保留意见=0，保留意见=1，拒绝发表意见或无法表示意见=2，否定意见=3
x_{18}		应计水平	$\dfrac{(净利润-经营活动产生的现金流量净额)}{资产总计}$
x_{19}		应计方向	应计水平为正=1，其他=0
x_{20}		管理层平均年龄	所属年度已披露的高管平均年龄
x_{21}		管理者自负	高管中薪酬最高的前三名薪酬之和/高管薪酬总额
x_{22}		管理层性别比例	所属年度高管中男性所占比例
x_{23}		高管人员持股	所属年度高管人员持股数的自然对数
x_{24}		高管更迭	董事长或总经理发生变更=1，其他=0

在众多 Bagging 集成算法中，随机森林模型具有较强的代表性。相较于部分机器学习模型，随机森林模型在处理不平衡样本时具有一定的优势。由于在医药生物行业，进行财务舞弊并受到处罚的上市公司占全部公司的比例较小，财务舞弊甄别研究的样本是典型的非平衡样本，因此可以采用随机森林模型进行舞弊分类预测，具体做法如下：基于舞弊三角理论，根据前述三类特征分别构建三个随机森林模型，分别为舞弊机会模型、舞弊压力

模型和舞弊借口模型。将样本二分类为舞弊样本和非舞弊样本，通过机器学习库的对应接口得出随机森林模型对两类标签的分类概率，以分类概率的大小反映舞弊风险的大小。

具体来看，首先，通过国泰安 CSMAR 数据库获取财务舞弊公司 15 家（康美药业除外）、非财务舞弊公司 60 家，以及对应年份和前一年的系列特征。将财务舞弊公司或非财务舞弊公司每年的系列特征及其标签（舞弊样本标签为 1，非舞弊样本标签为 0）作为一份样本，最终获取舞弊样本 38 份、非舞弊样本 152 份，共计 190 份。按时间先后顺序对样本进行排序，将前 80%划分为训练集，后 20%划分为测试集，并使用合成少数类过采样技术对训练集进行平衡化处理。然后，构建随机森林模型，将模型内决策树的数量设置为 1000，向模型投入训练集进行训练，再投入测试集测试模型效果。这里对舞弊机会模型、舞弊压力模型和舞弊借口模型采用了相同的算法模型与采样技术，但三者相互独立、互不影响。最后，选取常用的 4 个指标分别反映三个模型对财务舞弊行为的预测和判别能力，即精确率、召回率、准确率和 F1 分数。评价结果混淆矩阵如表 9.4 所示。由表可知，三个模型在精确率、召回率、准确率和 F1 分数方面都表现良好，可用于进一步的舞弊甄别研究。

表 9.4 评价结果混淆矩阵（单位：%）

模　型	精　确　率	召　回　率	准　确　率	F1　分　数
舞弊机会模型	82.86	90.62	84.97	86.57
舞弊压力模型	85.71	93.75	88.25	89.55
舞弊借口模型	87.88	90.62	88.42	89.23

将康美药业的对应特征分别投入舞弊机会模型、舞弊压力模型和舞弊借口模型，使用给定接口 model.predict_proba 输出以上模型将康美药业各年度的样本分类为标签 1 或 0 的基评估器比例，使用该比例的数值来反映康美药业 2016—2018 年财务舞弊风险的变化情况，如图 9.7 所示。

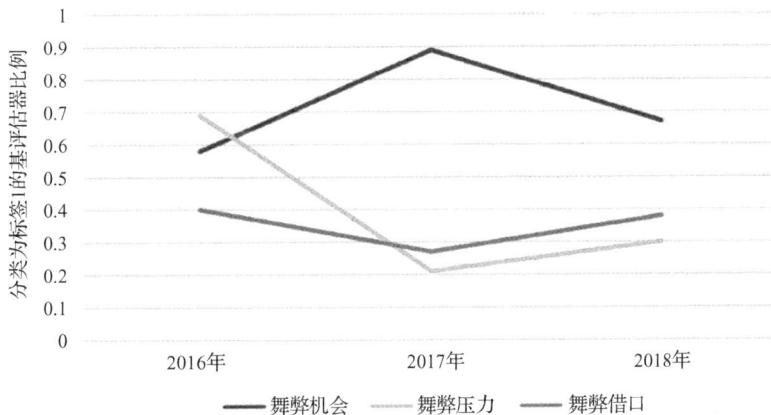

图 9.7 2016—2018 年康美药业财务舞弊风险的变化情况

结合康美药业的实际情况，对其 2016—2018 年的舞弊机会风险、舞弊压力风险和舞弊借口风险进行如下分析。

舞弊机会风险方面，一方面，康美药业的股权架构不合理，这一点可以通过流通股占比、年度股东大会出席率等特征反映。根据康美药业历年年度报告可知，马兴田及其妻子许冬瑾两人合计持有康美药业约 35%的股份。除此之外，马兴田与许冬瑾通过控股金信典当行等多家公司，增强其对康美药业的影响力和控制力。因此，康美药业是典型的"一股独大"，股权架构非常不合理。另一方面，董事长兼任多职，独立董事的作用被严重限制，这一点可以通过董事长与总经理兼任情况、独立董事占比等特征反映。1997 年，马兴田创立了康美药业，伴随着康美药业的发展壮大，马兴田却始终将权力牢牢握在手中。在康美药业的董事会成员中，马兴田、许冬瑾分别担任董事长和副董事长，马兴田还同时兼任公司总经理。按照我国相关法律规定，康美药业设有一定人数的独立董事，但公司董事会的意见对独立董事的任免具有极大影响。在这样的情况下，康美药业的独立董事很难发挥作用，不能起到控制公司财务舞弊风险的作用。综上所述，康美药业的舞弊机会风险一直处于较高的水平。

舞弊压力风险方面，康美药业的运营出现问题后，管理层采用虚增利润、虚增货币资金等方式进行伪装，让众多投资者和监管机构错误地认为康美药业是"白马股"，这一点可以通过应收账款、主营业务收入等特征反映。2016—2018 年，康美药业的 88.79 亿元资金被关联方挪用，以恶意炒作自身股票的方式抬高股价，向股票市场发出虚假的利好信息，吸引投资者购买公司股票。同时，康美药业不断虚增利润、虚增货币资金，保证财务报表上的优异数值，从而获取银行等金融机构的融资。然而，这一系列行为无异于饮鸩止渴，在舞弊压力风险数值下降的表象下，隐藏着更大的危机。

舞弊借口风险方面，面对利益的诱惑，康美药业管理层没能坚持自己的道德底线，这一点可以通过管理层平均年龄、管理层性别比例等特征反映。目前，我国对财务舞弊的上市公司人员处罚力度较小，公司管理层可能存在侥幸心理，认为实施财务舞弊行为后不会被发现或发现后的处罚较轻，为自己准备实施的违法违规行为寻找借口。同时，负责康美药业审计工作的广东正中珠江会计师事务所未能坚持审计的独立性，对康美药业出具了标准无保留意见。这说明审计师事务所的行为趋于保守，审计意见类型对于区分舞弊企业与非舞弊企业的作用仍然存在提升空间。

综合考虑多个舞弊动因和特征可以发现，2016—2018 年，康美药业的舞弊机会风险一直处于较高水平。2016 年，康美药业的舞弊压力风险较大，舞弊借口风险中等，随后两者均呈现先下降再小幅回升的趋势。不难看出，如果使用单一的舞弊压力模型或舞弊借口模型进行二分类，可能无法将康美药业正确地分类为舞弊企业，其他机器学习模型也存在类似情况。一方面，在甄别企业财务舞弊时，可以使用多个不同的特征集建立模型或构建多个不同算法的模型；另一方面，随机森林模型的最终分类结果是由多个决策树基分类器投票决定的，遵循"少数服从多数"的原则，对于决策树分类比例较为接近的样本，应当持谨慎态度。因此，在使用机器学习模型进行财务舞弊甄别研究时，相较于将公司简单归类为舞弊与非舞弊两类，综合考虑其多方面的财务舞弊风险可能效果更好。

本章小结

本章全面介绍了数字财务与审计的相关内容，强调了数字技术在提高财务和审计工作效能中的关键作用，并介绍了如何在实践中有效运用数字财务与审计技术促进企业的数字化转型。本章首先介绍了数字财务的定义及三个发展阶段，即财务电算化、财务自动化和财务智能化，并进一步阐述了数字财务的目标和功能；其次介绍了数字审计的概念、发展历程及其在现代审计实践中的重要性；最后讨论了财务和审计数字化转型的必然性，强调了在数字化浪潮中，企业应通过创新和变革适应新的市场环境。

课后习题

1．阐述数字财务的定义，并描述其在现代企业财务管理中的作用。

2．阐述数字财务的发展历程，并讨论每个阶段对企业财务管理的影响。

3．讨论数字财务如何利用大数据技术提升财务相关工作的效率。

4．解释数字财务目标与传统财务目标之间的联系和区别。

5．描述数字财务在企业风险管理和业务支持方面的应用。

6．讨论数字财务系统如何帮助企业实现财务自动化和智能化。

7．解释数字审计的概念，并讨论其在提高审计质量与效率方面的作用。

8．阐述数字审计循环中的各个阶段，并解释它们如何相互关联。

9．描述数字审计中使用的统计分析技术，并解释其在企业风险评估中的应用。

10．讨论高级数据分析技术（如数据挖掘和机器学习）在数字审计中的重要性。

11．结合韩都衣舍的案例，分析大数据预算管理如何帮助企业优化资源配置。

12．结合康美药业的案例，评估机器学习模型在财务欺诈识别中的有效性，并提出可能的改进措施。

参考文献

[1] 彭娟，陈虎，王泽霞，等. 数字财务[M].北京：清华大学出版社，2020.

[2] 程广华. 数字化审计实务指南[M]. 北京：人民邮电出版社，2021.

[3] 董皓. 智能时代财务管理[M]. 北京：电子工业出版社，2018.

287

[4] 鲍凯. 数字化财务：技术赋能、财务共享、业财融合、转型实践[M]. 北京：中国经济出版社，2023.

[5] 董伟. 挖掘和分析文本来识别公司财务欺诈：针对财务报表和社交媒体的分析[D]. 北京：中国科学技术大学，2017.

[6] 陈清. 企业现金流月份预测研究[J]. 中小企业管理与科技，2022（19）：152-154.

[7] 谢佩帛，谢清华，王嘉发，等. 数字审计的底层逻辑与实现路径——基于国家审计视域[J]. 财会月刊，2024（1）：72-78.

[8] 陆秀芬. 数字经济时代企业智能财务的构建与应用研究[M]. 天津：天津科学技术出版社，2022.

[9] 冯嘉诚，赵平伟. 企业数字化程度对审计实施模式和路径影响探析[J]. 中小企业管理与科技，2023（2）：141-143.

[10] 李凤雏. 以数字化转型推动内部审计高质量发展[J]. 审计观察，2023（1）：30-35.

[11] 王曙光，董洁. 康美药业财务舞弊案例分析——基于审计失败的视角[J]. 财会通讯，2020，（23）：116-120.

[12] 赵宇，赵淳宇，王梦瑶. 基于机器学习的康美药业财务舞弊甄别研究[J]. 现代管理，2023，13（8）：1025-1033.

[13] 梁力尹. 全面预算管理的解读与应用案例——全面预算管理在农业企业 X 集团的应用[J]. 纳税，2023（22）：37-39.

[14] 迟锁仁. 企业会计舞弊相关问题探究[J]. 会计师，2011（2）：65-66.

[15] 赵宇，赵淳宇，王梦瑶. 基于机器学习的康美药业财务舞弊甄别研究[J]. 现代管理，2023，13（8）：1025-1033.

第 10 章

数字金融

数字金融是利用信息技术和互联网平台改善、增强金融服务的新兴领域。随着技术的迅猛发展和全球数字化趋势的推动，数字金融已经成为金融行业不可或缺的重要组成部分。它通过引入智能技术和大数据分析技术，在优化金融服务的效率和精准度的同时，也面临诸多来自技术和法律等层面的挑战。本章将重点介绍数字金融的基本概念、典型应用场景和面临的挑战，并通过探讨数字金融在供应链金融和不动产估值领域的应用，展示其在实际金融场景中的应用和影响。

◦◦◦➡ 本章学习重点

- 数字金融的典型应用场景。
- 数字金融面临的挑战。
- 数字金融在供应链金融领域的应用。
- 数字金融在不动产估值领域的应用。

10.1 数字金融概述

10.1.1 数字金融的发展背景和基本概念

当前，全球新一轮科技革命和产业变革不断深入，催生了大数据、云计算、人工智能、物联网和区块链等新一代信息技术。这些技术正在迅速改变各个行业的运作方式，金融行业也不例外。技术作为直接的生产力要素，通过提高生产效率、降低成本和创造新产品，推动了经济的发展。同时，金融作为资源配置的机制，优化了资本的流动性和效率，促进了技术创新的商业化和规模化应用。金融与技术的深度融合成为颠覆式金融创新和发展的天然动力，是拥抱新一轮科技革命、开创新的技术-经济范式的必然之选。

数字金融是一种基于新一代信息技术的金融模式，具有数字和金融的双重属性。它能够加速资金、信息和数字要素的自由流通与有效配置，矫正传统金融因信息不对称而引发的市场失灵和金融割裂问题。数字金融的业务模式不断进化，涵盖多种金融业态，包括但不限于以下几种。

- 数字货币：以区块链技术为基础的数字货币，如比特币和央行数字货币。
- 数字支付：通过移动支付和电子支付平台，实现便捷、快速的资金转移，如支付宝和微信支付。
- 数字信贷：基于大数据和人工智能技术的信用评估与贷款发放，提高了信贷服务的覆盖范围和效率。
- 数字证券：包括通过区块链发行和交易的数字资产与证券化代币，提升了资本市场的透明度和流动性。
- 数字保险：利用物联网和大数据分析技术，实现了精准风险评估和定制化保险服务。
- 数字理财：通过智能投顾和自动化投资平台，为投资者提供个性化的理财建议和服务。
- 供应链金融：通过区块链和物联网技术，实现供应链上下游企业间的资金流动透明化和效率提升，缓解中小企业融资难问题。

数字金融不仅推动了传统金融业务的数字化转型，还催生了许多新兴的金融服务模式。在数字金融的推动下，金融市场的效率和包容性得到了显著提升，为经济发展注入了新的活力。然而，数字金融的快速发展也带来了监管、数据安全、隐私保护等方面的挑战，需要各方共同努力应对。

10.1.2 数字金融的作用和典型应用场景

1. 数字金融的作用

借助大数据、人工智能、云计算、区块链等数字技术，数字金融可以降低金融服务成本，提高金融服务效率，赋能金融业务创新，增强金融风险管理能力，全面提升金融服务实体经济的质效，具体体现在如下几个方面。

1）流程降本增效

数字金融通过区块链等技术保证数据的安全共享流通，利用人工智能技术实现传统金融服务全流程的自动化，从而实现降本增效。在资产证券化领域，利用区块链技术将底层资产上链，在区块链上实现底层资产的全流程管理，以此为切入点，解决资产证券化服务商模式的数据痛点，使资金方透彻地了解底层资产，中介机构实时掌握资产违约风险，监管方有效把握金融杠杆，提前防范系统性风险。在保险领域，通过真实有效的上链信息，简化销售流程，规范保险销售行为，智能合约技术的应用能够简化索赔提交程序，大幅提高保险服务效率。

2）业务赋能创新

数字金融可以有效突破传统金融产品的空间界限和数量约束，创新金融机构的经营管理模式、流程和产品，提升金融服务的效率和覆盖范围。

其一，通过精细化的数据，提供精准定制产品，实现客户收益的最大化。例如，智能投顾可以将投资者的流动性、负债水平、资金量、储蓄率等数据更好地融入客户风险偏好、资产偏好中，个性化定制金融产品。

其二，数字金融扩展了金融服务和金融资源的边界，提高了长尾客户的金融效率，提升了金融服务的普惠性。在数字技术的赋能下，移动支付、数字信贷等数字金融服务能够有效克服地理障碍与传统风险评估的盲点，实现以较低的成本向小微企业和各地各类人群（尤其是欠发达地区和社会低收入者）提供较为便捷的金融服务。

其三，商业智能的应用驱动了业务新模式。在供应链环节，金融与区块链耦合，产业和金融深度融合，提升行业效率、优化生态模式。将人工智能技术应用于股票市场交易，进行数字资产管理和高频交易等，实现智能化财富管理。

3）风险可溯可控

数字金融利用大数据等技术，从数据和风控模型两个方面减少信息不对称现象，增强金融风险的识别和管理能力。

其一，数据可溯源，安全透明。区块链技术能够实现分布式存储、全链共识、去中介化和刚性信任。

其二，数据驱动下的风控模型不断迭代、智能化、模块化。基于有效的大数据积累，智能风控模型对风险控制的全环节进行具体把握，形成反欺诈、反洗钱、反账户盗用、反虚假交易等多个模块，且具有嵌入式趋势。以消费金融风控模型为例，风控决策引擎将风险识别、计量和控制等与业务节点连接，进行自动化决策，平衡风险与用户体验；智能反欺诈系统基于对用户行为、设备、位置等的实时计算，识别恶意行为和高风险订单，从而控制风险。

2. 数字金融的典型应用场景

在数字金融的典型应用场景中，我们见证了大数据、人工智能、云计算、区块链等数字技术如何革新传统金融领域，从资产证券化到保险，再到供应链金融、场外衍生品交易、资产托管，以及信用租赁和贸易融资等多个方面。数字技术不仅优化了金融服务的流程，降低了成本，还提高了服务效率，赋予了业务创新的能力，并提升了风险管理的有效性。例如，在资产证券化领域，区块链技术实现了底层资产的安全共享与管理，为资金方提供了透明的资产信息，为监管方提供了有效的风险预警工具；在保险领域，智能合约技术简化了理赔流程，提高了保险处理速度，提升了用户体验；在供应链金融领域，利用区块链技术解决了交易信任问题，降低了合作成本，提高了整个供应链的效率。这些应用场景共同展示了数字金融如何通过技术创新促进金融服务的发展，提升金融服务质量，实现对实体经济的有效支持。表 10.1 为数字金融的典型应用场景总结。

表 10.1　数字金融的典型应用场景

典型场景	场景现存问题	流程降本增效	业务赋能创新	风险可控可溯
资产证券化	资产现金流管理有待完善，底层资产监管透明性差，交易结算效率低，增信成本高	自动账本同步和审计，款项自动划拨与资产循环，降低增信转移成本	资产证券化区块链联盟确保资产真实性、穿透风险及智能合约化交易结算	保证底层资产的真实性和风险的透明度，实现资产和交易的监管可追溯性
保险	风险定价难、渠道费用高、理赔困难	降低查询、核实和管理成本	利用智能合约提高理赔效率，重构信用体系，实现差别定价和销售行为监管	建立反欺诈共享平台，确保理赔流程和销售行为的可追溯性与透明度
供应链金融	企业偿还能力难以证明、交易真实性难验证、信息割裂	共识算法解决信任问题，降低合作成本	信任可沿供应链有效传导，智能合约防范履约风险	实现交易、履约、信用信息的完全透明化和可追溯性，有效控制履约风险
场外衍生品交易	产品非标准化、资金监管松散、流动性不足	简化交易流程，提高资产流动性	构建区域市场联动，实现信用担保与数据中心功能	通过差异化监管方式提高市场监管效率，确保交易信息与资金流的透明度和可追溯性
资产托管	操作风险高	智能合约封装业务规则，交易信息实时共享	托管合同在线签订，资产跟踪智能化	提升交易与托管过程的透明度和效率，确保操作的可追溯性和风险可控性
信用租赁	信息不对称、租赁纠纷处理困难	实时存证和取证，降低风控成本	账本信息实时同步从而提升处理效率	实现租赁交易与违约处理的完全透明化和可追溯性，有效解决信息不对称问题
贸易融资	审批流程烦琐、信息不对称导致欺诈	提高交易透明度，满足个性化需求	实现风险全流程管理	通过全程管理和透明化措施，确保交易的真实性和安全性，降低欺诈行为发生的可能性

10.1.3　数字金融发展面临的挑战

数字金融具有众多优势，也不可避免地面临一系列挑战，主要体现在监管与归责的法律难题、价值与分配的社会影响等方面。

1. 监管与归责的法律难题

数字金融的快速发展超出了现有法律法规的覆盖范围，导致许多新兴业务模式和产品处于监管盲区。例如，数字货币和区块链技术的应用挑战了传统的金融监管框架。因此，建立适应数字金融发展的法律法规体系，保护投资者权益，防范和化解金融风险，是摆在监管机构面前的重要任务。

（1）数据安全与隐私保护问题。在数字金融中，大量个人和企业的敏感信息被收集、存储、处理。这不仅增加了数据泄露的风险，也使个人隐私保护成为一大挑战。如何在促进金融创新和便捷服务的同时，确保用户数据的安全和隐私，是当前数字金融领域亟待解决的问题。

（2）金融欺诈和洗钱风险。数字金融的匿名性与跨境特性使其成为金融欺诈和洗钱活动的潜在工具。不法分子可能利用数字平台进行诈骗、洗钱或资助恐怖活动。因此，加强对数字金融服务的监管，建立有效的风险识别和防控机制，是维护金融市场稳定的重要手段。

（3）数字技术风险。数字金融依赖先进的信息技术，这使其易受到技术故障或网络攻击的影响。系统故障可能导致金融服务中断，网络攻击可能引发资金损失。因此，如何加强技术安全措施，提高金融系统的稳定性和抗攻击能力，是数字金融需要面对的另一个挑战。

2．价值与分配的社会影响

数字金融的快速发展不仅带来了便捷和创新的金融服务，也对社会价值和资源分配产生了深远影响。在这一过程中，一些新的社会问题逐渐显现，如数字鸿沟、算法歧视和结果悖论、社会资源的再分配等。这些问题值得深入探讨。

（1）数字鸿沟。数字金融的发展会在一定程度上加剧社会上的数字鸿沟。虽然数字技术的普及为许多人带来了金融服务的便利，但仍有一部分人由于缺乏数字技能、设备或网络接入而被排除在外。这种现象在老年人、低收入群体和偏远地区人群身上表现得尤为明显。数字鸿沟不仅影响这些群体获取金融服务的机会，也限制了他们在数字经济中的参与和受益。因此，如何通过政策和技术手段缩小数字鸿沟，确保所有社会成员都能公平地享受数字金融带来的好处，是一个亟待解决的重要社会问题。

（2）算法歧视和结果悖论。算法在数字金融中的应用非常普遍，如信用评估、风险控制和市场分析等。然而，算法本身并不是中立的，往往会因设计者的偏见或数据本身的偏差而导致歧视性结果。例如，某些信用评分算法可能因历史数据中的偏见而对某些群体（如少数族裔或女性）不利，导致这些群体在贷款或其他金融服务中面临更高的门槛。此外，数字金融中算法的使用可能引发结果悖论，即算法在追求效率和精准度的同时，可能加剧既有的不平等现象。例如，高效的风控算法可能对高风险用户进行严格筛选，从而进一步增加这些用户获取金融服务的难度，进一步加剧社会的不平等现象。因此，如何在算法设计与应用过程中避免和消除算法歧视，并平衡效率和公平性，是数字金融需要解决的重要伦理问题。

（3）社会资源的再分配。数字金融还对社会资源的分配产生了重要影响。一方面，数字金融平台通过去中介化和提升交易效率，降低金融服务的成本，增加小微企业和个人的融资机会，从而促进社会资源的公平分配。另一方面，数字金融的盈利模式和资本运作可能导致资源向少数头部企业和资本集中，拉大贫富差距。因此，如何通过政策引导和监管，确保数字金融的发展能够真正实现普惠金融的目标，而不是加剧资源的不均衡，是一个需要持续关注和努力解决的问题。

为应对以上挑战，金融机构、数字技术提供商和金融监管机构之间需要紧密合作，只有通过持续的技术创新和监管创新，才能实现我国数字金融的健康、稳定、可持续发展。

10.2 数字金融在供应链金融领域的应用

供应链金融作为现代金融服务的一个重要分支，关注通过优化物流、信息流和资金流解决供应链中的融资问题，满足企业的资金周转需求。供应链金融的核心在于通过科技手段提升整个供应链的资金效率。

对企业尤其是中小企业来说，供应链金融服务是其融资决策的核心。这些企业往往面临资金获取困难，供应链金融通过提供订单融资、应收账款融资等方式，帮助企业解决资金短缺问题，确保它们能在采购原材料、生产、销售等环节保持资金流的稳定。如果金融服务提供不足或不及时，企业可能面临运营中断的风险，从而影响整个供应链的稳定性。

对金融机构来说，供应链金融提供了一个评估和管理信用风险的有效工具。金融机构利用供应链金融产品，如贸易融资和逆向保理，不仅可以增加贷款的发放，还可以通过更好地控制贷款用途和监控资金流向降低信贷风险。有效的供应链金融服务有助于银行和其他金融机构提高资产质量，优化资金配置。

政府在推动经济增长和维护金融稳定方面，也需要关注供应链金融的健康发展。供应链金融的创新和扩展（如通过政府支持的贷款担保计划和税收优惠政策）可以促进中小企业的成长，支持国家的产业升级和经济发展。同时，政府通过监管框架和政策指导，促使金融机构提供更加安全、高效的供应链金融服务。

总体来看，供应链金融作为连接企业和金融市场的重要桥梁，其健康发展对于提升企业竞争力、促进金融市场稳定和推动经济增长具有重要意义。随着技术的进步和市场需求的变化，供应链金融正逐步从传统的融资模式转变为更具智能化和综合化的服务模式（见图 10.1），为企业和金融机构创造更多价值。数字智能技术通过深度分析和挖掘供应链数据，支持供应链金融中的资金流动性管理、信用评估与风险控制，提供对资金流动和信用风险的深入洞察，助力企业和金融机构优化决策过程。

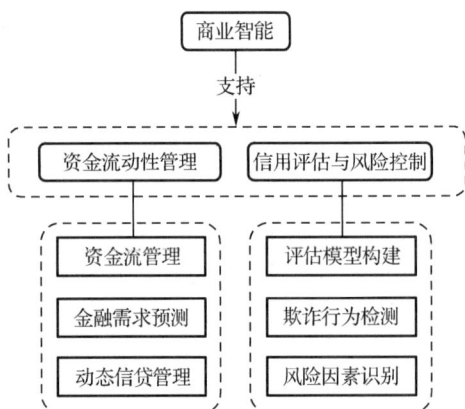

图 10.1 商业智能支持供应链金融的框架体系

10.2.1　资金流动性管理

在供应链金融中，资金流动性管理至关重要，因为它可以确保企业拥有能够满足日常运营和长期战略需求的资金流。有效的资金流动性管理可以优化资金的分配与使用，提高供应链运营效率，帮助企业应对市场需求变化和资金压力。

数字智能技术通过收集和分析来自供应链各环节的大量数据，如历史交易数据、订单流、支付流、库存水平及物流信息等，构建动态的资金流动性模型，分析资金需求的周期性变化，预测库存成本、物流成本及短期和长期的资金需求，从而为链上企业提供高效、智能的资金管理方法，提高供应链运营效率。

1．数据集成与自动化

数据集成与自动化是提高资金流动性管理效率的关键。在实践中，可以通过建立统一的数据仓库，集成企业的 ERP 系统、客户关系管理系统和外部市场信息。这种集成能够实现数据的实时流动和全面分析，为资金流动性管理提供可靠的决策支持。与此同时，区块链技术可以提高交易的透明度和安全性，智能合约能够自动执行融资协议。这些技术的结合减少了人工操作和时间延迟，有效提高了资金管理的效率和可靠性。

2．资金的实时监控与精准预测

在供应链金融中，实时监控与精准预测资金流动对企业的运营至关重要。在实践中，可以通过物联网设备实时监测库存水平和物流活动。通过将这些数据与财务系统集成，企业能够即时追踪资金的流入和流出，从而有效管理供应链中的资金流动。除此之外，可以基于历史订单流、支付流和库存数据构建动态资金流动性模型，分析和预测资金需求的周期性变化，帮助企业预先调整资金的分配策略，以应对市场需求波动。

3．动态信贷管理

动态信贷管理是确保供应链金融稳定性的关键，它需要根据实时的市场和企业信用状况灵活调整信贷策略。在实时信用分析方面，可以结合传统的信用评分方法和机器学习算法，分析供应链上下游企业的财务状况和历史交易记录。通过实时更新企业的信用评分，支持决策者快速评估风险，并调整信贷额度和利率，以保持资金流动的稳定性。在风险识别与动态调整方面，可以利用市场动态数据和供应链企业的信用状况，实时识别潜在的资金流动性风险点，动态调整贷款条件和支持策略，以满足供应链各环节的实际资金需求，确保企业持续稳定地运营。

10.2.2　信用评估与风险控制

信用评估与风险控制也是供应链金融的一个重要环节。数字智能技术使金融机构能够从多个角度综合评估供应链上下游企业的信用状况，包括历史交易数据、财务状况、市场表现及行业地位等关键信息。通过集成来自不同数据源的信息，如企业的财务报告、历史交易记录和市场数据，金融机构能够构建全面的信用评估模型，以量化和评估企业的还款能力与财务健康状况。利用数据挖掘和机器学习技术，如决策树、支持向量机和神经网络，金融机构能够有效地识别潜在的信用风险。一些典型的预测模型，如随机森林和梯度提升机（GBM），在预测企业信用评级和财务风险方面表现出色，能够处理大量的特征输入并从中提取关键信号，以预测未来的信用行为。这些技术不仅可以提升评估的准确性，还可以帮助金融机构及时识别和应对潜在的风险，如欺诈行为、市场波动或供应链中断，从而减少潜在的损失。

在信用评级预测中，供应链信息的应用对提高预测准确性至关重要。通过结合企业基础面数据、信用评级数据与供应链数据，如利用梯度提升决策树机器学习模型（如LightGBM），金融机构能够发现特定供应链特征对信用评级预测的显著影响。这种方法不仅考虑了企业自身的财务状况，还综合考虑了其供应商和客户的财务状况，从而提高了预测的准确性和全面性。

另外，基于图的分析方法也被广泛应用于识别供应链网络中的关键节点企业。通过构建图数据模型，并应用中心性分析方法，如度中心性和介数中心性，金融机构可以清晰地了解供应链中企业之间的关系和依赖程度。这些关键节点企业通常在供应链中扮演核心角色，其财务健康和运营风险对整个系统的稳定性具有重要影响。利用影响力传播模型，如PageRank或HITS算法，金融机构能够评估单个企业的问题如何通过供应链网络传播，从而可能影响其他企业的信用状况。这种方法有助于金融机构预测和管理系统性风险，确保供应链的整体稳定性和金融安全。

随着区块链技术的引入，信用评估与风险控制的透明度和效率得到进一步提升。区块链的不可篡改性和透明性可以确保交易记录的安全性与准确性，有助于金融机构更精确地评估企业的信用状况。智能合约的应用则自动化了信贷合同中约定的执行过程，如自动放款和还款，减少了操作风险和延误，优化了资金流动性管理和供应链金融服务的效率。

未来，随着人工智能和大数据技术的进一步发展，以及物联网技术的集成，供应链金融将更依赖实时数据监测和预测分析。这些技术的应用将进一步提升信用评估的动态性和准确性，为企业提供更精准的融资支持，推动整个供应链金融行业向智能化、高效化发展。

10.2.3 案例分析：阿里巴巴通过 SWIFT 全球支付创新服务优化供应链金融

阿里巴巴集团自 1999 年成立以来，已经成长为全球领先的电子商务平台，它连接了超过 150000 名供应商与 1200 万名注册会员，覆盖 200 多个市场。随着全球化贸易的扩张，供应链的复杂性日益提升，尤其是在中美贸易紧张和新型冠状病毒（以下简称"新冠病毒"）疫情的双重冲击下，供应链金融面临的挑战愈发显著。阿里巴巴面临的主要问题包括跨境支付效率低下和供应商资金流的不确定性。

为了解决这些问题，阿里巴巴与摩根大通合作，于 2020 年 5 月成功实施了环球同业银行金融电信协会（Society for Worldwide Interbank Financial Telecommunications，SWIFT）全球支付创新（Global Payment Innovation，GPI）服务。这一服务的核心技术特性包括实时跟踪跨境支付，确保支付的透明度和及时性，极大地提高了供应商对资金流的可预测性和交易的效率。

SWIFT GPI 服务通过标准化的自动化消息系统实现了支付的全程跟踪，从支付发起到资金到账都有清晰的记录，包括支付是否在中间银行处理中被延迟超过 6 小时或被拒绝等关键信息。此外，这一服务支持通过 API 将跟踪数据实时传递给企业的财务系统，无论是 ERP 系统还是运输管理系统，都能够集成这一服务，从而实现对支付的全方位监控。

此服务的核心在于 API 集成，即允许企业通过它们的财务系统直接与多家银行交互，实现对外发和入站支付的实时跟踪。这包括为每笔支付生成独一无二的端到端参考号，全面查看跨境交易的详细信息，如时间、路由、中介数量及费用。这种透明度大幅加快了支付对账过程，优化了资金流动性管理，改善了供应商关系。

此外，SWIFT GPI 为公司服务（g4C）的实施不仅提高了支付的确定性，还优化了支付异常管理，减少了因费率和银行费用不明确而引起的纠纷，为供应商和买家之间建立了强大的信任关系，使即时跨境支付成为可能，极大地降低了供应商开展在线业务的门槛。

通过这种先进的支付跟踪工具，阿里巴巴能够在当今频繁中断的供应链操作环境中，确保其供应商能够将现金转换周期从几周甚至几个月缩短到几小时，这对于降低流动性风险和成本波动的影响至关重要。

这种技术的应用不仅证明了阿里巴巴在供应链金融领域的创新能力，也强调了合适的技术解决方案对于提高全球商业交易效率的重要性。总体来看，阿里巴巴的案例展示了如何通过高度集成的技术平台和先进的供应链金融解决方案，有效地解决全球供应链中的资金流动和支付效率问题，从而提升整个供应链体系的稳定性和效率。

10.3　数字金融在不动产估值领域的应用

不动产估值（Property Appraisal），顾名思义，就是对房地产、土地等固定资产进行价值评估的过程。这一过程的核心在于准确反映资产的市场价值，从而为投资者、金融机构、政府管理部门等提供决策依据。在现代经济社会中，不动产估值的重要性日益凸显，其涉及领域广泛，影响深远。

首先，对投资者而言，不动产估值是其投资决策的核心依据。在进行房地产投资或其他形式的不动产交易时，投资者必须全面了解资产的真实价值，以确保在谈判、购买或出售过程中能够做出明智的决策。若估值出现偏差，投资者可能因信息不对称而遭受损失，如购入价值过高的资产或错失具有投资潜力的优质机会。因此，不动产估值的准确性对于保护投资者利益具有至关重要的意义。

其次，对金融机构而言，其在开展不动产相关的业务时经常涉及不动产估值。例如，房屋财产保险旨在保障房屋因自然灾害等风险因素可能遭受的损失。在确定保险费用时，必须充分考虑房屋的估值，确保受损房屋得到及时和公正的赔偿。再如，住房贷款审批也高度依赖不动产估值。当借款人申请抵押贷款或其他形式的房地产相关贷款时，金融机构必须对抵押物进行全面评估，以确保其能够覆盖贷款的本金和利息。准确的不动产估值有助于金融机构降低信贷风险，避免不良贷款的产生。同时，不动产估值是维护金融市场稳定和促进经济发展的重要环节。

此外，政府管理部门在诸多方面需要进行不动产估值。例如，在土地征收过程中，相关部门需要对土地价值进行精准的评估，以制订公平合理的补偿方案。又如，在城市规划过程中，不动产估值有助于相关部门全面掌握城市各区域的资产分布与价值差异，从而制订更加科学合理的城市规划方案。再如，在税收政策方面，不动产估值是征收房产税、契税、土地增值税等税收的重要依据。由此可见，不动产估值的准确性对于政府的决策制定与政策实施具有重要影响。

随着经济的稳步增长和城市化的持续深化，不动产估值的需求日益旺盛。不动产估值本身是一项复杂且具有挑战性的任务，涉及诸多影响不动产价值的因素，包括但不限于地理位置、建筑质量、市场环境及政策法规等。为确保不动产估值结果的客观性和准确性，评估人员不仅需要具备扎实的专业知识和丰富的实践经验，还需要高度重视数据的收集和分析。随着数字技术的飞速发展，不动产估值正逐步从传统估值方法转向智能估值方法，为经济社会的稳步发展提供有力支持。

10.3.1　传统估值方法

根据我国住房和城乡建设部于 2015 年发布的现行《房地产估价规范》，传统估值方法主要包括市场比较法、收益法和成本法等。

市场比较法是最直观的估值方法之一，其通过比较相似不动产的市场交易价格估算待估值不动产的价值。当运用市场比较法进行不动产价值评估时，应遵循"收集历史交易信息—筛选可比交易实例—建立比较基础—进行交易情况修正—进行市场状态调整—进行不动产状况调整"等一系列步骤来计算比较价值。

收益法通过评估不动产未来能够产生的收益估算其价值，需要计算不动产的净营业收入并使用适当的资本化率来确定其价值。当运用收益法进行不动产价值评估时，应按照"测算收益期—测算未来收益—确定资本化率"的顺序实现收益价值计算。

成本法通过计算不动产的建造成本评估其价值，包括土地成本、建筑成本和开发费用等。当运用成本法进行不动产价值评估时，应按照"选择具体估值路径—测算重建成本—

测算折旧"的顺序完成成本价值的计算。

具体选用哪种估值方法需要综合考虑估值对象及其所在地区的不动产市场状况等客观因素来决定。若估值对象的同类不动产有较多交易，应当选用市场比较法。若估值对象或其同类不动产有租金等经济收入，应当选用收益法。若估值对象可假定为独立的开发建设项目进行重新开发建设，宜选用成本法；当估价对象的同类不动产没有交易或可参考交易很少，且估价对象或其同类不动产没有租金等经济收入时，应选用成本法。在不动产估值实践中，由于住宅交易量较大，通常选用市场比较法进行不动产价值评估。市场比较法因其简单直观的特点而被业内广泛应用，但是在实际运用过程中仍暴露出估值准确率低和智能化程度低的问题。

首先，不同不动产的地理位置、户型结构、装修程度、配套设施等因素都可能对其价格产生显著影响。若无法准确选取合适的可比交易对象，则可能导致估值结果出现系统性偏差。为消除因可比交易对象状况与估值对象状况不同而造成的价值差异，可以进行不动产状况调整，包括区位状况调整、实物状况调整和权益状况调整等。然而，这一调整过程通常涉及人为决策，因此可能引入主观性偏差。

其次，随着大数据分析和人工智能等技术的快速发展，传统估值方法难以满足现代不动产市场对高效且精准估值的迫切需求。例如，在面对海量数据和复杂环境时，市场比较法不仅需要投入大量人力、物力，更依赖专业人士的判断，因此其实施成本相对高昂。相比之下，智能估值方法，尤其是基于机器学习的预测模型，能够通过学习海量历史交易数据，自动识别和提取影响不动产价值的关键因素，从而提供更加精准和高效的估值服务。

为解决传统估值方法暴露出的估值准确率低和智能化程度低的问题，有必要结合数字技术对传统估值方法进行改进和创新。

10.3.2 智能估值方法

舍温·罗森（Sherwin Rosen）从效用的角度出发，于 1970 年引入享乐定价理论（Hedonic Pricing Theory），用于进行不动产价值评估。作为一种经济学理论，享乐定价理论主张可以将商品或服务的价格细分为多个构成部分，每个部分都拥有独立的价值或对整体价值的贡献。例如，不动产价值就是由所有相关特征带来的效用决定的。

在实际应用中，通常基于回归模型建立估值框架 $f()$，综合考虑不动产相关的各项特征 X，以评估其价值 p。为衡量估值的准确性，既可以使用平均绝对误差（Mean Absolute Error，MAE）或均方根误差（Root Mean Squared Error，RMSE）来计算预测值 $f(X)$ 和真实值 p 之间的差距，也可以用预测值 $f(X)$ 是否位于真实值浮动 $\pm\Delta\%$ 区间内来判断预测是否有效。

在回归分析框架的支持下，智能估值方法在过去几十年获得了显著的发展与提升。值得一提的是，直到 21 世纪初的很长一段时间内，多元线性回归（$p = \alpha + \beta X$）在智能估值方法中具有代表性地位，并得到广泛应用。此后，机器学习模型，尤其是集成学习模型，逐渐表现出优势。Antipov 和 Pokryshevskaya 的研究结果显示，随机森林模型在性能上优于多元线性回归、回归树和神经网络算法。Yan 和 Zong 基于北京不动产交易历史数据，详细对比了多元线性回归、套索回归、岭回归、随机森林、XGBoost 等模型的预测效果。其研究结果表明，相较于线性回归模型，机器学习模型具有显著的优势，且 XGBoost 模型的表现最出色。Li 等基于深圳不动产历史交易数据，也得出了 XGBoost 模型的预测性能最优这一类似结论。史学文则基于北京法拍房市场数据开展不动产估值机器学习模型之间的效果对比，同样发现，相比于其他模型，XGBoost 模型的预测效果更好、运行效率更高。

为对不动产相关特征进行全面描绘，必须广泛收集并妥善处理来自不同数据源的多类型数据。常见的不动产特征包括不动产基本情况（如户型面积、地理位置、房屋年龄和装修程度等）、教育资源（如学区划分、学校信息及排名等）、交通设施（如公交站和地铁站）和配套设施（如医院和商店）等方面。近期，有研究尝试融入时间序列数据和房屋图像信息，设计基于多模态信息融合的不动产价格预测系统，并取得了显著成效。同时，有研究利用街景图像和卫星图像来增强不动产智能估值的精确性，同样取得了令人满意的效果。

在解决不动产估值问题时，还需要充分考虑不动产市场的特性。例如，不动产市场表现出显著的空间自相关性，即邻近地区的不动产价格往往会互相影响。一个地区的房价上涨可能引发邻近地区房价的攀升，反之亦然。因此，在进行不动产估值时，若忽视这种空间自相关性，可能导致估值结果不准确。此外，不动产价格随时间变化，具有时间自相关性，过去的价格变动为未来的价格变动提供了参考依据。同时，不动产市场的趋势与模式在空间和时间上呈现出异质性。例如，学区房的需求可能在报名季前激增，而某些地区的不动产可能因建设了新的基础设施项目而增值。因此，在评估不动产价值时，必须充分考虑这些市场动态和变化。

已有大量实证研究结果显示，不动产价格在时间和空间两个维度均呈现出一定程度的相关性和异质性。王松涛等在对我国区域市场城市房价互动关系进行深入分析后，得出了中心城市不动产价格具有领先效应的结论。温海珍等运用空间计量模型对杭州住宅价格的空间效应进行了探究，发现社区间不动产价格存在领先和滞后效应。谭政勋等运用统计方法对国内主要城市的房价波动空间效应进行了深入研究，发现房价变化的趋势大体相同，但在时间上存在先后顺序，一线城市在其中起到了带动作用。

因此，在设计智能估值方法时，对时间和空间维度的关联性与异质性进行深入建模显得尤为重要。例如，可以在多元线性回归模型的基础上引入时间和空间相关矩阵，建立时空自回归模型。同时，依据专家经验定义的子市场可以用来解释空间异质性。荷兰 Randstad 地区的真实数据实验结果表明，建模时间和空间依赖性并整合至回归模型，能够有效提升估值方法的预测准确性。

近年来，随着对图数据研究的不断深化，学术界和工业界纷纷积极探索图挖掘技术在智能不动产估值领域的应用。例如，Teye 和 Ahelegbey 创建了省份间的关联图，应用向量自回归模型，不仅揭示了不动产价格在时间和空间维度的扩散效应，还展现出令人满意的预测性能。此外，Das 等构建了不动产与兴趣点的异质图，设计图神经网络以深入挖掘不动产在地理空间层面的配套设施情况，如不动产距离地铁站、优质学校、购物中心的远近。这一设计旨在更好地学习每处不动产的地理空间网络嵌入向量，从而进一步提升不动产估值的准确程度。

然而，需要注意的是，智能估值方法并非万能钥匙，它也有一定的局限性。第一，智能估值方法依赖历史数据和算法模型来做出预测。如果数据质量不高或模型选择不当，那么估值结果可能产生偏差，甚至误导决策。第二，影响不动产价格的因素构成十分复杂，如经济状况、信贷政策、供需关系和公众预期等因素的变化都可能对估值结果产生影响，一旦考虑得不够周全，就很容易蒙受经济损失。

10.3.3　案例分析：Zillow 运用不动产智能估值开展即时买卖业务失败

Zillow 成立于 2006 年，是一个提供不动产信息、不动产估值和广告服务的在线平台，致力于通过数据和技术使不动产交易更加透明与高效。当用户根据特定位置进行不动产搜索时，Zillow 会快速呈现相关信息，其开发的智能估值工具 Zestimate 会根据历史交易价格给出当前的不动产估值。这一功能不仅有助于买家和卖家以合理的价格来评估、比较和交易不动产，也让不动产持有者能更清晰地认识到其不动产的现有价值和潜在增值空间。

自成立以来，Zillow 长期致力于提供不动产信息，并通过免费的智能不动产估值服务吸引用户，吸引不动产中介成为其广告客户，进而实现广告收益。直至 2018 年 4 月，Zillow 启动了 "Zillow Offers" 项目。在此项目中，针对市场上的不动产，Zillow 会基于其智能估值工具 Zestimate 的评估结果，提供现金报价。如果卖家接受此报价，Zillow 便会购买该不动产，并进行必要的翻新，之后根据智能估值工具 Zestimate 的评估结果将该不动产重新挂牌出售。该业务模式的盈利途径主要有两个：一是对卖家收取一定比例的手续费，二是将翻新后的不动产以更高的价格出售以获取差价。这一业务模式因其高效性和便捷性，受到了希望迅速出售不动产并避免传统销售烦琐流程的卖家的青睐。

然而，在 2021 年 11 月，Zillow 宣布终止即时买卖业务。据悉，从 2018 年 4 月到 2021 年 9 月，Zillow 在美国共购买约 27000 套不动产，出售近 17000 套。其中，很多不动产是以亏损状态出售的，这导致 Zillow 在 2021 年三季度的财务报表上出现了 3.04 亿美元的存货减值计提。2021 年 11 月 2 日，Zillow 宣布计划裁员 2000 人，约占员工总数的 25%，一周后公司股价大跌近 1/3。

出现这一问题的核心原因是智能估值工具 Zestimate 的准确性并未达到预期水平。根据 Zillow 官方发言人透露，Zestimate 在评估市场内不动产的价值时，误差率为 1.9%。这意味着，对于估值为 100 万美元的不动产，其实际交易价格通常介于 98 万美元和 102 万美元之间。然而，对于非市场内不动产的评估，Zestimate 的误差率高达 6.9%。值得注意的是，这只是 Zestimate 在短期内的估值误差率。在进行即时买卖业务时，由于还需要准确预估历经数月翻新的不动产的价值，中长期估值的误差率将进一步扩大。

造成 Zestimate 估值结果不够准确的原因来自很多方面。首先，Zillow 在开展即时买卖业务时过于冒进。Zillow 曾先后在 20 多个城市布局该业务，并在进入新市场后迅速投入大量现金购置不动产。这一行为无形中推高了当地短期内的不动产价格，进而对 Zillow 造成两方面的影响：①Zillow 自身需要准备的现金报价相比之前偏高；②将市场上同期发生的价格偏高的其他不动产交易数据掺入 Zestimate 之后的训练集中，造成之后估值虚高。据统计，Zillow 当时的报价普遍高于竞争对手，平均价格比市场中位数高 6.5 万美元。

其次，不动产市场受到经济状况、信贷政策、供需关系及市场预期等多重因素的动态影响。如果智能估值方法未能充分适应这些因素的变化，则可能导致业务策略失效。以新冠病毒疫情为例，其引发的居家办公灵活性需求、公众对居住空间需求的转变、人口从城市向郊区的迁移、流动性资金的增加及房贷利率的降低等一系列连锁反应，推动 2020—2021 年的美国不动产市场迅速升温。然而，在平稳不动产市场中表现不错的 Zestimate 并没有很好地应对市场的这一剧烈变化，以过高的报价购入大量不动产。如果能在升温的不动产市场中迅速将购入的不动产脱手，Zillow 仍能实现投资收益。2020 年，Zillow 的即时买卖业务确实带来了可观的收益。然而，市场并非持续上行的，Zestimate 未能预见到市场即将下行的风险，管理层过于信任智能估值工具，未能及时调整策略，导致 Zillow 在市场高点购入大量不动产，后期市场转冷后，持有的不动产开始贬值。

最后，在经济下行的影响下，建筑行业出现建材短缺和劳动力不足的问题，导致不动产的翻新速度放缓，Zillow 大量的已购不动产无法及时推向市场，库存积压问题日益严重，形成了庞大的未售房源。短期内，市场上出现了供过于求的现象。由于 Zillow 还面临现金流紧张的问题，两相叠加，迫使 Zillow 不得不采取降价销售策略，以尽快回笼资金、缓解资金压力。以亚利桑那州凤凰城为例，Zillow 翻新后的不动产中有 93%重新挂牌售价低于购入价格。

Zillow 运用不动产智能估值工具开展即时买卖业务的失败案例提供了三个重要的启示和思考。

（1）数据驱动与知识引导。尽管现代商业决策中大数据分析技术的地位日益凸显，但专家知识引导的作用依然不可替代。以 Zillow 为例，其过度依赖智能估值工具，忽视不动产市场从业者的专业意见和经验判断，最终导致了战略失误。相比之下，Zillow 在即时买卖业务上的竞争对手 Opendoor 的做法更为全面。Opendoor 不仅参考自动估值模型的报价，还在各个市场雇用了当地的经纪人和定价专家共同参与报价过程，确保报价能够全面考虑市场因素的影响。因此，数据驱动和知识引导在商业决策中应相互补充，共同提高决策的科学性和准确性。

（2）智能技术与细分市场。尽管智能技术可以提供有价值的市场洞察，但它并不是万能的。以 Zestimate 为例，其给出的不动产智能估值结果的确可以作为不动产价值的参考信息，但在当前的业务实践中，若将其直接用于即时买卖业务，仍存在潜在风险。考虑到不同细分市场具有独特的运营环境和需求特点，智能估值工具需持续优化和调整，以确保其与市场动态同步。

（3）风险管理与韧性建设。在金融市场，价格波动和市场周期是不可避免的。企业需要建立有效的风险评估和管理体系，以避免在出现市场波动时遭受重大损失。这包括对市场趋势的准确预测、对资金链的稳健管理、供应链的快速回复及灵活的业务策略。此外，企业对技术工具的选择和应用应当保持谨慎态度，特别是当涉及重大财务决策时，需要结合市场实际情况和专业判断进行选择，以保障业务的稳定性和可持续性。

通过这些启示，企业可以更好地理解在快速变化的市场中如何平衡数据驱动和知识引导、融合智能技术与细分市场，从而实现风险管理与韧性建设。

本章小结

本章首先介绍了数字金融的基本概念和典型应用场景；其次介绍了数字金融发展过程中面临的法律监管、数据安全与隐私保护、金融欺诈和技术风险等挑战，并强调了行业各方间的合作与监管创新的重要性；最后通过供应链金融、不动产估值两个典型场景展示了数字金融在改变传统金融服务模式、提高服务效率和安全性等方面的实际成效。

课后习题

1．解释数字金融的双重属性，并举例说明如何通过数字金融加速资金、信息、数字等要素的自由流通与有效配置。

2．描述区块链技术如何在资产证券化中应用，以及它解决了哪些问题。

3．讨论数字金融发展面临的监管挑战，并提出可能的解决方案。

参考文献

[1] 姜春海. 中国房地产市场投机泡沫实证分析[J]. 管理世界，2005（12）：71-84.

[2] 葛奇. 次贷危机的成因、影响及对金融监管的启示[J]. 国际金融研究，2008（11）：12-19.

[3] 解垩. 房产估值与房产税公平性研究[J]. 财政研究，2018（8）：76-92.

[4] 中华人民共和国住房和城乡建设部. 房地产估价规范[M]. 北京：中国建筑工业出版社，2015.

[5] ROSEN S. Hedonic prices and implicit markets: product differentiation in pure competition[J]. Journal of Political Economy, 1974, 82(1): 34-55.

[6] PAGOURTZI E, ASSIMAKOPOULOS V, HATZICHRISTOS T, et al. Real estate appraisal: a review of valuation methods[J]. Journal of Property Investment & Finance, 2003, 21(4): 383-401.

[7] ANTIPOV E A, POKRYSHEVSKAYA E B. Mass appraisal of residential apartments: an application of random forest for valuation and a CART-based approach for model diagnostics[J]. Expert Systems with Applications, 2012, 39(2): 1772-1778.

[8] YAN Z, ZONG L. Spatial prediction of housing prices in Beijing using machine learning algorithms[C]//Proceedings of the 4th High Performance Computing and Cluster Technologies Conference and the 3rd International Conference Big Data and Artificial Intelligence. Qingdao: ACM, 2020: 64-71.

[9] LI S, JIANG Y, KE S, et al. Understanding the effects of influential factors on housing prices by combining extreme gradient boosting and a hedonic price model (XGBoost-HPM)[J]. Land, 2021, 10(5): 533.

[10] 史学文. 基于机器学习方法的拍卖房产估值模型比较研究[D]. 北京：中国财政科学研究院，2022.

[11] BERGADANO F, BERTILONE R, PAOLOTTI D, et al. Learning real estate automated valuation models from heterogeneous data sources[J]. arXiv preprint arXiv: 1909.00704, 2019.

[12] GAO G, BAO Z, CAO J, et al. Location-centered house price prediction: a multi-task learning approach[J]. ACM Transactions on Intelligent Systems and Technology, 2022, 13(2): 1-25.

[13] 胡涛. 城市轨道交通对沿线住宅估值的影响研究[D]. 北京：北京交通大学，2021.

[14] 常诚. 基于多模态信息融合的房地产价格预测系统的设计与实现[D]. 北京：北京邮电大学，2019.

[15] LAW S, PAIGE B, RUSSELL C. Take a look around: using street view and satellite images to estimate house prices[J]. ACM Transaction on Intelligent Systems and Technology, 2019, 10(5): 1-19.

[16] 王松涛，杨赞，刘洪玉. 我国区域市场城市房价互动关系的实证研究[J]. 财经问题研究，2008（6）：122-129.

[17] 温海珍，张之礼，张凌. 基于空间计量模型的住宅价格空间效应实证分析：以杭州市为例[J]. 系统工程理论与实践，2011，31（9）：1661-1667.

[18] 谭政勋，周利. 房价波动的空间效应：估计方法与我国实证[J]. 数理统计与管理，

2013，32（3）：401-413.

[19] LIU X. Spatial and temporal dependence in house price prediction[J]. The Journal of Real Estate Finance and Economics, 2013, 47: 341-369.

[20] TEYE A L, AHELEGBEY D F. Detecting spatial and temporal house price diffusion in the Netherlands: a Bayesian network approach[J]. Regional Science and Urban Economics, 2017, 65: 56-64.

[21] DAS S S S, ALI M E, LI Y F, et al. Boosting house price predictions using geo-spatial network embedding[J]. Data Mining and Knowledge Discovery, 2021, 35: 2221-2250.

第11章

数字人力资源管理

随着信息技术的迅速发展和全球数字化转型的不断推进，数字人力资源管理已经成为现代企业管理中不可或缺的重要组成部分。它旨在利用信息技术和数字平台优化与增强人力资源管理的效率及精确度，帮助企业更有效地吸引、管理和发展人才。本章将深入探讨数字人力资源管理的基本概念、典型应用场景及面临的挑战和机遇，深入探究如何利用商业智能为企业人才培养提供定制化的培训计划和管理策略等。

⊶➡ 本章学习重点

- 数字人力资源管理的基本概念与重要性。
- 数字人力资源管理的演进趋势。
- 商业智能在数字人力资源管理中的应用。
- 人才招聘的数字化流程。
- 人才培养的个性化推荐。
- 人才发展的动态管理。

11.1 数字人力资源管理概述

11.1.1 数字人力资源管理的定义和范围

1. 数字人力资源管理的定义

在数字经济的发展浪潮中，数字技术正以前所未有的速度渗透到社会的各个领域，尤其是组织内部的人力资源管理领域。数字人力资源管理（Digital Human Resource Management）是通过应用新一代数字技术来支持、协调和优化人力资源管理工作的过程。数字人力资源管理并非传统人力资源管理的简单数字化延伸，而是一场深刻的管理范式转变，旨在利用先进的大数据分析和人工智能技术，重塑人力资源管理的各个方面，从而更加科学地评估、选择和管理人才。这种转变既提升了人力资源管理效率，也强化了人力资源管理效果，同时降低了人力资源管理成本。

数字人力资源管理的核心目标在于利用数字化工具和平台，实现人力资源管理的自动化、智能化和个性化，进而为组织的可持续发展提供有力的支撑。同时，数字人力资源管理能够为员工带来更好的工作体验，提升员工的归属感和满意度，为组织创造更和谐的工作氛围。可以说，数字人力资源管理是数字经济时代组织变革的必然产物。随着数字技术的不断突破，数字人力资源管理在组织中的重要性与日俱增。因此，组织应该积极应用和探索数字人力资源管理，以适应数字经济时代的发展需要。

2．数字人力资源管理的范围

数字人力资源管理的范围十分广泛，它并不局限于使用数字化工具和平台，而是从战略、组织和执行的全方位视角，更合理地管理人力资源，覆盖各类组织从选才到育才再到留才的人力资源管理全过程。

首先，在选才阶段，数字人力资源管理涵盖人才招聘的全流程。在战略层面，着眼于人才招聘制度和流程的建设，强化数据要素在人才招聘战略中的地位；在组织层面，通过数字化工具，实现全招聘渠道的聚合管理，建设统一的人才招聘体系；在执行层面，建设和维护人才库，引入移动化、自动化、智能化的人才评估方式，更高效地筛选人才。

其次，在育才阶段，数字人力资源管理推动人才培养朝着精细化和个性化方向迈进。在战略层面，形成数据驱动的人才培养战略，强调以人为本的重要性；在组织层面，通过数字化工具，搭建精细化和个性化并重的学习管理系统与虚拟培训平台；在执行层面，根据人才的现有技能和工作经验，结合人才自身的需求和兴趣，制订定制化的培训和发展计划，帮助人才不断提升技能并适应不断变化的工作环境。

最后，在留才阶段，数字人力资源管理涵盖绩效管理和激励体系的建立与优化。在战略层面，将数据充分融入绩效考核和人才留任等相关制度的形成过程中；在组织层面，严格落实数字化人才发展战略，制定合适的激励措施和及时的干预手段；在执行层面，借助数字化工具，准确地评估人才表现，及时了解人才满意度，分析人才流失的背后原因，采取相应的措施降低人才流失率，从而实现人才的留存与发展。

11.1.2　数字人力资源管理的演进趋势

数字技术的快速发展极大地改变了从要素结构到产业结构再到市场结构的整个世界经济，也深刻地重塑了从农业到制造业再到服务业的各行各业，人力资源管理作为组织核心竞争力的重要组成部分，也难免受到影响。以大数据分析和人工智能技术为代表的新一代数字技术给传统人力资源管理带来了前所未有的变革，数字化工具和平台已深入传统人力资源管理的多个环节，甚至部分工作已经被全新的数字化管理方案全面替代。数字人力

商业智能

资源管理正沿着数据驱动（Data-driven）、自动化（Automate）、智能化（Intelligent）、移动化（Mobile）和个性化（Personalized）的方向持续演进。

1. 数据驱动

数据驱动是指以数据为主要依据进行决策和行动。借助数字化工具和平台，人力资源部门得以收集并分析海量数据，确保决策与行动都建立在坚实的数据基础之上。这种方式不仅减少了主观情绪的干扰，更提高了决策的准确性与效率。当前，各类组织均认识到人力资源数据的重要性，纷纷致力于人力资源数据的积累与整合，以期在人才招聘、人才培养和人才发展等方面占据有利地位。展望未来，随着数据可用性的提升和数据质量的提高，数据驱动的数字人力资源管理将持续优化，为组织带来更加科学、高效的人力资源管理实践。

2. 自动化

自动化是指不依靠人工，独立自主地执行工作流程。自动化的数字人力资源管理不仅能够处理烦琐的重复性任务，还能实现全天候不间断的工作，从而极大地解放了生产力。当前，许多企业引入了自动化招聘流程，将结构化、重复性的工作交由数字员工完成。例如，北京希瑞亚斯科技有限公司针对招聘周期过长、流程烦琐、沟通不畅等行业痛点，提供了一整套自动化解决方案。随着技术的不断发展，未来人力资源管理中的机器人流程自动化程度将进一步提升，从而进一步提高人力资源管理的效率。

3. 智能化

智能化是指机器所具有的能动地满足人类各种需求的特性。人工智能在处理高维数据和海量数据时具有天然优势，可以洞察人类可能忽略的数据关系与模式，从而取得精确的预测与决策效果，并显著降低数据处理、分析与计算过程中的人为失误。在这一优势的加持下，智能化的数字人力资源管理应用不断涌现。举例来说，IBM 开发了一款名为 Watson Candidate Assistant（WCA）的人工智能应用，可以与求职者互动，该应用一经推出就牢牢吸引了求职者的注意力。智能化技术有助于组织更好地识别、吸引、留住和发展人才，从而提高组织的竞争力和创新能力。

4. 移动化

移动化是指借助移动互联网技术推进工作流程。随着移动互联网技术的持续进步和智能设备的广泛普及，数字人力资源管理系统和服务现已能够实现随时随地的便捷访问。这一进步使组织能够突破地理界限的束缚，通过远程面试乃至远程工作的方式，更广泛地接触和吸引全球范围内的优秀人才。例如，携程（国内知名在线旅行服务公司）成功实施了在家远程办公模式，目前正在积极推进"3+2"混合办公模式。然而，移动化趋势同样带来了新的挑战与机遇，数字人力资源管理需要更加注重远程团队的协作效能、沟通机制和文化塑造，以及针对远程员工的绩效评估与管理策略。

5. 个性化

个性化是指通过分析用户特征和历史行为推断用户偏好，并据此为用户提供量身定制的独特体验。传统的人力资源管理方式受限于数据收集和处理能力的不足，难以准确捕捉每个员工的个体差异，导致管理决策往往缺乏针对性，陷入"一刀切"和过于简化的困境。不同于此，数字人力资源管理凭借数据驱动和智能化的双重优势，能够实现人才管理的精细化和差异化。通过对个人技能、工作表现及实际需求的全面分析，为员工提供个性化的培训计划、晋升机会和福利选择，从而有效提升员工的满意度和忠诚度。

11.1.3　商业智能如何支持数字人力资源管理

商业智能作为一种关键技术，能够将数据转化为具有战略价值的洞察力，并提供决策支持。通过系统地收集、深入地分析和精准地可视化数据，以及应用、优化和定制模型，商业智能在各个领域都有着广泛应用。特别是在数字人力资源管理的范畴内，商业智能提供了全面而高效的支持，涵盖从人才选拔、培养到发展的全过程，对提升组织业务表现有很大帮助。考虑到数字人力资源管理在不同阶段所面临的任务特点和挑战，以及各细分场景下的数据特征和实际需求，商业智能能够有针对性地提供解决方案。运用各种商业智能方法和技术，可以为数字人力资源管理构建一套坚实且灵活的支持框架体系，如图 11.1 所示。这一体系不仅有助于优化人力资源配置，提高管理效率，还能够为组织的长期发展提供有力保障。

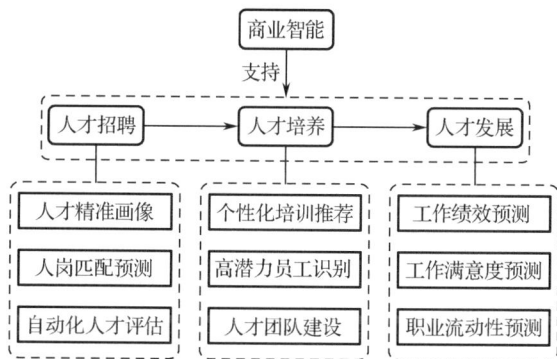

图 11.1　商业智能支持数字人力资源管理的框架体系

在人才招聘过程中，人力资源管理部门在人才筛选和人才评估方面投入了大量时间。众多行业普遍面临招聘周期冗长、招聘流程烦琐、招聘沟通不畅等问题。为解决这些问题，需要使用合适的商业智能方法与技术。商业智能技术能够快速准确地提炼人才特征，形成精准的人才画像。通过将人才特征与岗位特征进行匹配预测，商业智能能够筛选出最合适的候选人，充分提升招聘者和求职者双方的效率。此外，商业智能有助于重塑人才评估体系，通过融入智能分析方法，实现人才评估的自动化，从而提升整个招聘流程的效率。

在人才培养过程中，组织经常需要调配大量的人力与物力资源，这在预算有限或经济环境出现波动的情况下，可能给组织带来不小的负担。受限于资源瓶颈和成本压力，在过去的人才培养过程中，常常会出现培养计划与实际需求脱节、培养方案滞后于时代发展、培养措施缺乏科学支撑等问题。为了解决这些问题，商业智能方法与技术凭借其强大的数据处理能力，可以有效地分析海量数据，为个人量身定制紧跟时代趋势的培训方案，从而精准挖掘高潜力人才，实现更加精细化的人才团队建设。

在人才发展过程中，组织需要与人才保持密切的联系，确保双方目标的一致性和协同性。然而，值得注意的是，与人才发展息息相关的关键因素，如工作绩效、工作满意度和职业流动意愿等，都处于动态变化之中。这种变化可能导致人力资源部门在反应速度和策略制定上出现滞后，从而引发人才的不满和流失。商业智能方法与技术可以很好地弥补这一不足，其强大的数据分析和预测能力可以帮助组织准确地掌握人才的动态发展情况，及时给出有针对性的管理策略，促进组织和人才的共同成长与发展。

11.2 商业智能与人才招聘

人才招聘是组织在业务需求的驱动下，通过多渠道吸引、筛选、评估并最终录用具备相应知识、技能和经验的优秀人才的过程。作为人力资源管理的核心任务之一，成功的人才招聘对确保业务顺利推进和实现组织高质量发展至关重要。然而，传统的人才招聘通常需要人力资源部门投入大量时间、人力和资金，同时存在招聘周期冗长、招聘效率低下、招聘信息不对称等问题。随着数字技术的不断进步，越来越多的组织开始转向数字化人才招聘方式，借助商业智能方法与技术来优化人才画像、人岗匹配和人才评估等关键环节，以提升招聘效率和质量。

11.2.1 人才精准画像

人才画像（Talent Profiling）是指通过系统地收集、整理和分析人才的关键数据，根据得到的人才特征来构建人才的全面形象，以便更好地了解其能力、技能、经验和特点。准确的人才画像有助于组织更好地了解人才，从而更有效地进行人才管理和决策。例如，在人才招聘过程中，人才画像可以帮助招聘团队更加准确地判断应聘者与岗位的匹配程度。通过对比应聘者的画像与岗位需求，组织可以快速筛选出最符合要求的候选人，提高招聘的效率和质量。又如，在人才培养过程中，人才画像可以帮助组织明确每位员工的个性化培训需求和发展路径。通过分析员工的技能短板和发展潜力，组织可以为其量身定制培训计划，提升他们的能力和素质。再如，在人才发展过程中，人才画像可以帮助组织预测员工未来的职业发展轨迹。通过对员工的历史表现和成长趋势进行分析，组织可以发现他们的职业倾向和发展潜力，为他们提供更加广阔的发展空间和机会。

人才画像的构建依赖详尽的数据收集，主要涉及以下几个方面的数据。

- 基本信息：包括年龄、性别、民族等。
- 教育背景：包括学历、学校、专业等。
- 工作经历：包括公司、岗位、任职时间等。
- 项目经历：包括项目内容、项目角色、项目成果等。
- 专业技能：包括专业能力、资格认证等。
- 获奖荣誉：包括奖项、荣誉、成就等。
- 个人特点：包括性格特点、个人价值观等。
- 兴趣爱好：包括平时兴趣、业余爱好等。

传统的人才画像构建方法主要依赖人工设计特征维度，基于收集的数据，应用简单的特征提取方法构建人才特征。然而，这一过程较为烦琐，不仅需要投入大量的人力和物力，而且往往难以满足实际需求。当下，人才数据呈现出日渐多元和复杂的趋势，简历文本、社交媒体内容和人际关系网络数据等为人才画像的构建提供了更加丰富和深刻的信息。近年来，学术界和工业界纷纷开始利用人工智能技术，尤其是深度学习技术，来探索人才数据的表示方式。这类技术被称为人才表示学习（Talent Representation Learning），旨在通过学习人才数据的内在结构和特征，自动构建精准的人才画像。人才表示学习技术的主要优势在于其能够自动提取和表示人才数据中的关键信息，从而避免了人工设计特征维度的烦琐过程。这意味着人力资源部门可以更快速、更简便地构建人才画像，而且其精度和准确性得到了显著提升。

目前，简历是人才精准画像最重要的数据来源之一，它详细记录了候选人的基本信息、工作经验、专业技能及历史业绩等关键要素，通常以文本形式呈现。通过运用文本表示技术，人才简历文本可以被转化为计算机能够高效处理的数值向量。向量空间模型、主题模型和词向量模型等都可以用于学习简历表示。特别是基于深度学习的文本表示方法因其卓越的特征提取能力，已被人们广泛应用。其中，BERT 这一方法比较实用，得到的简历表示在简历分类、人岗匹配等多个下游任务中取得了显著效果。此外，特征融合和对抗学习等技术手段有助于进一步提升简历表示学习的效果。考虑到简历文本通常按模块进行组织，对模块内部内容和模块间关联的综合分析也有助于提升人才画像质量。

同时，社交媒体内容和人际关系网络数据是开展人才精准画像的重要数据补充。通过分析求职者在社交媒体和人际网络中的互动表现，组织可以了解其在个人价值观、沟通能力、团队协作等多方面的特质，从而更精准地评估其是否契合组织的业务需求。社交媒体内容形式多样，包括文本、图像、视频等，经常应用于画像，相关技术和方法同样可应用于人才画像的塑造。例如，借助文本分类技术，组织可以根据求职者在社交媒体上发布的内容预测其人格特质，进而优化人才画像的精准度。又如，通过分析求职者对新闻事件的评论内容，组织可以深入了解其个人价值观等方面的情况，从而实现对求职者更全面的认识。再如，由于求职者的社交媒体内容通常长度较短且变化较多，组织可开展动态多元的人才精准画像。另外，人际关系数据往往以图结构的形式出现，使图神经网络成为处理此类数据的理想工具，关系感知的图表示学习技术有助于提高人才画像质量，为组织的招聘与人才管理提供更科学的依据。

11.2.2 人岗匹配预测

人岗匹配（Person-Job Fitting）是指将人才特征与岗位特征进行比较，以确定个体与岗位是否匹配。这一过程强调对人才进行详尽而精准的画像，掌握其各方面的情况，结合个人求职兴趣，准确衡量其与岗位需求的匹配程度。成功的人岗匹配在人才招聘中发挥着重要作用，不仅能够帮助组织做出合适的招聘决定，提升人才招聘的效率，还能够帮助求职者找到合适的工作，提升其满意度。

一般而言，可以将人岗匹配看作分类任务，其具体定义如下。

给定历史求职申请数据集合，每份申请用元组 (p, j, y) 表示，其中 p 代表个人，j 代表岗位，y 代表匹配结果。人岗匹配任务的目标是根据历史数据拟合分类模型 $f()$，预测给定个人 p 和岗位 j 的匹配程度 $f(p, j)$。

为完成这一任务，在已经获取精准的人才画像的基础上，需要进一步从岗位描述中提取岗位特征。在理想情况下，当人才特征和岗位特征均已知时，各种分类分析方法都可用于人岗匹配。然而，在实际情况中，人才特征和岗位特征往往需要通过挖掘才能得到，有时还存在两者特征空间不一致的情况。这就需要在人才表示学习的基础上，融入岗位表示学习，将两者映射至同一特征空间。然后，利用统一的特征空间来估计和预测人才与岗位是否匹配。因此，在实践中，通常使用整合人才和岗位表示学习的分类分析框架进行人岗匹配。在这一框架中，人才表示学习和岗位表示学习都可以根据现有数据灵活调整。例如，可以进一步扩充人才特征，加入人才在求职网站上的日志点击和浏览行为，强化人才表示学习效果，以更全面地反映人才的求职兴趣偏好。又如，可以分析人才的历史面试选择，从而更准确地推断其求职意向。再如，对于岗位特征，可以引入技能感知来梳理其描述，强化岗位表示学习效果。同时，历史求职申请数据中蕴含人才与岗位的交互行为，既可以帮助组织理解人才的求职兴趣，也可以揭示岗位的需求偏好。这将使人才表示学习和岗位表示学习更加准确，改善人岗匹配预测结果。目前，人才与岗位的交互行为常被视作二部图，并通过图神经网络处理。然而，人才和岗位在匹配成功后将停止进一步交互，导致历史数据中的交互信息相对稀疏。为解决这一问题，可以考虑进行数据增强或构建知识图谱来弥补交互信息的不足。

基于人岗匹配的预测结果，可以进一步开展人才推荐或岗位推荐，以满足组织的人才需求和求职者的职业发展需求。在给定具体岗位时，系统会根据岗位与所有候选人的匹配程度进行排序，从而帮助组织快速找到合适的人才。不同于人才推荐，岗位推荐针对的是求职者，系统会根据求职者的专业技能、工作经验和个人兴趣，与所有候选岗位计算匹配度，帮助求职者快速找到符合其需求和兴趣的工作机会。

人才推荐和岗位推荐是人才招聘过程中不可或缺的两种推荐技术，它们的共同目标是减少匹配过程中的摩擦，提升人才招聘和求职的效率，节省招聘双方的时间成本，促进人才和岗位之间的高效匹配。由于人才招聘是双向选择的过程，无论是实施人才推荐还是岗位推荐，都必须充分考虑招聘双方的需求和偏好。在人才推荐过程中，如果完全不考虑人才的兴趣偏好，招聘者可能在不必要的低意愿申请者身上浪费大量时间，甚至可能错过那些真正符合岗位需求的优秀求职者。同样，在岗位推荐过程中，如果不考虑岗位的具体要求和偏好，求职者也可能将宝贵的时间浪费在申请机会渺茫的岗位上，这不仅会影响他们的求职进度，还可能对他们的心态造成负面影响。因此，在构建在线招聘推荐系统时，充分考虑双向选择或双向决策过程是十分必要的，这将有助于缓解由于求职者和招聘者之间信息不对称所带来的问题，提升整个招聘过程的效率和效果。

11.2.3　自动化人才评估

人才评估（Talent Assessment）是指从工作能力等多个方面对人才进行量化评价，旨在帮助组织深入了解员工的优势、劣势及潜在的发展能力，从而指导组织做出更明智的决策。有效的人才评估不仅能够优化招聘流程，更在人才培养和人才发展等人力资源管理的关键环节发挥着不可或缺的作用。人才评估的内容包括但不限于以下几个方面。

- 专业技能评估：对个人的技术能力、分析能力等进行评估，以确定其在具体岗位上的能力水平和胜任程度。
- 行为认知评估：对个人的行为特征、心理状态等进行评估，以确定其在工作中的适应能力和表现潜力。
- 领导力评估：对个人的领导潜力、团队管理能力等进行评估，以确定其在领导岗位上的适应性和发展潜力。
- 团队协作评估：对个人的沟通能力、人际交往能力等进行评估，以确定其在团队合作和协作管理中的表现。

在人才招聘过程中，传统的人才评估主要依赖测试和面试这两种方式。测试属于较为客观的人才评估方式，但难以全面反映人才的工作能力。面试则属于较为主观的人才评估方式，依赖面试官的专业评价，但这一过程既费时又费力，且不同面试官的评分存在可比性问题。基于此，自动化人才评估日益受到组织的青睐。

一般而言，可以将人才评估看作分类任务，其主要基于人才评估数据拟合分类器，根据个人 p 的面试表现 x_p，预测其胜任工作的概率 $P(y=1|x_p)$。针对这一任务，需要对面试表

现进行表示学习，构建统一的分类模型，以实现自动化人才评估。鉴于面试表现数据多以音频或视频的形式存在，可以将其转换为文本记录之后处理，也可以引入针对多模态数据的特征提取模型来开展自动化评估。一旦面试表现被准确量化，就可以应用支持向量机、随机森林等各种分类分析方法。

除了人才评估结果可以实现自动化推断，人才评估过程也可以实现自动化控制。根据求职者的人才画像，系统不仅可以个性化地推荐测试和面试问题，还可以个性化地生成测试和面试问题。例如，百度推出的用于个性化智能笔试和面试的试题推荐系统 DuerQuiz，已在校园招聘活动中成功应用，并取得了显著效果。

11.3　商业智能与人才培养

人才培养是组织在面对业务需求时，通过系统的教育和培训计划，提升员工的专业能力和挖掘其潜在能力的过程。这一过程在人力资源管理中占据着举足轻重的地位，成功的人才培养不仅有利于个人成长，使员工能够更好地适应岗位需求，而且对组织的长期发展具有不可估量的影响。然而，以往的人才培养在实践中经常暴露出一些问题，如培养计划与实际业务需求不匹配、培养方案未能紧跟时代步伐进行更新、培养建设缺乏科学的数据支撑等。随着科技的持续进步，越来越多的组织开始积极尝试使用数字化手段开展人才培养，运用商业智能方法和技术，为个性化培训推荐、高潜力员工识别及人才团队建设等人才培养的关键环节提供有力支持。

11.3.1　个性化培训推荐

人才培训致力于全面提升员工的综合素质和能力，涵盖专业技能、创新能力、沟通能力、领导能力、协作能力及价值观等多个方面的培养。然而，传统的人才培训因管理能力的限制，往往未考虑人才的个性化差异，忽视员工的个性化需求，导致统一的培训计划无法与员工的实际需求相匹配，甚至可能引起员工的反感和抵触。

随着人才培养理念的不断发展，组织逐渐认识到个性化培训的重要性，并期望通过精细化的数字人力资源管理实现这一目标。个性化培训推荐（Personalized Course Recommendation）是指根据员工现有的工作能力和工作表现，结合员工和组织的发展目标，为其提供量身定制的培训计划。这种变革不仅能最大限度地满足员工的学习需求和发展需求，还能显著提高人才培训的有效性。

一般而言，可以将个性化培训推荐看作评分预测任务。给定员工 p 和培训项目 i，预测员工对培训项目的满意度 $r(p,i)$。为实现这一任务，可以收集历史员工培训数据，结合员工自身情况和培训项目信息，拟合历史员工培训评分，进而预测员工对新培训的潜在满意度，最终推荐排名靠前的培训项目纳入培训计划。

然而，与经典推荐场景不同，人才培训场景具有独特性，要求组织在实施过程中充分考虑这些特点进行建模，以贴合这一细分场景。首先，培训项目并非一成不变的，经常出现新的培训项目，需要建立其与历史培训项目的联系，从而更好地开展预测。其次，对许多组织而言，历史员工培训数据往往不太充分，需要运用少样本学习技术来保障预测的准确性。再次，在向员工提供个性化培训建议时，组织往往需要给出理由，因此在培训项目推荐系统中应重点考虑推荐结果的可解释性，以便说服员工参与个性化培训。最后，考虑到培训计划通常包含多个循序渐进的培训项目，需要考虑以集合为单位进行推荐，并根据阶段性的培训情况运用强化学习方法来动态调整后续的培训计划，从而实现培训计划的优化推荐。

11.3.2　高潜力员工识别

高潜力员工（High-Potential Talent）是指那些具备成为组织未来领导者或关键角色潜质的员工。他们通常拥有卓越的学习能力和创新思维，展现出优秀的沟通能力和领导能力，并具有高度的工作责任感和自我驱动力。由于这些特征，高潜力员工成为组织中的宝贵资产，被视为组织未来发展的关键驱动力。因此，组织的领导层对人力资源部门寄予厚望，期待其能够准确识别出这些高潜力员工。一旦识别出高潜力员工，组织就会投入大量资源对他们进行重点培养和发展，旨在充分发挥他们的潜能，为组织的长远发展做出重大贡献。

这一过程被称为高潜力员工识别（High-Potential Talent Recognition），是组织通过综合评估确定具有未来发展潜力的员工的过程，旨在发现和培养组织未来的领导者与核心人才，为其提供发展机会和资源，以促进其个人和组织的共同成长与长期发展。这一识别过程通常由人力资源部门或领导层负责，通过评估、讨论和考察等方式确认。然而，传统的高潜力员工识别过程往往缺乏数据支持，具有一定的局限性和主观性。此外，传统的高潜力员工识别过程往往需要耗费大量时间，难以及时发现和培养早期表现出潜力的员工，从而可能错失最佳培养时机。

为解决这些问题，可以借助商业智能方法和技术来优化高潜力员工识别过程。具体而言，可以将高潜力员工识别看作分类问题。利用历史数据训练分类器，根据个人 p 的工作表现 x_p，预测其在一段时间 t 之后成为组织中的领导者或关键人物的概率 $P(y=1|x_p,t)$。

在执行这一任务时，需要将员工的工作表现转化为特征向量，如此便可以使用各种分类分析方法。在考察员工的工作表现时，由于组织希望高潜力员工将来成为领导者或核心人物，对候选员工的沟通能力和领导能力要求很高。在进行高潜力员工识别时，需要重点考虑候选员工在工作期间与其他员工的互动行为，捕捉其在社会网络中的行为特点，从而改善其在沟通力和领导力等方面的特征质量。具体而言，可以基于工作互动网络开展社交画像，重点考虑员工行为的动态性，以获得更准确的识别效果。此外，在更广义的工作网络（如学术圈）中，可以尝试构建包括学者和论文的异质网络，利用元路径强化对学者学术表现的学习，从而进一步提升高潜力学者的识别准确率。这些方法的应用将有助于组织更加科学、准确地识别和培养高潜力员工，为组织的未来发展奠定坚实的基础。

11.3.3 人才团队建设

人才团队建设（Talent Team Formation）是指组织为实现业务目标组建多人协作小组，通过有效整合各成员的知识与技能，形成协同工作的合力，从而达成共同目标。成功的人才团队建设的关键在于团队结构的合理性与成员间的高效协作。相较于个体独立工作，优秀的团队能为组织带来更高的生产力和竞争力。

根据团队建设的不同阶段，人才团队建设可以分为"从无到有"和"从有到优"两种情形。

对于"从无到有"这一情形，传统的人才团队建设方法往往是由领导层先根据业务需求拟订团队名单，再经讨论后达成一致。这一做法过于依赖专家意见，亟待建立数据驱动的人才团队建设体系。此外，随着候选员工数量的增加，候选团队的搜索空间逐渐复杂化，领导层拟订的团队名单很可能不是最优的。因此，为保障人才团队建设质量，可以将其看作组合优化问题进行求解，具体定义如下。

给定员工集合 E，从中选取满足约束 R 的子集 S，要求 S 在目标函数 $g(S)$ 上达到最优。

这一问题属于 NP 难问题，学术界从十几年前便开始针对该问题探索高效的算法。在经典优化问题的基础上，研究者需要根据不同的团队建设需求来拓展优化问题并设计定制算法。例如，组织一般要求人才团队能够充分满足业务目标的具体技能需求，因此可以将技能需求作为约束放入优化问题。又如，组织进一步希望人才团队能够充分合作和交流，因此可以将沟通成本纳入目标函数。

对于"从有到优"这一情形，有时需要替换已有团队成员。这相当于以已有最优解为起点，在某一团队成员不可选的情况下，寻找新的最优解，已有研究重点关注在拥有大规模候选员工的情况下如何加快寻优速度。有时候需要添加新的团队成员。需要注意的是，如果需要替换的团队成员是确定的，也可以将其看作添加新的团队成员。这相当于已知现有团队成员情况，推荐最有可能加入的下一位团队成员，可以在序列推荐模型的基础上融入对技能需求和沟通成本的考虑。

11.4 商业智能与人才发展

人才发展是组织通过培养、激励和管理人才，适时提供相应的职业发展机会，从而不断提高个人和组织的绩效水平的过程。人才发展是人力资源管理的重要任务，成功的人才发展有助于达成组织和个人的共同发展目标。值得注意的是，人才的发展状态，如工作绩效、工作满意度和职业流动意愿等，均处于持续变动之中。若组织无法及时且准确地把握人才的动态发展情况，可能面临人才流失的风险。随着数字技术在人力资源管理中的深入应用，现代组织能够通过商业智能的数据分析与预测功能，精确掌握人才发展的实时动态。基于此，组织能够迅速制定并执行针对性的管理策略，从而确保组织与人才在共同成长和发展的道路上保持同步。

11.4.1　工作绩效预测

工作绩效（Job Performance）是指员工在履行工作职责时所展现的成效，包括工作效率、完成质量及所达成的目标等多个维度。当前，得益于数字化技术的广泛应用，工作绩效管理系统已能够实现对个人工作绩效的精准记录、细致描绘和深入分析。然而，单纯的描述性分析无法满足组织的发展需求，对工作绩效进行预测性分析显得尤为关键。通过预测员工在未来一段时间内的工作绩效，组织能够更精准地评估其潜力与发展趋势，进而为人力资源管理决策提供坚实的数据支撑与参考依据。

根据绩效目标的积极或消极性质，工作绩效预测主要分为晋升预测（Promotion Prediction）和失误预测（Turnover Prediction）两大类。这两种预测任务均可视为分类任务，即在给定员工 p 及其在某一时间段 t 内的历史工作绩效 x_p^t，预测其未来获得晋升（或发生失误）的概率 $P(y=1|x_p^t)$。

在处理晋升预测任务时，首先需要提取能体现员工个人特质和历史工作表现的特征向量。随后，运用随机森林等分类分析方法构建晋升预测模型。鉴于晋升往往是一个长期累积的过程，可以考虑将分类任务转化为回归任务，借助生存分析技术，根据员工的历史工作表现，预测其未来可能的晋升时间节点。

在处理失误预测任务时，同样可以提取员工与工作相关的特征信息，并运用多种分类分析方法进行预测。其中，XGBoost 方法已被证实具有不错的预测效果。鉴于在工作过程中人际交往的不可避免性，必须动态地分析工作网络对员工失误的潜在影响。例如，工作失误在组织内部可能产生连锁反应，因此需要综合考虑同事间的工作失误情况，构建时间序列分析模型，以更精确地预测工作绩效。

11.4.2　工作满意度预测

工作满意度（Job Satisfaction）是指员工对其工作的满足感受，主要涉及工作内容、工作条件、工作氛围、领导风格、团队合作、个人发展机会等方面。多项研究表明，工作满意度与工作绩效之间存在显著的正相关关系。具体而言，高工作满意度通常能够激发员工的工作积极性和创造力，从而提高工作效率和工作质量。因此，对任何组织而言，人力资源团队都需要不断地了解员工的工作满意度，以便及时发现问题并采取有效的解决措施。

通常，人力资源团队会采取多种方法来获取员工的工作满意度，包括但不限于以下几种方法。

317

- **调查问卷**：定期发放调查问卷，让员工表达自己的想法和感受。
- **小组讨论**：以专题会议的形式展开讨论，让员工有直接的反馈渠道。
- **面对面访谈**：以一对一交流的形式深入了解员工的工作体验和感受。
- **匿名建议箱**：让员工在不暴露身份的情况下表达真实的想法和感受。

这些方法在一定程度上能够帮助组织了解员工的工作满意度，收集员工的反馈意见。

然而，这些方法也存在明显的不足。实施这些方法需要耗费大量的人力和物力，因此实施频率有限，导致得到的结果往往只能反映员工在某个特定时间点的工作满意度，难以捕捉工作满意度的动态变化，使组织难以全面了解员工的满意度，也无法做出有前瞻性的预测分析。为了克服这些不足，人力资源团队利用商业智能技术，开展工作满意度预测。商业智能技术可以提供更加高效、精确和全面的数据分析与反馈手段，从而帮助组织更好地理解员工的需求和感受，以制订更有效的改进计划。

一般而言，可以将工作满意度预测看作分类任务，其关键在于根据个人 p 任职于岗位 j 时的相关信息 $x_{p,j}$，预估其满意程度 $P(y=1|x_{p,j})$。当掌握员工的背景信息和组织的相关信息时，可以直接应用逻辑回归、支持向量机及随机森林等分类分析方法，对工作满意度进行预测。除了基础特征，还可以运用文本挖掘技术，从员工的社交媒体信息中提取文本特征，如员工推文和员工在线评论，从而在一定程度上提高工作满意度预测效果。

11.4.3 职业流动性预测

职业流动意愿（Occupational Mobility Intention）指的是员工在当前工作岗位上或在组织中，对于寻求组织内部晋升、转岗或跨组织职业发展的主观倾向。职业流动意愿的形成会受多种因素的影响，包括但不限于工作内容、薪酬福利、工作环境、职业发展机会、工作与生活的平衡等。对组织而言，高职业流动意愿可能预示着组织存在员工流失风险，需要采取措施以提高员工的工作满意度和忠诚度；相反，低职业流动意愿可能表明员工对当前岗位和组织感到满意，但组织仍需密切关注员工的需求，以预防潜在的问题和挑战。因此，对组织的人力资源管理和战略规划而言，了解员工的职业流动意愿是十分必要的。

然而，员工对于主动披露职业流动意愿通常持保留态度。为预防潜在的员工流失，人力资源团队会定期评估员工的薪酬福利，与市场进行比较，并确保员工待遇与其贡献相匹配。此外，人力资源团队会定期与员工进行职业发展规划和评估，了解他们的职业目标和需求，并提供培训、晋升和跨部门的机会，帮助他们实现个人和职业发展。尽管上述措施在实践中取得了一定的效果，但实施成本相对较高，且难以实施精细化和个性化的职业发展管理策略。

由此，很多组织开展了职业流动性预测（Occupational Mobility Prediction），旨在通过分析员工的工作表现、晋升历史、薪酬变动、离职记录等历史数据构建模型，从而预测员工的职业流动性。具体而言，给定员工 p 的职业路径 $S(p)=\{s_i\}$，其中 s_i 为该员工的第 i 段工作经历，记录其就职于公司 c_i，承担岗位 p_i，工作时长为 d_i。将历史职业路径 $S(p)$ 和个人相关信息 x_{px} 相结合，可以预测员工任职的下一家公司、下一个岗位和工作时长。

　　针对职业流动性预测这一核心任务，可以采用时间序列分析方法进行处理，其中，长短期记忆网络在预测员工任职的下一家公司和下一个岗位方面展现出了良好的性能。由于目标公司和岗位的广泛性，人力资源团队可将此任务简化为离职预警，并运用时间序列分析方法予以解决。然而，仅关注下一家公司和岗位转换可能不足以满足精细化的需求，部分研究进一步将工作时长加入预测任务。为了更准确地捕捉职业路径中的时间动态模式，可以基于内外部因素区分职业流动性，以实现更精确的预测。此外，可以将公司和岗位之间的关系看作二部图，采用基于注意力机制的异质图神经网络模型来进一步提升职业流动性的预测效果。

本章小结

　　本章详细介绍了数字人力资源管理的定义、演进趋势和商业智能在其中的应用。首先，数字人力资源管理通过整合先进的数字技术，如大数据分析和人工智能等技术，实现了人力资源管理的自动化、智能化和个性化。这不仅提高了管理效率，还提升了员工的工作体验和满意度。其次，商业智能作为关键技术，为人才招聘、培养和发展规划提供了数据支持与决策依据，使人力资源管理更加科学和高效。

课后习题

　　1．描述数字人力资源管理与传统人力资源管理的主要区别，并举例说明数字化如何改进人力资源管理的某个具体环节。

　　2．讨论数据驱动在人力资源管理中的作用，以及组织如何通过数据分析提升决策的准确性和效率。

　　3．阐述自动化人才评估的过程和优势，并讨论它如何帮助组织优化招聘流程。

　　4．假设你是某组织人力资源部门的负责人，你如何设计个性化培训推荐系统，以满足员工的个性化发展需求？

　　5．讨论在人才发展过程中，组织如何利用商业智能技术预测员工的工作绩效和职业流动性，并说明这些预测对人力资源管理的意义。

参考文献

[1]　王瀛，赵洱崇. 数字人力资源管理[M]. 北京：清华大学出版社，2023.

[2] 谢小云，左玉涵，胡琼晶. 数字化时代的人力资源管理：基于人与技术交互的视角[J]. 管理世界，2021，37（1）：200-216.

[3] 徐康宁. 世界数字经济的发展格局与基本趋势[J]. 人民论坛，2023（6）：85-89.

[4] 李蕊，强郁文，窦皓. 数字技术，赋能千行百业（大数据观察）[N]. 人民日报，2023-05-24（07）.

[5] 国际数据公司，北森云计算. 2022 人力资源数字化转型白皮书[R]. (2022-11-18)[2024-09-13].

[6] BLOOM N, LIANG J, ROBERTS J, et al. Does working from home work? evidence from a Chinese experiment[J]. The Quarterly Journal of Economics, 2015, 130(1): 165-218.

[7] 赵成. 我国人才发展体制机制改革不断深入——让人才创新创造活力充分迸发[N]. 人民日报，2021-09-30（04）.

[8] SNELL A. Developing talent intelligence to boost business performance[J]. Strategic HR Review, 2011, 10(2): 12-17.

[9] FANG C, QIN C, ZHANG Q, et al. RecruitPro: a pretrained language model with skill-aware prompt learning for intelligent recruitment[C]//Proceedings of the 29th ACM SIGKDD International Conference on Knowledge Discovery and Data Mining (KDD). Long Beach, CA: ACM, 2023: 3991-4002.

[10] JIANG J, YE S, WANG W, et al. Learning effective pepresentations for person-job fit by feature fusion[C]//Proceedings of the 29th ACM International Conference on Information & Knowledge Management (CIKM). New York, NY: ACM, 2020: 2549-2556.

[11] LUO Y, ZHANG H, WEN Y, et al. ResumeGAN: an optimized deep representation learning framework for talent-job fit via adversarial learning[C]// Proceedings of the 28th ACM International Conference on Information and Knowledge Management (CIKM). Beijing: ACM, 2019: 1101-1110.

[12] YAO K, ZHANG J, QIN C, et al. ResuFormer: semantic structure understanding for resumes via multi-modal pre-training[C]// Proceedings of the 39th International Conference on Data Engineering (ICDE). Utrecht, Netherlands: IEEE, 2023: 3154-3167.

[13] GAO R, HAO B, BAI S, ct al. Improving user profile with personality traits predicted from social media content[C]//Proceedings of the 7th ACM Conference on Recommender Systems (RecSys). Hongkong: ACM, 2013: 355-358.

[14] BANSAL T, DAS M, BHATTACHARYYA C. Content driven user profiling for comment-worthy recommendations of news and blog articles[C]//Proceedings of the 9th ACM Conference on Recommender Systems (RecSys). New York, NY: ACM, 2015: 195-202.

[15] LIANG S. Collaborative, dynamic and diversified user profiling[C]//Proceedings of

the 33th AAAI Conference on Artificial Intelligence. Honolulu, Hawaii: AAAI Press, 2019: 4269-4276.

[16] PURIFICATO E, BORATTO L, DE LUCA E W. Leveraging graph neural networks for user profiling: recent advances and open challenges[C]//Proceedings of the 32nd ACM International Conference on Information and Knowledge Management (CIKM). Birmingham, UK: ACM, 2023: 5216-5219.

[17] YAN Q, ZHANG Y, LIU Q, et al. Relation-aware heterogeneous graph for user profiling[C]//Proceedings of the 30th ACM International Conference on Information & Knowledge Management (CIKM). New York, NY: ACM, 2021: 3573-3577.

[18] ZHU C, ZHU H, XIONG H, et al. Person-job fit: adapting the right talent for the right job with joint representation learning[J]. ACM Transactions on Management Information Systems, 2018, 9(3): 1-17.

[19] FU B, LIU H, ZHU Y, et al. Beyond matching: modeling two-sided multi-behavioral sequences for dynamic person-job fit[C]//Proceedings of the 26th International Conference on Database Systems for Advanced Applications (DASFAA). Hyderabad, India: Springer, 2021: 359-375.

[20] YAN R, LE R, SONG Y, et al. Interview choice reveals your preference on the market: to improve job-resume matching through profiling memories[C]//Proceedings of the 25th ACM SIGKDD International Conference on Knowledge Discovery and Data Mining (KDD). Anchorage, Alaska: ACM, 2019: 914-922.

[21] QIN C, ZHU H, XU T, et al. Enhancing person-job fit for talent recruitment: an ability-aware neural network approach[C]//Proceedings of the 41st International ACM SIGIR Conference on Research & Development in Information Retrieval (SIGIR). Ann Arbor, Michigan: ACM, 2018: 25-34.

[22] QIN C, ZHU H, XU T, et al. An enhanced neural network approach to person-job fit in talent recruitment[J]. ACM Transations on Information Systems, 2020, 38(2): 1-33.

[23] BIAN S, CHEN X, ZHAO W X, et al. Learning to match jobs with resumes from sparse interaction data using multi-view co-teaching network[C]//Proceedings of the 29th ACM International Conference on Information & Knowledge Management (CIKM). New York, NY: ACM, 2020: 65-74.

[24] YAO K, ZHANG J, QIN C, et al. Knowledge enhanced person-job fit for talent recruitment[C]//Proceedings of the 38th IEEE International Conference on Data Engineering (ICDE). Seoul South, Korea: IEEE, 2022: 3467-3480.

[25] RODRIGUEZ M, POSSE C, ZHANG E. Multiple objective optimization in

recommender systems[C]//Proceedings of the 6th ACM Conference on Recommender Systems (RecSys). Boston, MA: ACM, 2012: 11-18.

[26] YANG C, HOU Y, SONG Y, et al. Modeling two-way selection preference for person-job fit[C]//Proceedings of the 16th ACM Conference on Recommender Systems (RecSys). Xi'an: ACM, 2022: 102-112.

[27] HU X, CHENG Y, ZHENG Z, et al. BOSS: a bilateral occupational-suitability-aware recommender system for online recruitment[C]//Proceedings of the 29th ACM SIGKDD International Conference on Knowledge Discovery and Data Mining. Long Beach, CA: ACM, 2023: 4146-4155.

[28] LI J, LONG Y, WANG T, et al. A data-driven method for competency evaluation of personnel[C]//Proceedings of the 3rd International Conference on Data Science and Information Technology. Online: ACM, 2020: 93-104.

[29] CHEN K, NIU M, CHEN Q. A hierarchical reasoning graph neural network for the automatic scoring of answer transcriptions in video job interviews[J]. International Journal of Machine Learning and Cybernetics, 2022, 13(9): 2507-2517.

[30] CHEN L, FENG G, LEONG C W, et al. Automated scoring of interview videos using Doc2vec multimodal feature extraction paradigm[C]//Proceedings of the 18th ACM International Conference on Multimodal Interaction. Tokyo, Japan: ACM, 2016: 161-168.

[31] CHEN L, ZHAO R, LEONG C W, et al. Automated video interview judgment on a large-sized corpus collected online[C]//Proceedings of the 7th International Conference on Affective Computing and Intelligent Interaction (ACII). San Antonio, TX: IEEE, 2017: 504-509.

[32] QIN C, ZHU H, ZHU C, et al. DuerQuiz: a personalized question recommender system for intelligent job interview[C]//Proceedings of the 25th ACM SIGKDD International Conference on Knowledge Discovery & Data Mining (KDD). Anchorage, Alaska: ACM, 2019: 2165-2173.

[33] QIN C, ZHU H, SHEN D, et al. Automatic skill-oriented question generation and recommendation for intelligent job interviews[J]. ACM Transactions on Information Systems, 2023, 42(1): 1-32.

[34] YI J, REN X, CHEN Z. Multi-auxiliary augmented collaborative variational auto-encoder for tag recommendation[J]. ACM Transactions on Information Systems, 2023, 41(4): 1-25.

[35] CHE S, LIU H, LIU S. Tagging items with emerging tags: a neural topic model based few-shot learning approach[J]. ACM Transations on Information Systems, 2024, 42(4): 1-37.

[36] WANG C, ZHU H, WANG P, et al. Personalized and explainable employee training

course recommendations: a bayesian variational approach[J]. ACM Transations on Information Systems, 2021, 40(4): 1-32.

[37] YANG Y, ZHANG C, SONG X, et al. Contextualized knowledge graph embedding for explainable talent training course recommendation[J]. ACM Transations on Information Systems, 2023, 42(2): 1-27.

[38] WANG C, ZHU H, ZHU C, et al. SetRank: a setwise bayesian approach for collaborative ranking in recommender system[J]. ACM Transations on Information Systems, 2023, 42(2): 1-32.

[39] ZHENG Z, SUN Y, SONG X, et al. Generative learning plan recommendation for employees: a performance-aware reinforcement learning approach[C]//Proceedings of the 17th ACM Conference on Recommender Systems (RecSys). Singapore: ACM, 2023: 443-454.

[40] KABALINA V, OSIPOVA A. Identifying and assessing talent potential for future needs of a company[J]. Journal of Management Development, 2022, 41(3): 147-162.

[41] GELENS J, HOFMANS J, DRIES N, et al. Talent management and organisational justice: employee reactions to high potential identification[J]. Human Resource Management Journal, 2014, 24(2): 159-175.

[42] YE Y, ZHU H, XU T, et al. Identifying high potential talent: a neural network based dynamic social profiling approach[C]//Proceedings of the 2019 IEEE International Conference on Data Mining (ICDM). Beijing: IEEE, 2019: 718-727.

[43] WU Y, SUN Y, ZHUANG F, et al. Meta-path hierarchical heterogeneous graph convolution network for high potential scholar recognition[C]//Proceedings of the IEEE International Conference on Data Mining (ICDM). Sorrento, Italy: IEEE, 2020: 1334-1339.

[44] LAPPAS T, LIU K, TERZI E. Finding a team of experts in social networks[C]//Proceedings of the 15th ACM SIGKDD International Conference on Knowledge Discovery and Data Mining (KDD). Paris, France: 2009: 467-476.

[45] JUÁREZ J, SANTOS C, BRIZUELA C A. A Comprehensive review and a taxonomy proposal of team formation problems[J]. ACM Computing Surveys, 2021, 54(7): 1-33.

[46] HAMIDI R R, FANI H, BAGHERI E, et al. A variational neural architecture for skill-based team formation[J]. ACM Transactions on Information Systems, 2023, 42(1): 1-28.

[47] KARGAR M, AN A, ZIHAYAT M. Efficient bi-objective team formation in social networks. [C]//Proceedings of the 16th PKDD/23th ECML. Bristol, UK: Springer Berlin Heidelberg, 2012: 483-498.

[48] LI L, TONG H, CAO N, et al. Replacing the irreplaceable: fast algorithms for team member recommendation[C]//Proceedings of the 24th International Conference on World Wide

323

Web (WWW). Florence, Italy: ACM, 2015: 636-646.

[49] LI L, TONG H, CAO N, et al. Enhancing team composition in professional networks: problem definitions and fast solutions[J]. IEEE Transations on Knowledge and Data Engineering, 2016, 29(3): 613-626.

[50] ZHAO L, YAO Y, GUO G, et al. Team expansion in collaborative environments[C]// Proceedings of the Advances in Knowledge Discovery and Data Mining: 22nd Pacific-Asia Conf. (PAKDD) Melbourne, Australia: Springer:, 2018: 713-725.

[51] WANG S, HU L, WANG Y, et al. Sequential recommender systems: challenges, progress and prospects[C]//Proceedings of the 28th International Joint Conference on Artificial Intelligence (IJCAI). Macao: Morgan Kaufmann Publishers, 2019: 6332-6338.

[52] LONG Y, LIU J, FANG M, et al. Prediction of employee promotion based on personal basic features and post features[C]//Proceedings of the International Conference on Data Processing and Applications. Guangzhou: ACM, 2018: 5-10.

[53] LI H, GE Y, ZHU H, et al. Prospecting the career development of talents: a survival analysis perspective[C]//Proceedings of the 23rd ACM SIGKDD International Conference on Knowledge Discovery and Data Mining (KDD). Beijing: ACM, 2017: 917-925.

[54] AJIT P. Prediction of employee turnover in organizations using machine learning algorithms[J]. Algorithms, 2016, 4(5): C5.

[55] TENG M, ZHU H, LIU C, et al. Exploiting network fusion for organizational turnover prediction[J]. ACM Transations on Management Information Systems, 2021, 12(2): 1-18.

[56] BATEMAN T S, ORGAN D W. Job satisfaction and the good soldier: the relationship between affect and employee "citizenship"[J]. Academy of Management Journal, 1983, 26(4): 587-595.

[57] ORGAN D W, RYAN K. A Meta-analytic review of attitudinal and dispositional predictors of organizational citizenship behavior[J]. Personnel Psychology, 1995, 48(4): 775-802.

[58] ARAMBEPOLA N, MUNASINGHE L. What makes job satisfaction in the information technology industry? [C]//Proceedings of the 2021 International Research Conference on Smart Computing and Systems Engineering (SCSE). Shanghai: IEEE, 2021, 4: 99-105.

[59] SAHA K, YOUSUF A, HICKMAN L, et al. A social media study on demographic differences in perceived job satisfaction[J]. Proceedings of the ACM on Human-Computer Interaction, 2021, 5: 1-29.

[60] STAMOLAMPROS P, KORFIATIS N, CHALVATZIS K, et al. Job satisfaction and

employee turnover determinants in high contact services: insights from employees' online reviews[J]. Tourism Management, 2019, 75: 130-147.

[61] LI L, JING H, TONG H, et al. NEMO: next career move prediction with contextual embedding[C]//Proceedings of the 26th International Conference on World Wide Web. Perth, Australia: ACM, 2017: 505-513.

[62] 薛霞. 面向人才计算的人岗匹配及离职预警研究[D]. 西安：西北大学，2022.

[63] MENG Q, ZHU H, XIAO K, et al. A hierarchical career-path-aware neural network for Job Mobility Prediction[C]//Proceedings of the 25th ACM SIGKDD International Conference on Knowledge Discovery & Data Mining (KDD). Anchorage, Alaska: ACM, 2019: 14-24.

[64] ZHANG L, ZHOU D, ZHU H, et al. Attentive heterogeneous graph embedding for job mobility prediction[C]//Proceedings of the 27th ACM SIGKDD International Conference on Knowledge Discovery & Data Mining (KDD). Singapore: ACM, 2021: 2192-2201.

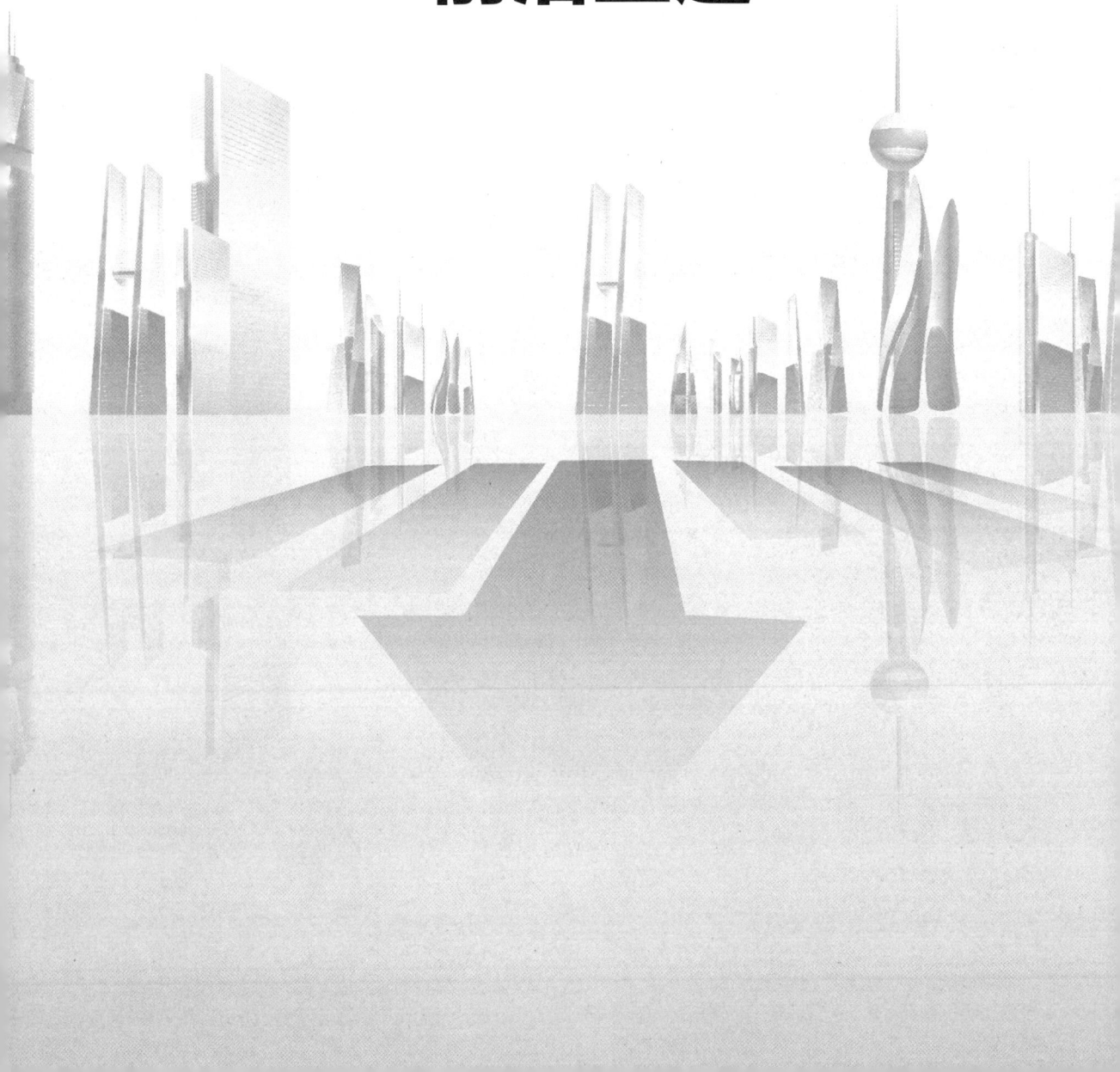

第 4 篇

前沿主题

第12章

商业智能与大模型

让机器人说话，与机器人聊天，这在 10 年前听起来似乎是天方夜谭，但在今天，这已经成为现实。随着大数据、云计算、深度学习等技术的飞速发展，大模型在商业智能领域的应用已经突破了传统的界限。从自然语言处理到图像识别，再到多模态交互，大模型正逐步成为商业决策、客户服务和产品创新等领域不可或缺的一部分。这些技术的进步不仅极大地提高了业务操作的效率和精确度，也为企业开辟了新的增长路径和创新机会。本章将介绍大语言模型的基本概念及其在商业智能中的应用。

●●●➡本章学习重点

- 大语言模型的基本原理和发展历程。
- 多模态数据与多模态大模型。
- 大模型在商业智能中的应用。

12.1 大语言模型

12.1.1 基本概念

近年来，在谷歌、OpenAI 和微软等科技巨头的推动下，人工智能领域的大规模人工智能模型的开发和部署呈现井喷趋势。这些由海量数据和复杂算法驱动的模型正在突破技术的极限，在众多垂直行业释放出了巨大的潜力。当前社会已经从深度学习时代发展到了大模型时代，相比于传统的深度学习方法，大模型的"大"主要体现在以下几个方面。

1. 数据规模

大模型通常基于大规模的数据集进行训练。这意味着它们吸取的知识来源于数以亿计甚至更多的训练样本，这些样本可以是文本、图像、语音、视频等多种类型的数据。大规模数据集不仅包含更多种类的信息，也包含更丰富的上下文和细节，从而使大模型在学习过程中能够更好地捕捉数据中的复杂模式、细粒度特征和潜在规律。

【例 12.1】如图 12.1 所示，相比于深度学习时代的模型，大模型时代的大模型在训练数据规模上要多好几个数量级。通过大数据训练出来的模型具有更强的泛化能力，能适应更多的应用场景。

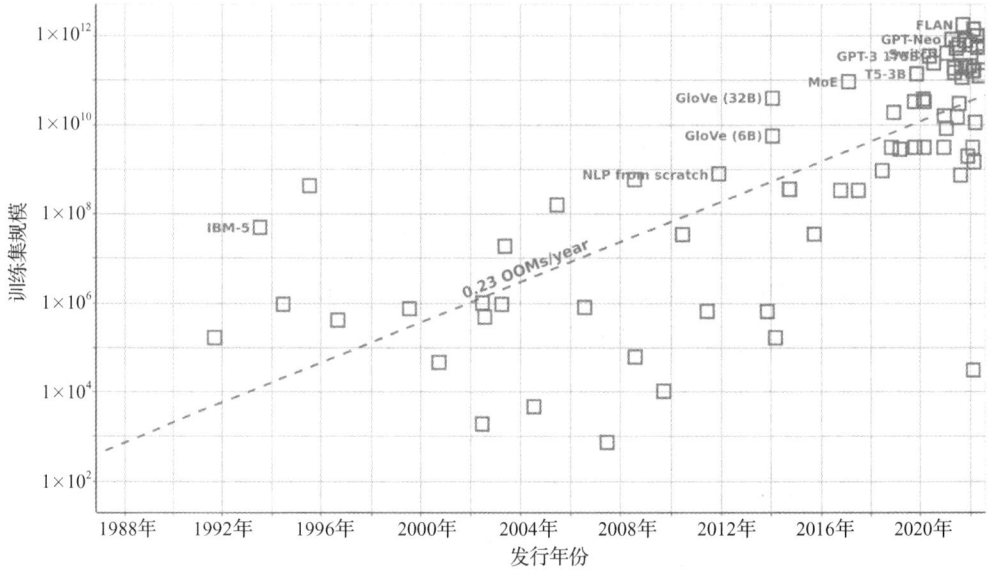

图 12.1　机器学习训练集规模的演变

2. 参数量

参数量是指模型中所有可学习权重的数量。大模型如 Transformer 架构的 GPT 系列、BERT 系列，以及视觉领域的视觉 Transformer（Vision Transformer，ViT）等，其参数量往往达到几千万乃至上百亿级别。庞大的参数量使模型具有更深层次的表示能力和更精细的特征提取能力，每个参数都可以视为模型学习的一个自由度，更多的参数意味着模型能够刻画更复杂的函数关系。此外，模型参数多意味着模型具备更大的容量来存储学习到的信息，从而在处理长距离依赖、理解复杂语境等方面表现优越。

3. 计算资源

大模型的训练和使用对计算资源的需求显著增加。这包括高性能的 GPU、TPU 等硬件加速器，以及足够的内存和高效的分布式计算框架。大模型训练时间长，需要大量的计算力进行梯度计算和参数更新，同时在推理阶段可能因为模型庞大而要求更高的延迟容忍度和硬件支持度。随着模型尺寸的增长，单机训练往往会遇到内存瓶颈，因此发展出了模型并行、数据并行、混合并行等多种分布式训练技术，以实现跨多个设备的高效训练。

【例 12.2】如图 12.2 所示，进入大模型时代后，模型的参数量迅速增长。

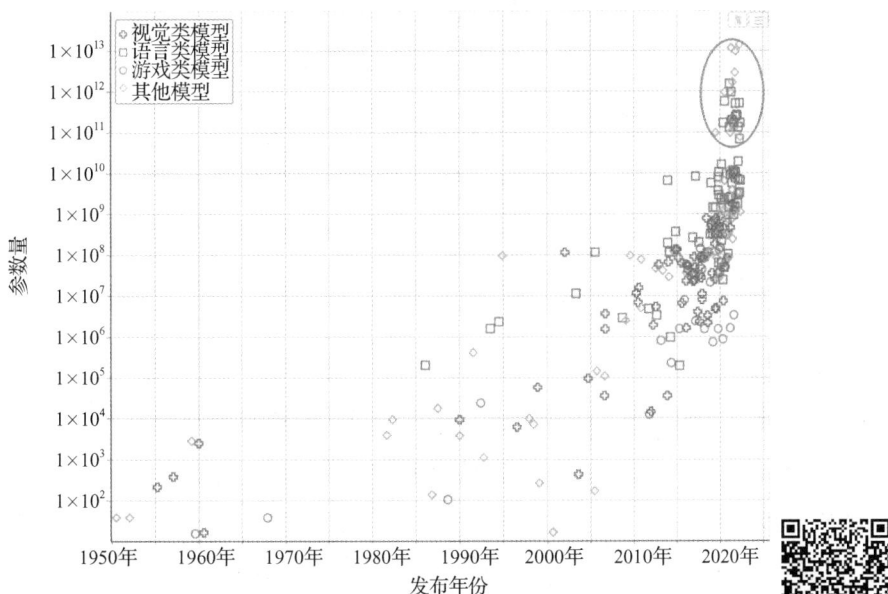

图 12.2　机器学习模型参数量的演变

【例 12.3】如图 12.3 所示，在 1952—2010 年的前深度学习阶段，训练算力的增速相对缓慢。在 2010—2016 年的深度学习时代，算力整体增长加速，每 4～9 个月增长 1 倍。而到了 2017 年之后的大模型时代，技术的进步催生了更大的算力需求，算力需求直接跃升了两个数量级。

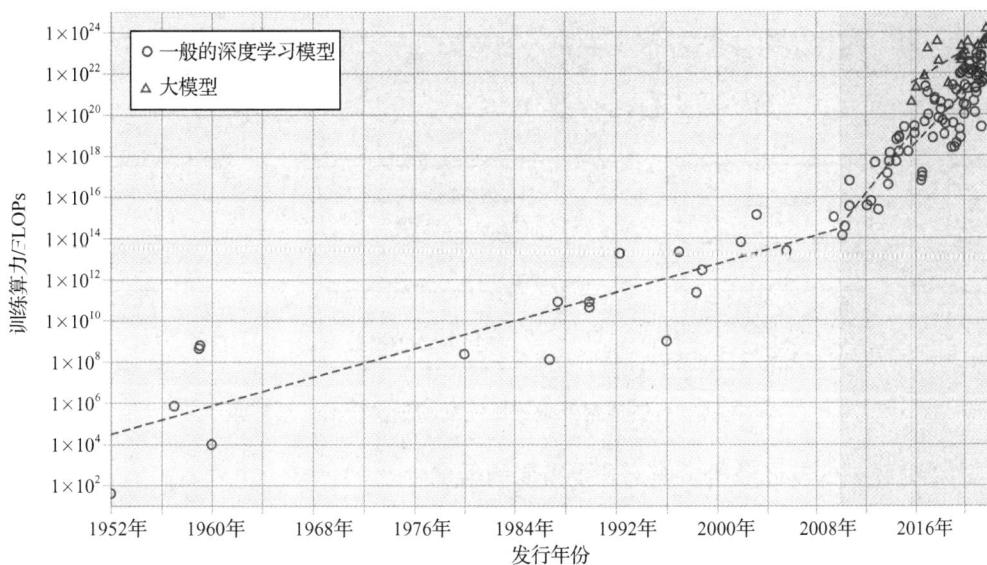

图 12.3　里程碑式机器学习系统训练算力的演变

大模型的泛化能力非常强大，尤其是在自然语言领域，大模型不仅能够理解复杂的语言结构和内容，还能生成高质量、连贯且相关性强的文本。大模型通过在大规模和多样化的数据集上进行训练，学习到广泛的模式和知识。这使其能够泛化到新的、未见过的任务上，即使这些任务在训练期间没有明确地出现。大模型展示出了出色的适应性，能够利用在其他任务上学到的知识来提高其在新任务上的性能。这意味着即使面对完全不同的任务类型，大模型也能够调整自己的行为以生成合理的输出。

12.1.2 大语言模型的发展历程

大语言模型是大模型在自然语言领域的应用，以其实现通用语言生成和理解的能力而著称。大语言模型在计算密集的自我监督和半监督训练过程中从文本文档中学习统计关系，从而获得强大的泛化能力。其通过利用深度学习的最新进展，已经取得了令人瞩目的里程碑式成就，拓宽了自然语言处理技术的边界。大语言模型通过分析和理解大量的文本数据，学习到语言的深层结构和丰富的语境信息，从而能够在给定一定的输入时，生成连贯、逻辑一致且与上下文相关的输出。

大语言模型的训练通常需要庞大的计算资源和大量的数据，但其在完成训练后的应用范围和效率证明了这一投入的价值。2023 年年初爆火的 ChatGPT 就是一个由 OpenAI 开发的性能强大的大语言模型，其在多种自然语言任务上表现出了卓越的性能，包括但不限于文本生成、文本摘要、机器翻译、问答系统、情感分析等。图 12.4 展示了自然语言处理发生的三次技术范式转移。

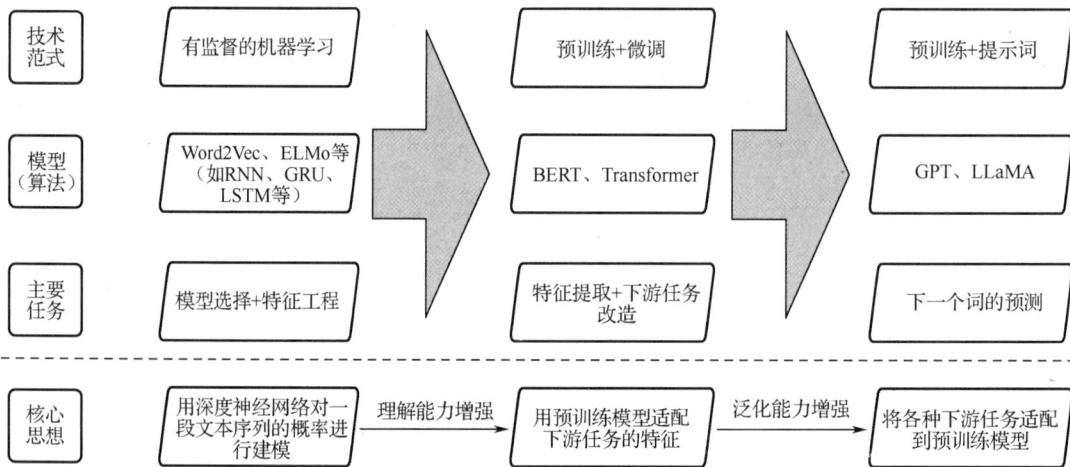

图 12.4 自然语言处理领域发生的三次技术范式转移

大语言模型的发展经历了如下几个重要的历史阶段。

2013 年，自然语言处理领域迎来了一个划时代的创新——Word2Vec。它首次引入了将词汇映射为向量空间中的点的概念，即"词嵌入"。这种方法通过训练模型学习词义的高维表示，极大地提高了计算机对文本数据的理解和处理能力。通过这种方法，模型能够捕捉到单词之间的相似性和语义关系，为后续自然语言处理技术的应用提供了强大的基础。

2017 年，谷歌的研究人员提出了一种革命性的神经网络架构——Transformer。该架构基于自注意力机制，能够在处理序列数据时更有效地捕捉长距离依赖关系。Transformer 的提出，不仅在自然语言处理任务中取得了前所未有的成果，也为后续大型预训练模型的发展奠定了基础。

2018 年是自然语言处理领域的又一个重要节点。这一年，OpenAI 发布了 GPT-1 模型，谷歌则推出了 BERT 模型。这两个模型都基于 Transformer 架构，通过在大量文本数据上进行预训练，学习到丰富的语言表示。GPT 和 BERT 在多项自然语言处理任务上获得了新的性能纪录，它们的成功标志着预训练大模型成为自然语言处理领域的一个主流趋势。

2020 年，OpenAI 开创了自然语言处理领域的新纪元，其发布了具有划时代意义的 GPT-3 模型。该模型拥有惊人的 1750 亿个模型参数，成为当时世界上最大的语言模型。GPT-3 不仅因其巨大的参数规模而令人瞩目，还在零样本学习任务上获得了显著的性能提升，能够在没有特定任务训练数据的情况下，完成多种复杂的语言处理任务。

此后，为了进一步提升模型的推理能力和任务泛化能力，研究者和工程师们开始探索更多创新策略，包括基于人类反馈的强化学习（Reinforcement Learning from Human Feedback，RLHF）、专门针对编程语言的代码预训练及针对特定指令的微调技术等。这些策略的应用极大地增强了模型的适应性和精准度。

2022 年 11 月，OpenAI 发布了搭载了 GPT-3.5 技术的 ChatGPT，其能够进行逼真的自然语言交互和多场景的内容生成，一经推出便迅速成为互联网上的热门话题。ChatGPT 的成功展示了大型语言模型在实际应用中的巨大潜力，是人机交互方式的一大进步。

2023 年 3 月，OpenAI 再次引领技术潮流，推出了 GPT-4。GPT-4 是一个超大规模的多模态大模型，不仅在文本处理方面取得了进步，还提高了对图像等多模态数据的理解和生成能力，进一步扩展了大模型的应用范围。

在这一连串的技术革新中，大数据、强大的计算力和先进的算法三者的完美结合起到了关键作用。特别是像 ChatGPT 这样的项目，其背后不仅拥有微软 Azure 提供的庞大算力支持，还有维基百科等海量数据资源的助力，并在 Transformer 架构基础上，通过 RLHF 等策略进行了细致的调优，各方力量共同促成了它的巨大成功。

以上几个发展阶段不仅展现了大模型技术在预训练和生成能力上的飞跃，也为多模态多场景的应用带来了新的可能性，为未来的人工智能发展指明了方向。

12.1.3　经典大语言模型概述

1. Transformer 模型

Transformer 模型为自然语言处理领域带来了革命性的变革，是大语言模型的基石，当前大语言模型的架构都是基于 Transformer 模型及其变体构建的。

如图 12.5 所示，Transformer 模型包含编码器和解码器两部分。编码器包含多个相同的编码器层，每层主要由两个子模块组成：一个多头自注意力模块和一个由全连接层构成的前馈神经网络，这两个子模块都采用了残差连接和层归一化。这种设计使每层都能够在保持输入信息的同时，学习到输入数据之间的复杂依赖关系。解码器包含多个相同的解码器层，每层都包含掩码注意力机制模块和一个简单的、位置全连接的前馈神经网络，并增加了一个特殊的子模块，即编码器–解码器注意力机制。这个额外的子模块允许解码器中的每个位置访问编码器的全部输出，使解码器能够基于编码器的输出及到目前为止已经生成的部分输出来生成下一个输出。与编码器中的子模块一样，解码器的这些子模块也采用了残差连接和层归一化。通过残差连接，Transformer 模型的网络可以直接访问之前层的特征，这有助于网络在深层中重新利用浅层的特征，从而增强了特征的传递能力，同时能让模型的层数堆得更深。层归一化减少了训练过程中参数更新引起的波动，使模型训练更加稳定。这样的架构设计不仅增强了模型处理序列数据的能力，还使模型能够有效学习长距离依赖，极大地提升了模型在翻译、文本生成等任务上的性能。

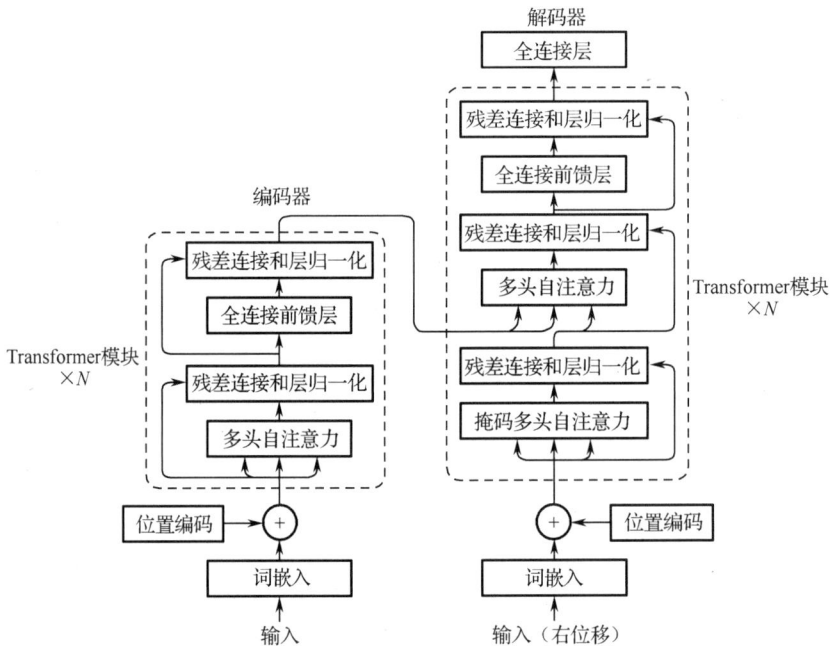

图 12.5　Transformer 模型的架构

Transformer 模型在处理序列数据方面具有优异的性能，被广泛应用于多个领域的多种应用场景，如下所示。

（1）自然语言处理。Transformer 模型在自然语言处理领域得到了广泛的应用，包括但不限于以下几种场景。

- 机器翻译：将一种语言翻译成另一种语言。
- 文本摘要：自动生成文本的摘要或概要。

- 情感分析：识别文本中表达的情感倾向，如积极、消极或中性。
- 问答系统：理解自然语言问题并提供答案。
- 文本生成：基于给定的提示生成连贯的文本内容。

（2）语音处理。尽管 Transformer 模型最初是为处理文本数据设计的，但它被成功应用在语音识别和语音合成等任务中。

（3）推荐系统。Transformer 模型也被应用在推荐系统中，通过分析用户的历史行为序列预测用户可能感兴趣的项目。

（4）生物信息学与药物发现。在生物信息学和药物发现领域，Transformer 模型被用于预测蛋白质结构、理解基因序列及辅助新药的设计和发现。

2. BERT 模型

BERT 由 Google AI Language 团队的研究人员提出，其名字来源于美国儿童电视剧《芝麻街》中的布偶角色 Bert。在原始的 Transformer 模型架构中，既有编码器模块，也有解码器模块，而 BERT 采用纯编码器架构，其重点在于编码输入的序列。

从 BERT 模型开始，自然语言模型中的预训练和微调逐渐被广泛使用，预训练模型在大规模语料库上学习语言的通用表示，然后在特定任务上进行微调以适应特定的应用场景。这一策略极大地提高了模型在各种自然语言处理任务上的效率和性能，包括文本分类、情感分析、问答系统、命名实体识别等。预训练和微调的方法不仅减弱了模型对大量标注数据的依赖，而且使单个模型能够在多个任务上表现良好，推动了自然语言处理技术的快速发展和应用扩展。此外，这种方法催生了各种改进和变体的 BERT 模型，如 RoBERTa 模型、DeBerta 模型、ELECTRA 模型等，进一步拓展了预训练模型的能力和应用范围。

3. GPT 系列模型

谈到大语言模型，GPT 是绕不开的话题，人们熟知的 ChatGPT 和 GPT-4 都属于 GPT 家族。如图 12.6 所示，GPT 仅包含 Transformer 模型架构中的解码器，这意味着它专注于从左到右的单向文本生成任务。这种设计使 GPT 能够在给定前文的情况下，高效地生成连续的文本序列。GPT 采用了自回归训练方法，通过学习预测序列中的下一个词生成文本。这种方法使 GPT 能够在给定前文的情况下，生成连贯且相关的文本内容。

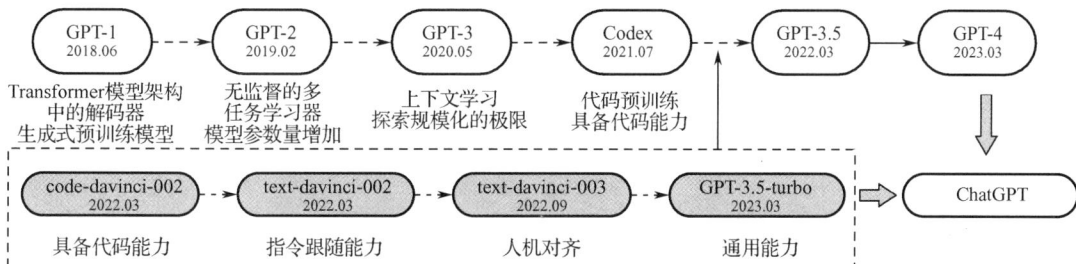

图 12.6 OpenAI 的 GPT 系列模型发展历程

333

GPT 系列模型由 OpenAI 开发，从 GPT-1 开始就展示出了大规模预训练语言模型在多种自然语言处理任务上的强大能力，包括但不限于文本生成、翻译、摘要及问答等。随着版本的不断更新，如从 GPT-2 到 GPT-3 再到 GPT-4，GPT 系列模型的参数量和性能都有了显著的提升，能够理解和生成更加复杂、高质量的文本，甚至在某些任务上接近或超越人类的表现。

GPT 系列模型的一个关键特点是其具有零样本、单样本和少样本学习能力，即在没有或仅有极少量针对特定任务标注数据的情况下，GPT 系列模型仍然能够展示出良好的性能。这得益于其在海量文本数据上进行的预训练，模型内部构建了丰富的世界知识和语言理解能力，从而能够灵活应对各种语言处理任务。此外，GPT 系列模型的开放性和通用性为研究人员与开发者提供了强大的工具，促进了人工智能领域内外的创新应用。在学术研究、内容创作、教育辅助、交互式娱乐、商业分析等领域，GPT 的应用不断拓展，展现出了巨大的潜力和价值。图 12.7 为 GPT 的模型架构。

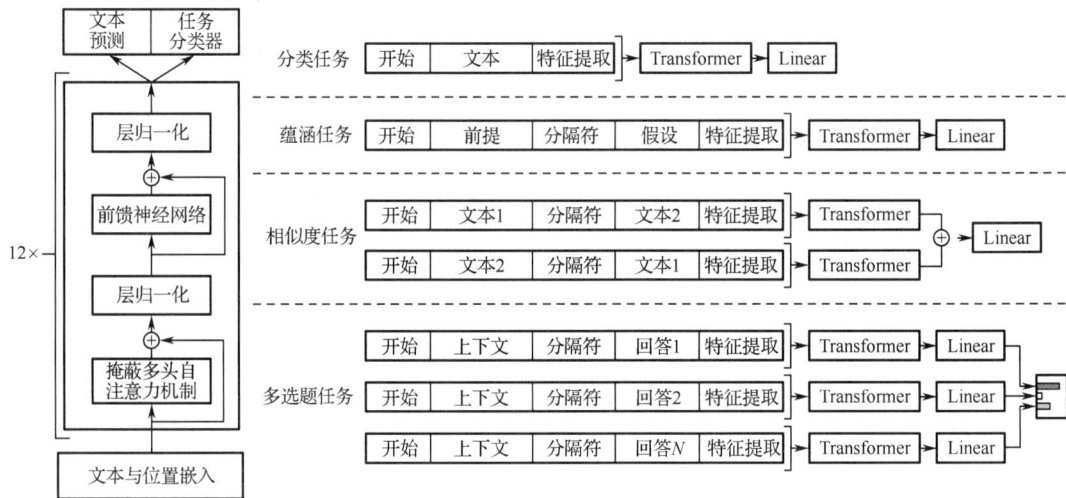

图 12.7　GPT 模型架构

12.1.4　大语言模型的应用风险与挑战

在 ChatGPT 诞生之初，1000 多位业界、学术界人士联名发表公开信，呼吁所有人工智能实验室立即暂停训练比 GPT-4 更强大的人工智能系统，以进行人工智能安全、伦理等方面的审查。大语言模型的表现能力令人震惊，一方面，大语言模型以惊人的能力提升了语言任务的处理效率，从而为人工智能领域提供新的可能性；另一方面，随之而来的安全问题也引发了广泛的社会关注和讨论。

1. 大语言模型可能出现"幻觉"

大型语言模型是一个经过训练的深度学习模型，可根据提供的提示生成文本。模型在训练过程中掌握了一定的知识（这些知识来自训练数据），但很难说模型记住了哪些知识，或者没有记住哪些知识。事实上，当模型生成文本时，它无法判断所生成的文本是否准确。

在大语言模型中，"幻觉"是指模型生成的文本不正确、无意义或不真实的现象。由于大语言模型不是数据库或搜索引擎，而是一个"黑匣子"，因此它不会说明其生成文本的依据。大语言模型生成的文本是从所提供的提示词中推断出来的，推断的结果不一定能得到训练数据的支持，但与提示词最相关。因此，这种"幻觉"现象可能导致大语言模型的输出中包含误导性信息、不准确的事实或完全虚构的内容。这不仅对依赖大语言模型生成的准确信息的用户构成了挑战，也对使用大语言模型作为决策支持工具的场景带来了潜在风险。大语言模型在没有充分证据的情况下"填充"信息，可能误导那些对特定主题不够熟悉的人，使他们相信不真实的事实。

为了解决这个问题，一些方法被提出和探索。例如，可以在大语言模型的训练过程中引入事实验证机制，确保生成的内容与现实世界的知识库保持一致；在模型输出之前进行人工审核，过滤掉明显不准确或有害的内容；提高模型的透明度，让用户了解模型答案的不确定性。这些方法虽然不能完全消除"幻觉"现象，但可以在一定程度上降低其带来的负面影响。

2. 大语言模型的回答可能带有偏见和歧视

在大语言模型的训练中，会使用人工标注的数据进行微调，以提升模型的性能。而人工标注的数据往往携带了标注者本人的观点和文化背景，这些观点和文化背景在无意中会被编码进模型中。随着大语言模型在这些数据上的训练，这些偏见被放大并在模型预测和生成的内容中反映出来。Liu 等讨论了用于大语言模型生成中政治偏见的问题；Kotek 等研究了大语言模型存在的性别歧视问题。

因此，尽管大语言模型具有强大的学习和推理能力，但是其生成的回答和内容可能带有一定程度的偏见，反映了训练数据中存在的偏向性。这不仅会影响大语言模型输出的公正性和准确性，也可能在模型使用过程中加剧社会的偏见和不平等。识别和减少这些偏见是大模型开发与应用中的一个重要挑战，需要开发者采取有效措施，如使用更加多元和公平的训练数据，以及设计去偏算法等方法。

在大语言模型中消除偏见和歧视是一项长期且复杂的任务，需要跨学科合作与持续不断的创新努力。未来的大语言模型不仅要在技术性能上进步，也要在促进社会公正、尊重多元文化和价值观方面取得实质性进展。

3. 使用大语言模型可能面临隐私泄露风险

大语言模型有着海量训练数据，包括许多从互联网上使用爬虫手段获取的文本信息。这些数据中可能存在敏感信息，如个人身份信息、私人对话、保密协议等。当这些大语言模型被用来生成文本时，存在一定的风险，这些敏感信息可能无意中被模型复现并泄露给请求模型服务的用户。尽管大语言模型的目的是生成相关而有用的内容，但由于训练数据的复杂性和多样性，模型可能无法有效识别并过滤掉所有敏感或隐私信息，从而导致信息泄露的潜在风险。在文本生成过程中，尤其当用户输入与隐私相关的问题或关键词时，大语言模型可能依据其记忆中的训练数据片段来构造回答，而这些片段中可能包含了不应公开的个人信息或其他保密内容。即使是非敏感的个人数据，也可能在特定上下文中被拼凑或解读，从而泄露个人隐私。Yao 等调查了大语言模型如何对安全和隐私产生积极影响，以及与其使用相关的潜在风险和威胁。

以人为本构建以人为中心的人工智能发展应用体系，是我国人工智能治理的核心理念。国家新一代人工智能治理专业委员会印发的《新一代人工智能治理原则》提出，人工智能的发展应以增进人类共同福祉为目标；应符合人类的价值观和伦理道德，促进人机和谐，服务人类文明进步；应以保障社会安全、尊重人类权益为前提，避免误用，禁止滥用、恶用。"以人为本"作为科技伦理的第一准则，在人工智能的发展应用中坚持尊重人的尊严、保障人的权益、促进人的发展，在降低负面影响的同时，让更多人享受技术进步带来的惠益。

12.2 多模态数据与多模态大模型

12.2.1 多模态数据

人的大脑每天通过 5 种感官接收外部信息的比例分别为：味觉 1%、触觉 1.5%、嗅觉 3.5%、听觉 11%、视觉 83%。人们利用多种感官来感知世界——视觉上识别物体，听觉上辨认声音，触觉上感知物体表面的质地，嗅觉上分辨不同的气味等。通常，"模态"这个词描述了某件事情发生或被感知的具体方式。在大多数情况下，人们倾向于把模态和感官模态联系起来，后者是人们沟通和感知的主要途径，如视觉和触觉。通常，人们特别关注三个模态：自然语言（包括文本和语言等）、视觉信号（如图像和视频等）及声音信号（涵盖声音等相关属性，如节奏和语调）。

多模态数据是指关于同一对象或主题收集的来自不同领域或视角的数据，包括但不限于文本、图像、音频、视频及混合数据形式。每种数据形式或通过不同方式表现的相同的数据形式，都被视为一个独立的模态。简而言之，多模态数据融合了多种类型的信息，为了提供一个更全面和更深入的理解或分析对象。如图 12.8 所示，多种模态的数据可以被同时输入多模态大模型中进行编码，并产生多种模态的输出。

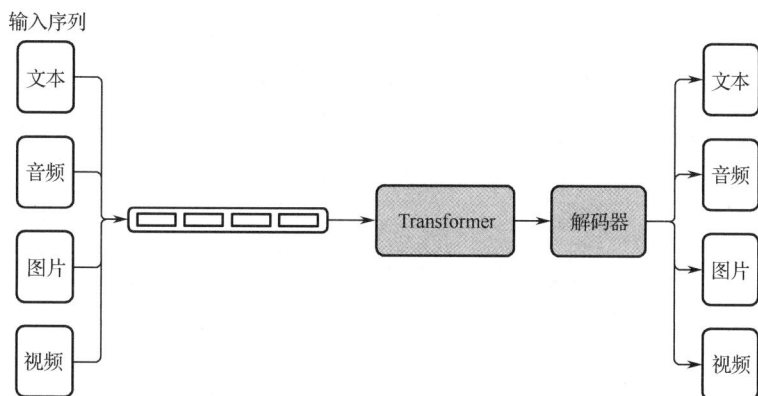

图 12.8　多模态数据的输入和输出

多模态数据融合是指通过计算机技术综合处理多种模态的数据，目的是结合各个模态的信息来提高目标预测的准确性或实现对某一现象的理解深度。这种融合可以在不同层次上进行，包括数据层次的融合、特征层次的融合和决策层次的融合。数据层次的融合是指在原始数据阶段将不同模态的数据结合起来，进行统一的处理和分析。特征层次融合是指从每种模态的数据中提取特征，然后将这些特征合并到一起，用于后续的分析和建模。决策层次融合是指在模型或算法层面将不同模态数据的处理结果综合起来，以做出更准确的判断或预测。

多模态数据融合的关键挑战之一是如何处理和整合来自不同模态的数据，这些数据可能在大小、尺度、时间分辨率等方面有很大差异。例如，文本数据是离散的，而视频数据是连续的时间序列；图像数据是二维的，而音频数据是一维的时间序列。有效地融合这些不同类型的数据需要复杂的预处理步骤、特征提取技术和融合策略。

此外，多模态数据融合需要考虑数据之间的相关性和互补性。不同模态的数据可能提供关于同一对象不同视角的信息，这些视角在某些情况下可能相互独立，而在某些情况下可能存在内在的关联。有效地挖掘和利用这些关联性，可以极大地提升模型的性能和预测的准确性。

在实际应用中，多模态数据融合已经被广泛应用于自然语言处理、医疗影像分析、情感分析、社交媒体分析、机器人技术等领域。例如，在自然语言处理领域，将文本信息与相关的图像或视频数据相结合，可以更准确地理解和生成语言内容；在医疗影像分析领域，结合来自不同成像技术的数据，如计算机断层扫描和磁共振成像，可以提供更全面的诊断信息。

12.2.2　多模态大模型

近年来，大语言模型取得了令人瞩目的成就。通过不断扩大数据和参数的规模，大语言模型展现出了惊人的能力，包括生成连贯且多样化的文本、理解复杂的语言结构、执行语言推理，以及在特定领域提供专业级的建议和分析等。虽然大语言模型在自然语言处理领域表现出了令人惊异的性能，但由于只能理解文本，因此大语言模型天生就是"聋子""盲人"，这给大语言模型的使用和发展带来了局限性。

因此，多模态大模型应运而生，这一强大的模型不仅能处理文本数据，还能理解图像、音频和视频等非结构化信息，使机器能够更全面地理解和生成人类的语言与沟通方式。多模态大模型通过整合来自不同模态的信息，提高了模型对现实世界的理解能力，从而在图像描述、视频理解、跨模态翻译等多个领域展现出了巨大的潜力。这标志着人工智能向着更加灵活、更具人性化方向成功迈进重要的一步，同时为解决复杂的交互任务和提高机器对人类社会的适应能力开辟了新的渠道。

【例 12.4】如图 12.9 所示，多模态大模型可以通过解析输入的音频和图像数据，给出相应的回答。在烹饪场景中，向用户输入交错图像和音频，用户提示模型制作煎蛋卷的指导并检查煎蛋卷是否已熟透。

输入图像	输入语音（转录文本）	模型响应（文本）
	🔊 用这些食材做蔬菜煎蛋卷的第一步是什么？	把鸡蛋打进碗里并搅拌均匀。
	🔊 谢谢你的指导。我开始做煎蛋了，现在看起来熟了吗？	看起来快好了。你可以煎另一面了。
无图（跟进问题）	🔊 为什么还没熟？	还没熟是因为鸡蛋还是液态的。
	🔊 那现在呢？	现在看起来熟了。你可以关火并上菜了。

图 12.9　多模态大模型示例

【例 12.5】图 12.10 展示了多模态大模型处理交错文本、图像和音频序列及跨模态推理的能力。多模态大模型可以读取文本和图像，解析出学生的手写笔记内容，并转化为 Latex 公式。

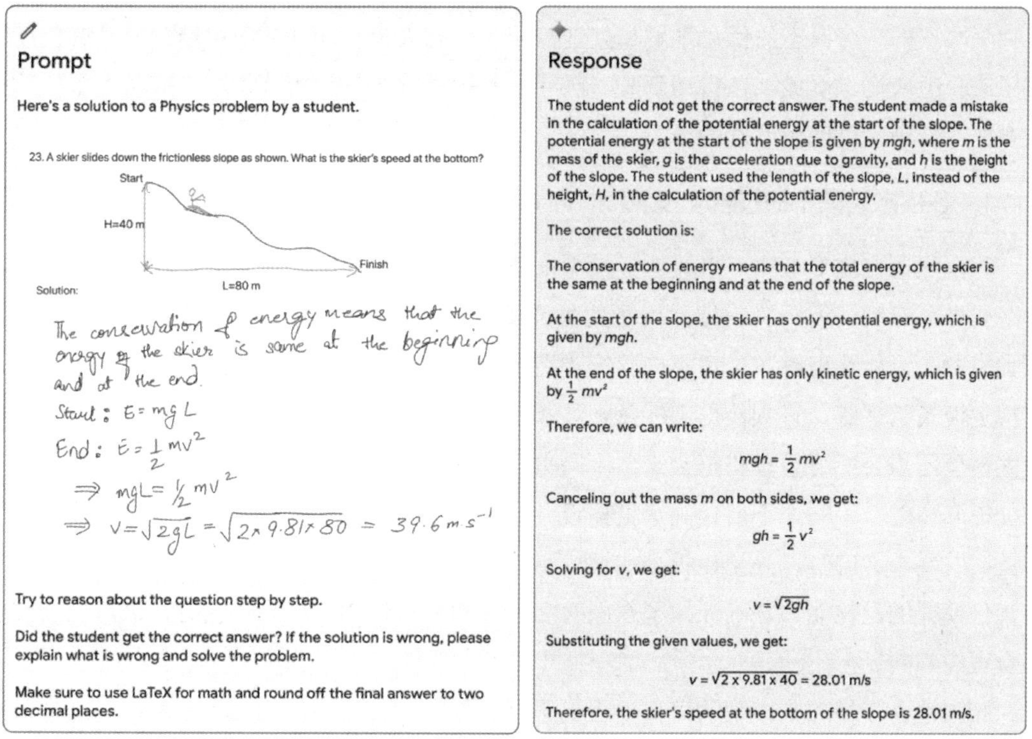

图 12.10　使用多模态大模型验证学生对物理问题的解决方案

多模态大模型能够同时处理并理解多种类型的数据，如文本、图像、音频和视频等，从而提供更加丰富和深入的分析与预测，这不仅增强了模型的通用性，也极大地拓展了其应用场景。2021 年，OpenAI 推出了采用对比学习的文本-图像预训练的多模态模型 CLIP，该模型能够将图像信息与文本信息进行融合。随后 Bao 等推出了混合多模态专家的视觉语言预训练模型 VLMo，该模型从大规模图像-文本对中学习通用跨模态表示，然后直接在下游视觉语言任务上进行微调。多模态大模型的通用性和灵活性是单模态模型难以比拟的。在实际应用中，多模态大模型能够在更广泛的领域发挥作用，从而为人工智能厂商提供更多的商业机会和应用前景。随着 ChatGPT 等先进模型的推出，多模态大模型的发展成为一场全球性技术竞赛。各大科技巨头（如谷歌、微软、百度等）纷纷加快研发进度，这不仅体现了多模态大模型在技术上的前沿地位，也反映了其在市场竞争中的关键作用。通过技术迭代、产品设计和商业模式的探索，这些科技公司希望利用多模态大模型在未来的人工智能市场中占据有利地位。

12.2.3　多模态大模型是人工智能大模型发展的方向

多模态大模型是人工智能大模型的发展方向，也是人工智能厂商竞争的关键领域。不同于传统的单模态模型（如大语言模型），多模态大模型能够处理与融合来自不同数据源和类型的数据（如文本、图像、语音等），从而更全面地理解和反映现实世界的复杂性。

这种深层次的、跨模态的信息理解和处理，使多模态大模型在许多应用场景中具有更高的实用性和适应性。例如，在自动驾驶、医疗诊断和社交媒体分析等领域，多种类型的数据需要被综合考虑以做出准确的分析或决策。

1. 多模态大模型的技术壁垒更高，可拓展性更强

与自然语言模型相比，多模态大模型需要处理的数据类型更加多样，包括但不限于文本、图像、音频、视频等。每种数据类型都有其独特的结构和编解码方式，这就要求多模态大模型必须能够理解和处理不同数据类型的特定特征与规律。例如，图像数据依赖像素和视觉模式的理解，音频数据则涉及声波频率的分析。为了实现有效的多模态学习，多模态大模型还需要能够处理和整合来自不同数据源的信息。这通常涉及复杂的数据预处理、特征提取和融合策略，不但提高了模型设计的复杂性，也对计算资源和数据处理能力提出了更高的要求。同时，为了让模型能够广泛应用于不同领域，开发者还需要投入大量努力来优化模型的泛化能力，确保模型在面对多样化和未见过的多模态数据时，仍能做出准确和合理的判断。

相应地，多模态大模型的可拓展性更强。多模态大模型通过结合和匹配不同类型数据的编码进行训练。例如，多模态大模型不仅能够将"文本-图像"这样的数据对进行配对，还能够融合"图像-音频-文本"等多元数据类型，从而在保证通用性更强的同时，适用于更多应用场景。例如，谷歌于 2023 年 3 月推出了 Palm-E 多模态大模型，该模型的训练数据涵盖文本、图像、语音及三维空间状态和感知数据，这不仅使其拥有传统语言模型的功能，还使其能够完成视觉问答、感知推理、机器操作等更复杂的任务。通过扩展训练数据的种类，多模态大模型能够实现更多样的交互方式，生成更丰富的内容，展现出更强大的泛化能力和应用潜力。

2. 多模态大模型能驾驭多源数据，推动人工智能加速迈向通用人工智能

多模态大模型可以同时处理多种模态的数据，如文本、图像、音频等，与现实世界高度融合，推动人工智能加速迈向通用人工智能。这种能力不仅可以提高模型的实用性和适应性，还可以使模型更好地理解和模拟人类的认知过程。目前的大模型只能和数字世界交互，而通用人工智能的最终目标是与物理世界交互。在人类的认知体系中，理解世界并做出决策往往需要综合运用视觉、听觉、语言等多种信息。多模态大模型正是通过模拟这一过程，实现了对复杂世界的深入理解。这种跨模态的信息整合能力为解决一些传统单模态模型难以处理的复杂问题提供了新的途径。例如，在自然语言处理领域，通过结合视觉信息理解和生成图像描述；在医疗领域，通过分析图像和文字报告辅助诊断。

多模态大模型面临数据整合、模型设计复杂性及计算资源需求等挑战，但它在提高人机交互的自然性、加深机器对人类认知过程的模拟等方面潜力巨大。随着人工智能技术的

不断进步和跨学科合作的进一步深入，多模态大模型将在人工智能领域扮演更加核心的角色。图 12.11 展示了大模型朝多模态方向发展的趋势。

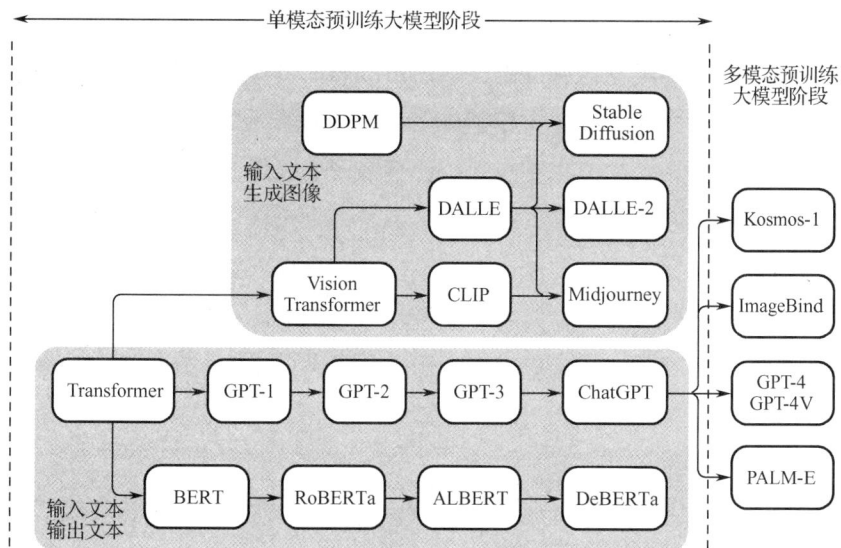

图 12.11　大模型朝多模态方向发展的趋势

12.3　大模型在商业智能中的应用

12.3.1　大模型在商业智能中应用的关键步骤

基础大模型通常具有理解、生成、逻辑推理、自然语言处理、多模态、商业智能分析等通用的底层能力，可应用于多个行业和场景，但可能缺乏针对特定领域的精细优化。产业大模型应用则是针对某一具体场景进行专项训练和提升之后得到的产品，如智能客服、智能推荐等。这些应用具有较强的场景特性，具备场景任务拆解、执行场景任务等能力，能够更好地满足该场景的特定需求。总体而言，通用大模型落地产业端、实现在商业智能中的应用是一个必然趋势，但通用大模型和产业大模型在能力、任务、场景、知识等多个方面存在区别，意味着大模型的产业应用仍需要经过几个关键步骤，主要包括以下三个。

首先，需要有合适的基础大模型支撑，以提供具有高性价比的通用能力，如理解、生成、逻辑、记忆、自然语言处理、编程语言处理等。虽然在一般意义上，规模更大的模型具有更强的通用能力，但是其调用和部署的成本往往更高。在选择合适的基础大模型时，要充分考虑企业的商业定位和模型的性价比。

其次，不同行业间的知识可迁移性往往不高，行业内的应用场景也较为分散，企业个体间的差异难以被统一衡量，需要针对基础大模型做相应的知识增强。通过引入行业场景特有的行业知识图谱、数据、专家经验等，进行数据和知识的融合，使大模型拥有更高的识别水平和可迁移性，在广泛的基础任务和特定行业任务上均表现出较好的效果，达到应用层面的价值对齐。

最后，针对第二步已经完成的行业大模型做任务增强工作。通过知识图谱增强、价值观增强、纠错等多种技术，从内容准确性、逻辑准确性、价值观准确性等维度提升模型生成内容的可控性，这样才能让行业大模型成功落地具体的场景应用。

大模型在各类开源平台的有力支撑下，让更多人工智能应用型开发者或业务专家可以零门槛或低门槛地将大模型应用于自己的业务中，以全面释放大模型效能，助力开发者提升效率，推动大模型在商业中的智能化。但是，基础大模型距离大规模产业应用并成为产业基座还有很长的一段路要走，需要有与场景深度融合的大模型体系、支持全流程应用落地的专业工具和平台及开放的生态以激发创新。三层之间交互赋能，形成良性循环的产业智能化生态共同体。

12.3.2　大模型在商业智能中的典型应用领域

以 ChatGPT 为代表的人工智能大模型的诞生，标志着强人工智能的时代即将到来，人工智能生成内容（Artificial Intelligence Generated Content，AIGC）成为引发生产力变革的引擎。国内外在大模型的布局上不遗余力。在基础大模型方面，美国发挥了开创性作用，国内大模型厂商更多地扮演追随者角色。但是，国内人工智能市场规模大，增长速度快，应用场景丰富，积极推动大模型的场景落地将成为国内人工智能发展的重点。

一般而言，具有数据量大且质量高、技术需求高、创新能力强等特点的行业对大模型的接受程度更高，这也造成了在不同行业，大模型的渗透率有所不同。目前，国内外大模型已在办公、教育、医疗、金融、文娱、交通等领域落地应用。从行业渗透率来看，金融业的渗透率最高。在微软、金山办公等龙头企业的带动下，大模型在办公领域的渗透率日益提高，而在能源和建筑行业的渗透率较低。

1. 大模型+金融业

生成和决策两类金融大模型已在银行、证券交易所等金融机构中实现落地。金融行业积淀了包括金融交易数据、客户信息在内的海量数据，良好的数据基础为人工智能大模型的落地应用提供了条件。人工智能大模型在金融领域的应用分为生成式和决策式两类，生成式应用是指内容、观点及想法的输出，可以用在智能对话机器人、金融产品营销广告等场景中，大模型的实践方法是从海量数据中基于特定概率提取出有效的信息或可靠的答案。决策类应用是指根据市场数据或特定规则进行决策，并根据决策结果采取相应的行动，如进行自动化交易、智能贷款、投研助手等。自动化决策对结果的准确性、实时性和可解释性要求非常高。因此，决策式大模型比生成式大模型在金融领域的落地难度更大。

【例 12.6】东方财富自研大模型是一款由该公司完全独立自研的金融行业垂类大语言模型，致力于在专业投资顾问服务、深度财经要闻分析、定制化财富管理、内容机会挖掘等金融场景中达到世界先进水平。目前该模型的训练趋于稳定，其能力与自研的拥有 700 亿参数的大语言模型相当。东方财富基于该模型构建了一套智能化金融资讯数据总结、分析、创作和问答系统。该系统能够利用大语言模型的生成和总结能力，对海量金融数据进行智能化总结分析，并且可以在此基础上和用户进行多轮智能问答交互。通过该系统，用户可以快速搜索到当前需要的金融数据并进行快速、准确的智能化分析、从而大幅提升金融资讯收集、阅读和理解的效率，提高决策效率。

2. 大模型+办公

在微软、Adobe 等美国办公软件巨头的引领下，大模型在办公领域迅速渗透。国内金山办公、福昕软件等办公软件龙头企业也一直在探索大模型与办公产品的结合。大模型通过深度学习和自然语言处理技术，能够处理和理解大量的文本数据，从而提供智能化、自动化服务。例如，智能文档助手可以帮助用户自动完成文档的编写、编辑和校对工作；邮件分类和优先级排序服务通过机器学习模型自动识别并分类电子邮件，为其分配优先级；智能日程安排可以协助用户规划会议时间并自动协调与会人员的时间表；语音助手和会议记录可以将会议中的语音实时转录并提供关键信息摘要。这些应用不仅显著提高了工作效率和决策质量，也优化了办公流程。

【例 12.7】钉钉提供了一个多功能的工作环境，可以集成智能助手来处理日常办公任务，如自动回复消息和管理待办事项。智能审批流程可以加快审批速度并减少人工干预；知识管理搜索功能可以帮助用户快速找到所需信息；数据分析和报告工具结合大模型能够提供深入的业务洞察和自动生成的报告，帮助用户理解数据并做出决策。此外，钉钉的智能会议系统可以自动生成会议纪要，并提供关键决策点的摘要。通过这些集成应用，钉钉不仅提高了个人工作的效率，还在组织层面提升了决策质量和业务流程的自动化程度，使办公自动化和智能化变得更加容易实现。

3. 大模型+制造业

制造企业采用人工智能大模型来管理制造流程和优化生产过程。人工智能大模型也会与制造业常用的软件工具相结合，如企业资源管理系统、制造执行系统、监控控制与数据采集系统、质量管理系统，以提高生产效率和产品质量。具体来看，人工智能大模型在制造行业的主要功能包括生产计划的优化、生产过程的实时监测、生产成本的控制和智能制造等，以实现生产过程的智能自动化。传统的生产计划编排通常受制于人工经验和数据分析能力，难以应对快速变化的生产流程、满足多样化需求。此外，传统的管理方法无法做到全面监控生产流程和把控生产成本。人工智能大模型利用海量的数据和算法模型提高生产资源的利用率，使生产过程更加高效，并且基于传感技术和数据分析方法，实现对生产过程的实时监控。随着全球经济竞争的不断加剧，制造型企业需要利用人工智能大模型对生产过程进行全面的自动化和智能化升级，以提高自身实力，争取在竞争中占据更多的市场份额。

【例 12.8】"扶摇"是小鹏汽车的自动驾驶智算中心，用于自动驾驶模型训练。通过与阿里云合作，"扶摇"以更低的成本实现了更强的算力。首先，"扶摇"对 GPU 资源进行细粒度切分、调度，将 GPU 资源虚拟化利用率提高了 3 倍，支持更多人同时在线开发，开发效率提升 10 倍以上。其次，在通信层面，"扶摇"将端对端通信延迟降低至 2μs，降幅达 80%，在整体计算效率上实现了算力的线性扩展，存储吞吐比业界 20GB/s 的普遍水准提升了 40 倍。此外，阿里云机器学习平台 PAI（Platform for AI）提供了模型训练部署、推理优化等人工智能工程化工具。"扶摇"支持小鹏自动驾驶核心模型的训练时长从 7 天缩短至 1 小时以内，大幅提速近 170 倍。目前，"扶摇"正在用于小鹏城市智能导航辅助驾驶的算法模型训练。和高速道路相比，城市路段的交通状况更加复杂，"扶摇"使自动驾驶特殊场景的数据集规模增加了上百倍。

4．大模型+泛消费业

人工智能大模型应用于泛消费行业尤其是电商行业，根本价值是可以实现效率和体验的双提升。人工智能大模型等创新技术贯穿搜索、推荐、内容等环节，并且基于自然语言理解技术和决策推理能力，更加结构化和精细化地帮助商家理解消费者意图。同时，消费者只需通过轻量、低成本的发问方式，就能获得更精确的结果。因此，人工智能大模型可以促进消费者与商品及服务之间的供需匹配，客户可以提出精细化、场景化的个性需求。此外，客服机器人的使用能提升消费者的满意度和体验感。一方面，消费者能够享受更好的体验和更高的人货匹配效率；另一方面，商家能够更精准地洞察消费者的需求，做好生意，从上线标准化商品到逐渐推出非标准化、符合场景需求的非标准化商品。

【例 12.9】北京衔远科技有限公司的核心产品是基于商品供应链大模型的企业级多轮对话平台 ProductGPT。该平台提供 5D 能力，具体包括：机会洞察（Discover），即对消费与供给的双侧市场机会进行洞察；爆品定义（Define），即帮助企业分析消费人群与场景，定义并孵化爆品；方案设计（Design），即协助设计创新型产品的外观、材质、包装及开发流程等；驱动研发（Develop），即通过智能化和自动化的方式，加速产品研发进程，降低研发成本；营销转化（Distribute），即通过生成千人千面的内容，完成对消费者的精准触达与高效转化。该公司的品商大模型和 ProductGPT 等应用联合研发商品智能反向定制、预测性生产、智能调度、智能营销等服务功能，赋能企业商业模式创新，实现从商机发现到产品交付的全链路数智化转型。

5．大模型+医疗业

大模型在医疗领域的应用场景可分为诊前、诊中、诊后三种，涉及诊前的药物研发、基因研究、预约就诊、预检分诊及导诊，诊中的临床诊断、临床治疗、病例录入及药物检索，诊后的医保支付、报告获取、患者随访、康复管理及远程医疗。目前谷歌和 DeepMind 团队发布的医疗大模型 Med-PaLM 在医学考试中已经接近"专家"医生的水平。在国内，大模型在医疗领域的渗透主要存在数据方面的两个问题：一方面，医疗行业数据量大但质量较差；另一方面，医疗行业数据涉及患者隐私和国家安全等敏感信息，数据开放度低。

【例 12.10】ChatDD 是新一代对话式药物研发助手，其基于多模态生物医药对话大模型底座 ChatDD-FM，具备专业知识力、认知探索力和工具调用力。作为生物医药研发全流程中的智能 Copilot，ChatDD 可以服务于立项调研、早期药物发现、临床前研究、临床试验、药物重定位等。在医药研发方面，ChatDD-Discovery 通过与专家交互的方式，基于大模型知识建立药物、靶点、疾病之间的关联，可进行潜在靶点挖掘研究探索。在临床试验方面，ChatDD-Trial 凭借其知识能力和数据分析能力，可为提高临床试验的成功率提供多重助力。例如，ChatDD-Trial 可辅助临床试验研究人员找到最适合入组的患者人群；通过发现药物敏感的生物标志物，使研究人员更好地理解疾病亚型，实现精准的患者分类，确保患者与试验药物更匹配，减少不必要的变量干扰，提高临床试验成功率。

表 12.1 对大模型能力、典型应用场景及应用行业进行了总结。

345

表 12.1　大模型能力、典型应用场景及应用行业总结

大模型能力	应 用 场 景	应 用 行 业
内容生成	自动化生成报告、新闻稿、市场营销文案、个性化的客户沟通材料	媒体、广告、市场营销、客户服务
智能问答	自动客服、技术支持、用户交互界面、解答客户咨询	制造、零售、电信、金融服务、医疗保健
数据分析	分析大数据、提供洞察、优化决策过程	金融服务、零售、制造、物流
图像和视频分析	自动图像识别、视频内容分析、监控、质量控制、客户行为分析	制造、零售、媒体、物流
语音识别和处理	将语音转换为文本、语音控制系统、自动化语音服务	客户服务、智能家居，智能汽车
个性化推荐	基于用户行为和偏好，推荐个性化的产品和服务	电子商务、信息服务、在线教育
预测建模	基于历史数据预测未来趋势	金融市场、零售、能源、农业

12.3.3　大模型在商业智能中的应用趋势与挑战

1．大模型在商业智能中的应用趋势

大模型在商业智能中的应用正朝着数据输入多模态、产业生态发展、人机交互更加智

能化等方向发展,这些趋势将共同推动商业决策的革新,为企业带来更高效、更精准的决策支持,推动企业实现数据驱动的智能化转型。

1)多模态助力人工智能大模型解决复杂问题

多模态融合模型可以将不同类型的数据通过预处理转化为统一的表示形式,然后结合多个模态的信息进行联合建模和分析。多模态融合模型可以在多个领域发挥重要作用。例如,在自然语言处理领域,将语音、文本和图像等多种数据进行融合,提高自然语言处理的准确性和泛化能力;在医疗领域,将医学影像、病理切片、基因测序等多个模态的数据融合在一起,提高疾病诊断和治疗的精度与效率。

2)"模型即服务"促生新的产业生态

模型即服务(Model as a Service,MaaS)是指将人工智能大模型转变为服务化产品,通过 API 或软件即服务平台,将大模型能力出租给第三方客户使用,使更多的企业和开发者快速构建自己的人工智能应用。MaaS 模式的发展将促生新的产业生态——以 MaaS 平台为核心,联合垂直行业的小企业,共同构建人工智能应用生态。这种生态模式能更好地满足不同行业和领域的需求,推动人工智能技术的广泛应用。

3)"人工+智能"转向自主智能系统

当前人工智能领域的大量研究集中在深度学习方面,但是深度学习的局限是需要大量人工干预,如人工设计深度神经网络模型、人工设定应用场景、人工采集和标注大量训练数据、用户需要人工适配智能系统等,费时费力。因此,科研人员开始关注能够减少人工干预的自主智能方法,提高机器智能对环境的自主学习能力。例如,AlphaGo 系统的后续版本 AlphaZero 从零开始,通过自我对弈强化学习实现了围棋、国际象棋、日本将棋的"通用棋类人工智能"。

4)人机协作与智能决策

人机协作是一种新型工作模式,它强调人和机器(通常指人工智能或机器学习模型)之间的协同工作。在这种模式下,机器可以处理大量数据、执行重复任务、做出预测和建议;人则可以利用自己的创造力、批判性思维和决策能力,监督和指导机器的工作。这种协作可以将人的智慧和机器的能力结合起来,得到更高效、更准确的结果。

2. 大模型在商业智能中的应用挑战

大模型在商业智能的应用中虽然展现出了巨大的潜力,但也面临多方面的挑战:在产业大模型开发阶段,需要解决模型能力限制、数据隐私保护和数据偏见等问题;在使用阶段,需要提高模型的可解释性、加快跨领域人才培育、确保合规性和隐私安全、构建评价标准体系,并努力缩小不同经济体之间的数字鸿沟,以实现人工智能技术的普惠性和可持续发展。

1）产业大模型开发方面的挑战

（1）大模型的能力有待进一步提升。目前大模型主要应用于对话助手、内容生成等简单的任务，尚无法解决复杂的智能决策问题。从满足生成任务进化到满足决策任务，需要产业大模型克服训练成本高、可解释性低、推理时间长等问题，实现提升训练效率、提高反应速度、让决策过程更透明等目标。

（2）训练数据存在隐私泄露和数据偏见的问题。产业大模型需要使用大量的私有或特定数据进行训练，涉及用户的隐私，这可能导致隐私泄露，需要企业投入额外的资源进行数据保护和安全管理。此外，如果训练数据中存在偏见，大模型可能放大这些偏见。例如，训练数据中的产品推荐主要针对某一性别或年龄群体，那么大模型可能学习这种偏见，从而在推荐产品时也表现出同样的偏见。这可能导致不公平或歧视性决策结果。

2）产业大模型使用方面的挑战

（1）大模型的决策过程缺乏可解释性。尽管大模型在许多任务上表现出色，但其决策过程往往是一个"黑箱"，难以理解和解释。这可能导致企业难以理解模型的决策依据，也可能使客户对模型的决策结果产生疑虑。在某些情况下，当涉及法律责任或道德问题时，模型的可解释性显得尤为重要。

（2）产业大模型应用中的人才培养问题。大模型的行业应用需要大量既懂模型技术又懂行业需求的人才，如何快速培养能够了解大模型、使用大模型、分析大模型的人才是大模型在场景落地过程中面临的挑战。

（3）大模型使用的合规性和隐私安全问题。从社会层面来看，大模型应用得越广泛，人们对其合规性、数字安全和隐私安全的关注就越密切。企业需要在大模型使用过程中保证技术规范，确保用户隐私不被泄露，建立用户信息保护屏障。

（4）产业大模型的应用需要制定评价标准。由于产业大模型的复杂性和应用场景的多样性，如何评价其性能和效果，证明其应用的价值，成为下一阶段需要解决的问题。一个良好的评价体系除了考量大模型的性能、业务需求满足度等，还应当关注大模型的伦理和社会影响。

（5）数字鸿沟依然存在。2024 年世界经济论坛发布的《首席经济学家展望报告》显示，近 3/4 的受访经济学家预计人工智能将加速发达经济体的创新，而欠发达经济体在这方面发展步伐滞后，由此可能进一步扩大不同经济体之间的经济和技术鸿沟。

本章小结

本章系统地梳理了商业智能与大模型的共生互动关系，揭示了大语言模型与多模态大模型在典型商业智能场景中的应用情况和面临的挑战。本章首先介绍了大语言模型的发展历程，即从早期简单的统计模型发展为如今复杂的深度学习模型，并介绍了几种经典的大语言模型，如 Transformer、GPT 和 BERT；然后介绍了多模态大模型的相关概念，并展示了多模态大模型的构建方法和应用实例；接着从大模型的商业应用视角探讨了从通用大模型到产业大模型应用的关键步骤，以及大模型如何在不同行业发挥作用；最后通过具体的应用领域阐述了大模型如何帮助企业提高决策效率、优化运营流程、提升客户服务体验，以及推动新产品或新服务的创新。

课后习题

1. 请论述 BERT 和 GPT 之间的相同点与不同点。
2. 请论述过度使用大语言模型的潜在风险。
3. 为什么大模型会朝着多模态大模型方向发展？
4. 请论述大模型在商业智能应用中的潜在优势和面临的挑战。

参考文献

[1] VASWANI A, SHAZEER N, PARMAR N, et al. Attention is all you need[J]. Advances in Neural Information Processing Systems, 2017, 30: 6000-6010.

[2] DEVLIN J, CHANG M W, LEE K, et al. BERT: pre-training of deep bidirectional transformers for language understanding[J]. arXiv preprint arXiv: 1810. 04805, 2018.

[3] DOSOVITSKIY A, BEYER L, KOLESNIKOV A, et al. An image is worth 16×16 words: transformers for image recognition at scale[J]. arXiv preprint arXiv: 2010. 11929, 2020.

[4] VILLALOBOS P, SEVILLA J, BESIROGLU T, et al. Machine learning model sizes and the parameter gap[J]. arXiv preprint arXiv: 2207. 02852, 2022.

[5] SEVILLA J, HEIM L, HO A, et al. Compute trends across three eras of machine learning[C]//Proceedings of 2022 International Joint Conference on Neural Networks (IJCNN). Yokohanma, Janpan: IEEE, 2022: 1-8.

[6] MIKOLOV T, CHEN K, CORRADO G, et al. Efficient estimation of word representations in vector space[J]. arXiv preprint arXiv: 1301. 3781, 2013.

[7] MANN B, RYDER N, SUBBIAH M, et al. Language models are few-shot learners[J]. arXiv preprint arXiv: 2005 14165, 2020.

[8] BAI Y, JONES A, NDOUSSE K, et al. Training a helpful and harmless assistant with reinforcement learning from human feedback[J]. arXiv preprint arXiv: 2204. 05862, 2022.

[9] LIU Y, OTT M, GOYAL N, et al. Roberta: a robustly optimized bert pretraining approach[J]. arXiv preprint arXiv: 1907. 11692, 2019.

[10] HE P, LIU X, GAO J, et al. Deberta: decoding-enhanced bert with disentangled attention[J]. arXiv preprint arXiv: 2006. 03654, 2020.

[11] CLARK K, LUONG M T, LE Q V, et al. Electra: pre-training text encoders as discriminators rather than generators[J]. arXiv preprint arXiv: 2003. 10555, 2020.

[12] ACHIAM J, ADLER S, AGARWAL S, et al. GPT-4 technical report[J]. arXiv preprint arXiv: 2303. 08774, 2023.

[13] ZHANG Y, LI Y, CUI L, et al. Siren's song in the AI ocean: a survey on hallucination in large language models[J]. arXiv preprint arXiv: 2309. 01219, 2023.

[14] LIU R, JIA C, WEI J, et al. Mitigating political bias in language models through reinforced calibration[C]//Proceedings of the 35th AAAI Conference on Artificial Intelligence. Online: AAAI, 2021: 14857-14866.

[15] KOTEK H, DOCKUM R, SUN D. Gender bias and stereotypes in large language models[C]//Proceedings of the ACM Collective Intelligence Conference. Delft, Netherlands: ACM, 2023: 12-24.

[16] YAO Y, DUAN J, XU K, et al. A survey on large language model (LLM) security and privacy: the good, the bad, and the ugly[J]. High-Confidence Computing, 2024, 4(2): 100211.

[17] TEAM G, ANIL R, BORGEAUD S, et al. Gemini: a family of highly capable multimodal models[J]. arXiv preprint arXiv: 2312. 11805, 2023.

[18] RADFORD A, KIM J W, HALLACY C, et al. Learning transferable visual models from natural language supervision[C]//Proceedings of the 38th International Conference on Machine Learning. Online: PMLR, 2021: 8748-8763.

[19] BAO H, WANG W, DONG L, et al. Vlmo: unified vision-language pre-training with mixture-of-modality-experts[J]. Advances in Neural Information Processing Systems, 2022, 35: 32897-32912.

[20] DRIESS D, XIA F, SAJJADI M S M, et al. Palm-e: an embodied multimodal language model[J]. arXiv preprint arXiv: 2303. 03378, 2023.

第13章

可信人工智能

随着人工智能技术的快速发展和广泛应用，其公正性、透明性、责任性、隐私保护和安全性等问题逐渐引起人们的广泛关注。为了确保 AI 技术的可靠性和信任度，可信人工智能应运而生，并成为当今人工智能研究和应用中的一个关键领域。本章将从本质可解释模型和事后可解释方法出发，详细介绍可解释人工智能的内涵；同时围绕人工智能隐私安全，详细介绍网络中的链路窃取攻防和针对机器学习模型的成员推测攻防两个典型案例。

●●●➡ 本章学习重点

- 可解释人工智能。
- 人工智能隐私安全。

13.1 可解释人工智能

可解释人工智能（Explainable Artificial Intelligence，XAI）是当今机器学习领域的研究热点之一。其研究目标是寻求对模型工作机理的直接理解，打破人工智能的黑盒特性（见图 13.1）。近年来，可解释性的相关论文数量显著上升，各领域的国际顶尖会议纷纷开设了可解释性方向的专题。自 2018 年开始，可解释人工智能技术逐步渗透到多个应用领域，显示出其重要性和实用性。

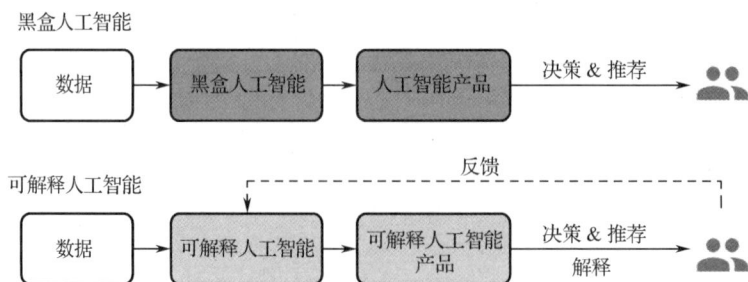

图 13.1　可解释模型与黑盒模型

通常情况下，机器学习模型的黑盒特性使人们无法清楚地阐明计算机的决策路径，也无从判断模型做出的决策是否合理合法。这在很大程度上限制了人们从模型的结果中学得清晰且易于理解的知识的可能性，也令人们无法通过对某些特征的调整得到满意的输出结果。但以上需求在很多应用场景中极为重要。例如，在医疗诊断领域，只有明确模型诊断的依据，才能保证诊断结果的合理性，从而帮助医生对症下药。除此之外，在辅助驾驶和金融信贷等领域，同样需要可解释的人工智能算法来提高模型性能、规避风险。在这样的背景下，可解释人工智能技术应运而生。

13.1.1　可解释性概述

1. 可解释性的定义

2017 年举办的国际机器学习会议将可解释性定义为 "Interpretation is the process of giving explanations to Human"。可解释性，顾名思义，就是让人类能够理解模型的决策过程或决策结果的性质。理论上，人们追求对每个结构和参数的解释。在实际任务中，可解释性主要体现在人们所关心的关键变量和重要的决策路径上。

2. 为什么需要可解释性

主观上，人们对可解释性的需求主要来源于对问题和任务的了解不够充分。客观上，机器学习模型的海量参数和复杂结构往往会构成黑盒模型，这一点在深度学习中尤为显著。在这样的背景下，如果人们不清楚模型为什么做出某个决策，就无法完全信任该决策，也很难回答如何通过改变行为（输入）让模型的决策向人们所期望的方向转变这一问题。同时，这也不利于人们通过机器学习发现知识。

3. 可解释性的评价标准

在对可解释性进行研究时，并不能用量化的方法（数值）来衡量模型的可解释性，但可以考虑通过提高模型在以下几个定性概念上的表现提升其可解释性。

（1）信心（Confidence）。当用户认为模型对数据的判断和自己的判断一致，即模型对输入特征重要性的判断及从输入到输出的决策路径能被用户理解时，模型便有了很强的可解释性，用户对模型也更有信心。

（2）信任（Trust）。当模型在数据预测结果的准确性和稳定性上长期表现良好，即模型一直可以对数据实现符合预期的准确预测时，便在一定程度上体现了"好的就是对的"这一观点。此时，同样可以认为模型的可解释性很强。

（3）安全（Safety）。当模型一直正常运转，没有对用户和社会造成负面影响，并且在异常情况下能够保持较高的可靠性，或者能够提供关于输入如何影响决策的反馈时，便具有很高的安全性。很多应用场景对模型安全性的要求很高（如自动驾驶领域），此时以上特征便显得尤为重要。

（4）道德（Ethic）。模型的决策不应违反用户定义的道德准则。例如，在对某些模型进行解释时，用户希望其决策是没有偏见的。当模型使用的数据和结构能够避免偏见的影响时，就可以认为模型在道德上站得住脚。图 13.2 为可解释性的必要特征。

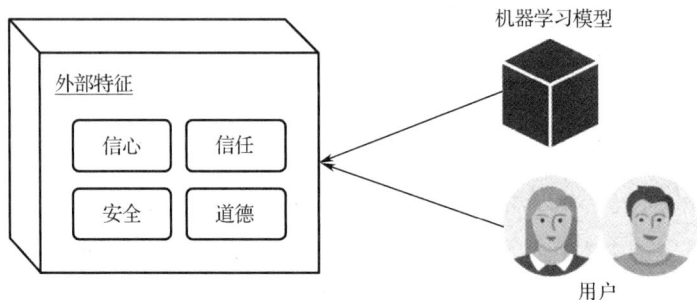

图 13.2　可解释性的必要特征

目前，对可解释性的评估并没有合理的可量化方式。因为可解释性很难被定义，所以不同研究者对可解释性的理解及不同场景下所需的可解释性有所不同。虽然从整体上对可解释性评估进行量化定义存在困难，但对特征归因这类特定的可解释方法而言，专家们提出了一些量化方法，如敏感度、完整性等，以期定量地刻画可解释性。

4．可解释方法的分类

根据解释方法发生于结果产生之前还是之后，可将可解释方法分为建模前的可解释方法、本质可解释方法和事后可解释方法。

1）建模前的可解释方法

建模前的可解释方法侧重于对原始数据的分析。这类方法通常基于统计分析来辅助决策，比较注重对数据可解释性的探索。常用的方法包括数据可视化技术、可解释的特征工程、统计数据分析、探索性数据分析等。这类方法以数据分析和可视化为特点，利用聚类、降维、统计分析等算法实现对数据的解释。例如，MMD-critic 是一个可扩展的原型和批评选择框架，可以帮助人们找到数据中一些具有代表性或不具代表性的样本，提高机器学习方法的可解释性。最大平均差异（Maximum Mean Discrepancy，MMD）是一种衡量不同分布之间差异的方法。MMD-critic 通过测量样本与任何选定子集之间的最大平均差异，找出具有代表性的样本，再找出与代表性样本差异最大的同类样本，并将其定义为不具代表性的样本，从而帮助人们理解数据（见图 13.3）。建模前的可解释方法的关键在于迅速且全面地了解数据分布的特征，预知在建模过程中可能面临的问题，从而选择一种最合理的模型来逼近问题所能达到的最优解。

2）本质可解释方法

本质可解释方法将模型解释作为模型设计的任务之一，将解释根植于模型架构的设计和训练过程中，使模型本身具有解释能力。在理想情况下，人们希望模型本身可以直接为其产生的结果提供解释，将解释作为模型的一部分，或者使其很容易从模型架构中派生出来。相较于事后可解释方法，这类方法可以将可解释性的标准作为优化目标放入模型中，使模型不仅能够学习每个输入的准确输出，而且能够学习并生成在保真度、简约性等方面表现良好的解释输出，从而提高模型的可解释性。

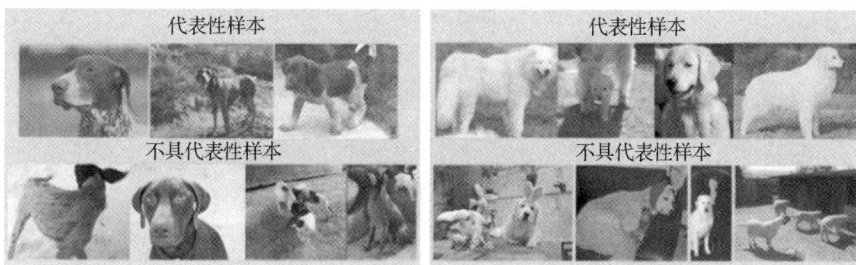

图 13.3　两种狗的代表性样本与不具代表性样本

3）事后可解释方法

事后可解释方法是指在模型训练后运用解释方法，如置换特征重要性。这类方法直接将现有的模型当作一个黑盒，在一定输入输出的基础上，通过观察模型的行为推断它到底为什么会产生某个结果，由此建模模型的可解释性。可以从不同的角度对事后可解释方法进行进一步分类。

（1）根据解释方法是否只针对特定的模型类型进行解释，可以将事后可解释方法分为特定于模型的可解释方法和与模型无关的可解释方法。

特定于模型的可解释方法仅限于特定的模型类型，如线性模型中回归权重的解释就是特定于模型的解释。仅用于解释一类特别模型的工具（如对神经网络的解释）也是特定于模型的。与模型无关的可解释方法可用于任何机器学习模型，并在模型训练之后应用（事后的）。与模型无关的可解释方法通常通过分析特征的输入和输出完成工作，无法访问模型的内部信息，如权重或结构信息。

（2）根据解释方法解释范围是包含整个模型还是针对其子集，可以将事后可解释方法分为局部可解释方法和全局可解释方法。

在局部可解释方法中，预测与特定特征之间的关系可能是线性的或单调的，而不是某种复杂的依赖关系。例如，房屋的价格可能与它的面积大小呈非线性关系。但是，如果只查看一套特定的 100 平方米的房屋，那么对于该数据子集，模型预测可能与面积呈线性关系。可以通过模拟增加或减少 10 平方米的房屋面积预测价格是如何变化的，从而发现这一点。因此，局部可解释方法往往比全局可解释方法更准确。全局可解释方法需要应用算法知识、数据和训练完备的模型。这种级别的可解释性基于对模型特征和每个学习部分（如权重、其他参数和结构等）的整体认知来理解模型是如何做出决策的。全局可解释方法试图解释哪些特征很重要，以及它们之间有什么样的交互作用，有助于基于特征理解目标结果的分布。

13.1.2 本质可解释方法详述

本质可解释方法是指模型或随模型架构进行的训练任务由于其设计结构而具有天然的可解释性。下面将介绍几种典型的本质可解释方法。

1. 基于单个特征的方法

线性回归模型将目标预测为特征输入的加权和，从这一特征出发，很容易解释模型学到的线性关系。单个特征的变动对输出的影响为该特征在线性关系中的系数。例如，对于系数为 $\beta_i = 1$ 的特征 x_i，当 x_i 增加 δ_x 时，预测值增加 $\beta_i \times \delta_x$。在房价预测中可解释为：房屋面积（x_i）每增加 10 平方米，房屋售价增加 10 万元（$y = \beta_i \times \delta_x$）。但在实际应用中，线性模型是否适用还取决于数据在多大程度上符合线性、正态性、同方差性、独立性、固定特征等限制，并且不存在多重共线性。此外，由于线性模型只能表达线性关系，每个非线性关系或交互关系都必须由人工合成，并作为明确的输入特征提供给模型。

在线性回归模型的基础上，逐渐衍生出了一系列模型以适应真实世界的数据，如逻辑回归、广义线性模型、广义加性模型等。它们在更好地拟合数据的基础上，一定程度上保留了线性模型可解释性的优点。但实际上，对线性模型加以修改不可避免地造成其可解释性降低。一些非恒等函数的连续函数会使解释变得复杂（如 x 对 y 的影响变成 x 对 $\log y$ 的影响），交互也会增加解释的难度，非线性特征效应会使解释不再易于被理解，并且很难再使用单个数字来衡量特征的影响。

2. 基于规则的方法

1）决策树

决策树可由多种方法生成。不同的方法在树的结构（如每个节点的分割数量）、分割标准、何时停止分割及如何估计叶子节点内的简单模型等方面存在差异。常用的决策树生成算法有 CART、C4.5 等。决策树的可解释性显而易见，对特定的样本，只需要从根节点出发，依据条件阈值不断将其划入更小的子集，即将决策路径分解为每个特征的组成，便可以解释决策树的单个预测。可以通过树跟踪决策路径，并根据每个特征在各节点上的分裂贡献来解释模型的预测。对图 13.4 所示的决策树而言，当结果为"不能贷款"这一节点时，可以追踪其决策路径从而给出解释：用户年收入少于 20 万元，且无房产，所以不能贷款。

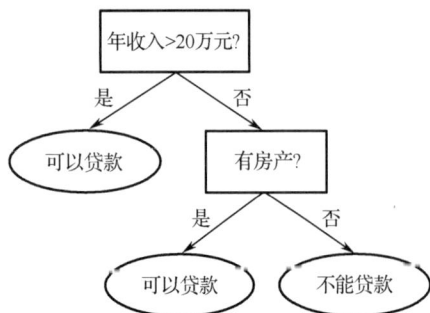

图 13.4　决策树

相较于线性回归模型，树结构更容易体现特征的交互，并且便于进行更自然的可视化。

但是树模型不擅长处理线性关系，只能通过分割近似，这导致树模型缺乏平滑度。此外，当使用多棵树共同决策或树体系过于庞大时，树结构的解释性会受到限制。

2）决策规则

决策规则是一系列"if-then"语句的集合，通过决策列表或决策集决定输出。从数据中学习决策规则的方法有很多种，如 OneR、顺序覆盖、贝叶斯规则列表等。if-then 规则很容易解释，具有和决策树类似的表达能力，但比决策树更紧凑。该方法的研究以解决分类问题为主，很大程度上忽视了回归问题。此外，与决策树类似，决策规则并不善于处理线性关系。

3）RuleFit 方法

RuleFit 方法从数据集中生成一系列决策规则，并由这些规则和原始特征共同组成线性模型。这种方法自动将特征交互添加到线性模型中，解决了需要手动添加交互的问题，解释方法与线性模型相同。RuleFit 的具体运行步骤如下所示。

首先，生成规则。RuleFit 方法从原始特征中生成一组新特征。这些特征是二进制的，可以表示原始特征之间非常复杂的交互关系。具体生成方式是对树进行拆解，直到树的任一节点都可以生成一条决策规则，也可理解为规则是从协变量矩阵 X 中自动生成的。

然后，构建稀疏线性模型。由于通过拆解不同的 RuleFit 所训练的多棵树产生的规则是海量的，为避免过拟合及得到过于复杂的解释，通常使用正则化方法（如 LASSO 等）对模型进行约束。

但是，即便使用正则化方法对模型进行约束，RuleFit 方法生成的规则有时仍然过多，导致可解释性随着特征数量的增加而降低。除此之外，由于线性模型的可解释特性，当研究某一特征的影响时，也暗含了其他特征的固定假设。而 RuleFit 方法所生成的决策规则可能因此产生矛盾。例如，"成绩大于 80 分"和"成绩大于 90 分且是三好学生"两个条件，当前者不满足时，按照线性模型的解释方法研究后者权重变化对结果的影响是没有意义的。

3．基于实例的方法

1）贝叶斯实例模型

贝叶斯实例模型可以将样本分组，分别找出每组中具有代表性的样例和重要的子空间，并利用具有代表性的样本解释聚类和分类结果。但该模型挑出来的样本可能不具有代表性，并且有过度泛化的倾向。

2）朴素贝叶斯分类器

朴素贝叶斯分类器中使用的是条件概率贝叶斯定理。它能够独立地计算每个特征的概率，这相当于进行了特征独立性的强假设。由于朴素贝叶斯是一个条件概率模型，外加独立性假设，它可以通过对条件概率的解读进行解释，更好地观测每个特征对特定类别预测的贡献。

3）K 近邻方法

K 近邻方法通过数据点在样本空间中的最近邻进行预测，可用于分类和回归任务。K 近邻方法在使用中的难点在于如何确定 K 值，以及以何种指标来衡量数据点之间的距离。当实例包含的特征较少或所有特征被简化为最重要的少量特征时，K 近邻方法具有良好的可解释性。

4. 基于稀疏性的方法

基于稀疏性的方法的代表是基于图稀疏性的 LDA（Graph-sprase LDA，G-LDA）方法。该方法利用信息的稀疏性特质，将模型尽可能简化表示。以图 13.5 为例，"癫痫"是一个很好的概念，用来总结癫痫作为一个大类疾病的各种具体表现形式。病人患有癫痫也可以解释为"中枢神经系统紊乱"甚至"疾病"的实例。G-LDA 方法根据具有层次性的单词信息形成了层次性主题表达，这样一些小的主题就可以被更泛化的主题所概括，从而使人们更容易理解特定主题所代表的含义。

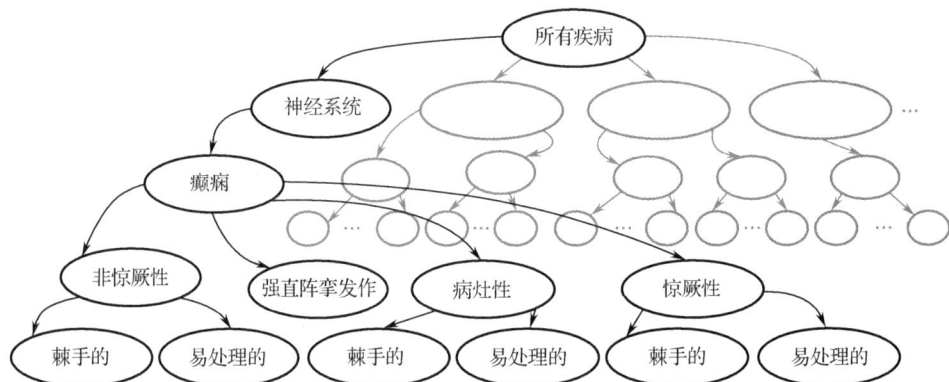

图 13.5　简化的 ICD9-CM 诊断层次结构

5. 注意力机制

部分学者将注意力机制引入深度学习模型中，通过注意力权重的可视化进行模型可解释性表示。权重的高低与对应位置信息的重要程度相关，高权重的输入单元对输出结果有决定性作用。注意力机制在给定输入中学习特定的权重条件分布，并将该加权向量作为模型的输入。模型可以通过余弦相似度、矩阵点积等方法计算注意力权重。不过，现阶段关于将注意力机制输入模型的运行方式是否构成可解释方法尚存在争议。反对者认为如果使用注意力作为解释的目标是忠实地为输入记号（token）分配重要性权重，还不如使用为实现该目标而设计的众多现有输入显著性方法。因此，对注意力机制是否构成可解释方法有待进一步探讨。但需要注意的一点是，在不同的任务上，注意力机制发挥的作用不同，因此解释效果也有所不同，无法一概而论。即便针对同一个预测，也可能通过一定的方法获得不同的注意力解释。

6．共同训练模型

共同训练模型是在原始模型的基础上添加一个额外的训练任务与原任务共同训练。额外的训练任务用于提供直接或间接的解释。根据提供的解释不同，共同训练模型总体可分为以下三类。

- 文本解释类：训练任务直接提供自然语言格式的解释。
- 关联解释类：将输入的元素或中间特征与人类可以理解的概念或目标联系起来，或者直接与模型的解释联系起来。
- 原型解释类：输出为输入特征与原型特征对比后产生的解释。这类模型首先会学习一个具有明确语义的原型作为预处理步骤，然后通过输入特征与原型特征的对比产生模型的解释。

视觉问答解释（Visual Question Answering Explanation，VQA-E）是在视觉问答（VQA）的基础上扩展而来的，是文本解释类共同训练模型的典型代表。它可以同时训练模型和语言的解释器。当为模型提供一些多模态的输入（如图像或视频）时，模型在输出结论的同时输出对结论的解释。VQA-E 的训练过程如图 13.6 所示。首先，分割图像并对数据问题用预先训练好的 VQA 组件进行结果预测。然后，将经过嵌入的问题、答案和 VQA 参与的特征关联起来，以生成文本解释。在训练过程中，仅使用与模型预测结果一致（通过梯度方法评估）的人工解释作为监督信号，即接受与预测结果联系更紧密的解释，拒绝关注图像其他部分的解释。

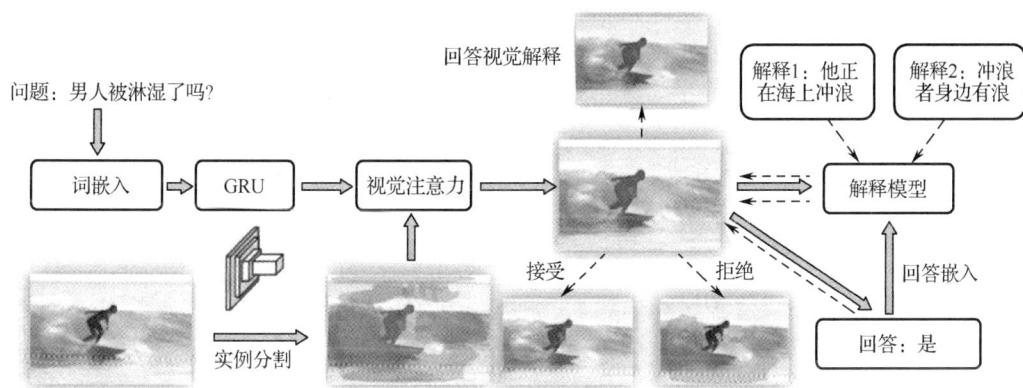

图 13.6　VQA-E 的训练过程

13.1.3　事后可解释方法详述

事后可解释方法是指在模型训练完成后对其可解释性进行分析，涉及模型的输入输出、结构、中间权值等。

1. 特征归因

对于分类模型 $y = M(\boldsymbol{x})$，$y = [y_0, y_1, \cdots, y_i, \cdots, y_{(n-1)}]$，其中 y_i 是预测 $\boldsymbol{x}$ 为 y_i 类的分数，总共有 n 个类。给定一个类 c，特征归因方法试图通过计算每个特征 x_i 对 y_c 的贡献分数解释 y_c。尽管由于归因方法的不同，$\boldsymbol{x}$ 中的每个特征可能得到不同的归因得分，但具有正归因得分的特征普遍被解释为 $\boldsymbol{x}$ 中的重要部分，而具有负归因得分特征的存在降低了模型预测 y_c 的信心。特征归因的方法主要包括以下几种。

1）激活最大化

激活最大化（Activation Maximization，AM）是一种卷积神经网络可视化方法。可以认为每个神经元都负责提取一定的特征，即这种特征的出现和该神经元激活值的增大同时出现。AM 通过找出能使某一神经元激活值最大的输入实现可解释性。针对深度神经网络中的某一神经元，可以通过优化输入 $\boldsymbol{x}$，使该神经元的激活值最大化。优化后的 $\boldsymbol{x}$ 是输入空间中能够最大限度地激活特定神经元的特征表示，通过对优化后的 $\boldsymbol{x}$ 进行观测，对特定神经元的含义进行解释。迭代地改变输入 $\boldsymbol{x}$ 来最大化神经元的激活函数，表达式为

$$\boldsymbol{x}^* = \arg\max_{\boldsymbol{x}} a_{i,j}(\theta, \boldsymbol{x}) \tag{13-1}$$

式中，$a_{i,j}(\theta, \boldsymbol{x})$ 表示第 i 层第 j 个卷积的激活，其是关于输入 $\boldsymbol{x}$ 的函数。通过梯度上升的方法求最优解，表达式为

$$\boldsymbol{x}' = \boldsymbol{x} + \eta \frac{\partial a_{i,j}(\theta, \boldsymbol{x})}{\partial \boldsymbol{x}} \tag{13-2}$$

式中，η 表示学习率。

在这一过程中，需要人为设定超参数的值，即学习率和迭代次数。需要注意的是，求解出来的可视化输入可能存在辨识度不高的问题，这是由于一些极值像素点、结构化的高频模式有可能导致较大的激活值。为了解决这个问题，应限制预测结果与真实图像尽可能相似，对此通常需要引入相关的正则项。

2）反卷积

反卷积最初应用于无监督学习，是一项用于逆向卷积操作的技术，通常在使用卷积神经网络的模型中使用。反卷积过程如图 13.7 所示。它的核心思想是使用与卷积过程中使用的卷积核相同的参数，但是进行转置操作，以重建原始输入的过程。这种操作可以用来可视化卷积神经网络的中间层输出，或者执行图像重建等任务。然而，需要注意的是，由于卷积过程中的信息丢失，反卷积并不能保证完全还原原始输入的数值，而只能保证原始输入的形状。反池化是指将最大池化层替换为反池化层，用于逆向最大池化操作。池化的具体操作是将一定区域中的最大值取出来，其本质是不可逆的过程（由于信息丢失）。反池化则是记录最大激活值的坐标，然后将池化时取出的值放回原区域，并在其他位置填 0。反激活通常使用 ReLU 作为激活函数，即只保留正值，其余值填 0。通过"反池化—反激

活—反卷积"这个逆过程，实现在输入空间可视化更高维度的特征。

总体来说，反卷积是一种特殊的卷积操作，其实质是转置卷积的过程。若原始的卷积核为 C ，则后一层和前一层的关系为

$$X^{l+1} = CX^l \tag{13-3}$$

在反向传播的过程中，C^{T} 可以表示为卷积层对输入层的梯度。对卷积层进行适当的补 0 操作，再使用经由原始卷积核转置之后的卷积核进行卷积操作，就可以得到相应的梯度矩阵与当前卷积层的乘积。这里使用"反池化—反激活"之后的特征（其中包含大部分为 0 的数值）进行该操作，表征原始输入对池化之后的特征的影响，因为在反激活过程中保证了所有值非负，所以在反卷积过程中符号不会发生改变。

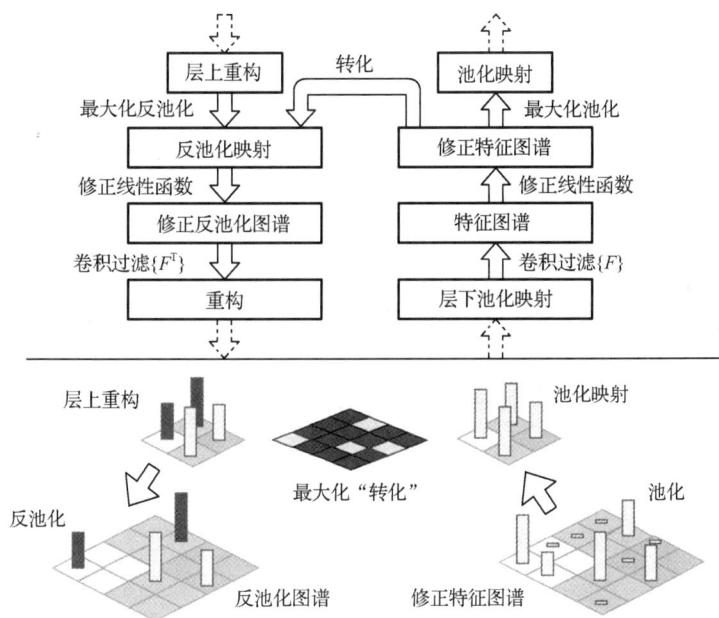

图 13.7　反卷积过程

反卷积方法有效的实质在于，通过"反池化—反激活—反卷积"这个逆过程，去掉了大量不影响当前神经元的值（改为 0），仅保留对神经元结果有贡献的输入，从而在一定程度上实现了在输入空间可视化更高维度的特征。

3）层级相关性传播

层级相关性传播（Layer-Wise Relevance Propagation，LRP）通过创建显著图衡量每个输入特征与网络输出的相关性，通过网络上的反向传递进行计算。对 $\epsilon-\mathrm{LRP}$ 来说，用 r_i 表示第 l 层第 i 个神经元的相关性得分，LRP 从输出层 L 开始，将目标神经元 c 以外神经元的相关性得分均设置为 0。则有

$$r_i^{(L)} = \begin{cases} S_i(\boldsymbol{x}), & \text{第} i \text{个神经元是关注的目标神经元} \\ 0, & \text{其他} \end{cases} \tag{13-4}$$

LRP 逐层向前传播，在每层重新分配预测分数 S_i ，直至到达输入层。相邻层相关性得

分的再分配规则为

$$r_i^{(l)} = \sum_j \frac{z_{ji}}{\sum_i (z_{ji} + b_j) + \epsilon \mathrm{sign}\left(\sum_i (z_{ji} + b_j)\right)} r_j^{(l+1)} \qquad (13\text{-}5)$$

式中，$z_{ji} = w_{ji}^{(l+1,l)} x_i^{(j)}$ 是神经元 i 对下一层神经元 j 的加权激活，b_j 是神经元 j 的额外偏差。为避免数值不稳定，在分母上加一个系数 ϵ。到达输入层后，最终得分定义为 $R_i^c = r_i^{(l)}$。常见的 LRP 方法还有深度泰勒分解，其将可微的目标函数通过泰勒展开进行近似，然后通过特征项的系数衡量上一层节点的相关性得分。由此，后一层节点的相关性得分可以通过反向传播生成前一层的相关性得分。通过逐层执行这一分解方法，计算出相对于输入空间的相关性得分。

4）深度学习重要特征

深度学习重要特征（Deep Learning Important Features，DeepLIFT）是一种重要的基于反向传播的方法，与 LRP 类似。DeepLIFT 用反向传播方法为每个神经元 i 赋予一个因子，代表在原始网络输入 $\boldsymbol{x}$ 处激活的神经元相对于在基准输入 $\bar{\boldsymbol{x}}$ 处激活的神经元的相对效果。所有隐藏神经元的参考值 $\bar{z}_{ji}$ 都是通过网络向前传播确定的，使用基准 $\bar{\boldsymbol{x}}$ 作为输入，并记录每个神经元的激活情况。在 LRP 方法中，基准输入通常被设置为 0，即将式（13-6）中的 $S_i(\bar{\boldsymbol{x}})$ 设置为 0。

$$r_i^{(L)} = \begin{cases} S_i(\boldsymbol{x}) - S_i(\bar{\boldsymbol{x}}), & \text{第} i \text{个神经元是关注的目标神经元} \\ 0, & \text{其他} \end{cases} \qquad (13\text{-}6)$$

层间的传播方式为

$$r_i^{(l)} = \sum_j \frac{z_{ji} - \bar{z}_{ji}}{\sum_i z_{ji} - \sum_i \bar{z}_{ji}} r_j^{(l+1)} \qquad (13\text{-}7)$$

式中，$\bar{z}_{ji} = w_{ji}^{(l+1,l)} \bar{x}_i^{(j)}$ 是当基准输入 $\bar{\boldsymbol{x}}$ 被输入网络时，神经元 i 对神经元 j 的加权激活。

5）积分梯度

积分梯度的提出是为了弥补传统基于梯度的可解释性方法的一个缺陷——梯度饱和。直接使用输出对输入的梯度作为特征的重要性会导致梯度饱和的问题。而积分梯度通过对梯度沿不同路径进行积分，捕捉到非饱和区域的非零梯度对决策的重要性贡献。积分梯度体现了一种思考，即人们想探索哪些特征对决策是重要的，那么相对的重要性比绝对的重要性更被人们看重。因此，在衡量原始网络输入 $\boldsymbol{x}$ 的各个分量的重要性时，需要设置一个基准输入 $\bar{\boldsymbol{x}}$，很多时候 $\bar{\boldsymbol{x}}$ 被设置为 0，也可以被设置为样本的均值。$F(\bar{\boldsymbol{x}})$ 和 $F(\boldsymbol{x})$ 是将两者输入模型的结果，积分梯度将两者的差定义为 $\boldsymbol{x}$ 移动到 $\bar{\boldsymbol{x}}$ 的成本。为了得到两者更精确的差值（相较于使用泰勒展开的普通方法），定义 $\gamma(\alpha), \alpha \in [0,1]$ 是连接 $\boldsymbol{x}$ 与 $\bar{\boldsymbol{x}}$ 的一条参数曲线，且 $\gamma(0) = \boldsymbol{x}, \gamma(1) = \bar{\boldsymbol{x}}$。则可将 $F(\bar{\boldsymbol{x}}) - F(\boldsymbol{x})$ 转化为

$$\sum_i \int_0^1 [\nabla \gamma F(\gamma(\alpha))_i][\gamma'(\alpha)]_i \mathrm{d}\alpha \qquad (13\text{-}8)$$

可将式（13-8）视为所有分量重要性度量之和。当设定 $\gamma(\alpha)$ 为一条直线，并将式（13-8）拆分开（不进行 $\sum\limits_{i}$ 的加和）时，则得到积分梯度方法下第 i 个分量的重要性度量。

2．扰动分析

扰动分析的方法主要有以下几种。

1）基于扰动的方法

基于扰动的方法直接计算一个（或一组）输入特征的属性，去除、屏蔽或改变它（或它们），并对新的输入进行前向传递，测量其与原始输出的差异。

2）遮挡敏感性

遮挡敏感性是一种通过在图像上设置遮挡观察输出的变化确定遮挡部分输入是否重要的方法。Zeiler 和 Fergus 提出的方法是扫描图像上遮挡像素的灰色贴片，并观察当贴片覆盖不同位置时模型的预测如何变化：当贴片覆盖了一个关键区域时，如博美犬类的狗脸、汽车轮胎类的汽车轮胎，预测性能就会显著下降（见图 13.8）。这种方法可视化地描述了图像的区域相对于分类标签的灵敏度。

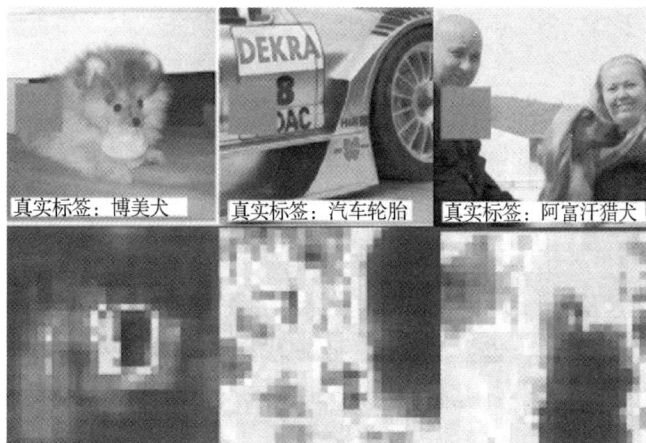

图 13.8　遮挡敏感性

3）表示擦除

表示擦除由 Li 等于 2016 年提出，专注于为自然语言相关的任务提供解释。该方法通过删除一个单词或将维度设置为 0 删除信息，并相应地观察其对模型预测的影响，衡量每个输入单词或中间隐藏激活的每个维度的有效性。强化学习用于通过寻找文本中导致神经网络决策变化的最小变化评估多个单词或短语组合的影响。

4）有意义的扰动

有意义的扰动类似遮挡敏感性，但不同于后者在图像上设置灰色遮挡的方案，该方法提出了三种从输入图像中删除部分特征信息的方式：①将一个区域的值均设置为同一个指定的常数；②在指定区域添加噪声；③将指定区域进行模糊化处理。

5）预测差异分析

预测差异分析通过衡量样本被预测为某一类别的概率与忽略特定特征后生成相同预测结果的概率之间的差异，评估特征对预测结果的影响。具体而言，预测差异分析对通用的基础算法进行了一定的改进。基础算法如下。

首先，使用边际概率计算 $p(c\,|\,\boldsymbol{x}_{-i})$ 和 $p(c\,|\,\boldsymbol{x})$ 之间的预测差异，以评估特征 x_i 对 c 类的影响。其中

$$p(c\,|\,\boldsymbol{x}_{-i}) = \sum_{x_i} p(x_i\,|\,\boldsymbol{x}_{-i})p(c\,|\,\boldsymbol{x}_{-i},x_i) \quad\quad (13\text{-}9)$$

用以计算上述两个概率的相对概率。

然后，将两者取对数后做差，将值定义为特定特征带来的差异程度，即

$$\text{Diff}_i(c\,|\,\boldsymbol{x}) = \log_2(\text{odds}(c\,|\,\boldsymbol{x})) - \log_2(\text{odds}(c\,|\,\boldsymbol{x}_{-i})) \quad\quad (13\text{-}10)$$

从而衡量特定特征对预测结果的贡献程度。式中，$\text{odds}(c\,|\,\boldsymbol{x}) = \dfrac{p(c\,|\,\boldsymbol{x})}{1 - p(c\,|\,\boldsymbol{x})}$。

预测差异分析从以下三个方面进行了改进：①考虑到图像的高度像素依赖性，采用小块采样代替像素采样；②考虑到神经网络对单个像素的鲁棒性，通过去除小块代替单个像素衡量预测的影响；③通过改变给定中间层的激活测量中间层的效果，并评估对后续层的影响。

3. 模型蒸馏

模型蒸馏（Model Distillation）是指用可解释模型或方法对黑盒模型进行拟合。给定同样的输入，用可解释模型或方法尽可能得到与黑盒模型一致的输出，"蒸馏"出黑盒模型中的知识，从而实现对黑盒模型的解释，如图13.9所示。一般来说，经过蒸馏的模型（代理模型）会在相同的数据集上模仿黑盒模型的行为或性质。虽然代理模型可能很简单，但仍然具备较好的性能，同时提供一个解释。根据代理模型是对全部数据的子集进行分段拟合还是对全部数据进行拟合，可以将模型蒸馏进一步分为局部近似（Local Approximation）和模型翻译（Model Translation）。

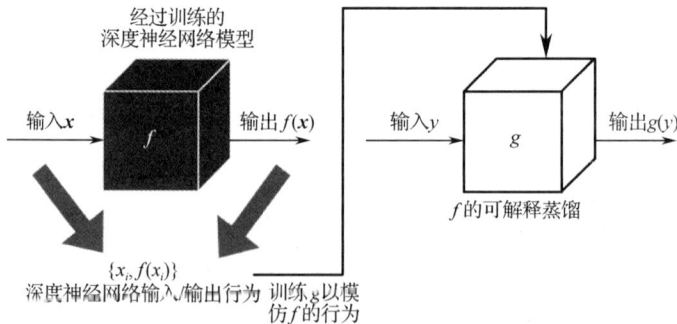

图 13.9 模型蒸馏

1）局部近似

局部近似的本质是学习一个更简单的模型，它的输入/输出行为模仿黑盒模型的一小部

分输入数据。这种方法在拟合黑盒模型的局部区域时，相较于从整体上对其进行拟合更容易。给定一个足够密集的局部输入数据，可以使用分段线性函数来近似描述这个局部区域的函数关系。黑盒模型在这个局部区域的行为可以简化为一组可解释的线性模型，这样就能更好地理解和解释黑盒模型在这个特定局部区域的工作原理。

　　最著名的局部近似方法是局部代理模型。一般训练局部代理模型的步骤如下：①选择用于训练黑盒模型的数据集中感兴趣的样本点；②对样本点进行一定范围内的扰动处理，形成新的样本集合，并用黑盒模型获得预测值；③根据新样本与感兴趣的样本的接近程度对新样本进行加权；④在加权后的新数据集上训练一个本质可解释的模型，并通过解释该代理模型解释黑盒模型。

　　目前局部代理模型仍处于开发阶段，尚不成熟，虽然显示出了强大的优势，但也存在诸多尚未解决的问题。局部代理模型的优势有以下两个。首先，它是少数能够同时使用表格数据、文本数据和图像数据的可解释方法之一，具有广泛的适用性。其次，它在替换底层的机器学习模型之后仍然可以保持不变，继续进行解释。例如，人们第一次使用 XGBoost 模型进行预测，并建立了局部代理模型进行解释，然后发现神经网络模型的预测效果比 XGBoost 更好并用其替换了 XGBoost 模型，此时的局部代理模型不用重新训练。局部代理模型的缺陷包括：正确定义样本的扰动范围是一个难题；要解释模型的复杂性，必须事先定义相关参数等。总之，局部代理模型是一个很有应用前景的模型。

　　2）模型翻译

　　模型翻译不在局部构造解释器，而是通过训练一个可解释的替代模型，在全局范围内学习原黑盒模型的输入/输出行为，以提供更全面的解释。

13.1.4　模型可解释性技术的应用领域

1．模型验证

　　对已学习好的模型进行泛化误差检验时，通常使用一个与训练集无交集的验证集，将模型在验证集上的误差近似看成模型的泛化误差。但鉴于数据误差或验证集可能与测试集服从相同的分布等，难以确定模型的决策依据的是人们并未察觉的一些噪声还是真正从训练数据中学到的有效知识。例如，在判断一个卡通形象是数码宝贝还是宠物小精灵的二分类实验中，分类器的准确率高得惊人，而人类几乎无法区分这两类卡通形象。使用显著图分析后发现，对分类更加重要的特征集中在未绘制卡通形象的空白区域。这实质上是因为上传两类卡通形象时图像的格式不同，模型仅依据图像格式将卡通形象划分为数码宝贝和宠物小精灵。类似的例子还有冰原狼和哈士奇的分类，由于验证集和训练集中的图像服从相同的分布，如果模型识别图像的背景为雪地，则将图像分类为冰原狼。显然，以上模型行为会给真实场景中模型的使用带来潜在的威胁，而使用可解释方法可以在一定程度上发现这些问题，并采取相应的对策进行改进。例如，可以在训练模型时引入归纳偏置，提高模型在预测阶段的泛化能力，从而使其能对未知样本做出正确的决策。也可以通过修正训练集分布消除数据中存在的偏差，并利用修正后的数据集重训练模型，达到消除模型决策偏差的目的。

2．模型诊断

由于机器学习模型尤其是深度学习模型的黑盒特性，人们往往难以基于充足的理由和充分的逻辑推理对模型进行调试与修改。由于超参数过多且意义不明，深度学习模型的调参过程往往被称作"炼丹"。这就让模型开发迭代的过程变得耗时且容易出错。而模型可解释性技术通过对模型内在结构的分析和对模型决策合理的解释，让分析、调试和修改模型的过程变得有迹可循。针对已发现的模型"漏洞"，可以基于模型诊断方法给出的推理结果，采取相应的措施对模型进行"治疗"，如提高训练数据的质量、选择可靠的特征及调整模型的超参数等。

3．辅助分析与知识发现

模型可解释性技术还可用于辅助分析与决策，以提高人工分析和决策的效率。如果能够成功"打开盲盒"，那么模型的高准确率就能转化为有效的知识为人们所用。在智慧医疗领域，许多学者尝试将深度学习和可解释性技术应用于构建自动化智能诊断系统，以辅助医护人员分析病人的医疗诊断数据，从而提高人工诊断的效率。Rajpurkar等提出的 CheXNet 方法利用深度学习对胸部 X 光片进行放射医师级肺炎检测，如图 13.10 所示。该方法的检测性能甚至超过了放射科医师的诊断水平。该方法通过将可解释性技术应用于解释检测系统的决策依据并可视化对应的解释结果，为医师分析病人医疗影像数据以快速定位病人的病灶提供了大量的辅助信息。Arvaniti等的研究结果表明，如果数据集的标签质量足够高，可以利用 CNN 模型成功地实现对前列腺癌组织微阵列的自动格里森分级。同时，利用可解释性技术给出自动分级系统的分级依据，可实现病理专家级的分级效果，从而为简化相对烦琐的分级任务提供支撑。

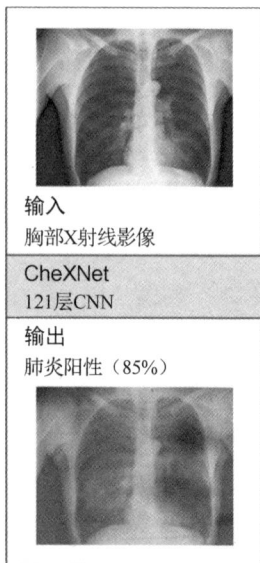

输入
胸部X射线影像

CheXNet
121层CNN

输出
肺炎阳性（85%）

图 13.10　CheXNet 对肺炎病灶的识别

在基因组分析领域，由于基因组学研究的不断进步而产生的数据爆炸给传统的基因组分析方法带来了巨大的挑战，同时给数据驱动的深度学习技术在基因组分析研究中的发展和应用带来了机遇。目前，深度学习在基因组分析中的应用凸显出了其强大的优势，一系列可视化策略可为研究人员分析 DNA 序列结构、组成成分与特定转录因子结合位点之间的关系提供了大量的辅助信息。Lanchantin 等将三种深度学习模型（CNN 模型、RNN 模型和 CNN-RNN 模型）应用于预测给定 DNA 序列中某一特定的转录因子是否有结合位点，提出了一套基于可解释性技术的可视化策略，用于解释对应的预测模型并从中提取隐含的序列模式。

在金融领域，某股份制银行对流失预警场景进行流失归因，通过实施可解释机器学习技术，大幅提升了模型对实际业务的支撑作用，实现了客户层级具体流失原因的输出，帮助银行制定更精准的挽留措施，降低客户流失率，给银行带来了巨大的经济价值。另外，在某银行风控流程的对公信用评级场景中，客户在银行的信用评级出现了降级情况，银行需要给出降级的具体解释。由于该银行使用的是黑盒模型，模型结果很难解释，影响了客户体验。通过采用可解释机器学习技术，该银行不仅可以在总体层面解释特征如何影响目标变量，还可以在单个样本层面解释用户信用评分的由来，从而大幅提升了用户体验。

此外，作为知识发现的重要手段，模型可解释性及其相关解释方法还被广泛应用于数据挖掘领域，以从海量数据中自动挖掘出隐含的新知识。这类研究的核心思想是，首先基于所研究的领域和科学目标构建海量数据集；然后对构建的数据集进行清洗，并利用机器学习模型从清洗后的数据中提取数据映射模式；最后利用解释方法从挖掘到的数据模式中识别代表新知识的模式，并利用可视化技术将新知识呈现给用户。

4．自然语言处理

在自然语言处理领域，一些方法被提出用于探索长短期记忆（LSTM）网络模型的有效性是来自统计启发法（如 N-Gram 模型）还是来自一般化知识（如基于规则的模型），并探讨 BERT 模型的运作方式等，从而使自然语言处理过程达到更好的解释效果。影响路径是指在循环神经网络中，由门和神经元之间的路径传播的关于感兴趣概念的因果关系说明。这些路径可以通过精细调整的归因和梯度分解技术加以研究，以理解在 LSTM 组件路径的语法上所做的数字一致概念处理。多部分模式和引导模式细化是两种用于解释神经模型内部运作方式的方法。前者将模型的输入或输出分解为多个部分，并分析这些部分之间的关系，以理解模型如何处理不同的语言元素。后者则通过在模型内部迭代地调整和优化模式，发现模型关注的特定元素或模式。这两种方法的结合可以体现 BERT 模型如何处理主谓一致和反身回指这类语境化语法概念。

5．时间序列

在处理时间序列数据方面，常用的可解释方法（基于梯度的方法和基于扰动的方法）无法提供高质量的解释，也无法在给定的时间点判定给定特征是否重要。如果一个特征在某时间点显示出很高的显著性，那么几乎所有其他特征也会在这个时间点显示出同样的特性。此外，模型的结构对生成显著图的质量有很大的影响。时间显著性缩放（Temporal Saliency Rescaling，TSR）方法作为时间序列可解释领域的基准方法被提出。TSR 方法认为常用可解释方法的失效源于时间域和特征域的合并，并据此提出了一个分为两步的方法，其主要思想是先计算出不同时间的重要性，再挑出一些重要性较高的时间，计算不同特征的重要性，并将时间重要性和特征重要性的乘积作为最终的相关性。具体步骤如下。首先，通过计算显著性值的总变化计算每个时间步长的时间相关性得分；然后，在时间相关性得分高于某一阈值的每个时间步中，通过计算显著性值的总变化量计算每个特征的相关性得分；最后，将时间相关性得分和特征相关性得分相乘，得到时间-特征重要性得分。

13.2 人工智能隐私安全

随着人工智能（AI）和机器学习（ML）等技术的广泛应用，隐私安全问题日益成为人们关注的焦点。首先，机器学习模型的训练依赖大量数据，而在数据采集、存储、处理过程中可能涉及个人隐私泄露、数据滥用等问题。例如，未脱敏的敏感信息在模型训练中被不当使用，或者通过模型逆向工程暴露原始数据。其次，攻击者可能利用对抗样本（通过微小扰动使模型误判）欺骗机器学习模型，导致其在自动驾驶、金融风控等关键场景中做出错误的决策。此外，模型窃取、模型中毒等针对模型本身的攻击手段对机器学习安全构成了威胁。保护个人隐私和防止数据泄露不仅是技术问题，也是伦理和法律问题。本节将探讨人工智能隐私安全中存在的主要问题和应对策略，并通过具体案例展示这些问题在实际中的表现和解决方法。

13.2.1 数据隐私和保护

在人工智能系统中，数据隐私保护是至关重要的。AI 模型通常需要大量的训练数据，其中可能包含敏感信息，如个人身份信息、医疗记录和金融数据。保护这些数据免受未经授权的访问和使用是 AI 系统设计中的一个关键环节。常见的数据隐私保护技术包括数据加密、访问控制、数据匿名化和差分隐私等。

1. 数据加密

数据加密是指通过使用加密算法对数据进行编码，使其在存储和传输过程中保持不可读状态。即使攻击者截获了数据，也无法读取其内容，除非拥有解密密钥。常见的加密算法包括对称加密（如高级对称加密）和非对称加密（如基于大数分解的非对称加密）。对称加密速度较快，适合大规模数据的加密，而非对称加密安全性更高，适合密钥交换和数字签名等场景。在人工智能应用中，加密技术可用于保护训练数据、模型参数和通信数据。

2．访问控制

访问控制是指通过设置权限和策略，限制数据的访问和操作，仅授权用户和系统能够访问敏感数据。常见的访问控制方法包括基于角色的访问控制和基于属性的访问控制。基于角色的访问控制根据用户角色分配权限，基于属性的访问控制则根据用户属性和环境条件进行动态权限管理。在 AI 系统中，访问控制可以确保只有授权的人员和系统能够访问与操作敏感数据，从而降低数据泄露的风险。

3．数据匿名化

数据匿名化是指通过去除或模糊处理个人身份信息，使数据无法直接关联到具体的个人。这种方法可以保护个人隐私，同时保留数据的分析价值。常见的数据匿名化技术包括数据屏蔽、伪装和聚合。例如，在医疗数据中，可以用随机生成的标识符替代患者的姓名和身份证号码。虽然数据匿名化可以降低数据隐私泄露风险，但仍存在重识别攻击的可能，需要结合其他技术（如差分隐私）进一步保护数据隐私。

4．差分隐私

差分隐私是一种保护数据隐私的数学框架，它通过在数据中引入随机噪声，确保单个数据记录的存在或不存在不会显著影响整体统计结果。差分隐私可以提供严格的隐私保证，防止攻击者通过查询数据集推断个体信息。差分隐私在 AI 系统中的应用包括训练过程中的噪声注入、查询结果的隐私保护和模型发布时的隐私保护。通过差分隐私，AI 系统可以在保护数据隐私的同时，提供有价值的统计和分析结果。

13.2.2　模型安全与攻击防护

除了数据隐私，AI 模型本身的安全也是一个重要问题。AI 模型可能成为攻击目标，攻击者可能通过各种手段破坏模型的正常运行或获取模型中的敏感信息。常见的攻击方式包括模型窃取攻击、对抗性攻击和成员推测攻击。

1．模型窃取攻击

模型窃取攻击是指攻击者通过查询模型并分析其输出，试图重构或盗取模型。攻击者可以利用公开的 API，通过大量查询和分析输出结果，推测模型的结构和参数。防御措施包括限制 API 调用频率、引入随机噪声和使用模型加密等技术。

2．对抗性攻击

对抗性攻击是指攻击者通过对输入数据进行微小的扰动，欺骗模型产生错误的输出。例如，在图像分类任务中，攻击者可以通过添加微小的噪声，使模型错误地将猫识别为狗。防御对抗性攻击的方法包括对抗性训练、模型集成和输入数据的预处理等技术。

3．成员推测攻击

成员推测攻击是指攻击者通过分析模型的行为，推测某些数据是否包含在训练集中。攻击者可以通过对比模型对特定输入的响应推测数据的来源。差分隐私是应对这种攻击的有效方法之一，它通过在训练过程中引入噪声，保护训练数据的隐私。此外，模型加密和访问控制可以有效减少成员推测攻击的风险。

13.2.3　案例分析：网络中的链路窃取攻防

1．背景介绍

图是一种强有力的表示工具，它能够有效地模拟网络中实体之间的复杂关系。例如，在医疗化学分析中，蛋白质的相互作用可以被建模为一个图，如图 13.11 所示。

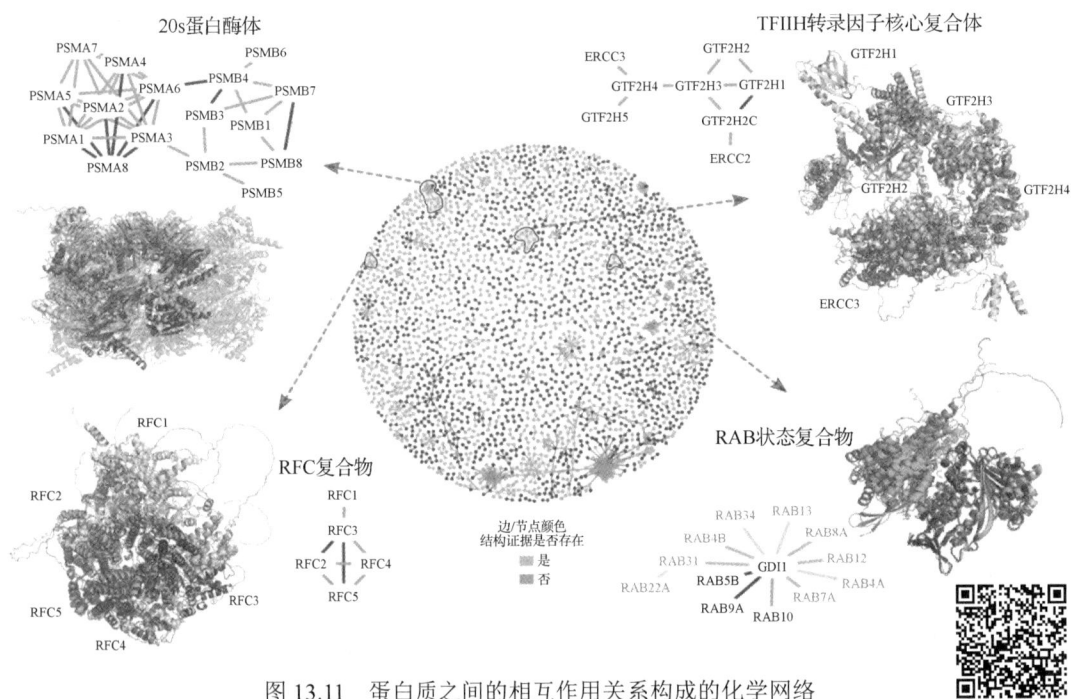

图 13.11　蛋白质之间的相互作用关系构成的化学网络

该图又称为化学网络。社交网络也可以被建模为一个图，其中节点是用户，边则表示用户之间的某些社交关系。一般而言，可以将网络数据视为数据所有者的知识产权，因为数据所有者可能花费大量资源与代价来收集这些数据。例如，构建化学网络通常需要进行大量昂贵且耗费资源的化学实验。此外，网络中可能包含敏感的用户信息，如用户之间的隐私社交关系。在现实生活中，许多社交网络平台为个人用户提供了向外界隐藏其与某些特定用户之间的社交好友关系的功能，Facebook 就是一个典型的例子，如图 13.12 所示。

随着近年来机器学习与人工智能等技术的兴起与不断发展，一系列用于图数据的分析与建模方法被提出，其中最著名的是图神经网络技术。给定一个图数据，图神经网络通过迭代地聚合图中节点邻域信息，有效地捕捉节点的属性特征及节点之间的连接关系特征，从而生成富含网络信息的节点向量表示。由于具有强大的表达能力，图神经网络技术被广泛应用于各种与图数据相关的领域，如医疗健康分析、金融欺诈检测、社交好友推荐、商品推荐等。

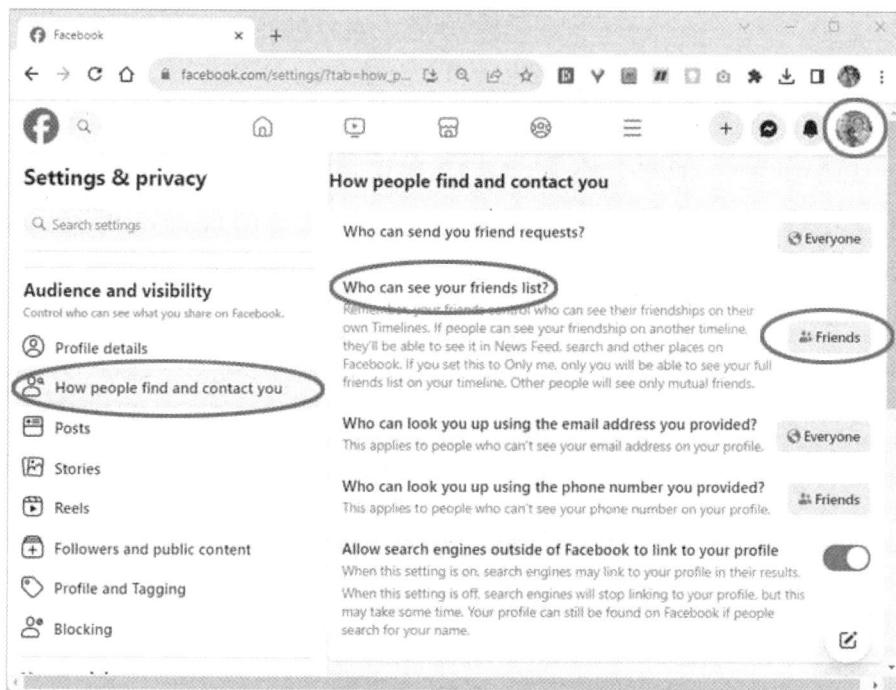

图 13.12　Facebook 用户可设置好友列表访问权限

然而，尽管图神经网络技术目前已经得到了广泛的研究与应用，但其隐私性与安全性尚未被充分地探索。近期有研究指出，图神经网络模型可能导致非常严重的隐私安全问题。具体而言，该研究设计了一系列攻击方法，并通过实验证明，一个只具有黑盒访问权限的图神经网络模型极有可能泄露其训练图数据中的链路信息，这种针对图数据链路信息的攻击方法也称为链路窃取攻击。如前文所述，一方面，网络的链路数据是其所有者的知识产权；另一方面，网络链路数据中可能包含用户的隐私信息，因此网络链路数据的泄露将侵犯数据所有者的知识产权，并对用户的隐私安全带来极大的风险。接下来将具体介绍针对图神经网络模型的链路窃取攻击方法及对应的防御方法。

2．针对图神经网络模型的链路窃取攻击方法

本案例所提出的链路窃取攻击方法的目的是根据目标图神经网络模型的输出推测其训练图数据的链路信息。具体而言，目标图神经网络是一个被训练用于节点分类的模型，攻击者拥有该目标图神经网络模型的黑盒访问权限，即能够获得任意目标节点分类结果的后验概率输出。攻击者可基于此输出推测训练图中任意节点对之间是否存在一条链路。这

种攻击场景在现实生活中是可能存在的。当一个组织（视为攻击者）能够使用来自另一个组织的图神经网络工具，或者图神经网络模型的预测结果在同一组织的不同部门之间共享时，攻击者能够对图神经网络模型进行黑盒访问。例如，一家社交网络服务提供商利用某家公司的工具来训练一个用于检测虚假账号的图神经网络模型，那么该提供商通常需要将（部分）节点的预测结果发送给该公司进行调试或优化，此时提供工具的公司就可作为攻击者对该提供商的网络链路数据进行推测攻击。

本案例所研究的网络链路窃取攻击问题可正式定义为如下形式。给定一个攻击者拥有其黑盒访问权限的图神经网络模型，记为 f，该模型通过在一个目标图数据集上训练得到。假设攻击者具有背景知识 $\mathcal{K}$，对于目标图数据中的任意一对节点 u 和 v，链路窃取攻击的目的是推测在目标图数据中节点 u 和 v 之间是否存在一条链路。

接着，本案例对攻击者可能具有的背景知识（以符号 $\mathcal{K}$ 表示）做出了一些假设，主要包括三个维度：训练图数据中各节点的属性特征（以符号 $\mathcal{F}$ 表示）、目标图数据的部分链路信息（以符号 $\mathcal{A}^*$ 表示），以及辅助数据集信息（另一个图数据信息，以符号 $\mathcal{D}'$ 表示）。根据攻击者背景知识的不同，本案例提出的链路窃取攻击方法可细分为 8 种，如表 13.1 所示。

表 13.1　链路窃取攻击方法分类

攻击方法	$\mathcal{F}$	$\mathcal{A}^*$	$\mathcal{D}'$	攻击方法	$\mathcal{F}$	$\mathcal{A}^*$	$\mathcal{D}'$
Attack-0	×	×	×	Attack-4	×	√	√
Attack-1	×	×	√	Attack-5	√	×	√
Attack-2	√	×	×	Attack-6	√	√	×
Attack-3	×	√	×	Attack-7	√	√	√

注：√和×分别表示攻击者具有、不具有该背景知识。

在具体介绍这 8 种链路窃取攻击方法之前，首先强调一下这些方法共同的基本思想：网络中存在链路的节点对之间的相似度总是相对高于不存在链路的节点对之间的相似度。这种相似度可能体现在节点的属性特征上，也可能体现在节点在网络中的结构特征上。基于以上基本思想，接下来将详细介绍这 8 种链路窃取攻击方法。

1）Attack-0：$\mathcal{K} = (×,×,×)$

在该攻击场景下，攻击者没有任何背景知识，仅能依据目标图神经网络模型的后验概率输出设计攻击方法。

前文提到，图神经网络本质上是通过聚合节点周围的邻域信息生成节点的表示。这就意味着如果两个节点之间存在一条链路的话，那么目标模型为它们产生的后验概率输出更接近。依据这个基本思想，本案例首先提出了一种无监督的攻击方法，通过计算两个节点后验概率之间的距离推测它们之间是否存在一条链路。具体而言，以节点 u 和节点 v 为例，计算距离 $d(f(u), f(v))$，将其作为预测因子，通过设定一个距离阈值判断节点之间是否存在链路。

2）Attack-1：$\mathcal{K} = (\times, \times, \mathcal{D}')$

在该攻击场景下，本案例将攻击者的背景知识进行了拓展，假设攻击者具有一个额外的辅助网络数据集。这意味着攻击者可以利用该辅助数据集以有监督的方式训练一个攻击分类器。具体而言，首先，攻击者基于辅助数据集 $\mathcal{D}'$ 训练一个影子图神经网络模型，记为 f'。然后，攻击者通过模型 f' 导出攻击分类器的训练数据。

值得注意的是，由于影子图神经网络模型 f' 与目标图神经网络模型在分类任务上产生的后验概率输出向量的长度可能是不同的，因此攻击者可能无法直接使用 f' 产生的后验概率输出数据作为攻击分类器的训练数据。为了解决这个问题，Attack-1 采用了如下策略来构建攻击分类器的特征。

（1）利用后验概率输出之间的距离构建攻击分类器的特征。具体而言，本案例采用了 8 种具有对称性质的距离函数来计算后验概率输出之间的距离，这样就可以得到 8 维特征。

（2）利用后验概率输出计算得到的熵构建攻击分类器的特征。具体来说，攻击者针对辅助数据集中的节点 u' 和 v'，计算它们各自的后验概率输出的熵值 $e(f'(u'))$ 和 $e(f'(v'))$，然后通过 4 种不同的成对向量操作生成基于熵值的 4 维特征。

基于以上方法，攻击者共生成了 12 维特征，并将它们拼接成特征向量，用于攻击分类器的训练。在对目标模型训练网络中的链路展开推测时，也采用同样的方法构建特征向量，并将其输入训练好的攻击分类器中，得到相应的推测结果。

3）Attack-2：$\mathcal{K} = (\mathcal{F}, \times, \times)$

在该攻击场景下，假设攻击者具有目标数据集中节点的属性信息 $\mathcal{F}$。由于攻击者仅拥有节点属性及模型产生的后验概率输出，而没有任何可用于监督式训练的链路存在与否的标签，因此该场景下的攻击方式与 Attack-0 类似，仍然是无监督的方式。

与 Attack-0 不同的是，在 Attack-2 中，攻击者共考虑了 4 个指标来衡量节点对之间的距离。第一个指标与 Attack-0 相同，即后验概率输出之间的距离 $d(f(u), f(v))$。第二个指标计算了节点对属性之间的距离，即 $d(\mathcal{F}_u, \mathcal{F}_v)$。第三个指标为 $d(f(u), f(v)) - d(g(u), g(v))$。该指标仅依据节点属性训练一个用于节点分类的参照模型 g。其基本思想在于，若两个节点之间存在链路，则两者在目标图神经网络中的后验概率输出之间的距离应该小于参照模型产生的后验概率输出距离。第四个指标考虑的是参照模型所产生的节点后验概率输出之间的距离，即 $d(g(u), g(v))$。

4）Attack-3：$\mathcal{K} = (\times, \mathcal{A}^*, \times)$

在该攻击场景下，假设攻击者拥有部分目标图数据中的链路信息，这些链路信息可以作为基本事实用于监督攻击分类器的训练。攻击者采用类似 Attack-1 的特征构造方法，为每个节点对生成一个特征向量，并将其用于攻击分类器训练。待攻击分类器训练完成后，使用同样的方法对要推测链路的节点对生成特征向量，并输入攻击分类器获得相应的推测结果。

5) Attack-4～Attack-8

Attack-4～Attack-8 可以视为将不同的背景知识相结合，即采用多个维度的特征进行攻击，此处不再对它们进行详细叙述，感兴趣的读者请参考相关文献。

3. 实验设计与实验结果

为了验证本案例所提出的链路窃取攻击方法的有效性，采用 8 个公开的真实网络数据集进行广泛的实验。在实验中，将网络中所有的链路视为攻击者要窃取的目标链路，并采样同等数量的无链路节点对作为负样本节点对，计算用于评价链路窃取攻击效果的指标——受试者工作特征曲线下面积（Area Under the ROC Curve，AUC）。目标图神经网络模型所采用的架构是两层图卷积神经网络（Graph Convolutional Nueral Network，GCN）。接下来将展示本案例的部分研究结果。

图 13.13 展示了 Attack-0 攻击方法在 8 个数据集上的攻击表现，共考虑了 8 种不同的距离度量指标。从图中的结果可以看出，Attack-0 取得了较好的链路窃取攻击表现，尤其是在 Citeseer、Cora 和 Pubmed 数据集上，最优攻击结果的 AUC 值达到 0.9 及以上。综合来看，在所有 8 种距离度量指标中，Correlation 指标在各个数据集上几乎都取得了最优的结果。以上结果表明，在没有任何其他背景知识的情况下，攻击者仅依据图神经网络模型产生的后验概率输出就可以实施较为有效的链路窃取攻击。为了进一步探寻产生该结果的背后原因，研究者们将存在链路的节点对后验概率输出之间的距离与不存在链路的节点对后验概率输出之间的距离通过可视化方式进行了对比，结果如图 13.14 所示。

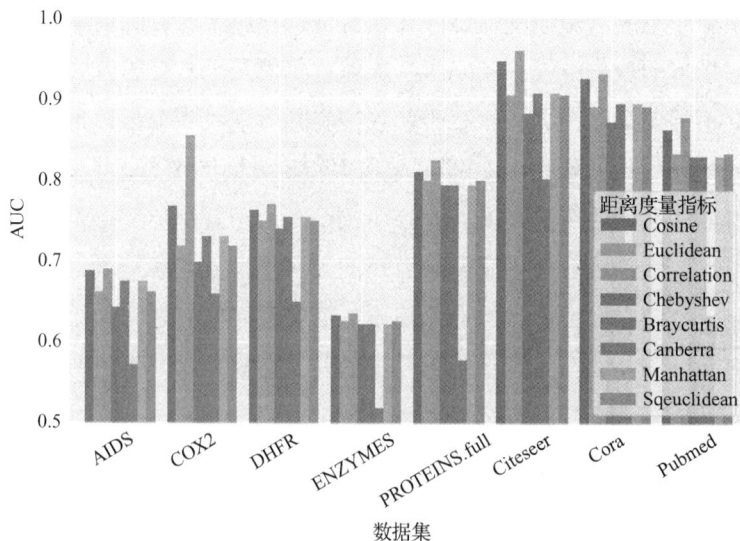

图 13.13　Attack-0 在 8 个数据集上以 AUC 衡量的攻击表现

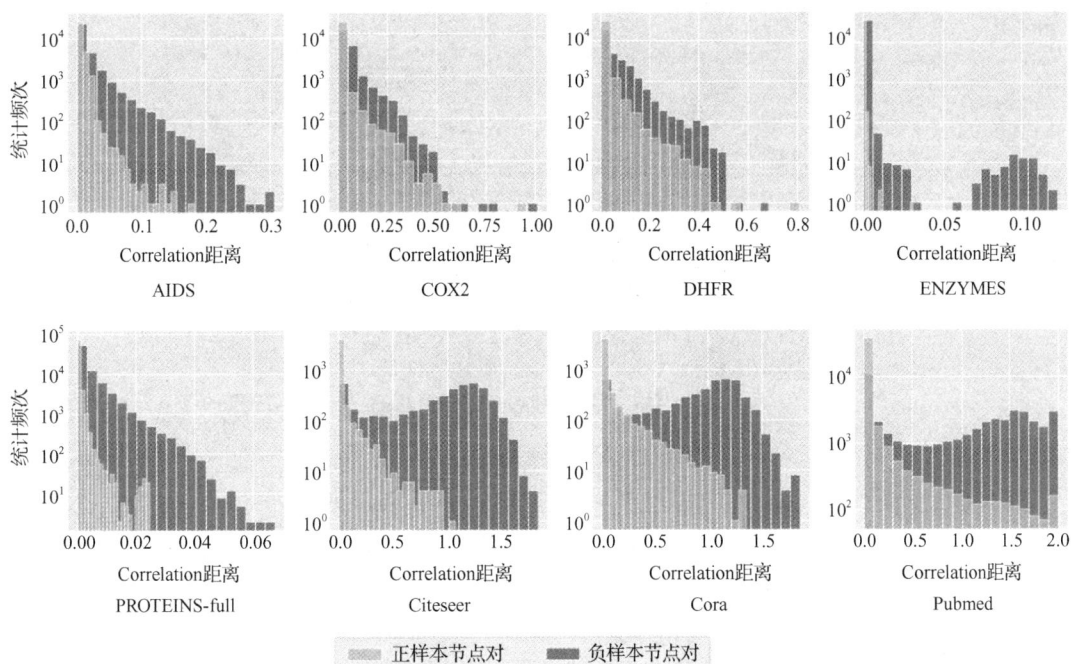

图 13.14　各数据集上的节点对后验概率输出之间的 Correlation 距离分布

在图 13.14 中，横轴表示节点对的后验概率输出之间的 Correlation 距离，纵轴表示统计频次，不同颜色的柱分别表示负样本节点对（不存在链路）与正样本节点对（存在链路）。从图中的结果可以明显看出，当节点对之间存在链路时，其后验概率输出之间的距离相对更小。

接下来展示当攻击者具有某些背景知识时（Attack-1～Attack-7）的部分攻击结果，如图 13.15 所示。从图中的结果可以看出，当攻击者具有某些背景知识时，能够取得更优的链路窃取攻击表现，且一般而言，随着背景知识的增加（三个维度），链路窃取攻击的表现逐渐提升。在所有 8 种链路窃取攻击方法中，Attack-6 取得了最优的攻击表现，除 ENZYMES 数据集外，它在其他 7 个数据集上都取得了 0.95 以上的 AUC 值。以上结果证明了本案例所提攻击方法的有效性，也说明了当使用图神经网络模型时，其训练网络数据中的链接信息可能存在严重的泄露风险。

4．针对链路窃取攻击的防御方法

下面针对链路窃取攻击的防御方法展开讨论。首先，本案例采用了较为简单的方法来尝试对链路窃取攻击进行防御，即掩盖部分后验概率输出信息，只输出 top-3 后验概率信息。然而，这种掩盖部分后验概率输出的方法并没有取得理想的防御效果，原因是它虽然限制了攻击者所能获得的信息，却没有解决导致隐私泄露的本质问题——存在链路的节点对在后验概率输出上会表现出较高的相似度。在此将讨论两种可能有效防御链路窃取攻击的方法，即差分隐私与对抗训练。

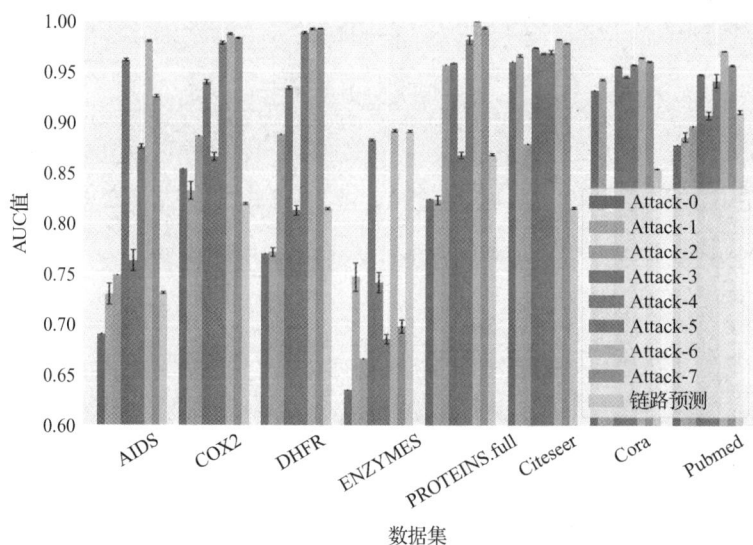

图 13.15　8 种攻击方法在各数据集上的平均 AUC 结果及方差

1）差分隐私

差分隐私技术具有良好的理论性质，它能够为网络中的每条链路提供理论隐私保障。其原理是在目标图神经网络模型的训练过程中加入满足差分隐私要求的噪声，从而使原图数据中的任意一条链路无论是否参与模型的训练过程，对最终模型的输出在统计意义上都是无法区分的。然而，差分隐私技术也存在一定的局限性，其中最突出的一点就是容易引入过大的噪声量与随机性，对模型的性能造成较大的影响。

2）对抗训练

对抗训练是指在目标图神经网络模型的训练过程中额外加入一个用于防御链路窃取攻击的目标函数，从而使训练得到的模型既能满足下游任务（如节点分类任务）的性能需求，又能有效地防御链路窃取攻击。对抗训练的过程可以视为一个链路窃取攻击者与防御者的博弈过程：攻击者不断优化自己的攻击模型参数以谋求更优的攻击表现；防御者则不断优化图神经网络模型参数以降低攻击者所建立的攻击模型的表现，同时保障模型在下游任务上的性能。通过不断迭代和优化，防御者最终能够得到一个同时满足性能需求与隐私保护需求的模型。

值得说明的是，此处所讨论的防御方法十分有限，可能还存在很多其他针对链路窃取攻击的防御方法。例如，防御者可以向图神经网络模型的后验概率输出中加入精心设计的噪声，使其转换成对抗样本以躲避链路窃取攻击。

13.2.4　案例分析：针对机器学习模型的成员推测攻防

1. 背景介绍

目前，机器学习技术已成为构建互联网服务的基础，常见的基于机器学习技术的服务包含图像识别、语音识别及自然语言翻译等。此外，许多公司在内部使用机器学习技术，以改善其营销方式和广告策略，精准地向用户推荐产品和服务，更好地理解公司运营产生的数据。在所有这些场景中，个体用户的活动——购买和偏好行为、健康数据、线上和线下交易数据、拍摄的照片、在手机中说出的命令及去过的地方，都被用作机器学习模型的训练数据。

与此同时，像谷歌和亚马逊这样的互联网巨头已经开始提供"机器学习即服务"（Machine Learning as a Service，MLaaS）。任何拥有数据集和数据分类任务的客户都可以将这个数据集上传到该服务，并支付费用来构建一个机器学习模型。该服务通常将模型以一个黑盒 API 的形式提供给客户。例如，一名移动应用开发者可以利用这样的服务来分析用户的活动，并在应用内查询所生成的模型，以在用户最有可能做出响应时向他们推荐在应用内购买。一些机器学习服务还允许数据所有者将他们的模型暴露给外部用户进行查询，甚至出售它们。

然而，一个极为关键的问题是，当一个机器学习模型对外界开放使用时，是否会造成隐私安全隐患呢？本案例针对问题进行了深入的探索分析。具体而言，本案例研究的问题是，给定一个机器学习模型，在只拥有其黑盒访问权限（只能输入查询数据并获得对应的后验概率输出）的情况下，攻击者能否准确地推测某条数据记录是否被用于该机器学习模型的训练过程（或是否为训练集成员）。该问题又称为针对机器学习模型的成员推测问题，对成员推测问题的研究具有十分重大的现实意义。当一条数据记录完全被攻击者所知晓时，得知它被用来训练特定模型意味着模型信息泄露。在某些情况下，这可能直接导致隐私泄露。例如，攻击者可以通过该方法得知某位患者的临床记录被用来训练与某种疾病相关的模型（如用于确定适当的药物剂量或发现疾病的基因基础），这可能暴露患者患有这种疾病，从而导致患者隐私信息泄露。除此之外，成功的成员推测可能导致模型所有者的知识产权遭受侵害。由于机器学习模型的数据集可能是花费大量精力与财力收集得到的，并可能经过了精心的挑选，因此当模型的训练数据集信息泄露时，可能对模型所有者的知识产权造成侵害。本案例首次对针对机器学习模型的成员推测攻击展开了研究，并提出了首个成员推测攻击方法。接下来将展开具体介绍。

2. 针对机器学习模型的成员推测攻击方法

本案例所研究的成员推测攻击方法的目的是根据目标机器学习分类模型的输出来推测某条数据记录是否属于该模型的训练集。具体而言，目标机器学习模型可以是任何监督式机器学习算法训练得到的分类模型，攻击者拥有该目标模型的黑盒访问权限，即输入一条查询的数据记录后，能够获得模型输出的后验概率输出。这种攻击在现实生活中能够找到许多对应的应用场景，其中最典型的就是 MLaaS 场景。目前，主流的互联网公司在它们的云平台上提供机器学习服务，如谷歌预测 API、亚马逊机器学习（Amazon ML）、微软

Azure 机器学习（Azure ML）、BigML 等。这些平台提供简单的 API 用于上传数据、训练和查询模型，从而使机器学习技术可供任何客户使用。模型的细节和训练算法对数据所有者是隐藏的，而服务提供商主要通过向客户收费提供 API 查询从而获取收入，因此可以将 MLaaS 视为一个黑盒场景。此外，本案例假设攻击者拥有一些额外的背景知识，如一个额外的辅助数据集（也称影子数据集）。后续将介绍影子数据集的作用。

本案例所研究的成员推测攻击问题可正式定义为如下形式。给定一个攻击者拥有其黑盒访问权限的机器学习分类模型（目标模型），记为 f。该模型由一个目标数据集训练得到，该目标数据集记为 D。对于任意一条数据记录 (x, y)，其中 x 为特征向量，y 表示分类标签，将 x 输入目标模型 f 中，得到其预测的后验概率输出 $f(x)$，成员推测攻击的目的是基于以上信息判断 $(x, y) \in D$ 或 $(x, y) \notin D$。

本案例所提出的成员推测攻击方法的具体设计流程如下。首先，成员推测攻击的目的是建立一个攻击模型，在黑盒场景下，该攻击模型以目标模型在某条特定的数据记录上的预测输出作为输入，并判断该数据记录是否属于目标模型的训练集合，如图 13.16 所示。

由于数据记录是否为目标模型训练集成员的判断结果仅有两种可能，因此很自然地，可以将成员推测问题视为一个二分类问题，由此可以将攻击模型构建成一个二分类攻击模型来解决这个问题。

为了得到这个二分类攻击模型，需要构建它的"成员关系推测"训练集，再采用机器学习分类算法训练攻击模型。我们并不知道哪些数据属于目标模型的训练集合，此时前文所假设的攻击者拥有的影子数据集就派上了用场。具体而言，攻击者首先使用影子数据集构造若干影子训练集，并采用与目标模型相同的 API 训练若干影子模型，如图 13.17 所示。

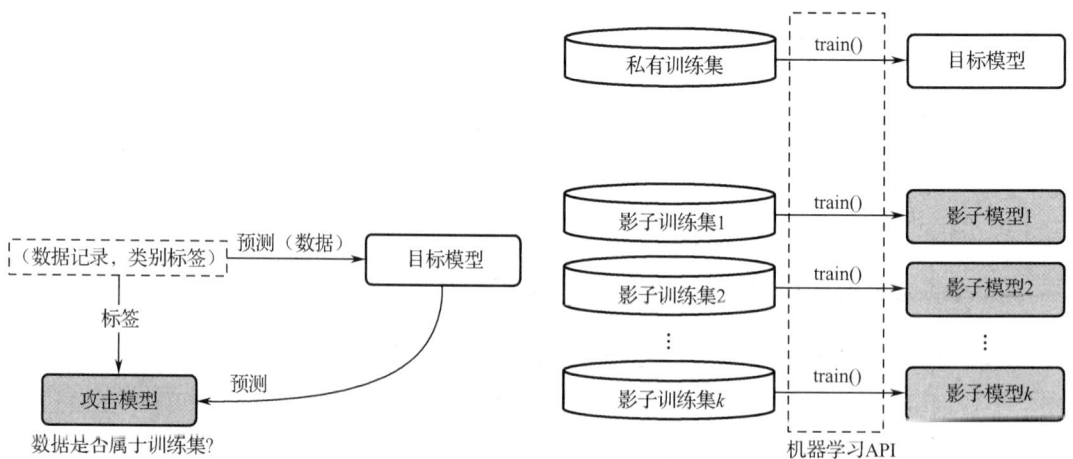

图 13.16　黑盒场景下的成员推测攻击

图 13.17　训练若干影子模型

对于这些影子模型，攻击者知道哪些数据记录为其训练集成员，哪些数据非其训练集成员。因此，进一步地，攻击者将成员数据输入影子模型中，将其预测概率输出作为成员特征向量，并将这些成员数据打上成员标签；将非成员数据输入影子模型中，将其预测概率输出作为非成员特征向量，并打上非成员标签。接着，将这些特征向量与标签进行组合，就完成了攻击模型训练集的构建。最后，基于所建立的攻击模型训练集，采用任意机器学习分类算法（如逻辑回归、支持向量机等），完成攻击模型的训练。整体流程如图 13.18 所示。

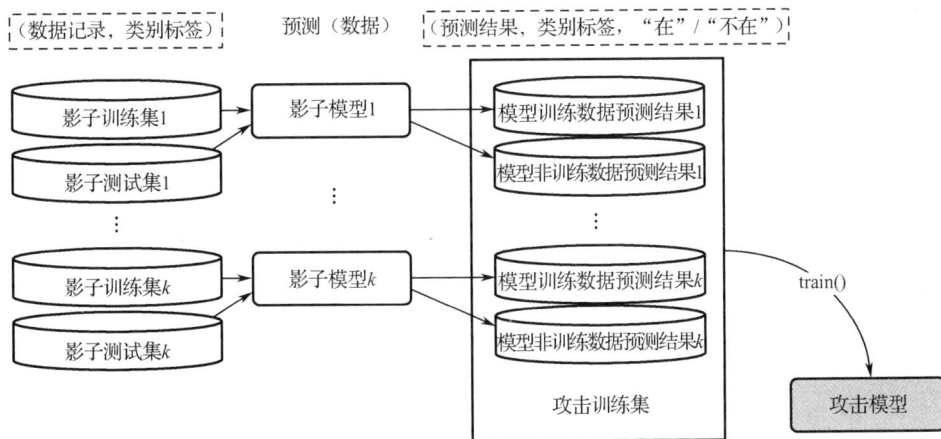

图 13.18　成员攻击训练集的构建与攻击模型训练过程

当针对某条特定数据记录进行成员推测时，可以参考图 13.16，将该数据记录输入目标模型中产生输出，再将其输出作为攻击模型的输入，即可获得相应的成员推测结果。

3．实验设计与实验结果

本案例为了验证所提出的成员推测攻击方法的有效性，在 6 个数据集上进行了广泛的实验，其中包含表格类型数据集和图像数据集。目标模型同时考虑了真实的由 MLaaS 平台得到的模型和研究者线下训练得到的神经网络模型。成员推测攻击方法的表现则采用精准率（Precision）与召回率（Recall）两个指标进行衡量。

接下来将展示本案例所提成员推测攻击方法的部分实验结果。图 13.19 展示了该成员推测攻击方法在 Purchase 数据集上的表现，三个分图分别展示了针对不同目标模型（利用 Amazon 云平台和 Google 云平台训练得到的模型）的攻击表现。图中结果以累积分布函数的形式展示了攻击在精准率和召回率两个指标上的表现。具体而言，在 Amazon 云平台上，精准率的 50、75、90 百分位分别为 0.74、0.79、0.84（目标模型的参数为 10、1×10^{-6}），或者分别为 0.84、0.88、0.91（目标模型的参数为 100、1×10^{-4}）；在 Google 云平台上，精准率的 50、75、90 百分位分别为 0.94、0.97、1。各模型上的攻击召回率都接近 1。以上结果说明本案例所提成员推测攻击方法能够有效地推测数据记录是否属于目标模型的训练集。由此可见，即使目标模型仅开放了黑盒访问权限，其训练数据信息也存在极大的泄露风险。

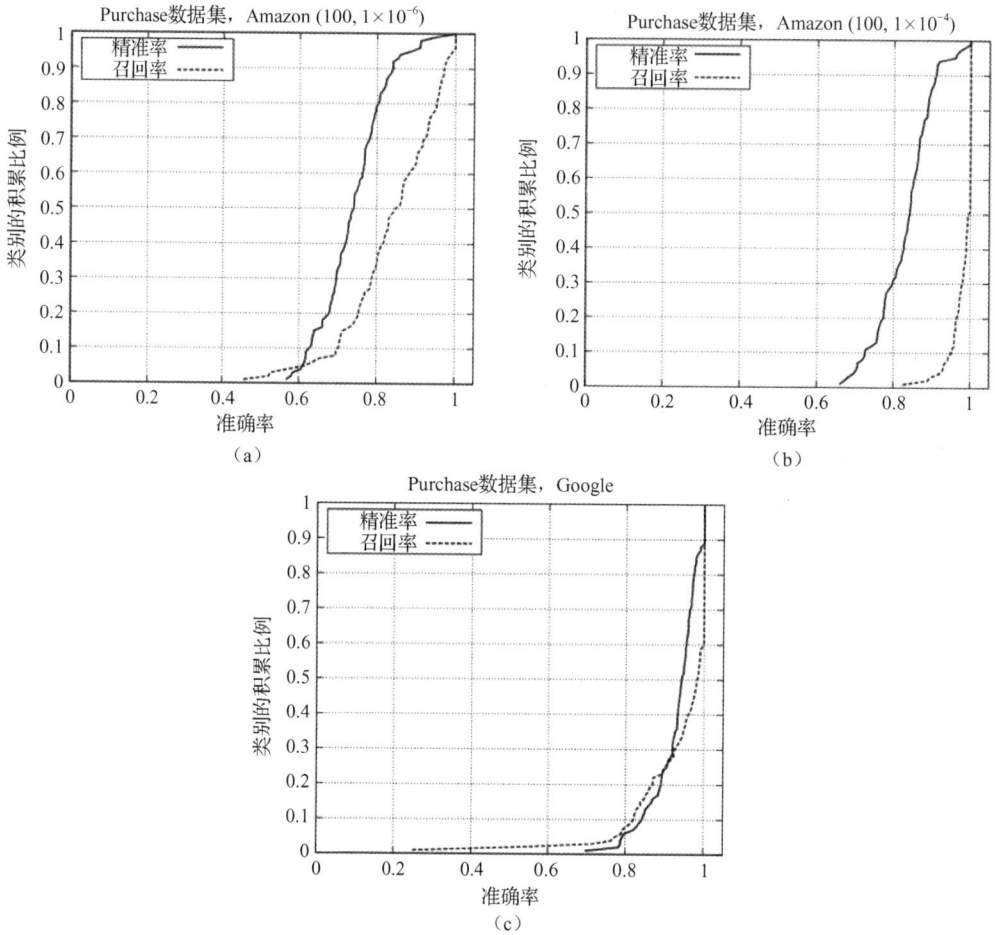

图 13.19　在 Purchase 数据集上进行成员推测攻击的结果

此外，本案例通过实验得到了许多其他启示，其中比较重要的一点是：成员推测攻击很大程度上是由模型的过拟合效应引起的，同时受其他因素（如模型架构，训练算法等）的影响。图 13.20 中的结果证实了模型过拟合对成员推测攻击方法的精度指标的影响。模型的过拟合程度可以由训练精度与测试精度的差值来刻画。从图 13.20 中可以看到，随着两者差值的增大，成员推测攻击方法的精度不断增大。

数据集	训练精度	测试精度	攻击精度
Adult	0.848	0.842	0.503
MNIST	0.984	0.928	0.517
Location	1.000	0.673	0.678
Purchase (2)	0.999	0.984	0.505
Purchase (10)	0.999	0.866	0.550
Purchase (20)	1.000	0.781	0.590
Purchase (50)	1.000	0.693	0.860
Purchase (100)	0.999	0.659	0.935
TX hospital stays	0.668	0.517	0.657

图 13.20　使用 Google 云平台训练的模型的训练结果界面

但过拟合并非影响成员推测攻击方法表现的唯一因素。图 13.21 所示的结果证实了不同的模型架构和训练算法也会对成员推测攻击方法的表现产生影响。虽然图 13.21 中的 4

个模型都是在相同的训练集上训练得到的，但针对它们的成员推测攻击结果表现出了明显的差异。根据本案例的实验结果，一般而言，模型的过拟合程度越高，模型结构越复杂，分类任务越复杂，其在面对成员推测攻击时也越脆弱。

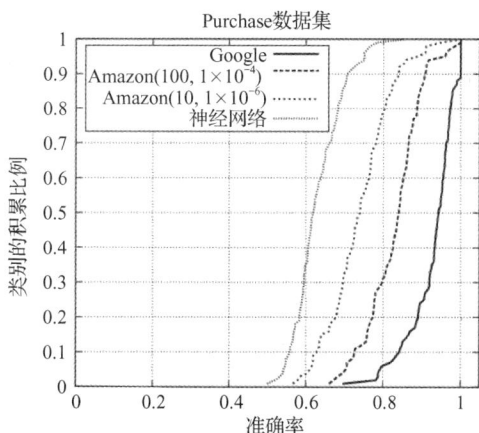

图 13.21　成员推测攻击在不同平台得到的模型表现

4．针对成员推测攻击的防御方法

成员推测攻击对模型训练集信息的隐私安全造成了威胁。为了保护训练集中的隐私信息，研究者们提出了多种针对成员推测攻击的防御方法。目前主流的防御方法可分为三大类：基于正则化的防御方法、基于差分隐私的防御方法和基于知识蒸馏的防御方法。接下来分别对这三种防御方法进行简要介绍。

1）基于正则化的防御方法

成员推测攻击之所以能够成功，其中一个重要原因就是机器学习模型的过拟合现象，即模型对训练数据的记忆程度明显超过对未经其训练的非成员数据的记忆程度。因此，降低模型的过拟合程度可能是一种简单而有效的防御方法。正则化是一种常见的防止模型过拟合的方法，可以用来防御成员推测攻击，如早停、模型集成、模型堆叠等方法。除了这些基础的正则化方法，也有研究者设计了专门应对成员推测攻击的正则化防御方法。例如，有研究者提出了对抗性正则防御方法，其借助机器学习中的对抗训练思路，在训练机器学习模型时，模拟攻击者训练成员推测攻击模型，并在机器学习模型训练过程中与攻击模块进行对抗训练，使模型最小化在训练集上的训练损失，同时增大攻击模型的成员推测损失。这种对抗训练通过交替训练目标机器学习模型和成员推测攻击模型，实现模型效用与隐私保护之间的平衡。

2）基于差分隐私的防御方法

差分隐私技术能够为机器学习模型提供良好的理论隐私保障，它能够保证任意一条训练集数据无论是否参与模型的训练过程，模型的输出都难以区分，从而达到防御成员推测攻击的目的。DP-SGD 方法是一种著名的为深度学习模型设计的基于差分隐私的防御方法，它通过在模型的训练梯度上加入噪声，得到满足差分隐私保证的模型。同样，差分隐私技术虽然能够提供良好的隐私理论保障，但其目前最大的局限性在于容易引入过量的噪声而无法很好地实现隐私安全与模型效用之间的平衡。

3）基于知识蒸馏的防御方法

知识蒸馏通常是一种以"老师-学生"为架构的模型微调技术，它利用该架构将老师模型学到的知识迁移到学生模型中来。知识蒸馏应用于防御成员推测攻击的基本思想是，使用一个未经训练数据训练的模型作为老师模型，目标模型作为学生模型，并利用蒸馏技术使学生模型在训练数据上的输出与老师模型接近，从而使学生模型在训练数据上的输出与非训练数据的输出难以区分，最终达到防御目的。最具代表性的基于知识蒸馏的防御方法是 SELENA，它与集成方法相结合，首先构建了多个训练集互不相交的子模型，并将各个子模型互相作为老师模型，再利用蒸馏技术实现攻击防御。

5．成员推测方法在数据审计领域的应用

作为一种隐私攻击手段，成员推测攻击揭示了机器学习模型对训练集中数据信息的泄露程度，量化地衡量了机器学习模型的隐私泄露风险。除了用于隐私攻击，成员推测方法是否有可能应用于其他领域呢？答案是肯定的。本节将对成员推测方法在数据审计领域的应用展开简要介绍。

众所周知，机器学习模型强大的预测能力依赖所收集的海量训练数据，然而在实际情况下，许多模型训练者为了追求更大规模的训练数据以获得更优的模型性能，可能在并未取得个人或组织授权的前提下，私自将数据用于机器学习模型的训练过程。这不但侵犯了数据主权者的知识产权，也侵犯了他们的个人隐私。为了保护数据主权者的权益，能否设计一种数据审计方法来帮助数据主权者判断其数据是否在未经授权的情况下被滥用于某机器学习模型的训练过程？简而言之，我们希望提供一种审计手段，以有效地判断某条特定的数据记录是否属于某目标模型的训练集。可以看出，数据审计的目的与成员推测方法的目的在某种程度上不谋而合。实际上，目前已有不少研究基于成员推测方法的思想提出了一些数据审计方法。

例如，有研究者提出了一种针对文本生成模型的数据审计方法，其目的是判断某个用户的对话文本数据是否被滥用于某个文本生成模型的训练过程。为了实现这一目的，研究者采用了类似成员推测方法的影子训练流程，以得到一个用于数据审计的审计模型。由于文本生成模型不同于较为普遍的机器学习分类模型，该数据审计方法具有特殊性。文本生成模型与机器学习分类模型在模型输出上有着明显差异：机器学习分类模型的输出是各标签的后验概率分布，而文本生成模型（如神经翻译模型）的输出是一系列预测词出现的概率。此时，模型对真实预测词的输出概率能够在一定程度上反映这条文本数据是否属于训练集。具体而言，若一条文本数据被用于模型的训练过程，那么其真实预测词的输出概率

相对而言更高，这是由于模型在训练过程中对该条文本数据产生了记忆性。基于这一基本思想建立的数据审计模型能够对参与训练的文本数据与未参与训练的文本数据进行有效的区分。

还有研究者提出了一种针对基于少样本自监督学习的人脸识别系统的数据审计方法，其目的是判断某个体的人脸图像数据是否被盗用于某个人脸识别系统的训练过程。其主要设计思路沿用了成员推测方法的影子训练流程，训练得到一个审计模型用于完成数据审计任务。基于少样本自监督学习的人脸识别系统也具有其特殊性。这类系统主要通过计算输入的查询图像与系统内部的图像集合（也称支撑集）之间的相似度完成人脸识别任务，若查询图像与支撑集中某个体的图像相似度超过一定的阈值，则认为人脸识别成功。因此，人脸识别系统实际上输出的是查询图像与支撑集中图像之间的相似度信息。若某个体的图像数据参与了模型的训练过程，其查询图像与支撑集中对应的相同个体图像之间会表现出更高的相似度特性；反之，若某个体的图像数据未参与模型的训练过程，则相似度相对较低。

本章小结

本章从本质可解释方法和事后可解释方法两方面对可解释性的相关研究做了较为详细的介绍。从可解释方法的应用来说，首先，要关注待解决的问题是否需要强大的可解释性。其次，要注意可解释性是对人的解释。最后，可解释性能够在实践中帮助人们发现知识。未来，随着机器学习技术的不断进步，人们将更加熟练地把更多任务表述为可用于机器学习执行的形式。这一趋势将使可解释性工具的作用和意义变得更加重要且显著。本章最后提供了人工智能隐私安全方面的两个案例：网络中的链路窃取攻防和针对机器学习模型的成员推测攻防，以强调可信人工智能中隐私安全问题的重要性。

课后习题

1. 什么是可解释人工智能？为什么在现代人工智能系统中，可解释性如此重要？

2. 列举并简要描述三种实现可解释人工智能的方法和技术，比较其优缺点。

3. 讨论可解释性与模型性能之间的权衡，在什么情况下可能需要在可解释性与模型性能之间做出选择？

4. 可解释性很难有统一的定量评价指标，请针对具体的应用场景讨论一下可解释性的评价标准。

5. 请讨论一下可解释性在你所熟悉的行业的应用和重要性。

参考文献

[1] ARVANITI E, FRICKER K S, MORET M, et al. Automated Gleason grading of prostate cancer tissue microarrays via deep learning[J]. Scientific Reports, 2018, 8(1): 12054.

[2] DOSHI-VELEZ F, WALLACE B, ADAMS R. Graph-sparse LDA: a topic model with structured sparsity[C]//Proceedings of the 29th AAAI Conference on Artificial Intelligence. Austin, TX: AAAI. Press, 2015: 2575-2581.

[3] ISMAIL A A, GUNADY M, CORRADA BRAVO H, et al. Benchmarking deep learning interpretability in time series predictions[J]. Advances in Neural Information Processing Systems, 2020, 33: 6441-6452.

[4] KIM B, KHANNA R, KOYEJO O O. Examples are not enough, learn to criticize! criticism for interpretability[J]. Advances in Neural Information Processing Systems, 2016, 29: 2280-2288.

[5] LANCHANTIN J, SINGH R, WANG B, et al. Deep motif dashboard: visualizing and understanding genomic sequences using deep neural networks[C]//Proceedings of Pacific Symposium on Biocomputing 2017. Kohala Coast, Hawaii: World Scientific Publishing Company, 2017, 22: 254-265.

[6] LU K, MARDZIEL P, LEINO K, et al. Influence paths for characterizing subject-verb number agreement in LSTM language models[J]. arXiv preprint arXiv: 2005. 01190, 2020.

[7] LU K, WANG Z, MARDZIEL P, et al. Abstracting influence paths for explaining (contextualization of) bert models [J]. arXiv preprint arXiv: 2011. 00740, 2020.

[8] LI J, MONROE W, JURAFSKY D. Understanding neural networks through representation erasure[J]. arXiv preprint arXiv: 1612. 08220, 2016.

[9] WU J, MOONEY R J. Faithful multimodal explanation for visual question answering[J]. arXiv preprint arXiv: 1809. 02805, 2018.

[10] RAS G, XIE N, VAN GERVEN M, et al. Explainable deep learning: a field guide for the uninitiated[J]. Journal of Artificial Intelligence Research, 2022, 73: 329-396.

[11] ZEILER M D, FERGUS R. Visualizing and understanding convolutional networks[C]//Proceedings of Computer Vision-ECCV 2014: 13th European Conference. Zurich, Switzerland: Springer, 2014: 818-833.

[12] ZHOU Z, CAI H, RONG S, et al. Activation maximization generative adversarial nets[J]. arXiv preprint arXiv: 1703. 02000, 2017.

[13] ANCONA M, CEOLINI E, ÖZTIRELI C, et al. Towards better understanding of

gradient-based attribution methods for deep neural networks[J]. arXiv preprint arXiv: 1711. 06104, 2017.

[14] ADEBAYO J, GILMER J, MUELLY M, et al. Sanity checks for saliency maps[J]. Advances in Neural Information Processing Systems, 2018, 31: 9525-9536.

[15] GHORBANI A, ABID A, ZOU J. Interpretation of neural networks is fragile[C] // Proceedings of the 33th AAAI Conference on Artificial Intelligence. Honolulu, Hawaii: AAAI Press, 2019: 3681-3688.

[16] SAMEK W, BINDER A, MONTAVON G, et al. Evaluating the visualization of what a deep neural network has learned[J]. IEEE Transactions on Neural Networks and Learning Systems, 2016, 28(11): 2660-2673.

[17] HE X, JIA J, BACKES M, et al. Stealing links from graph neural networks[C] // Proceedings of the 30th USENIX security symposium (USENIX Security 21). Vancouver, BC: USENIX Association, 2021: 2669-2686.

[18] SAJADMANESH S, SHAMSABADI A S, BELLET A, et al. {GAP}: differentially private graph neural networks with aggregation perturbation[C]//Proceedings of the 32nd USENIX Security Symposium (USENIX Security 23). Anaheim, CA: USENIX Association, 2023: 3223-3240.

[19] LIAO P, ZHAO H, XU K, et al. Information obfuscation of graph neural networks[C]//Proceedings of the 38th International Conference on Machine Learning. Online: PMLR, 2021: 6600-6610.

[20] SHOKRI R, STRONATI M, SONG C, et al. Membership inference attacks against machine learning models[C]//Proceedings of the 38th 2017 IEEE Symposium on Security And Privacy. San Jose, CA: IEEE, 2017: 3-18.

[21] NASR M, SHOKRI R, HOUMANSADR A. Machine learning with membership privacy using adversarial regularization[C]//Proceedings of the 2018 ACM SIGSAC Conference on Computer and Communications Security. Toronto, ON: ACM, 2018: 634-646.

[22] ABADI M, CHU A, GOODFELLOW I, et al. Deep learning with differential privacy[C]//Proceedings of the 2016 ACM SIGSAC Conference on Computer and Communications Security. Vienna, Austria: 2016: 308-318.

[23] TANG X, MAHLOUJIFAR S, SONG L, et al. Mitigating membership inference attacks by {Self-Distillation} through a novel ensemble architecture[C]//Proceedings of the 31st USENIX Security Symposium (USENIX Security 22). Boston, MA: USENIX Association, 2022: 1433-1450.

[24] SONG C, SHMATIKOV V. Auditing data provenance in text-generation models[C] // Proceedings of the 25th ACM SIGKDD International Conference on Knowledge Discovery & Data Mining. Long Beach, CA: ACM, 2019: 196-206.

[25] CHEN M, ZHANG Z, WANG T, et al. {FACE-AUDITOR}: data auditing in facial recognition systems[C]//Proceedings of the 32nd USENIX Security Symposium (USENIX Security 23). Anaheim, CA: USENIX Association, 2023: 7195-7212.

反侵权盗版声明

电子工业出版社依法对本作品享有专有出版权。任何未经权利人书面许可，复制、销售或通过信息网络传播本作品的行为，歪曲、篡改、剽窃本作品的行为，均违反《中华人民共和国著作权法》，其行为人应承担相应的民事责任和行政责任，构成犯罪的，将被依法追究刑事责任。

为了维护市场秩序，保护权利人的合法权益，我社将依法查处和打击侵权盗版的单位和个人。欢迎社会各界人士积极举报侵权盗版行为，本社将奖励举报有功人员，并保证举报人的信息不被泄露。

举报电话：（010）88254396；（010）88258888

传　　真：（010）88254397

E-mail：　dbqq@phei.com.cn

通信地址：北京市海淀区万寿路 173 信箱

　　　　　电子工业出版社总编办公室

邮　　编：100036